山右叢書　　山右歷史文化研究院　編

張忠烈公存集

[明]張銓　撰　　田同旭　趙建斌　馬艷　點校

上海古籍出版社

圖書在版編目(CIP)數據

張忠烈公存集／(明)張銓撰；田同旭，趙建斌，馬艷點校. —上海：上海古籍出版社，2018.6
（山右叢書）
ISBN 978-7-5325-8868-8

Ⅰ.①張… Ⅱ.①張… ②田… ③趙… ④馬… Ⅲ.①張忠烈—文集 Ⅳ.①Z424.8

中國版本圖書館 CIP 數據核字（2018）第 123825 號

張忠烈公存集

山右叢書

(明)張銓　撰

田同旭　趙建斌　馬艷　點校

上海古籍出版社出版發行

（上海瑞金二路 272 號　郵政編碼 200020）

（1）網址：www.guji.com.cn
（2）E-mail: guji1@guji.com.cn
（3）易文網網址：www.ewen.co

浙江臨安曙光印務有限公司印刷

開本 700×1000　1/16　印張 28　插頁 2　字數 342,000

2018 年 6 月第 1 版　2018 年 6 月第 1 次印刷

印數：1—1,100

ISBN 978-7-5325-8868-8

G·687　定價：118.00 元

如有質量問題，請與承印公司聯繫

目　錄

點校説明 ·· 一

張忠烈公存集卷六 ······································ 七

　詩 ·· 七

　　五言絶句 ··· 七

　　　小園 ·· 七

　　　春暮 ·· 七

　　　春盡見花飛有感 ································ 七

　　　聞雁 ·· 七

　　　九日 ·· 七

　　　武安道中 ··· 七

　　　留别 ·· 八

　　　塞上曲二首 ······································ 八

　　　俠者 ·· 八

　　　筆山 ·· 八

　　　采蓮曲三首 ······································ 八

　　　江南曲二首 ······································ 八

　　　獨坐 ·· 九

　　　江行 ·· 九

漢中早春 ……………………………………… 九
江行偶憶老杜春水船如天上坐之句用韻率成七首 ……… 九
閨思 ……………………………………… 一〇
春雪 ……………………………………… 一〇
自君之出矣九首 ……………………………… 一〇
明妃曲 …………………………………… 一一
落花三首 ………………………………… 一一
題畫 ……………………………………… 一一
詠竹 ……………………………………… 一二
見雁 ……………………………………… 一二
六友吟六首 ……………………………… 一二
蒼髯翁 …………………………………… 一二
抱節君 …………………………………… 一二
冰雪丈人 ………………………………… 一二
幽芳處士 ………………………………… 一二
雲華仙 …………………………………… 一二
月香主人 ………………………………… 一三
不寐 ……………………………………… 一三
秋夜 ……………………………………… 一三

張忠烈公存集卷七 ……………………… 一四

詩 ………………………………………… 一四

六言絕句 ………………………………… 一四

閒居雜咏八首 …………………………… 一四
長安道四首 ……………………………… 一五
早春山行 ………………………………… 一六
春興 ……………………………………… 一六
早秋 ……………………………………… 一六

張忠烈公存集卷八 …………………………………… 一七

詩 ……………………………………………………… 一七
七言絕句 …………………………………………… 一七
　出都潞河舟中二首 ……………………………… 一七
　舟中夜坐 ………………………………………… 一七
　過豫讓橋二首 …………………………………… 一七
　將謁選前一夕河畔獨坐 ………………………… 一八
　留別賈孝廉墖坪 ………………………………… 一八
　寄賈孝廉 ………………………………………… 一八
　曉發漳源 ………………………………………… 一八
　途次口占 ………………………………………… 一八
　春思 ……………………………………………… 一八
　秋夜自遣 ………………………………………… 一九
　中秋宿新樂公署 ………………………………… 一九
　九日 ……………………………………………… 一九
　宿薊州李秀才園 ………………………………… 一九
　夏店公署見菊二首 ……………………………… 一九
　宿雄縣 …………………………………………… 二〇
　寒雁 ……………………………………………… 二〇
　北邙 ……………………………………………… 二〇
　入函關 …………………………………………… 二〇
　溫泉五首 ………………………………………… 二〇
　又戲題一絕 ……………………………………… 二一
　塞上曲四首 ……………………………………… 二一
　觀獵 ……………………………………………… 二二
　夜雨 ……………………………………………… 二二

長安道	二二
俠者	二二
白洋泛舟三首	二二
渡易水	二三
鳳翔署中	二三
三良塚	二三
靈山見桃花	二三
隴山二首	二三
端陽	二四
立秋	二四
七夕	二四
對月	二四
題《望雲思親圖》	二四
河州鎮邊樓和解大紳韻	二四
長城二首	二五
河州署内銀木花	二五
塞上曲三首	二五
老將	二六
登岷州署内樓	二六
閨怨二首	二六
磧石關	二六
碾伯公署置琴一張感賦	二六
中秋	二七
遇鄉人	二七
九日二首	二七
望崆峒山	二七
松林驛	二七

宿鳳縣	二七
見新月	二八
江行	二八
江石灘	二八
四皓 四首	二八
七夕	二九
睡起	二九
宮詞 八首	二九
苦雨	三〇
山莊	三〇
鄱湖感事	三一
曉發皂口驛	三一
攸鎮道中	三一
瓶梅	三一
山行見梅花盛開	三一
除夕	三一
宜春道中	三一
漫興	三二
萬安舟中	三二
袁州宜春臺在行署之左臺畔有桃李各一株政對軒窗繁花盛開芬芳可愛予每憑几翫之不忍移目因賦三絕	三二
讀《雲臺集》	三二
游洪陽洞至半而返 二首	三三
聞遼東三路師敗感憤成絕句 十首	三三
丹桂	三四
九日	三五
獨坐	三五

觀奕圖 ……………………………………… 三五
　　元宵 ………………………………………… 三五
　　花前獨酌 …………………………………… 三五
　　園中閒步 …………………………………… 三五
　　對鏡見二毛有感 …………………………… 三五
　　睡起口號 …………………………………… 三六
　　即事 ………………………………………… 三六

張忠烈公存集卷九 …………………………… 三七

奏疏 ……………………………………………… 三七
　　直陳救時要務疏 …………………………… 三七
　　請釋賢令疏 ………………………………… 四三
　　請福王之國疏 ……………………………… 四四
　　再請釋賢令罷秦稅疏 ……………………… 四七
　　糾奸邪肆言亂政疏 ………………………… 五〇
　　屬番肆掠參處起豐邊將疏 ………………… 五五
　　條議馬政疏 ………………………………… 五八

張忠烈公存集卷十 …………………………… 六四

奏疏 ……………………………………………… 六四
　　請罷湖稅疏 ………………………………… 六四
　　論遼事疏 …………………………………… 六六
　　再論遼事疏 ………………………………… 六九
　　糾劾橫宗鼓譟疏 …………………………… 七二
　　糾駁經略疏 ………………………………… 七七
　　遼師潰敗陳備禦之策疏 …………………… 七九
　　請更招兵疏 ………………………………… 八二

請振國勢杜亂萌疏…………………………………………八四
請減派疏…………………………………………………八五
恭慰聖懷疏………………………………………………八七
恭慰聖體疏………………………………………………八八
奏報遼危情形請督撫移鎮疏……………………………九一

張忠烈公存集卷十一…………………………………九六

啓………………………………………………………九六

答瀋王……………………………………………………九六
答秦王……………………………………………………九六
答韓王……………………………………………………九六
答肅王……………………………………………………九七
上益王……………………………………………………九七
答益王……………………………………………………九七
答益王……………………………………………………九八
答益王……………………………………………………九八
答益王……………………………………………………九八
答益王……………………………………………………九九
答益王……………………………………………………九九
別益王……………………………………………………九九
答筠溪王…………………………………………………一〇〇
上方中涵老師相公從哲…………………………………一〇〇
賀沈銘縝相公㴲…………………………………………一〇〇
答吳曙谷相公道南………………………………………一〇一
賀趙吉亭冢宰煥…………………………………………一〇一
賀周敬松冢宰嘉謨………………………………………一〇二

與張誠宇司農問達……………………………………一〇三
　　賀王霽宇司馬象乾……………………………………一〇三
　　賀黃梓山司馬嘉善……………………………………一〇四
　　答郭青螺司馬子章……………………………………一〇五
　　慰孫藍石老師總憲瑋…………………………………一〇五
　　賀許少微總憲弘綱……………………………………一〇六
　　賀李旭山總憲誌………………………………………一〇六
　　賀方中涵老師少宰從哲………………………………一〇六
　　賀史聯岳少宰繼偕……………………………………一〇七
　　賀李孟白津運少司農長庚……………………………一〇七
　　賀周心銘戎政少司馬盤………………………………一〇八
　　答周心銘戎政少司馬…………………………………一〇八
　　答周心銘戎政少司馬…………………………………一〇九
　　賀崔振峰少司馬景榮…………………………………一〇九
　　賀陳松石南少司農所學………………………………一一〇
　　答陳松石南少司農……………………………………一一〇
　　答衛桐陽南少司馬一鳳………………………………一一一
　　賀饒映垣南少司馬元暉………………………………一一一
　　與羅柱宇南少司空……………………………………一一二
　　迎徐海石副院兆魁……………………………………一一二
　　上顧鄰初老師宮詹起元………………………………一一二
　　與韓象雲宮詹爌………………………………………一一三

張忠烈公存集卷十二……………………………………一一五

啟………………………………………………………一一五
　　上吳節庵老師宣大總制崇禮…………………………一一五

答涂鏡源老師宣大總制宗濬	一一五
答馬□□宣大總制	一一六
賀崔振峰宣大總制景榮	一一七
答王霽宇薊遼總制象乾	一一八
賀黃梓山固原總制晉階廕子嘉善	一一八
答黃梓山固原總制	一一八
賀劉定宇固原總制敏寬	一一九
與許少微兩廣總制弘綱	一一九
答許少微兩廣總制	一二〇
與王太蒙總河佐	一二〇
答王憲葵總漕紀	一二一
與王憲葵總漕	一二二
與王憲葵總漕	一二二
與樊昌南晉撫謨	一二三
答樊昌南晉撫	一二三
與徐雅池晉撫紹吉	一二三
與吳繼疏晉撫弘度	一二四
與文受寰雲撫球	一二四
與劉斗陽薊撫日梧	一二五
答劉斗陽薊撫	一二五
與孫藍石畿撫瑋代	一二六
與韓晶宇畿輔濬	一二六
與陳蠡源操江道亨	一二七
答陳蠡源操江	一二七
與劉華石淮撫	一二八
答劉華石淮撫	一二八
餞崔瑞軒秦撫	一二九

目錄

九

迎李瞻宇秦撫起元	一二九
賀李瞻宇秦撫	一三〇
答李龍峰秦撫楠	一三〇
答李龍峰秦撫	一三〇
答周心銘甘撫盤	一三一
餞周心銘甘撫	一三一
賀荊籲吾甘撫州土	一三一
答荊籲吾甘撫	一三二
答荊籲吾甘撫	一三二
賀楊楚石榆撫應聘	一三三
與楊楚石榆撫	一三三
答張誠宇楚撫問達	一三四
答董誼臺楚撫漢儒	一三四
賀梁醇宇楚撫見龍	一三四
答徐海石楚撫兆魁	一三五
答衛桐陽鄖撫一鳳	一三五
與包大瀛豫撫見捷	一三五
與包大瀛豫撫	一三六
與包大瀛豫撫	一三六
答包大瀛豫撫	一三六
答包大瀛豫撫	一三七
答包大瀛豫撫	一三七
答包大瀛豫撫	一三八
與錢浩川虔撫桓	一三八
賀錢浩川虔撫	一三八
餞錢浩川虔撫	一三九
迎周春臺虔撫應秋	一三九

與周春臺虔撫……一四〇
　答周春臺虔撫……一四〇
　賀吳本如蜀撫用先……一四一
　與饒映垣蜀撫元暉……一四二
　與李玄白梁撫養正……一四二
　答李玄白梁撫……一四三
　與李孟白齊撫長庚……一四三
　答李孟白齊撫……一四四
　與王岵雲齊撫在晋……一四四
　答王岵雲齊撫……一四五
　答劉石閭越撫一焜……一四五
　答王斗溟閩撫士昌……一四六
　答黃與參閩撫承玄……一四六
　答陳匡左粵撫……一四七
　與陳匡左粵撫……一四七
　答陳匡左粵撫……一四七
　答張鳳皋黔撫鶴鳴……一四八

張忠烈公存集卷十三……一四九

　啟……一四九
　答許仰亭銀臺……一四九
　賀鄒南皋廷尉元標……一四九
　與韓晶宇廷尉濬……一五〇
　答朱玉槎容卿世守……一五〇
　與姚震宇冏卿鏞……一五〇
　答姚震宇冏卿……一五一
　與徐正宇冏卿鑒……一五一

答陳遹庵給諫……………………………………一五二
答晏懷泉給諫鳴春………………………………一五二
與劉泰階山西直指惟忠…………………………一五二
與江完素河東直指日彩…………………………一五三
與徐正宇督學直指………………………………一五三
答龍紫海兩淮直指遇奇…………………………一五四
與毛孺初漕運直指一鷺…………………………一五四
與畢東郊陝西直指懋康…………………………一五五
與畢東郊陝西直指………………………………一五五
贐畢東郊陝西直指………………………………一五六
迎龍紫海陝西直指………………………………一五六
與姚震宇茶馬直指………………………………一五六
迎黃武皋茶馬直指彥士…………………………一五七
答錢梅谷湖廣直指春……………………………一五七
與俞淳初廣西直指誨……………………………一五八
答徐若谷四川直指良彥…………………………一五八
與吳北陽四川直指之皡…………………………一五九
答楊伾南河東直指州鶴…………………………一五九
與陳中素江西直指于廷…………………………一六〇
與陳中素江西直指………………………………一六〇
與陳中素江西直指………………………………一六〇
迎劉耳陽江西直指蘭……………………………一六〇
與張憲松河南直指至發…………………………一六一
答楊伾南河南直指………………………………一六一
答陳中素山東直指………………………………一六二
答陳中素山東直指………………………………一六二
與郭振龍直指……………………………………一六三

答鄒瀘水直指德泳 …………………… 一六三
　　答鄒瀘水直指 ……………………… 一六四
　　答丘鍾崑直指兆麟 …………………… 一六四
　　賀新選省中 ………………………… 一六五
　　賀新選臺中 ………………………… 一六五
　　與候命臺中 ………………………… 一六六
　　答章仲山吏部光岳 …………………… 一六六
　　答涂溪如吏部國鼎 …………………… 一六六
　　答葉明生吏部 ……………………… 一六七
　　答錢泰宇戶部 ……………………… 一六七
　　賀湯暗生戶部 ……………………… 一六七
　　賀劉情宇戶部 ……………………… 一六八
　　與劉情宇戶部 ……………………… 一六八
　　答劉情宇戶部 ……………………… 一六九
　　答劉情宇戶部 ……………………… 一六九
　　答翁桃槎戶部 ……………………… 一六九
　　答翁桃槎戶部 ……………………… 一七〇
　　答鄒匪石南兵部惟璉 ………………… 一七〇
　　與李心白中翰成名 …………………… 一七一

張忠烈公存集卷十四 ………………… 一七三

　啓 ………………………………… 一七三
　　答趙鳴宇方伯彥 …………………… 一七三
　　賀閔曾泉方伯洪學 …………………… 一七三
　　答閔曾泉方伯 ……………………… 一七四
　　答沈何山方伯演 …………………… 一七四
　　答沈何山方伯 ……………………… 一七五

與周鶴岣憲長戀相 ………………………………… 一七五
答楊致吾憲長邦憲 ………………………………… 一七六
答林中漢憲長 ……………………………………… 一七六
答談中約大參自省 ………………………………… 一七六
與南二太學憲居益 ………………………………… 一七七
與梁懸藜憲副應澤 ………………………………… 一七七
答陶元暉憲副朗先 ………………………………… 一七八
答饒業明憲副元暉 ………………………………… 一七八
答饒業明憲副 ……………………………………… 一七九
答盧建臺憲副惟屏 ………………………………… 一七九
答詹起鵬憲副 ……………………………………… 一七九
答王□□憲副 ……………………………………… 一八〇
與傅咨伯郡守淑訓 ………………………………… 一八〇
答王漕河別駕 ……………………………………… 一八一
賀楊念庭糧馬別駕 ………………………………… 一八一
與王賓吾州守所用 ………………………………… 一八二
答何□□縣令篾 …………………………………… 一八二
答王□□縣令夢庚 ………………………………… 一八三
與董仁庵縣令之表 ………………………………… 一八三
答王蔥嶽長垣令洽 ………………………………… 一八四
答翟凌玄任丘令鳳翀 ……………………………… 一八四
答吳星海廣文道長 ………………………………… 一八五
答沐國公 …………………………………………… 一八五
答豐城侯 …………………………………………… 一八六
答劉□□總戎 ……………………………………… 一八六
答柴總戎 …………………………………………… 一八七
答張參戎 …………………………………………… 一八七

答潘內監 …………………… 一八七
與潘內監 …………………… 一八八
答張真人 …………………… 一八八

張忠烈公存集卷十五 …………………… 一九〇

啓 …………………… 一九〇

與王府元旦 …………………… 一九〇
答王府元旦 …………………… 一九〇
與相公元旦 …………………… 一九〇
與督撫元旦 …………………… 一九一
與督撫元旦 …………………… 一九一
答督撫元旦 …………………… 一九二
答督撫元旦 …………………… 一九二
答督撫元旦 …………………… 一九二
答直指元旦 …………………… 一九三
答鈔關元旦 …………………… 一九三
復司道元旦 …………………… 一九三
答督撫上元 …………………… 一九三
與王府端陽 …………………… 一九四
與王府端陽 …………………… 一九四
與王府端陽 …………………… 一九四
答王府端陽 …………………… 一九五
與督撫端陽 …………………… 一九五
答督撫端陽 …………………… 一九五
答督撫端陽 …………………… 一九六
與直指端陽 …………………… 一九六
與王府中秋 …………………… 一九六

答王府中秋 …… 一九七
與督撫中秋 …… 一九七
與督撫中秋 …… 一九七
答督撫中秋 …… 一九八
答鈔關中秋 …… 一九八
與王府重九 …… 一九八
與督撫重九 …… 一九九
答督撫重九 …… 一九九
與王府長至 …… 一九九
答王府長至 …… 二〇〇
與督撫長至 …… 二〇〇
答督撫長至 …… 二〇〇
復司道長至 …… 二〇一

張忠烈公存集卷十六 …… 二〇二

啓 …… 二〇二

壽益王 …… 二〇二
壽益王 …… 二〇二
壽方中涵相公従哲 …… 二〇三
壽李旭山總憲誌 …… 二〇三
壽劉定宇固原總制 …… 二〇三
壽李龍峰秦撫楠 …… 二〇四
壽錢浩川虔撫桓 …… 二〇四
壽彭嵩螺四川直指端吾 …… 二〇四
壽吉獻丹甘肅直指人 …… 二〇五
答吉獻丹回壽 …… 二〇五
答督撫賀生 …… 二〇六

答督撫賀生 …………………………………… 二〇六
　　答督撫賀生 …………………………………… 二〇六
　　答鈔關賀生 …………………………………… 二〇七
　　復司道賀生 …………………………………… 二〇七
　　謝婚 …………………………………………… 二〇七

張忠烈公存集卷十七 ……………………………… 二〇八

　啓 ……………………………………………………… 二〇八
　　行取謝王霽宇制院象乾 ……………………… 二〇八
　　行取謝王柱石撫院國 ………………………… 二〇八
　　謝孫藍石撫院薦瑋 …………………………… 二〇九
　　謝方沖涵按院薦大美 ………………………… 二一〇
　　謝黄雲蛟關院薦吉士 ………………………… 二一一
　　考滿與陳廉崖吏科治則 ……………………… 二一二
　　考滿與袁六休吏部 …………………………… 二一三
　　考滿與趙體衡太史乞文用光 ………………… 二一三
　　答喻秉吾司理賀考選致和 …………………… 二一四
　　答喻秉吾司理賀考滿 ………………………… 二一四
　　答喻秉吾司理賀聘考 ………………………… 二一五

張忠烈公存集卷十八 ……………………………… 二一六

　啓 ……………………………………………………… 二一六
　　送益王試録 …………………………………… 二一六
　　送閣院試録 …………………………………… 二一六
　　送督撫試録 …………………………………… 二一七
　　出闈答督撫 …………………………………… 二一七

迎正主考	二一八
迎副主考	二一八
迎兩主考	二一九
請主考	二一九
餞主考	二二〇
請孫藍石倉場瑋	二二〇
請李龍峰中丞楠	二二一
請包大瀛中丞見捷	二二一
請包大瀛中丞	二二二
請包大瀛中丞	二二二
請包大瀛中丞	二二三
請錢浩川中丞桓	二二三
請吉獻丹直指	二二三
請吉獻丹直指	二二四
請錢泰宇餉部	二二四
陝西別啓	二二四
江西別啓	二二五

張忠烈公存集卷十九 二二六

尺牘 二二六

與臺省諸公	二二六
與張華東給諫延登	二二六
與孫拱陽侍御居相	二二六
與李素我侍御凌雲	二二七
答錢梅谷侍御春	二二七
與吉獻丹侍御人	二二七

答楊伍南侍御_{州鶴} …………………………… 二二七
與周句蒽侍御_{師旦} …………………………… 二二八
與趙懷東侍御_綾 ……………………………… 二二八
與李燦岩侍御_{吉星} ……………………………… 二二八
與李涵初侍御_{徵儀} …………………………… 二二九
答董誼臺中丞_{漢儒} …………………………… 二二九
與錢梅谷侍御_春 ……………………………… 二二九
答楊弱水侍御_鶴 ……………………………… 二三〇
答張憲松侍御_{至發} …………………………… 二三〇
與賈鳴寰儀部 …………………………………… 二三一
與韋崧翹給諫_蕃 ……………………………… 二三二
與龍紫海侍御_{遇奇} …………………………… 二三二
與龍紫海侍御 …………………………………… 二三二

張忠烈公存集卷二十 ………………………………… 二三四

尺牘 ………………………………………………… 二三四

遼事 ………………………………………………… 二三四

答文受寰憲副_球 ……………………………… 二三四
與武夷懿憲副_{文達} …………………………… 二三五
與黃梓山司馬_{嘉善} …………………………… 二三五
答江完素侍御_{日采} …………………………… 二三六
與趙澹含給諫_{興邦} …………………………… 二三六
與李涵初侍御_{徵儀} …………………………… 二三七
與趙澹含給諫 …………………………………… 二三八
與徐玄扈宮坊_{光啟} …………………………… 二三八
與文受寰總制 …………………………………… 二三九
答劉斗陽中丞_{日梧} …………………………… 二三九

答李夢白中丞長庚 ……	二三九
答沈泰垣中丞儆竹 ……	二四〇
答吳北陽侍御之皥 ……	二四〇
答王岵雲中丞在晋 ……	二四〇
與熊芝岡侍御廷弼 ……	二四一
與商等軒給諫周祚 ……	二四一
答孫百六侍御之益 ……	二四一
答王虞石侍御九叙 ……	二四二
與李祝垣侍御嵩 ……	二四二
答郭振龍侍御一鶚 ……	二四二
答劉總戎綎 ……	二四三
與趙懷東侍御級 ……	二四三
與劉方瀛侍御廷元 ……	二四三
與龍紫海侍御遇奇 ……	二四四
與田雙南侍御生金 ……	二四五
與徐玄扈宮詹光啓 ……	二四五
答賈鳴寰大參之鳳 ……	二四六
與李夢白中丞長庚 ……	二四六
與李載心給諫若珪 ……	二四七
答沈何山方伯演 ……	二四七
答周句葱侍御師旦 ……	二四七
答陳松石中丞所學 ……	二四八
答楊伾南侍御州鶴 ……	二四八
與楊弱水侍御鶴 ……	二四八
答丘鍾崑侍御兆麟 ……	二四八
答汪靜峰總制應蛟 ……	二四九
答韓晶宇中丞濬 ……	二四九

與房素中侍御壯麗 ····················· 二四九
　　上顧鄰初老師宮詹起元 ················· 二五〇
　　與衛桐陽司寇一鳳 ····················· 二五〇
　　與鄒南皋廷尉元標 ····················· 二五〇
　　與王虞石侍御九叙 ····················· 二五一
　　答魏蒼水憲副濬 ······················· 二五一
　　與潘澄源侍御濬 ······················· 二五一
　　答韓晶宇中丞濬 ······················· 二五二
　　答劉石閭中丞一焜 ····················· 二五二
　　答駱沆瀍侍御駸曾 ····················· 二五三
　　與房素中侍御 ························· 二五三

張忠烈公存集卷二十一 ····················· 二五五

尺牘 ····································· 二五五
西巡公事 ································· 二五五
　　茶馬報代 ····························· 二五五
　　送閣部院揭帖 ························· 二五五
　　復固原道 ····························· 二五六
　　復鳳翔韓司理 ························· 二五六
　　復苑馬寺 ····························· 二五六
　　復苑馬寺 ····························· 二五七
　　復關西道 ····························· 二五七
　　復關西道 ····························· 二五八
　　復莊浪道 ····························· 二五八
　　答荊籲吾中丞 ························· 二五八
　　答荊籲吾中丞 ························· 二五九
　　復西寧道 ····························· 二五九

復崔副將 … 二六〇
復李參戎 … 二六〇
復安綿道 … 二六〇
復李龍峰中丞 … 二六〇
復李龍峰中丞 … 二六一

張忠烈公存集卷二十二 … 二六二

尺牘 … 二六二
南巡公事 … 二六二
江右報代 … 二六二
答益王 … 二六二
答益王 … 二六三
答益王 … 二六三
答益王 … 二六三
答淮王 … 二六四
答淮王 … 二六四
答淮王 … 二六五
與政府 … 二六五
與禮部禮科 … 二六六
與孫鑑湖宗伯 … 二六六
送大計冊 … 二六七
答陳信吾憲副 … 二六七
答鄒南皋廷尉 … 二六七
答李懋明侍御 … 二六八
答豐城鄉紳 … 二六九
答安福鄉紳 … 二六九
答南昌鄉紳 … 二六九

答鄒南皋廷尉	二七〇
與陳中素侍御	二七〇
與王岵雲中丞	二七〇

張忠烈公存集卷二十三 ……… 二七一

尺牘 ……… 二七一
西巡應酬 ……… 二七一

與孫藍石總憲	二七一
與許少微副院	二七一
與黃梓山總制	二七二
答黃梓山總制	二七二
與黃梓山總制	二七二
答黃梓山總制	二七二
與崔瑞軒中丞	二七二
答崔瑞軒中丞	二七三
答崔瑞軒中丞	二七三
與劉定宇中丞	二七三
答劉定宇中丞	二七四
答崔振峰中丞	二七四
答荆籲吾中丞	二七五
與李龍峰中丞	二七五
答李龍峰中丞	二七五
答吳本如中丞	二七五
與王壺嶺中丞	二七六
上顧鄰初老師宮坊	二七六
與孫愷陽宮坊	二七六
與馮少墟符司	二七七

答馮少墟符司…………………………二七七
與李心白給諫…………………………二七七
與龍紫海侍御…………………………二七八
與龍紫海侍御…………………………二七八
與龍紫海侍御…………………………二七八
答龍紫海侍御…………………………二七八
與吉獻丹侍御…………………………二七九
與吉獻丹侍御…………………………二七九
答吉獻丹侍御…………………………二七九
答吉獻丹侍御…………………………二七九
答彭嵩螺侍御…………………………二七九
答楊弱水侍御…………………………二八〇
答徐若谷侍御…………………………二八〇
與熊芝岡侍御…………………………二八〇
與周句葱侍御…………………………二八一
與李涵初侍御…………………………二八一
與吳見陶侍御…………………………二八一
答錢梅谷侍御…………………………二八二
答趙乾所選部…………………………二八二
與郭天谷選部…………………………二八二
與錢泰宇餉部…………………………二八二
答錢泰宇餉部…………………………二八三
與李震陽駕部…………………………二八三
與吳澄宇水部…………………………二八三
復黃與參藩司…………………………二八三
復祁念東肅州道………………………二八四
復龍君御西寧道………………………二八四

復王藎亭洮岷道……二八四
復杜友白莊浪道……二八四
復隴右道……二八四
復王□□安綿道……二八五
復王□□安綿道……二八五
復焦郡倅……二八五
復臨洮陳司理……二八五
與韓經宇進士……二八六
復三原令……二八六
與曹春元暹……二八六

張忠烈公存集卷二十四……二八八

尺牘……二八八
南巡應酬……二八八
答益王……二八八
與孫藍石總憲……二八八
與李旭山總憲……二八九
與吳節庵總制……二八九
與包大瀛中丞……二八九
答錢浩川中丞……二八九
與錢浩川中丞……二九〇
答王太蒙中丞……二九〇
答文受寰中丞……二九〇
答饒映垣中丞……二九〇
與饒映垣中丞……二九一
答王憲葵中丞……二九一
與李龍峰中丞……二九一

與韓晶宇中丞 …………………………………… 二九二
答臧九岩中丞 …………………………………… 二九二
與王岵雲中丞 …………………………………… 二九二
答王岵雲中丞 …………………………………… 二九三
與姚羅浮銀臺 …………………………………… 二九三
與周元汀銀臺 …………………………………… 二九四
與鄒南皋廷尉 …………………………………… 二九四
答鄒南皋廷尉 …………………………………… 二九四
答鄒南皋廷尉 …………………………………… 二九五
上顧鄰初老師宮詹 ……………………………… 二九五
與楊昆阜宮詹 …………………………………… 二九六
與孫愷陽宮坊 …………………………………… 二九六
答朱月樵給諫 …………………………………… 二九六
與李念塘給諫 …………………………………… 二九七
與李心白給諫 …………………………………… 二九七
答周澝西給諫 …………………………………… 二九七
與楊浴陽給諫 …………………………………… 二九七
與劉貞一侍御 …………………………………… 二九八
與房素中侍御 …………………………………… 二九八
與徐海石侍御 …………………………………… 二九八
答徐海石侍御 …………………………………… 二九九
與陳素中侍御 …………………………………… 二九九
與韓晶宇侍御 …………………………………… 二九九
與馮禮亭侍御 …………………………………… 三〇〇
答方魯岳侍御 …………………………………… 三〇〇
與胡小山侍御 …………………………………… 三〇〇
與胡小山侍御 …………………………………… 三〇〇

與王襟海侍御…………………………………三〇一
與彭天承侍御…………………………………三〇一
答彭天承侍御…………………………………三〇一
答崔抑庵侍御…………………………………三〇二
答毛孺初侍御…………………………………三〇二
與林劍石侍御…………………………………三〇二
與吳北陽侍御…………………………………三〇二
與駱沆瀣侍御…………………………………三〇三
答駱沆瀣侍御…………………………………三〇三
與駱沆瀣侍御…………………………………三〇三
答劉芳瀛侍御…………………………………三〇四
與翟凌軒侍御…………………………………三〇四
與熊極峰侍御…………………………………三〇四
與張貌姑侍御…………………………………三〇五
與傅見俞侍御…………………………………三〇五
與趙懷東侍御…………………………………三〇五
與孫瀟湘侍御…………………………………三〇六
答葉明生銓部…………………………………三〇六
答楊雲門水部…………………………………三〇六
答王岵雲方伯…………………………………三〇七
答王岵雲方伯…………………………………三〇七
答沈何山廉憲…………………………………三〇七
與詹起鵬大參…………………………………三〇七
與馮抑庵憲副…………………………………三〇八
與岳石梁憲副…………………………………三〇八
與劉蘿經憲副…………………………………三〇八
答黃貞父憲副…………………………………三〇九

答項聽所憲副ᆢᆢᆢᆢᆢᆢᆢᆢᆢᆢᆢᆢᆢᆢᆢᆢᆢᆢᆢᆢᆢᆢᆢᆢᆢᆢᆢᆢᆢᆢᆢᆢᆢᆢᆢᆢ 三〇九
　　答張西江憲副ᆢᆢᆢᆢᆢᆢᆢᆢᆢᆢᆢᆢᆢᆢᆢᆢᆢᆢᆢᆢᆢᆢᆢᆢᆢᆢᆢᆢᆢᆢᆢᆢᆢᆢᆢᆢ 三〇九
　　與李斗冲太宇ᆢᆢᆢᆢᆢᆢᆢᆢᆢᆢᆢᆢᆢᆢᆢᆢᆢᆢᆢᆢᆢᆢᆢᆢᆢᆢᆢᆢᆢᆢᆢᆢᆢᆢᆢᆢ 三〇九
　　與韓經宇廷評ᆢᆢᆢᆢᆢᆢᆢᆢᆢᆢᆢᆢᆢᆢᆢᆢᆢᆢᆢᆢᆢᆢᆢᆢᆢᆢᆢᆢᆢᆢᆢᆢᆢᆢᆢᆢ 三一〇
　　與韓經宇廷評ᆢᆢᆢᆢᆢᆢᆢᆢᆢᆢᆢᆢᆢᆢᆢᆢᆢᆢᆢᆢᆢᆢᆢᆢᆢᆢᆢᆢᆢᆢᆢᆢᆢᆢᆢᆢ 三一〇
　　與廉奎宇廷評ᆢᆢᆢᆢᆢᆢᆢᆢᆢᆢᆢᆢᆢᆢᆢᆢᆢᆢᆢᆢᆢᆢᆢᆢᆢᆢᆢᆢᆢᆢᆢᆢᆢᆢᆢᆢ 三一〇
　　答李有懷宜都令ᆢᆢᆢᆢᆢᆢᆢᆢᆢᆢᆢᆢᆢᆢᆢᆢᆢᆢᆢᆢᆢᆢᆢᆢᆢᆢᆢᆢᆢᆢᆢᆢᆢᆢ 三一〇
　　與趙□衡ᆢᆢ 三一〇
　　與張滄西公子ᆢᆢᆢᆢᆢᆢᆢᆢᆢᆢᆢᆢᆢᆢᆢᆢᆢᆢᆢᆢᆢᆢᆢᆢᆢᆢᆢᆢᆢᆢᆢᆢᆢᆢᆢᆢ 三一〇

張忠烈公存集卷二十五ᆢᆢᆢᆢᆢᆢᆢᆢᆢᆢᆢᆢᆢᆢᆢᆢᆢᆢᆢᆢᆢᆢᆢ 三一二

　尺牘ᆢᆢᆢ 三一二
　桑梓ᆢᆢᆢ 三一二
　　與楊伾南鹽院ᆢᆢᆢᆢᆢᆢᆢᆢᆢᆢᆢᆢᆢᆢᆢᆢᆢᆢᆢᆢᆢᆢᆢᆢᆢᆢᆢᆢᆢᆢᆢᆢᆢᆢᆢᆢ 三一二
　　與閔曾泉方伯ᆢᆢᆢᆢᆢᆢᆢᆢᆢᆢᆢᆢᆢᆢᆢᆢᆢᆢᆢᆢᆢᆢᆢᆢᆢᆢᆢᆢᆢᆢᆢᆢᆢᆢᆢᆢ 三一三
　　與王衷宇西寧道ᆢᆢᆢᆢᆢᆢᆢᆢᆢᆢᆢᆢᆢᆢᆢᆢᆢᆢᆢᆢᆢᆢᆢᆢᆢᆢᆢᆢᆢᆢᆢᆢᆢ 三一三
　　答王衷宇西寧道ᆢᆢᆢᆢᆢᆢᆢᆢᆢᆢᆢᆢᆢᆢᆢᆢᆢᆢᆢᆢᆢᆢᆢᆢᆢᆢᆢᆢᆢᆢᆢᆢᆢ 三一四
　　與黃輿參南京兆ᆢᆢᆢᆢᆢᆢᆢᆢᆢᆢᆢᆢᆢᆢᆢᆢᆢᆢᆢᆢᆢᆢᆢᆢᆢᆢᆢᆢᆢᆢᆢᆢᆢ 三一四

張忠烈公存集卷二十六ᆢᆢᆢᆢᆢᆢᆢᆢᆢᆢᆢᆢᆢᆢᆢᆢᆢᆢᆢᆢᆢᆢᆢ 三一五

　尺牘ᆢᆢᆢ 三一五
　節令ᆢᆢᆢ 三一五
　　答龍紫海元旦ᆢᆢᆢᆢᆢᆢᆢᆢᆢᆢᆢᆢᆢᆢᆢᆢᆢᆢᆢᆢᆢᆢᆢᆢᆢᆢᆢᆢᆢᆢᆢᆢᆢᆢᆢᆢ 三一五
　　答徐思健元旦ᆢᆢᆢᆢᆢᆢᆢᆢᆢᆢᆢᆢᆢᆢᆢᆢᆢᆢᆢᆢᆢᆢᆢᆢᆢᆢᆢᆢᆢᆢᆢᆢᆢᆢᆢᆢ 三一五
　　復司道元旦ᆢᆢᆢᆢᆢᆢᆢᆢᆢᆢᆢᆢᆢᆢᆢᆢᆢᆢᆢᆢᆢᆢᆢᆢᆢᆢᆢᆢᆢᆢᆢᆢᆢᆢᆢᆢᆢᆢ 三一五
　　答楊伾南端陽ᆢᆢᆢᆢᆢᆢᆢᆢᆢᆢᆢᆢᆢᆢᆢᆢᆢᆢᆢᆢᆢᆢᆢᆢᆢᆢᆢᆢᆢᆢᆢᆢᆢᆢᆢᆢ 三一六
　　答徐思健端陽ᆢᆢᆢᆢᆢᆢᆢᆢᆢᆢᆢᆢᆢᆢᆢᆢᆢᆢᆢᆢᆢᆢᆢᆢᆢᆢᆢᆢᆢᆢᆢᆢᆢᆢᆢᆢ 三一六

答崔振峰中秋 ……………………………… 三一六
　　答吉獻丹中秋 ……………………………… 三一六
　　答錢浩川中秋 ……………………………… 三一七
　　與劉環江中秋 ……………………………… 三一七
　　與包大瀛中秋 ……………………………… 三一七
　　復司道重九 ………………………………… 三一七
　　復司道長至 ………………………………… 三一七

張忠烈公存集卷二十七 …………………… 三一八

　叙 …………………………………………… 三一八
　　《孔聖家語》叙 …………………………… 三一八
　　《國史紀聞》叙 …………………………… 三一九
　　《春秋集傳》叙 …………………………… 三二〇
　　《左國合編》叙 …………………………… 三二二
　　《慕古錄》叙 ……………………………… 三二二
　　《青丘先生詩選》叙 ……………………… 三二四
　　《常明卿集》叙 …………………………… 三二五
　　《中丞包大瀛疏草》叙 …………………… 三二五
　　《鄉試序齒錄》叙 ………………………… 三二七
　　《觀風錄》叙 ……………………………… 三二八
　　《擬觀風錄》序 …………………………… 三二九
　　《平反錄》引 ……………………………… 三三一
　　《駢牘》引 ………………………………… 三三二

張忠烈公存集卷二十八 …………………… 三三四

　叙 …………………………………………… 三三四

賀包大瀛中丞奏績恩榮序 …………………………… 三三四
　　送王翼庭太守入覲序 ………………………………… 三三五
　　送王鍾嵩太守入覲序 ………………………………… 三三七
　　贈楊念庭別駕致政序 ………………………………… 三三九
　　賀任學博膺臺獎序 …………………………………… 三四〇
　　壽韓仁居大尹七十序 ………………………………… 三四一
　　壽韓仁居大尹七十序 ………………………………… 三四三
　　壽李竹庵封翁八十序 ………………………………… 三四四
　　壽舅氏霍翁八十一序 ………………………………… 三四五
　　壽延用齋六十序 ……………………………………… 三四七
　　壽李太母八十序 ……………………………………… 三四八
　　壽李太母八十序 ……………………………………… 三四九
　　賀曹寶山榮膺恩封序 ………………………………… 三五〇
　　賀萬松上人序 ………………………………………… 三五一

張忠烈公存集卷二十九 ………………………………… 三五三

　傳 ……………………………………………………… 三五三
　　常明卿傳 ……………………………………………… 三五三
　　李節婦傳 ……………………………………………… 三五四

張忠烈公存集卷三十 …………………………………… 三五八

　雜著 …………………………………………………… 三五八
　　札記 …………………………………………………… 三五八
　　立志說 ………………………………………………… 三六二

張忠烈公存集卷三十二（闕前三十頁）………………… 三六四

　《春秋集傳》 ………………………………………… 三六四

昭公………………………………………………三六四
　　定公………………………………………………三七〇
　　哀公………………………………………………三七三

張忠烈公存集卷三十三………………………………三七六

　墓誌銘……………………………………………三七六
　　鄭府紀善晉崗劉公配趙氏合葬墓誌銘…………三七六
　　平陸縣教諭立齋陳公配龐氏合葬墓誌銘………三七八
　　庠生南宮寳公配馬氏合葬墓誌銘………………三七九
　　壽官雙椿張公配王氏合葬墓誌銘………………三八一
　　處士念山張公配寳氏合葬墓誌銘………………三八二
　　李母寳孺人墓誌銘………………………………三八三
　墓表………………………………………………三八六
　　乾州刺史龍池段公墓表…………………………三八六
　　庠生龍峰霍公墓表………………………………三八九

張忠烈公存集卷三十四………………………………三九二

　祭文………………………………………………三九二
　　祭沁河神文………………………………………三九二
　　謝雨文……………………………………………三九二
　　祭八蜡神文………………………………………三九三
　　祭諸葛武侯文……………………………………三九三
　　祭左心源直指文…………………………………三九三
　　祭張臨碧大參文…………………………………三九四
　　祭崔新潢主政文…………………………………三九五
　　祭楊昆阜兩尊人文………………………………三九六
　　祭劉紹川太學文…………………………………三九七

祭户部郎中祖考文 ……………………………… 三九八
祭李母文 ……………………………………… 三九九
釋服祭李母文 ………………………………… 四〇〇
祭弟孝廉鉿文 ………………………………… 四〇〇

張忠烈公存集卷三十五 ……………………… 四〇三

譜牒 …………………………………………… 四〇三
張氏世譜 ……………………………………… 四〇三

附錄 …………………………………………… 四一〇

《續國史紀聞》序 ……………………………… 四一〇
《春秋集傳》後序 ……………………………… 四一一
進呈《春秋集傳》表 …………………………… 四一二
輯《先忠烈公文集》後序 ……………………… 四一三

點校說明

《張忠烈公存集》，明代張銓著。

張銓，字宇衡，號見平，張五典之子，山西沁水竇莊人。萬曆三十二年（一六〇四）進士，明年授保定推官。萬曆三十八年擢浙江道御史，出巡西北茶馬。丁內艱，服闕。萬曆三十八年以來，先後巡按浙江、陝西、江西等地，任御史十餘年。

萬曆四十六年戊午，後金（清）兵犯遼東，遼東總兵官張承廕敗歿，經略楊鎬方議四道出師。《明史·忠義·張銓傳》："銓馳奏言：'敵山川險易，我未能悉知，懸軍深入，保無抄絕？且突騎野戰，敵所長，我所短。以短擊長，以勞赴逸，以客當主，非計也。昔臚朐河之戰，五將不還，奈何輕出塞。爲今計，不必徵兵四方，但當就近調募，屯集要害以固吾圉，厚撫北關以樹其敵，多行間諜以携其黨，然後伺隙而動。若加賦選丁，騷擾天下，恐識者之憂不在遼東。'因請發帑金，補大僚，宥直言，開儲講，先爲自治之本。"又論經略楊鎬非大帥之才，並力薦熊廷弼。

萬曆四十八年夏，張銓復上疏言："自軍興以來，所司創議加賦，畝增銀三釐，未幾至七釐，又未幾至九釐。辟之一身，遼東肩背也，天下腹心也。肩背有患，猶藉腹心之血脉滋灌。若腹心先潰，危亡可立待。竭天下以救遼，遼未必安，而天下已危。今宜聯人心以固根本，豈可朘削無已，驅之使亂。且陛下內廷積金如山，以有用之物，置無用之地，與瓦礫糞土何異。乃發帑之請，叫閽不應，加派之議，朝奏夕可。臣殊不得其解。"

張銓之疏皆軍國大計，悉關宗社安危。時萬曆皇帝被奸佞群小左右，張銓之忠言未被采納。未幾，三路覆師，張銓之言一一左驗，時謂銓有先見云。

熹宗即位，張銓出按遼東。《明史·忠義傳·張銓》：天啓元年八月，後金破瀋陽，張銓守遼陽被圍。"守三日，城破，被執不屈，欲殺之，引頸待刃，乃送歸署。銓衣冠向闕拜，又遙拜父母，遂自經"，年僅四十六歲。"事聞，贈大理卿，再贈兵部尚書，謐忠烈"。光緒《沁水縣志》卷八陳繼儒《忠烈張公傳》亦記：張銓"衣冠向闕拜者八，向家拜者四。遙謝君父畢，遂自經死。東兵走視嘆曰：'忠臣！忠臣！'"

張銓著述較爲豐富，分別作有《國史紀聞》、《春秋集傳》、《〈左〉〈國〉合編》、《慕古錄》（或《鑒古錄》）、《骿牘》等。其子張道濬在《輯〈先忠烈公文集〉後序》中記："先公遺集若干卷，今始授梓，非敢後也，蓋有待云。先公少壯登朝，性喜著述。即持斧遼左，軍旅暇，猶擬觚翰從事。其《周易解》、《四書正訛》、《性學日得》、《〈左〉〈國〉箋注》、《慕古錄》等書，皆失之殉難之日。今存止《春秋集傳》，得錄以進御；已行世之《國史紀聞》，然亦自武廟止，嘉隆來，纂述未竟也。"另外，《清代禁毀書目》著錄有《張忠烈公奏疏》、《張忠烈存集》、《勝遊草》等著，光緒《沁水縣志》著錄有《國史紀聞》、《春秋集（傳）》、《勝遊草》等著。

然而，張銓如此衆多著述，僅知《春秋集傳》十二卷、《國史紀聞》十二卷與《張忠烈公存集》三十五卷等三種存世，其他存佚不詳。

《張忠烈公存集》爲張道濬於崇禎六年（一六三三）至崇禎十五年期間，在流放海寧衛時期，將先父張銓生前著述匯輯刻印而成。其《輯〈先忠烈公文集〉後序》以爲，他所匯輯的張銓生前著述，"奏議止庚申前，得十之六；詩稿止遊覽，得十之四，其散佚尚多"。意即《張忠烈公存集》所匯輯的張銓著述，僅得十之五左右，其他未匯輯到的文稿，存佚則不明。

《張忠烈公存集》爲明末刊本，藏山東省圖書館，後收入《四庫禁毀書叢刊》（1998年北京出版社影印）。

所謂"存集"者，意即當時存世的文稿。今《張忠烈公存集》僅殘存二十九卷，前五卷闕，卷六至卷八爲"詩"，卷九至卷十收"奏疏"，卷十一至卷十八收"啓"，卷十九至卷二十六收"尺牘"，卷二十七收"叙"，卷二十八收"序"，卷二十九收"傳"，卷三十收"雜著"，卷三十一闕，卷三十二收"《春秋集傳》"，卷三十三收"墓志銘、墓表"，卷三十四收"祭文"，卷三十五收"譜牒"等。

按古人別集編撰體例，卷首當安排至少一篇"序"，卷一爲"賦"，卷二以後爲"詩"，而《張忠烈公存集》前五卷皆闕。竊以爲《張忠烈公存集》前五卷之闕，應屬人爲所造成，卷三十一之闕可能也屬於此類情況，在清朝編撰《四庫全書》時被抽毀，遂使《張忠烈公存集》殘缺不全。《清代禁毀書目》所著錄的"《張忠烈公存集》"，已經可以解釋《張忠烈公存集》何以如此殘缺不全。如果綜合考證一下張銓其他著述，或可推測《張忠烈公存集》殘缺部分內容。

張銓著有《駢牘》，據《張忠烈公存集》所收《〈駢牘〉引》，其爲張銓所作"駢驪之文"，正好可以補充《張忠烈公存集》卷一所缺"賦"的部分。光緒《沁水縣志》卷八《人物·文苑》記張銓："著有《國史紀聞》、《春秋集（傳）》、《勝遊草》行世。"《勝遊草》四卷，萬曆間刻本，存佚不詳。國圖有《勝遊草》四卷存本，作者爲明代孫銓，但記載中孫銓沒有《勝遊草》之作。"孫"和"張"繁體字草書相似，《勝遊草》恐即張銓之作。如是，正好可以補充《張忠烈公存集》中卷二至卷五所缺"詩"的部分。《張忠烈公存集》卷三十爲"雜著",卷三十一又闕,卷三十二收《春秋集傳》,那麼卷三十一可能收的是《〈左〉〈國〉合編》(或即《〈左〉〈國〉箋注》)等。如此推測,《張忠烈公存集》尚是"全璧"。當然,這一切純屬"推測",需要到各地圖書館檢索查找張銓其他著述的存佚,才可很好地完成這個繁雜而系統工程。

另外,《張忠烈公存集》卷三十二闕前三十頁,實際是個殘卷。張道濬《進呈〈春秋集傳〉表》稱:"謹繕寫臣父遺書《春秋集傳》,計十五卷,實封進呈。"《明史·藝文志》著錄:"《春秋補傳》(《春秋集傳》)十二卷、《國史記聞》十二卷、《鑒古錄》六卷。"孔子作《春秋》,以魯國之隱公、桓公、莊公、閔公、僖公、文公、宣公、成公、襄公、昭公、定公、哀公等十二國君爲序,故《春秋集傳》應爲十二卷。但《張忠烈公存集》卷三十二所收《春秋集傳》,僅有"昭公、定公、哀公"等三公集傳。所以,《春秋集傳》也有一個檢索查找原本的重任,方可彌補《張忠烈公存集》"全璧"之缺。

或可以爲張道濬在"彙刻"《張忠烈公存集》時,原本就没匯輯全其父傳世之作,遂暫存卷數,以待後補。張道濬《輯〈先忠烈公文集〉後序》(張道濬《張司隸初集》作《輯先忠烈公文集後序》)中有語可證:"不肖浚,彙刻先公集待之。倘天不愛道,得復見向所佚稿,庶少釋其痛,爲子之責或可逭乎?嗟乎!浚安能一日忘諸懷也。"

本次整理的《張忠烈公存集》,即用《四庫禁毁書叢刊》影印本爲底本。底本具體殘缺情況如下:書首(即序、總目),第一卷至第五卷,第十一卷第二十七頁,第十二卷第五十三頁至末頁,第二十四卷第三十五頁至末頁,第三十一卷,第三十二卷前三十頁。又,第九卷第二十九頁B面與第三十頁B面重復。

底本殘缺書首目録，僅有各卷首目録。第十一卷至第十八卷原卷首目録作"駢牘"，正文作"啓"，今據正文統一作"啓"。難以辨認的文字則用"□"代替。底本錯誤，及其衍奪舛訛，均予校正，並出校記説明。

原書卷首有"沁水張銓宇衡甫著"字樣，今删去。

張忠烈公存集卷六

詩

五言絕句

小　園

三逕無人到，春風滿綠苔。柴門長日閉，只好待風開。

春　暮

艸色斜侵砌，花香暗入軒。春光看又過，客思共誰言。

春盡見花飛有感

苦恨芳菲節，飄零已若斯。只緣春去早，不是看花遲。

聞　雁

爲客傷春早，端居憶故廬。殷勤南去雁，好寄北來書。

九　日

客館秋風夜，黃花炤眼新。隔籬誰送酒，不見白衣人。

武安道中

往日見山愁，歸來見山喜。客心自不同，青山只如此。

留 別

誰能留夕焰,生怕盡離觴。試問寒溪水,何如別意長。

塞上曲 二首

結髮從戎馬,蹉跎鬢已斑。漢皇不好武,長閉玉門關。

其 二

漢兵初入塞,諸將盡封侯。誰念陰山下,沙場骨未收。

俠 者

相逢酒家胡,相邀過劇孟。但看意氣奇,何必知名姓。

筆 山

月映毫有光,雨洗鋒尤紫。千載草白雲,紛紛落如紙。

采蓮曲 三首

采采芙蓉花,輕舟蕩江水。不愛蓮葉香,願結蓮心子。

其 二

結伴戲芳塘,荷花十里香。莫教攀折盡,留取藕絲長。

其 三

鼓棹凌波荇,回船避急湍。持將花比貌,歸去待郎看。

江南曲 二首

風吹楊柳枝,是妾別君時。楊柳今搖落,妾心那不悲。

其 二

一道秦淮水，茫茫向海流。徒能送行客，不解送歸舟。

獨 坐

明月炤人影，清風吹我襟。静中何限意，相對兩無心。

江 行

江水如碧玉，江聲如素琴。往來江上者，若個是知音。

漢中早春

客裏年華換，春風不解愁。歸心如漢水，日夜向東流。

江行偶憶老杜春水船如天上坐之句用韵率成〔一〕七首

漢水清如鏡，舟行及好春。月明江浦望，不見弄珠人。

其 二

客身一葉舟，客路三千里。欲問客心愁，量取春江水。

其 三

繫纜短籬邊，篷窗起夕烟。一聲歌欸乃，知是釣魚船。

其 四

蒼茫東去路，客子意何如。不待秋風起，扁舟憶鱠魚。

其 五

漢水源通海，銀河故在天。乘槎如可問，欲問斗牛邊。

其 六

咿軋向中流，片帆自搖蕩。平生魏闕心，牢落江湖上。

其 七

孤征意蕭索，苦吟還獨坐。繫楫發浩歌，曲終無人和。

閨 思

高樓臨大道，一上一凄然。緲緲雲山遠，行人若個邊。

春 雪

積散連昏曉，長空滿素華。却疑春去早，二月落梨花。

自君之出矣 九首

自君之出矣，不復試新妝。思君如絳燭，到晚淚成行。

其 二

自君之出矣，不復畫雙蛾。思君如霜艸，朝來憔悴多。

其 三

自君之出矣，不裁合歡扇。思君如車輪，日在天涯轉。

其 四

自君之出矣，不傍青玉案。思君如葛藟，纏綿難得斷。

其 五

自君之出矣，不復理金徽。思君如楊花，飄搖到處飛。

其　六

自君之出矣，不綰同心結。思君如杜鵑，夜夜啼紅血。

其　七

自君之出矣，不和白頭吟。思君如蓮子，其中有苦心。

其　八

自君之出矣，不耐繡鴛鴦。思君如春柳，絲絲漸覺長。

其　九

自君之出矣，不忍上妝樓。思君如流水，悠悠無盡頭。

明[二]妃曲

萬里赴龍沙，行行別漢家。獨憐宮裏月，相伴到天涯。

落　花三首

苦被閒情惱，傷春不自繇。夜來風雨惡，夢裏替花愁。

其　二

花開何太遲，花落何太早。惆悵惜芳魂，殘紅不忍掃。

其　三

莫惜花飛盡，花飛還復開。可憐年少日，一去不重迴。

題　畫

我本深山居，出山成小艸。不似畫中人，長占青山老。

咏 竹

琅琅碧玉枝，春來不改色。自有歲寒姿，那借東風力。

見 雁

客思三秋苦，鄉書一字難。不知南去雁，幾日過行山。

六友吟六首〔三〕

　　余偶閱駱兩溪《十友吟》，愛其有蕭然塵外之想，署中僅有友五人焉，益以月香主人，共得六友。此六友者，雅致芳標，貞心素質，實可結久要之契，索居無侶，笑傲其間，若無情者之有情也。因作《六友吟》。

蒼髯翁

此翁骨相殊，不比蒲與柳。我髯近亦蒼，與君期白首。

抱節君

君素抗高節，終身秉堅貞。余亦落落者，願結歲寒盟。

冰雪丈人

丈人有高行，不肯近炎熱。以君冰雪心，勵我風霜節。

幽芳處士

幽人抱孤芳，清香常四射。自從與君居，臭味漸相化。

雲華仙

仙子來何處，雲水有深緣。□與君相遇，曾在華山巔。

月香主人

明月淡於水，天香處處浮。對君清夜永，且奏廣寒遊。

不　寐

秋夜凉如水，秋月白于霜。憂來常不寐，豈但爲思鄉。

秋　夜

沉沉更漏長，唧唧秋蟲語。何處最愁人，簾外芭蕉雨。

校勘記

〔一〕"率成"，卷首原目録無。

〔二〕"明"，原作"其"，據卷首原目録改。

〔三〕"六首"，原無，據卷首原目録補。

張忠烈公存集卷七

詩

六言絕句

閒居雜詠八首

門外陶潛碧柳，窗中謝朓青山。造物容吾笑傲，高門長閉柴關。

其　二

花樹香飛蛺蝶，晴沙暖浴鳧鷺。最是流鶯有意，聲聲如向人啼。

其　三

折柳偶來大道，尋花因過前蹊。乘興杳然獨往，不知紅日沉西。

其　四

案上蠹殘斷簡，枝頭鳥汙殘棋。玄晏先生睡足，揮毫且艸新詩。

其　五

疏竹瀟瀟曲逕，玄蟬喊喊高柯。昨夜秋風初到，池塘落盡殘荷。

其　六

懶性厭投羈靮，孤蹤愛伴烟霞。世上憑人白眼，尊前且醉黃花。

其　七

籬下香清叢菊，庭前葉舞秋梧。箕踞自傾濁酒，醉來一任狂呼。

其　八

鬢髮俄成白首，滄波還變桑田。轉眼繁華逝矣，獨留春色年年。

長安道 四首

俠客連錢寶馬，名姝流水香車。雜沓東郊馳騁，春光先入誰家。

其　二

紫陌三千甲第，青樓十二珠簾。妙舞清歌酣宴，那知良夜厭厭。

其　三

獻賦尚須狗監，封侯亦是阿奴。世上浮沉莫問，牀頭濁酒頻沾。

其　四

公子西園結客，平津東閣延賓。炙手須臾可熱，白頭肝膽如新。

早春山行

天際寒雲獨鳥，湖邊細雨千家。昨夜春風初到，山南開遍梅花。

春　興

小苑烟花何處，高樓歌吹誰家。最好山中春色，誰教留滯天涯。

早　秋

夜月寒吟蟋蟀，曉霜淡落芙蓉。客□朱顏漸改，更堪憔悴西風。

張忠烈公存集卷八

詩

七言絕句

出都潞河舟中二首

玉河南下駕孤航，千里家鄉道路長。何處月明今夜泊，蒹葭夾岸水茫茫。

其　二

遠水長天一色平，悠然四望旅愁輕。如何半日扁舟上，便覺胸中少宦情。

舟中夜坐

孤舟獨坐思依依，水暗沙明月色微。獨有白雲如伴客，夜深猶逐片帆飛。

過豫讓橋二首

朔風燕月滿邢關，烈士千秋去不還。料得復讎遺恨在，至今橋下水常寒。

其 二

臣主誰無國士知，捐軀寧必論恩私。可憐同是爲君死，不死當年請地時。

將謁選前一夕河畔獨坐

落日沙頭坐不歸，波心明月蕩清輝。來朝便是風塵客，何日滄浪枕釣磯。

留別賈孝廉壋坪[一]

臨期相向轉相親，濁酒同傾莫厭頻。且向君前拚一醉，明朝便是異鄉人。

寄賈孝廉

雲山萬里在須臾，迢遞行來影漸孤。寄與東風無限恨，不知吹得到君無。

曉發漳源

一夜秋風見曉霜，無邊林葉亂飄黃。獨憐山鳥依巢近，不似征人遠別鄉。

途次口占

家園遠隔萬峰西，回首秋原落日低。山鳥不知人意苦，飛來故向馬前啼。

春 思

山中春色正芳菲，旅客天涯尚未歸。遙想小園人不到，朝來啼鳥見花飛。

秋夜自遣

鬱金美酒鱖魚肥，旅館寒吟静掩扉。張翰當年何意緒，秋風一夜便思歸。

中秋宿新樂公署

幾向秋風嘆別離，忽逢佳節益凄其。不知今夜南樓月，一段清光好炤誰。

九　日

登高何處一沾衣，菊滿東籬尚未歸。自恨不如邊塞雁，年年猶傍太行飛。

宿薊州李秀才園

九日他鄉客興孤，名園斜月滿平蕪。主人三徑門深鎖，爲問黃花竟有無。

夏店公署見菊二首

幾種藂花曲檻邊，寒香帶露倍堪憐。閒庭深鎖無人見，零落秋風又一年。

其　二

九日陶家菊正黃，一樽風雨隔漁陽。歸來蕭瑟秋將盡，此地看花益斷腸。

宿雄縣

旅館寒吟四壁蛩，井梧零落逐西風。三年薄宦天涯意，盡在蕭蕭一夜中。

寒 雁

青山如黛彩雲間，一片飛鴻海上還。多少征人看不轉，春風吹入雁門關。

北 邙

北邙原上列墳塋，千古淒涼對洛城。惟有春風吹碧艸，年年依舊隴頭生。

入函關

風沙日日老紅顏，三十頭顱鬢已斑。誰爲客程難自料，又隨秋色入秦關。

溫 泉 五首

蓮作池塘玉作樓，六宮來往浴龍湫。胡塵一起香塵斷，泉水千年咽不流。

其 二

君王行幸有光輝，馬上笙簫擁玉妃。鼙鼓聲中歌舞散，只今都作綵雲飛。

其 三

溫池浴罷露華寒，牛女橋邊共倚欄。聞說上皇歸蜀日，張徽一曲恨漫漫。

其　四

玉輦倉皇幸蜀時，千官星散萬民悲。長湯百道無人管，都作胡兒飲馬池。

其　五

金鋪碧瓦雜蒼苔，第一仙人去不迴。爲問當年宮裏月，夜深清影爲誰來。

又戲題一絕

華清樓閣已成塵，詞客猶然咎太真。自是君王耽佚樂，傾城何必在佳人。

塞上曲四首

磧日無暉塞草黃，匈奴十萬寇漁陽。忽聞夜半前軍發，遥望營頭太白光。

其　二

落日胡天殺氣來，一時齊上望烽臺。健兒直薄匈奴陣，射殺名王匹馬迴。

其　三

雲滿沙場月滿城，秋風吹徹暮笳聲。胡兒莫更窺關塞，飛將如今守北平。

其　四

臂上雕弓血戰袍，當場意氣萬人豪。燕支山下常驅馬，青海波心好洗刀。

觀　獵

塞艸如霜兔正肥，白雲不共紫騮飛。彎弓一射雙雕落，笑向胡姬貰酒歸。

夜　雨

月華星彩黯然收，風雨千山動客愁。且自閉關高臥去，恐防龍劍出牀頭。

長安道

楊柳絲絲綰別愁，西山落日爲誰留。玉鞭笑指章臺路，盡捲珠簾十二樓。

俠　者

黃金結客少年場，潛聽鳴雞入建章。腰下吳鉤藏不見，逢人只說是高陽。

白洋泛舟 三首[二]

獨駕扁舟似五湖，夕陽一片白雲孤。蒹葭秋水明妃鏡，爲問伊人竟有無。

其　二

蘭橈搖曳向中流，蘆荻蕭蕭兩岸秋。車馬如雲爭渡急，有誰堪共李膺舟。

其　三

一派寒溪十里清，滄浪我欲濯長纓。臨流却怕看容鬢，恐有秋風白髮生。

渡易水

蕭蕭易水靜無波，千載猶傳壯士歌。燕市從來多俠客，祇今誰復似荊軻。

鳳翔署中

輕雲旭日雨初晴，枝上鳹鳩三兩聲。閒倚曲欄看修竹，不知身是異鄉人。

三良塚

捐生原是爲綱常，黄鳥何須怨彼蒼。若不從君歸地下，祇今誰復識三良。

靈山見桃花

草歇芳春四月來，靈山始見一花開。不知邊地寒多少，尚有長征人未迴。

隴　山 二首

隴水潺湲不住流，可憐征戍幾時休。更多一片關山月，炤盡人間夜夜秋。

其 二

萬里關河繫客心，故園回望白雲深。隴山鸚鵡空能語，不向家人報信音。

端 陽

令節又逢重午日，年年作客在他州。縱教綵縷長千丈，難繫思鄉一段愁。

立 秋

銀河如練火西流，纔別秋來又見秋。一葉梧桐能有幾，却爲添得許多愁。

七 夕

仙路難乘泛海槎，銀河一望思無涯。願分織女機邊錦，來助江生筆上花。

對 月

露下風高大火流，碧天如洗月知秋。愁來倚杖看明月，明月何人解炤愁。

題《望雲思親圖》

駐馬徘徊意慘然，庭幃遥望白雲邊。憑將幾點思親淚，留得唐家二百年。

河州鎮邊樓和解大紳韵

黯淡黄雲塞艸秋，思鄉獨上鎮江樓。無情最是天邊雁，不寄音書過隴頭。

長　城二首

鑿盡窮邊萬疊山，只憂胡馬向函關。誰知未築長城日，已有真人芒碭間。

其　二

青史無勞笑始皇，王公設險壯金湯。長城豈爲秦人築，萬古常留鞏漢疆。

河州署內銀木花

誰許名花署內栽，無人到此看花來。曲欄西畔疏檐下，閑逐秋風次第開。

塞上曲三首

廣武城邊柳半黃，祁連山上草如霜。數聲過雁三更月，斷盡征人萬里腸。

其　二

夜夜烽烟海上青，高飛白羽不曾停。將軍盡話封侯事，幾見鳴鞭度虜庭。

其　三

謾說當年馬少游，書生投筆竟封侯。世間多少田園叟，不到沙場也白頭。

老　將

薊北關西四十秋，數奇李廣未封侯。戰袍漬透刀瘢血，説着沙場便淚流。

登岷州署內樓

爽氣朝來萬里秋，思鄉無那强登樓。胡人莫更吹羌笛，一聲西風已白頭。

閨　怨 二首

秋深猶自搗寒衣，欲寄征人信使稀。願得此身同落葉，因風吹得到金微。

其　二

漢家西閉玉門關，長鎖征人不放還。一片貞心將化石，門前少却望夫山。

磧石關〔三〕

積石關下黃河流，積石關上白雲秋。惟有關頭一片月，年年常炤戍人愁。

碾伯公署置琴一張感賦

秋風已老籬邊菊，曰歸曰歸歸未卜。坐對瑤琴不忍彈，彈時怕理關山曲。

中　秋

西風蕭索露華寒，深夜孤亭尚倚欄。一樣清光天上月，他鄉不似故鄉看。

遇鄉人

走馬西來不計程，天涯纔見故鄉人。縱然滴□〔四〕思家淚，說到高堂尚滿巾。

九　日二首

歲歲秋來是別離，南園辜負菊花期。不知籬畔當時種，開到西風第幾枝。

其　二

十畝田園已半荒，天涯風雨又重陽。愁來強欲登高去，却恐登高更斷腸。

望崆峒山

蒼翠高凌碧漢間，名山咫尺阻躋攀。軒轅去後無真氣，更有何人問道還。

松林驛

幾處清溪遶石田，數間茅屋起青□〔五〕。□人晝閉柴扉卧，不問輕寒到客邊。

宿鳳縣

鳴鳳山頭落月殘，嘉陵江上北風寒。怪來不作還家夢，應畏千重棧道難。

見新月

　　碧天如洗彩雲收，新月娟娟素影流。試問嫦娥偏炤處，人間還有幾多愁。

江　行

　　漳江春水縠紋平，又是扁舟一日程。兩岸青山看不盡，却疑身在畫中行。

江石灘

　　一葉輕舟下急灘，飛濤蕩漾客心寒。也知江上風波險，可似人間行路難。

四　皓四首

　　避秦結伴入商山，一局殘棋白日閑。千仞冥鴻那可致，不應蹤迹到人間。

其　二

　　高皇亦自解憐才，四老何心悮見猜。只說終身不事漢，誰教却爲漢儲來。

其　三

　　一出能收羽翼功，從龍争似作飛鴻。如何白首深山客，尚落留侯掌握中。

其 四

自逐紅塵向玉墀，啼猿怨鶴久相疑。不知羽翼安劉後，何日歸山更采芝。

七 夕

徙倚明星夜欲闌，故園回首路漫漫。人間未有銀河隔，却恨經年見面難。

睡 起

翠柏陰陰映草堂，秋風蕭瑟送新涼。半生勞擾紅塵事，不及南窗午夢長。

宮 詞 八首

鏡掩鸞臺粉黛消，傷春暮暮復朝朝。自憐不及金橋柳，猶得君王顧舞腰。

其 二

何處風前奏管弦，銀缸挑盡不成眠。眼看春色能多少，□落殘紅又一年。

其 三

太液芙蓉宛宛香，閑來結伴打鴛鴦。亦知水殿清無暑，自有人同午夢長。

其 四

同輦辭來閉掖庭，昭陽便隔萬重深。大家不省親文墨，空費長門買賦金。

其　五

　　凄凄秋色上簾櫳，零落殘荷午夜風。葉滿御溝流不轉，懶將詩句更題紅。

其　六

　　金屋螢流夜欲闌，箜篌斜抱露華寒。近來舊譜渾無用，學得新聲不忍彈。

其　七

　　環珮珊珊步晚風，梧桐枝上月朦朧。分明聽得笙歌過，又引羊車別院中。

其　八

　　銀箭金壺夜漏長，博山消盡水沉香。無因學得行雲雨，夢裏誰能會楚王。

苦　雨

　　淅淅輕寒曀曀陰，客懷連日苦淫霖。願留一掬天河水，灑向遼陽洗甲兵。

山　莊

　　一帶疏籬映碧流，數椽茅屋隱青丘。主人高臥烟霞裏，傲殺人間萬户侯。

鄱湖感事

烈士丹心炤浪紅，衣冠猶在水晶宮。漢家漫自推蕭相，紀信應居第一功。

曉發皂口驛

日上高舂乍啓扉，長途四牡去騑騑。白雲更比征人懶，戀住峰頭不肯飛。

攸鎮道中

百轉清溪萬疊山，肩輿危磴苦躋攀。登高却笑王陽懦，纔入卭崍便道還。

瓶　梅

江干誰折一枝春，斜插瓶中色尚新。驛使寂寥難借問，無因寄與隴頭人。

山行見梅花盛開

萬峰迴合鎖烟霞，茅屋蕭條三兩家。怪底客愁渾忘却，山村處處有梅花。

除　夕

坐聽更漏客心傷，明日明年是異鄉。何事無情也多恨，炤人銀燭淚成行。

宜春道中

江南春色正芳菲，故國烟花願已違。最是子規知客意，聲聲叫道不如歸。

漫　興

生平踪迹戀烟霞，每見青山便憶家。辜負故園桃李月，東風閑殺滿庭花。

萬安舟中

一派清江兩岸山，棹歌咿軋下長灘。魚龍寂寞浮鷗遠，只有孤雲伴客還。

袁州宜春臺在行署之左臺畔有桃李各一株政對軒窗繁花盛開芬芳可愛予〔六〕每憑几翫之不忍移目因賦三絕

夭桃穠李傍仙臺，占斷芳菲次第開。一種天香春不管，暗風吹入小窗來。

其　二

玉質霞標兩鬥奇，幽崖空自抱芳姿。若非詞客閑相賞，寂寞東風總不知。

其　三

嬌姿嫩蕊已嫣然，帶露籠烟倍可憐。料得百年應有恨，移根難近畫欄前。

讀《雲臺集》

詩到晚唐衰颯甚，開元氣格已全無。細評三卷《雲臺集》，不愧當年鄭鷓鴣。

游洪陽洞至半而返 二首〔七〕

婁葛飛昇不記年，石牀丹竈尚依然。探奇莫謂須臾事，已得浮生半日仙。

其 二

人生何處覓蓬萊，洞府幽奇此地開。却笑凡身仙骨少，未窮靈境便歸來。

聞遼東三路師敗感憤成絕句 十首

三月遼陽大出師，登壇號令變旌旗。中丞自有平胡策，不道將軍盡數奇。

其 二

獵獵陰風殺氣多，前軍夜半渡渾河。角聲一起重圍合，戰士如雲盡倒戈。

其 三

日落轅門促進兵，自言十萬可橫行。至今陰雨沙場夜，猶有將軍叱咤聲。

其 四

誰遣輕探虎穴中，五千深入氣如虹。若非矢盡援兵絕，破虜應居第一功。

其 五

數萬鳴弦鏃羽飛，孤軍轉鬥救兵稀。鼓聲不起旌竿折，應悔陰平計已非。

其　六

　　雲暗胡天壓漢營，手援枹鼓一身輕。□□〔八〕未有封侯相，錯學終軍浪請纓。

其　七

　　護軍碧血污英魂，一點丹心萬古存。不見偷生巾幗者，也成燐火焰開原。

其　八

　　漢兵出塞若雲屯，五道全軍獨一人。不信驃姚有天幸，生來原是衛家親。

其　九

　　漠漠黄沙掩戍臺，磷磷白骨委蒿萊。深閨只是空相憶，那得遊魂夢裏回。

其　十

　　裹革曾聞馬伏波，從來烈氣不消磨。匈奴運數終須盡，莫唱遼東浪死歌。

丹　桂

　　曾伴嫦娥試晚妝，枝枝穠艷斷人腸。便將海底珊瑚較，不及風前有異香。

九　日

短髮愁看鏡裏霜，天涯兩度見重陽。蕭蕭風雨重門閉，不用登高也斷腸。

獨　坐

靉靉寒雲壓樹低，霏霏烟雨望中迷。客愁何處堪消遣，閑倚闌干聽鳥啼。

觀奕圖

偶携柯斧入深山，爲看彈棋忘却還。不信百年纔一局，仙家何必勝人間。

元　宵

一年難得是今宵，孤燭熒熒伴寂寥。記得故園明月下，銀花影裏聽吹簫。

花前獨酌

枝上新紅爛熳開，閑來花下且銜杯。惜花只恐花飛盡，一日看花定幾回。

園中閒步

綠竹陰陰伏檻齊，新花簇簇壓枝低。閒園盡日無人到，只有春禽自在啼。

對鏡見二毛有感

客裏年華幾變更，偶然攬鏡壯心驚。近來白髮無公道，偏向愁人兩鬢生。

睡起口號

簾垂清晝碧窗虛，短榻塵封旋掃除。一枕夢酣天欲午，秋風吹落讀殘書。

即事

偶簡奚囊改舊題，碧窗紅日忽沉西。高歌一曲無人和，獨立松陰聽鳥啼。

校勘記

〔一〕"壋坪"，卷首原目錄無。

〔二〕"三首"卷首原目錄無。

〔三〕"磧石關"，據正文當作"積石關"。《大明一統志》卷三十七《河州衛軍民指揮使司》，積石關，在衛城西北一百二十里。

〔四〕□，疑當作"盡"。

〔五〕□，疑當作"烟"。

〔六〕予，卷首原目錄作"余"。

〔七〕"二首"，卷首原目錄無。

〔八〕□□，字迹漫漶，疑當作"生來"。

張忠烈公存集卷九

奏　疏

直陳救時要務疏

　　爲直陳救時要務，懇乞聖明采納，以保治安事。
　　臣衡茅下士，世受國恩，復蒙陛下拔置西臺，居風紀之地，充耳目之司。遭逢若此，即披肝瀝血，何能報聖恩之萬一？顧臣以言爲職者也，有犯勿欺，盡忠入告，此臣修職業而報陛下之分也。今國家之事，蠹壞多端，上自朝廷，下及郡國，當言者不可縷舉。若郊廟之當親也，朝講之當御也，儲宮當早講學，福藩當早之國，瑞王當早成婚，與夫榷稅之宜久罷，大寮之宜盡補也。此數者，皆關治亂安危之大計，諸臣言之，已舌敝腸枯，楮竭穎禿，而如水投石，天聽杳然。臣即有言，不能加于諸臣之上。而陛下信新進小臣，豈能逾于在廷耆碩？臣亦不必拾既殘之瀋，補已窮之牘，苟圖塞責。第就目前時事，補偏救弊，關切治理者，條爲數款，上塵睿覽，惟陛下垂聽焉。
　　一曰振紀綱以維國勢。臣惟國家所以嘗治而不亂者，以紀綱維持之也。而紀綱之振肅，又在人主之一心，故曰："勉勉我王，綱紀四方。"若主心厭怠，則綱解紀弛。在上必有渙散頹靡之象，在下必有凌越皆畔之思。神氣不張，逆節萌起。國家之亂，恒必繇之。自陛下倦勤以來，要領不挈，提率無紀。積弛成玩，積玩成廢，人人以苟且爲固然，事事以因循爲得計。政不繇舊，浸失創制之初；法不守嘗，漸任低昂之意。循資養望，可獵清華，修職抱功，未聞實效。上作而下不應，旦令而夕不行。習就推委之頹風，養成骫骳之世界，以致奸邪竊玩，肆志橫行。若代藩廢長立少，抗辨自恣；緹帥憑借内援，百彈不動。戚畹受辱于奴隸，狂童鼓譟于郡城。廢弁之妄言朝政，閹餘之擅殺平民。諸如此類，尚難枚舉。惟紀綱不振，以至于是。若乾剛震肅，國紀森嚴。上有必行之令，下無不奉之法。孰敢縱恣狂逞，以干三尺哉？臣望陛下勵精于上，明憲敕法，仍諭内外臣工，各修職業，謹持法度，毋仍因循苟且之風，則精明之氣立振，奸宄之志潛消，而國勢尊，治象成矣。

一曰公枚卜以重贊襄。臣聞人主之職在論相，故曰："秉心宣猶，考慎其相。"蓋重之也。我朝自革中書，以館閣之臣參贊密勿，内掌機衡之重，外總部院之權，任綦隆矣。初猶詞臣與别衙門兼用，後漸詞臣什九，别衙門什一，浸尋至今，非詞林無繇入矣。祖宗之意，豈偏枯若此？考國朝以他途入相者，若楊士奇、李賢、張璁輩，勛業爛然，豈獨遜于詞臣？今一概格之，使不得進，而獨授衣鉢于私人，植黨援于撲路，僨轅接踵，台曜不光，有繇然矣。夫館閣之臣，論思啓沃其所長，而吏治民情或未習，别衙門官考經據典或不足，而決疑肩鉅則有餘，兩者參互而用之，以長補短，若左右手之相爲，乃克有濟。今政本孤單，枚卜之請，旦暮可下。望陛下一洗積弊，曠焉更始，博采群議，勿拘翰林一途，但擇德望著聞可亮天工者，以充其選。想輔臣深維天下大計，且鑒從前覆轍，必開誠布公，剖破已成之局面，斬斷後來之扳援，以副主上瘖寐良弼之意，則耆碩彙進，而相業日光矣。

一曰稽章奏以防壅蔽。自陛下静揖深宫，召對久廢。獨恃章奏一脈，通上下之情，而強半留中，不蒙省發，外間揣摩，橫生疑議。臣謂主上神明，未必有此。然而章奏出入，左右得操其鍵，上下兩不相知。疏之入也，封章者第知其入耳。天閽九重，其有入而不入者，誰敢問之？疏之出也，奉旨者第知其出耳。門外萬里，其有出而不出者，誰能知之？煬竈蔽明，含吐任意，陰陽不測，詭秘難窺。萬一有奸人竊弄其間，國家之事去矣，是可不深長慮耶？臣謂宜日令科臣一員于會極門，總類各司奏章，開具數目，實封上達。陛下覽後，批發該科炤驗，則在旁之輩，無所容其奸，而上下之情通矣。

一曰拔淹抑以收人才。臣聞治世賢人在朝，衰世賢人在野。賢人之進退，國祚所繫以安危也。今朝廷之上，耆德英俊，固不乏人，而隱豹潛鱗，尚盈林藪。蓋自陛下吐棄忠言，推仰強項，一時奉公守法、直言極諫之臣，俱蒙嚴譴，錮之林泉，厄之下位，數年于茲矣。此皆祖宗教化培養二百餘年，而後得此仗節死義之士，今一斥不返，賜環無期，使壯者老，老者死，次第凋殘，若秋林之落葉。及今收之，猶可得一半之用，而啓事徒煩，轉圜難必。將以爲其人非耶？則公論共推矣。將以爲其言妄耶？則言者既驗矣。將挫折其氣耶？則困頓之又久矣。且陛下用臣等，將用其言也。未言者且責望于將來，而已效者乃禁錮于既往，臣竊惑之。臣讀《漢史》，至郭泰所云："'人之云亡，邦國殄瘁'，但未知'瞻烏爰止，于誰之屋'耳。"未嘗不廢書三嘆，以爲方今景象，大類斯言。陛下何不從銓曹之請，將廢棄諸臣盡皆起用，使其江湖魏闕之忠，盡爲明聽翼爲之用？而沉鬱結轖之象，轉爲彙征師濟之美？此非獨爲人材計，實爲社稷計也。

一曰重言路以養士氣。臣惟國家之有言路，猶人身之有血脉。血脉壅則身病，言路鬱則國危。嚮者，朝端聚訟，俚言穢語，雜奏君父之前，無人臣禮，非獨陛下厭之，即臣等亦厭之。是言路本重，而諸臣自輕也。故聖諭諄諄，屢以多言爲戒。臣竊謂官既以言名，而不言是謂溺職。陛下既以言官用人，而復禁其多言，何如勿用？蓋言不論多不多，惟論當不當。不當，即一言，已病其多；當，即纍千言，尚患其少。故浮詞、瑣說、細事、隱語，不當言矣。而衮職有闕，軍國大計，何可勿言？背公植黨，阿諛比周，不當言矣。而保護善類，主持公論，何可勿言？伐善妒能，攻擊排擠，不當言矣。而明目張膽，擊奸鋤佞，何可勿言？借事發端，隨人附和，不當言矣。而循職建白，指陳利病，何可勿言？總之，當以用言之法省言，而不當以諱言之意防言。懲妄言，獎忠言，則言者自少，不必禁也。若不問當否，一概禁之，防人之口，甚于防川，恐禁之而愈以焚矣。況天下慷慨敢言之士少，而全軀保妻子之人多，導之使言，尚恐巽懦者緘口，禁之使不言，將令鯁直者灰心，三鼓氣竭之餘，而復抑遏之，士氣從此不振矣。異日，國家有大利害，朝端有大奸雄，誰爲陛下折檻借劍、剖心碎首者哉？臣以爲言路之當重者，此也。

　　一曰息紛爭以釀和德。臣聞極治之世，君子和于朝。而宋臣程顥之規王安石者，曰："天下事非一家私議，願平心以聽之。"夫心既平矣，何患不和？其不和者，繇不平致之也。日者，士大夫議論分歧，橫生角距，簪紳禮樂之地，幾爲市里諢訴之場。邇雖煩囂已息，風浪漸平，而臣猶有慮者，則以成心之未盡化，勝氣之未盡降也。臣以爲人臣比肩事主，同爲王臣，苟有大奸巨慝，足以亂政而禍國者，不得不盡力相攻。若意見稍乖，何妨互劑？口語小失，寧必吹求？我願獨爲君子，人豈樂爲小人？自以爲正而指人爲邪，非真邪，必不受也；詆人爲非而自以爲自〔一〕，非真是，必不服也。美中有惡，譽其長，何必護其短？惡中有美，指其瑕，何必掩其瑜？一人自有一人之本末，一事自有一事之是非。只宜就事論事，就人論人，何必株連蔓引，推之爲何人之黨，牽之爲何方之脉。要以虛丹應物，易地相觀，勿以附己而加親，勿以異己而力詆，則議論自平，是非自定，何必爲是嘵嘵耶？臣願陛下戒諭大小群工，各捐偏見，盡撤周防，同心爲國，勿分曹偶，則渙小群爲大群，太和在宇宙間矣。臣以爲紛爭之當息者，此也。

一曰杜濫竊以愼名器。臣聞惟名與器，不可假人。故繁纓小物，孔子惜之。乃今名器之濫，甚有可惜者。如奉嘗雜用羽流，殿閣溷居銅臭，此猶曰相沿之舊也。自鬻爵之途日廣，而指揮三品之職，佐二親民之官，皆得操值而取矣。自恩倖之門漸啓，而金吾禁衛之班，蟒玉異等之數，皆可夤緣而得矣。等賜予同爛羊，輕爵秩于敝袴。雖得之者，不足爲榮，而予之者深爲可惜。至恤典原以報德酬功，而從來亦多徇情濫予。生前蒙議，仍竊侈褒；歿後秩彰，更蒙優恤。乞恩乞廕，日見紛紛，不聞寢格。夫朝廷勵世之具，豈臣子市恩之資？及今不爲限制，濫觴何已？臣請敕下該部，遵守舊章，若大臣果功德著聞，在人耳目，方予恤廕，不得一概濫給。大臣物故，止許撫按如例具題，子孫不得陳乞。國用不足，户、工二部當推究耗蠹，催督逋欠，節縮冒濫，不得濫開事例，減值鬻官。至中官品服，自有祖制。不可以掃除賤役，濫予章服；奔走微勞，輕給恩廕。則名器重，而冒竊清，徼倖之途塞矣。

一曰禁僭侈以正風俗。臣惟治先定分，禮取寧儉，所以別上下，防淫溢也。祖宗立法，服舍、器用，皆有定制，載之《會典》，僭逾者律有明禁。不謂奢淫之風，日異月長，犯上無等，恬不知怪，然四方則傚始于京師。今輦轂之下，人懷凌越，俗爭浮佻。武弁貴郎，皆擁肩輿。刑餘小吏，儼然驂唱。庶民之家，僭擬甲第。娼優下賤，雜佩珠玉。男衣紅紫，女服袍帶。至于山人、星卜、吏胥之類，巾服皆無異于縉紳，龍蛇莫辨，□威蕩然。若乃貪墨士夫、膏粱子弟，崇尚淫奢，珍貴奇異。甚至一餐之費，當農人三時之勤；一衣之值，當紅女終年之績；一器之瓻，當中人十家之產。下戶效尤，糜費漸廣。奸人射利，淫巧日工。若不禁止，長此安窮？臣請敕下該部，申明憲令，頒行天下，仍定冠制，分途別式，不得僭越。又責成五城御史，嚴行禁約，犯者無赦。庶奢淫可挽，四方象之，孰敢不率？此亦移風易俗之一端也。

一曰責實政以核吏治。臣惟吏治之汙隆，民生之休戚係焉。今天下吏治，敝壞已久，以務虛聲而無實政也，然亦繇馭吏者失之。蓋吏之責，在農桑教化；而上之責吏，在簿書筐篋。吏之能，在勁節貞心；而上之望吏，在柔顏媚骨。是以其精神惟用之推訊，才力半竭于趨承。惟望積日累勞，遷擢而去，誰肯真心爲地方計久遠者？此猶就賢者言之耳。至于貪黷有司，尤堪切齒，彼其筮仕初心，原無遠志，不過爲身家耳。故不聞民瘼，止營囊橐。追徵以耗羨爲固然，問斷以贖鍰爲應得。苞苴之人，寧畏四知？挦括之工，肯餘皮骨？一守貪而一郡空，一令貪而一邑空。民窮盜起，職此之繇。及夫事敗，不過降調耳，削籍耳；又重，則提問耳。而贓賄千萬，追者幾何？彼猶得竊其餘貲，誇鄉里而貽子孫，則何貪吏之不可爲也？臣居嘗謂海內空虛，天下之財一歸內帑，一歸中涓，一歸貪吏。今內帑不可問，中涓不可問，貪吏豈亦不可問耶？請申飭懲貪之令，即不能如祖宗律例，數逾千萬者，亦從重典，盡追入官。而又戒虛名，崇實政，獎恬靜，抑躁競。如此，而吏治不興，民生不遂，臣不信也。

一曰核欺蔽以固邊防。臣惟國家逼鄰虜穴，寇在門庭，雖貢市日久，虜未生心，而不虞之戒，豈在臨時？今戎事廢弛，將驕卒惰。臣嚮爲理官，往來三輔，見馬僅餘骨，士饑欲死，朽甲鈍戈，不堪擊衛。即火器，中國長技，然亦不過應點一時操演耳。沿邊將領，謀勇出衆者，實鮮其人。中間紈袴錢虜，有不任受甲者，有不能攀鞍者，有訊以扼塞虜情茫然不知置對者，此輩緩急安足恃乎？夫舉一鎮，而他鎮可知也。而遼左更可寒心。遼兵單弱，原不足用，且三面鄰虜，處處孤危。即一杪花猖獗，數擾塞上，遼已不堪矣。倘諸夷蠢動，何以應之？而彼中將吏，猶然習欺罔之故智以掩罪冒功，若近日按臣所發覺者，□可駭異。臣嘗嘆各邊塘報，本未見虜，而曰：「堵禦出境。」本無斬獲，而曰：「俱被鈎搭。」原以搗巢掩襲，而虛張曰：「大舉入寇。」止望虜騎飛塵，而僞報曰：「幾萬幾千。」亡鏃遺矢，盡曰：「奪獲官馬。」被虜，則曰：「失亡。」更可笑者，動曰：「虜大敗，慟哭而返。」不知痛哭者，果被創之犬羊耶？抑被虜之男婦耶？此等情態，難欺三尺。總之，將吏圖升賞以欺撫臣，臣圖恩廕以欺陛下。而封疆之破壞，邊民之傷殘，竟不問也。臣請嚴敕邊臣，大修戰守之具，盡破欺蔽之習。若虜人入境，果有虜掠，但具實奏聞，稍寬其罰；隱匿者，定依律治之。庶將吏畏法，而邊境安矣。

以上數款，皆書生嘗談，卑卑無甚高論，且有經諸臣建白者，但芹曝之衷，不能自已。倘陛下鑒其狂愚，采納施行，微塵涓滴，或亦可以仰裨高深。

臣愚不識避忌，不勝戰慄恐懼之至。

萬曆四十年十月十六日題。

請釋賢令疏

爲賢令久繫堪憐，懇乞聖恩矜釋，以擴皇仁，以全忠直事。

臣邇當聖壽之辰，隨班嵩祝，忽聞考選已有俞音，滿朝薦、王邦才等皆蒙釋放，一時班行之內，歡聲如雷。以爲主上聖明[二]，同符堯舜，恩威之用，良不可測。推此一念，太平可立致矣。未幾，忽又中格，人情大拂。今陛下既下考選，錄用臣等，獨繫逮諸臣尚淹犴狴，豈聖心偶忘之耶？抑未釋然于中，仍欲禁錮之耶？夫朝薦，出萬死一生之計，力扼凶璫，翦除翼虎，爲陛下救此孑遺，保安全陝，即古破柱取奸，據案數佞者，風力氣節，亦不是過。前歲，臣以分較入關，見三秦父老，言及朝薦爲令之賢，被逮之苦，未嘗不呼歔泣下也。陛下幽囚朝薦四年于茲矣，白日在天，覆盆不炤，身親三木，與死爲鄰，凄風苦雨，毒熱嚴寒，人世之慘，業已備嘗。況朝薦二親垂白，懸隔天涯，難慰倚閭之心，空作還鄉之夢。陛下以孝治天下，何忍令爲人子者，至此極耶？臣聞朝薦痛骨驚魂，久攖疾患，萬一抑鬱憂愁，猝有不測，使陛下有殺忠臣之名，書之史冊，豈不可惜？且陛下不知梁永之惡則已耳，既洞燭其奸，撤還拘縶，而猶移餘怒于朝薦，久繫圜扉，是陛下是非之心本明而自蔽之也。陛下爲天下主，乃以一閹宦故，下仇小臣，何示人以不廣耶？昔宣宗章皇帝時，內臣劉寧奉差還，道出故城，縣丞陳銘醉而毆之，御史論奏，逮繫至京。宣宗曰："丞固有罪，然激于一時偏惡，其宥之。"侍臣尚請治銘罪，卒不聽。夫梁永之貪橫，何如劉寧之清謹？數年之暴虐，何如片時之假道？陳銘以使酒而毆無過之中使，何如朝薦以衛民而扼有罪之稅璫？乃宣宗旋逮旋釋，即御史奏之，侍臣言之，尚且不聽。陛下逮朝薦者四年，前後救者無慮數百疏，而堅如轉石，亦豈爲善法祖哉？

至同繫王邦才輩，與朝薦事體一同，今正朝審之期，望陛下速沛德音，金雞一赦，羣臣更生，萬世而下，將頌聖德于無窮矣。臣佩服從友之言，願效回天之力。伏惟聖明鑒納。臣不勝悚息待命之至。

萬曆四十年十月十七日題。

請福王之國疏〔三〕

爲藩王就國，定〔四〕有定期。養贍田土，斷難盈數。懇乞聖明深惟久遠至計，以大義割私情，以大信成重典事。

臣接邸報，見福王之國愆期，大小臣工交章力請，明旨定于來春啓行。然諏吉未聞，群情惶惑。忽又有旨，以養贍地土，切責戶部矣。臣于是不能不中夜而思，廢箸而嘆也。夫福王爲陛下愛子，天下臣民孰不知之？今日者遲遲于之國，汲汲于莊田，毋以出就藩邸，遠離膝下，不如此無以寄其愛耶？臣以爲陛下善用愛，政不當如此也。

臣聞石碏有言："愛子者，教之以義方，弗納于邪。驕、奢、淫、佚，所自邪也。四者之來，寵辱過也。"而賈誼之論封建曰："力少則易使以義，國小則無邪心。"蓋帝王之子，生長深宮，驕淫易起。欲以嚮義以去邪，惟在抑情以割愛。從古藎臣爲國忠謀，大都若此。今陛下于福王，寵祿亦可謂過矣。寵之過，則驕心易生。驕故偃蹇不奉法，祿之厚則奢願難滿。奢故請乞不遵制，去義即邪之端隱隱已見。當此分封啓宇之時，開國承家之始，陛下正宜示以制度，教以節儉，以杜其漸而防其流。使維城之祚，與國同休，豈非至愛？何區區較量于莊田之多寡耶？且莊田之錫，原非祖制，而莊田之請，又非令聞。

臣攷太祖高皇帝分封秦晉諸王，祿米各止萬石，未聞有土臣〔五〕之錫，而諸王亦未聞有土田之請。嗣後間或有之，然多不過數千頃而止，亦未有分外請乞者也。惟宣廟時，寧藩驕橫，妄請南昌灌城田，章皇帝遺書引大義責之，竟不與。武廟時，秦王交通閹倖，奏請牧地，廷臣持不可。武宗逼大學士梁儲草敕，中有"不利社稷"等語，上覽而駭之，事竟寢。此皆我朝已事，可考據者。

陛下將何法，而福王宜何從耶？陛下毋亦謂"普天之下莫非王土"，以陛下地與陛下子，群臣安得而執之？不知群臣之所執者，非惟理不可行，亦勢不能行也。海內土田，按籍計之，不過七百餘萬頃。此皆履畝而稅，寧有餘田？今二府遺地已盡，河南撫臣又括諸閒田，尺尺寸寸皆湊補矣。而猶必欲取盈四萬頃之數，勢不能變滄海爲滄田，化砂石爲膏腴，必將取之正額。乃國家財賦所出〔六〕，合天下取給焉，何可減也？

今福王而下，尚有三王，異日皆援例以請，陛下予之耶？不予耶？不予，則同爲陛下之子，何親何疏？予之，則無從取給。若皆撥額田，國家之地有限，而聖子神孫之繩繩振振者無窮，數傳而後，將盡歸于藩府，此可行耶？不可行耶？夫舉朝皆知其不可行，而王尚再三以請。王請而陛下許之，陛下許而群臣又爭之。臣知養贍地，終無足時也。養贍不足，王遂將不之國也。夫王能終不之國也則可，若桐圭之命，難爲戲言，嫌疑之地，不可久處，則與其遲回于異日，不如早決于今日。與其貪必不能得之土地，而怏怏不肯行，不若順必不可逆之人情，而幡幡以就道。蓋道路之口，已自多端，王一日不去，則人心一日不安；人心不安，而王亦不得安。

《傳》曰：“不患貧，而患不安。”奈何不深長思也？況王亨茅土之封，食稅衣稅，積賜予之厚，萬簏千箱，原自不貧，無厭之求，是亦不可以已乎？《易》曰：“天道惡盈。”《詩》曰：“如食宜饇。”老子云：“知止不殆。”王又何不深長思也？

陛下動引潞府爲例。昔漢明帝封諸子地，俱儉于濟南諸王，曰：“我子安得與先帝子並？”陛下自處，奈何居明帝下？況福王府土田較之潞府，數雖少減，而租已過之耶！臣以爲陛下之計過也。說者曰：“此非陛下之意，貴妃之意也。”昔姜氏愛叔段，爲請巖邑，卒以厚敗。趙媼鄰愛長安君，不肯出質，一聞左師燭龍之言，即日戒行。貴妃于二者，將何居焉？果如人言，臣以爲貴妃之計亦過也。說者又曰：“此非王之意，而群小之謀也。”昔梁孝王聽羊勝、公孫詭之流，驕恣不法，幾至亡國。東平、河間樂善親賢，至今稱之。王奈何不聽廷臣之言，而反爲群小所誤？臣以爲王之計，更過也。爲今日計，但宜速渙明綸，定明春之國之期。養贍土田，王再勿請，陛下再勿言。庶貽謀之道光，中外之疑釋，而王亦可長有令聞，鞏盤石之基而不拔矣。

抑臣因是而重有感焉。皇太子與福王孰親？天下與藩國孰重？今東宮輟講八年矣。春秋鼎盛之時，正情情[七]易縱之際，而耳不聞啓沃開陳，目不睹賢士大夫。終日所與處者，皆宦官、宮妾之流；終日所習聞者，皆聲色、貨利之事。即睿質性成，臣不能保其不放佚濡染也。而開講之請，章滿公車，陛下竟置若罔聞，於所應急者而緩，於所應緩者而急，輕重倒置，陛下又何心耶？及今溽暑已退，秋飆正爽，宜速開講筵，以慰中外臣民之望，毋使天下人有以窺陛下之淺深也。

臣奉命在外，諸臣業已抗章，臣亦似可緘口。然謂諸臣已言，而臣遂可不言，則臣不安；逆料陛下之不聽而不言，則臣不敢。不安與不敢交集于心，是以不揣狂瞽，喋喋具陳。懇乞陛下鑒臣朴忠，俯賜采納。臣愚幸甚，社稷幸甚。

萬曆四十一年六月二十五日題。

再請釋賢令罷秦稅疏

爲賢令久繫圜扉，秦民久苦榷稅，懇乞聖明悔過施仁，釋無罪纍臣，罷無名橫斂，以保無疆盛治事。

臣聞民爲邦本，財爲民命，故守位惟仁，聚人惟財。古昔聖王保成業而綿永祚者，未有不以收民心爲急務也。然與人主共治安百姓者，則惟良有司是賴，故長吏有能不愛官、不惜身、捍除大患、保惠元元者，方當尊顯之，嘉勞之，未有反從而幽囚窮辱之者也。良吏而幽囚窮辱，此衰世之象，而亂法之朝。不意聖明之世，有此舉動，臣竊嘆之。

臣拜官之日，即首請釋被逮咸寧令滿朝薦，而皇上未之省也。然臣昔日所陳者，猶據通國之公憤，一時之見聞，而尚未悉朝薦治邑之循績；亦止知逮繫之非辜，征稅之當罷，而尚未睹秦民困苦之情狀。今臣以奉命入秦，目擊秦民之苦，而益思朝薦之賢；思朝薦之賢，而益傷幽囚之枉，敢昧死爲皇上陳之。

臣當渡河之始，秦民扶老携幼，夾道哀呼。問之，則爲朝薦鳴冤者也。臣爲潸然泣下，勉諭之曰："聖天子仁明，當有不測之恩，不久且釋矣。"各歔欷而去。已接司道各官，談及朝薦當日被誣之繇，歷歷如睹。臣于是不能不追恨于梁永之誤皇上，而因嘆皇上之自誤也。夫永當權稅秦中時，怵然恣睢，擅作威福，而群小附之者，千百爲群，附虎以翼，飞而擇肉。于時關以西，行者不安于途，居者不安于室，農不狎于野，賈不入于市，睊睊以目，莫不思食永之肉而寢其皮，發難只在旦晚間耳。幸朝薦出萬死一生之計，不惜要領，力扼其吭，而秦民稍得安枕。乃惡璫積怨，深怒于朝薦，單詞入而朝薦逮矣，朝薦逮而永始撤矣。向使朝薦不逮，則永必不撤。永不撤，而秦必亂。秦亂而海內之爲秦者，皆將乘釁而起，不知今日域中作何景象。皇上得深居高拱，必[八]是朝薦乃有功之臣，非有罪之臣也。無罪而繫之，且繫以數年之久，皇上果何心耶？臣聞匹婦含冤，三年不雨；一夫向隅，滿堂動色。朝薦乃皇上擢之制科，寄以百里之命者，反視之不匹夫匹婦若耶？此臣之所未解也。

朝薦衰親倚閭，望眼欲枯，稚子叫閽，心血盡灑，聞且見者，無不酸心。皇上止孝止慈，錫類之仁，每及臣下，而獨于朝薦父子間，不一動念，又臣之所未解也。霜雪之後，必有陽春；雷霆之威，曾不終日。聖度如天，乃介介怒一小臣，豈帝王之量耶？臣願皇上以雷雨之解，成日月之更，立出朝薦于獄，以慰三秦之望，此今日收人心之大機也。

若秦稅當罷，又不可須臾緩者。蓋海內之稅，惟秦獨多；而海內之民，亦惟秦獨苦。秦地多層巒復嶂，廣谷大川，非有原隰、沃衍之饒也。秦又僻處一隅，舟楫不通，非有富商大賈之往來其間也。西安一府，稍稱繁庶。度隴而西，原野蕭條，烟村寥落，居多板屋、陶穴，食多木食、草根，衣多凋裘、結毳。臣一見之，慘目痛心，食不下咽。而今歲春多零雨，夏又亢旱，冰雹灾傷，處處見告，秦民此時苦已極矣。即生且不保，而尚責以稅乎？即正賦且無從〔九〕取辦，而況加以額外之征乎？皇上但知有稅耳，此稅所取，出千苦萬苦，千難萬難，皇上未必知也。市販不足，責之行戶；行戶不足，派之間架；間架不足，剋之驛站；驛站不足，加之丁銀。展轉攀累，皮骨盡空。有因而捐親戚，去墳墓，流徙他鄉者矣；有因而哀原隰，填溝壑，不保軀命者矣；有因而被□〔一〇〕楊，受箠楚，淹斃囹圄者矣。是皇上所視爲日奉歲進而不足者，皆民之敲髓吮血而難完者也；皇上所視爲塵埃涓滴之無幾者，皆民之破家殘身而無算者也。夫民窮則易動，民動則難安。語云："鹿死不擇音，挺而走險。"此亦秦民走險之日矣。秦三面鄰虜，兼以回囉雜處其間，民性獷□，好武輕生。萬一不逞之徒因危困之衆，奮臂大呼，臣恐劉六、滿四將復見于今日也，是可不爲寒心哉？昔隋煬洛口廒倉之積，徒爲李密之資。唐德宗貪而無厭，及涇原卒亂，大呼于市，曰："不稅爾間架、陌錢矣。"繇此觀之，即大內之積，尚當早發，而況可剝削民間無已時耶？蓋天下之物，無有積而不散之理。積之愈厚，則散之愈難。發之驟尚速而禍小，醞之久則遲而禍大。使逆取而順施，釀禍者反可得福。若悖入而悖出，則臣有不忍言者矣。夫武帝，漢之中主耳，輪臺一悔，千古以爲美談，皇上可自處武帝下耶？誠慨然渙發德音，下罷稅之詔，以與天下更始，將萬世而下，誦聖明之德于無窮，而國家苞桑之業，亦可維于不墜矣。

臣草疏已竟，忽接邸報，見御史翟鳳翀疏，參錦衣衛百户劉光先，言光先上疏，請開陝西花馬等處鹽池。臣不覺投筆而嘆曰："有是哉？奸弁之敢于欺皇上也？"花馬池大小鹽池，歲有額課，何得另有鹽場？且涇原一帶，迫與虜鄰，地寒土塉，民不聊生，一聞此言，必擾擾思亂，是又將爲梁永之續也。臣請速斬光先，以杜奸人之言利者。臣憂憤激中，冒昧上請，伏乞聖明裁答。臣不勝戰悚恐懼之至。

萬曆四十一年六月二十五日題。

糾奸邪肆言亂政疏

爲奸人肆言亂政，熒惑宸聰，釀禍不小，懇乞聖明亟加竄逐，以警群邪，以杜亂萌事。

臣惟自古國家之亂，必繇于小人，而小人之亂人國家，惟無忌憚者最甚。蓋其債盈之氣，敢于發大難之端；其縱橫之口，敢于造反嘗之說；其陰狠之性，敢讐賢屠善而明鼓殺機；其欺罔之奸，敢背公死黨而陰竊國柄。若其計得遂，其言得行，將使是非倒置，忠佞雜揉。日月黯淡，宇宙晦曚。黨錮之禍立興，羅織之獄明起。正人君子迄無噍類，而禍移之國家矣。故《書》嚴震師之防，孔著覆邦之戒。交亂有刺，比于青蠅譖人之譏；投畀豺虎，皆所以杜讒邪之釁，而弭禍亂之源也。

不意聖明之世，乃有肆無忌憚若戶部郎中李樸者，此正奸人之尤，亂國戎首，急當迸諸四夷以禦魑魅矣。臣接邸報，見樸疏，參科道諸臣，平空駕捏，信口汙衊，俚言穢語，刺刺盈篇，似有物以憑之，如呶如吠，若夢若譫，想其熱炎薰心，狂奔氣盡，五官已槁，七竅不靈，故披猖迷憒若此。夫鴟鴞之鳴無好音，豺狼之噬不擇類，此小人天性固然，亦無足怪。然其所言關治亂安危之大機，臣有不容嘿嘿已者。樸之疏曰："科道官結黨要錢，驅逐正人，紊亂朝政，皆可斬也。"夫科道諸臣亦有何罪？若朴者，乃真可斬耳。臣請熟數□〔一〕非，而皇上試垂聽焉。

夫祖宗朝設□□□□□劾之權，蓋恐堂上有鹿馬之奸，左右有煬竈之□。□臣專擅，小臣營私。故以耳目寄之科道，許其聞風言事，以通上下之情，而撤壅蔽之害。向來擊奸鋤佞，決癰去蠹，何嘗不借科道之力？朴概目之爲結黨徇私，蒙蔽皇上。若此，則科道可以不設矣，是欲去朝廷之耳目也。紊亂祖制，罪之當斬者一。

數年前，皇上猶震怒言官，間加嚴譴。邇來聖度如天，未嘗杖責一人，即觸犯忌諱者，亦且薄罰。朴一則曰"當斬"，一則曰"此輩皆可斬"。是啓皇上殺戮之端，而引之于非道也。虧損聖德，罪之當斬者二。

自皇上深居大内，章奏百入而百不報，皆起于不信臣下之心。抱杞憂者，欲撤疑關，方嘆回天無術。朴乃謂："科道之參要錢，參説事，參結黨，捏造流言者，皆不足信。"將使皇上愈疑言官。即異日者，官邪盛而寵賂彰，黨與成而主勢孤，妖言起而民心惑，有以白簡從事者，皇上必曰："此不足信□。"此皆己貪而糾人貪，己邪而糾人邪者也，否隔之形從此益結不開矣。阻塞言路，罪之當斬者三。

人臣事君，勿欺爲本，有疑于心，不敢入告。朴無風生波，無形生影，謂："科道官交結戚畹、近侍。"何不指交結者何人？謂："挾制内閣、部院。"何不指挾制者何事？謂："各衙門無日不説事，無人不要錢。"何不指説何項事？要何人錢？且既曰"各衙門"，户曹亦在其中矣。朴司錢穀，又爲請託之藪，科道官誰曾向朴關説？何不明指其人？至"宿娼"何事，亦可誣人？"盜賊"何語，亦可出口？皇上之前，敢面謾無禮若此，不敬莫大于是。説謊欺君，罪之當斬者四。

此四罪者，朴已不容于死矣。乃其大罪，尤在"密訪"一語。夫聖主明目達聰，洞洞朗朗，揭日月而行之，猶恐在旁之輩窺伺意旨，竊弄太阿，況可寄以耳目，使之伺察外廷乎？

朴云："托人密訪。"將托何人？昔武周竊命，恐人心不附，始開告密之門，其後周興、來俊臣等，羅織朝臣，屢興大獄，無辜而族者不可縷舉。先朝汪直、劉瑾用事，廣布群小，偵刺縉紳，忠臣直士橫罹荼毒，或荷校，或繫逮，或削籍，纍纍相望，濁亂朝廷，幾危社稷。朴乃欲效之耶？王曰乾何等人？所奏何等事？而朴引之，意欲何爲？此必有力神奸，合謀群小，密結中涓，將下毒手，芟除正人，朴爲效首功，出死力耳。朴陰賊殘忍，即爲周興、來俊臣作奸人鷹犬，爲劉瑾、汪直以屠虐善類，固所饒爲，亦所樂爲。乃皇上何如主，朴何人斯，而敢以此事嘗試耶？言至此，即寸斷朴，尚不足贖其罪矣。

朴言："自大臣至百姓，無不知科道之貪橫，無不罵科道之奸欺。"又言："翁憲祥等數人惡其敗群，頓足長嘆，不敢明言。"皇上試詔問大小臣工及憲祥等，使從實具奏，科道官果皆貪橫耶？皆奸欺耶？皆當一一斬之耶？且朴之所言者，非人之所不敢言與所不能言也。不過爲行勘、年例而發而歸重在東林耳。夫行勘、年例二事，其人各有本末，其事互有是非，諸臣闡發無餘，不須朴饒舌也。若東林聚徒講學，豈非美事？然使其隱居樂道，閉户讀書，不預國家之事，誰得而議之？顧憲成，誠賢者也，乃三書之失，畢竟爲千古難洗之愆。其他若高攀龍、劉元珍輩，直節清風，超超塵表，臣等方望其旦晚賜環，豈反相厄？惟于玉立以押[一二]閹之奸邪，竊道學之名目，翻雲覆雨，暮楚朝燕，攪亂世界，不得一日清寧。此士類之梟獍，東林之蟊賊，諸臣交章攻之，亦何讐于玉立？夫亦爲世道計耳。如曰："玉立方以道學爲名，不必深求。"則孔子不當辨小人儒，孟子不當憂處士橫議矣。玉立久居潞河，自負知囊，嘗爲人入幕畫策。朴前年一疏，人已疑所從來，此疏出而肺肝畢露矣。攻一玉立，便謂難爲講學。以臣所聞，篤志潛修，崇心性命者，東南則有鄒元標，西北則有馮從吾，時方仰之，如泰山、北斗，誰能指摘之耶？

又謂："難爲林下夫。"林下諸賢，不止東吳一隅，屈指海內，以臺諫、郎署廢棄者，蓋不下百餘人，誰非忠清正直之品？若趙南星、王德完、鍾羽正、白所知、龐時雍等數十人，尤爲世所推重，中外望其進用，方若景星慶雲，又誰忍齮齕之耶？朴爲此言，不過借以蓋其奸計耳。從來小人巧于行險者，未有不假途于正者也。一茅蓋頂，呵佛罵祖，惟所欲爲，蓋一見于沈正宗，再見于賀烺，至朴而愈出愈奇矣。臣聞躍冶者謂之不祥之金，自鳴者謂之不祥之器，出位而妄言、無端而發難者謂之不祥之人。人而不祥，乃國家之妖孽也，尚可一日容之哉？皇上即不加誅竄，當速褫其職，斥歸田里，庶可奪群邪之魄，不敢效尤，而國家享清明之福矣。

然臣于此而不能不咎臺省諸臣也。語云："木必先腐也，而後蠹生之；垣必先潰也，而後盜乘之。"使諸臣大道爲公，同心體國，無嫌無疑，相和相濟，小人即欲覘菀枯之枝，分左右之袒，自無隙可入。乃濆濆訕訕，相怨一方，不爭大政，而爭邇言；不爭名節，而爭爵位；不爭義理，而爭意氣。以鉤距揣摩爲精神，以擠陷搏噬爲風力，以怒罵叫號爲敢言，以執拗偏戾爲公是。人不論賢否，所愛則升之九天，所惡則墜之層淵；事不論可否，同己者非亦爲是，異己者是亦爲非。事本微也，而故張之，張之不已，而事外之枝葉煩生矣；意本私也，而公假之，假之不歸，而意中之營壘日固矣。今日言黨，明日言脉，不見黨與脉在何處，盡東西南北皆被株連，而蔓猶未斷也。此曰翻局，彼曰翻案，不知局與案爲何物。舉大小臣工，多遭焚灼，而炎更轉烈也；閱墻之鬩方酣，反借一臂于陌路，同室之戈已慘，更延群盜以分羹。彼小人者，浮動而喜事，幸災而樂禍。平居嘗有攘臂伎癢之心，況示以瑕釁，有不利鷸蚌而收功者哉？諸臣何不自反也？

臣又不能不責備于輔臣也。輔臣佐皇上平章天下，其大者不過辨人材之邪正，議論之是非。然謂之平者，如權衡然，低之、昂之而後平，非無低無昂而自平也。今輔臣主調停之說，游移兩可，曾無把持。不知今日之人情決非調停可安，今日之國事決非調停可了。輔臣獨膺眷顧，受恩不可謂不深，柄政七年，當國不可謂不久。周旋于人情世故之中，邪正是非之辨，不可謂不明且悉。何不舉目前所爭諸事，一一爲皇上陳之？其事是，其事非？其事是非相半？其事是不勝非，非不勝是？孰爲賢，孰爲不肖？孰爲大賢，大不肖？孰爲瑕瑜不相掩？使皇上曉然知天下之情，而行其黜陟賞罰，以成平明之治，豈不休哉？然臣知輔臣必不能辨此，蓋輔臣避權而遠怨者也。臣謂權而私竊之，則不可；權而公用之，不必避也。怨出于君子不可有，怨出于小人不必遠也。輔臣若以天下心辨天下才，處天下事，是非付之宇宙，威福聽之朝廷，忠誠質之天地，亦何遠何避之？下〔一三〕一切封章，束之高閣。忠言無折檻之旌，讒言無郊遂之斥，則邪佞之輩，何所憚而不爲？誠獎忠言誅讒言，彼小人者，敢以要領試皇上之斧鉞哉？且也，名賢久錮之材□〔一四〕，蒲輪不賁于丘園。廊廟空虛，宵小得乘間而逞。若盡起廢棄諸臣，布在要列，衆正盈庭，則陽明盛而陰氣消，魑魅魍魎不敢晝行。即有一二敗□〔一五〕者，亦改步回面之不□〔一六〕矣。此在皇上一轉念間，而竟不省悟，不知所亂者誰之國是，所棄者誰之人才耶？臣奉使在外，僅可藏拙。然見朝庭之上，紀綱不成爲紀綱，議論不成爲議論。每接邸報，輒爲嘆息。感事觸衷，竭其狂瞽。是非毀譽，臣所不知也。臣愚不勝激切待命之至。

萬曆四十二年正月初六日題。

屬番肆掠參處起釁邊將疏

爲屬番肆掠有因，邊將啓釁難貸，懇乞聖明，重加議處，以安孤塞，以飭馬政事。

臣惟祖宗朝設置金牌，招番納馬，而以茶償之。蓋以諸番環處西塞，爲我外藩，所以結羌戎之心，而斷匈奴之臂，制至善，意至遠也。而番人食酥飲酪，以茶爲命，我制之以不得不從之勢，而招之以不得不趨之利。是以諸番二百餘年，謹奉漢法，歲納馬恐後，而國家因得收雲錦之良，資戰陣之用，爲利不小。蓋番之利在得茶，而我之利在得馬。故私茶闌出有禁，恐其竊公家之利也；私馬冒中有禁，恐其侵番戎之利也。載在令甲，法紀森嚴。

朝廷歲遣使臣，奉璽書督察于上，而嚴關隘、禁交通，使私扳冒中之奸，不敢射利而猒法，則惟沿邊將領是賴。邊將即奉公守法，猶恐其左右因緣爲奸利。孰意有罔上營私，自捍文網，如西寧副總兵祁德者，臣不容不以白簡從事矣。初，臣奉命入關，正值招中之期，冒暑疾馳，駐札鞏昌，就近調度，見去歲馬尚未完，以爲國家大事，不應悠悠若此。嚴行各道使之如期開中，如期報完。已聞各邊土官多有冒番中馬者，復牌行各道云："招番中馬，原爲繫番心而固疆圉，非中國無馬而必取于番夷也。訪得本地官豪、勢將、衙役、奸民，往往以不堪老瘦馬匹冒番頂中，各官有爲所蒙蔽而不能覺察者，亦有受其請托而縱使冒中者，虛費茶篦，濫受駑駘，無怪乎官軍領解，斃于道途、槽櫪者，纍纍不絕也。以國家和戎之利，反爲奸人盜竊之資，使番人有馬而不得中，中國得馬而無所用之。阻壞茶法，蠹敝馬政，莫此爲甚。

此後若有仍前冒中者，定炤例問遣，委官參究"等因。通行去後。彼時即有以祁副將每歲冒中爲言者，臣密以手扎詢之該道，隨據帶管西寧兵備、莊浪道參政杜詩回報云："西寧冒番中馬，牢不可破。不獨祁土官一人，而祁爲甚。"臣復答之云："冒中之奸，三尺難假。望速廉其實，若剪得一二大憝，勝于狐鼠輩千百矣。"及臣招商事竣，以七月初巡歷洮岷，見洮岷馬已中完，且皆騰驤之選。而涼州、甘州，次第報竣，餘皆中已過半。臣竊私慶，以爲賴道將之力，可早畢事，借手以報簡書矣。

忽于本月初四日，接祁德塘報，據南川守備羅一貴塘報：卑職于六月十二日到任，本日據夜不收報稱：隆卜、雙善二族番人，搶去田家寨居民蔡宦等牛二十隻，射傷蔡應其等四名。十五日，又搶陳考、夕二馬三匹，仍將陳考、夕二射死。卑職因係納馬屬番，隨差通丁李得成，並銷爾加族番賞爾加和尚。傳諭去後，隨據二族回稱：我係朝廷敕旨中馬西番，洪武至今，並未壞事，因何把我中馬賞賜都革了？將我七年的馬，何人頂中賞賜？何人關領？反將我百户腿打折？告天天高，都茶老爺又遠，無人與我作主。只是壞爾地方，先年殺了守備，也罷了，等語。卑職領兵防護間，前番于二十二日，仍復搶居民牛八十隻。卑職統兵禦堵奪回，當陣射死番賊七名。各番倚山險峻，滾放礧石，潛藏深林，暗射官兵，射死家人一名，軍丁三名，官馬七十二匹。卑職臂中二箭，番衆兵寡，難以追逐，請兵剿除，等因到臣。先是奔阿巴匝族番人射殺武生蔡尚用，搶掠官馬，臣已批該道嚴查，至是復又見告。臣疑漢過不先，屬番未必。一旦猖狂若此，且執有詞矣。隨批逆番屢次犯搶，射傷守備，射死官兵，罪大惡極，不可不興問罪之師。但既係中馬屬番，何故革去賞物？啓釁有因，使賊得以借口。西寧兵備道速查明報。

至本月二十六日，據該道稟稱，查得隆卜、雙善二族，每年原中茶馬一百四十匹，賞段二疋，茶十篦，銀牌十面。去年，因中苑馬五百匹，二族止中馬六匹，各番爭攘，通事張旦零將伊百戶推倒，跌折一腿，各番惱恨，騎馬徑去，以後絶迹，不入西寧。屢屢刁搶其二族應中馬匹，俱係西寧祁副將家人頂中賞，即隨馬關領。今年二月初十日，搶去民婦張氏牛二隻，又搶民人西滅驢二頭。送與守備番文一紙，内云："祁副將節年不容我中馬，賞亦不容我番子。有錢的著中馬，我口〔一七〕錢，不著我中馬，我故壞你地方。有一日大那顔來到，那是我主。如今說與你知。"隨經守備譯送，祁副將隱匿不報。此啓釁之繇也。等〔一八〕因到臣。

臣撫案嘆曰："此弁冒番中馬，事果不虛，糾之晚矣。"夫雙善、隆卜，二小醜耳。世受國家豢養之恩，輒爾背逆，敢與官兵爲難，法在不赦。乃所以致之者，誰歟？祁德協守西寧，膺撫夷之責，顧不能廉以律身，嚴乃馭下。通事打折夷足，而不能問；家僮冒中番馬，而不能禁；番人屢掠邊境，而不能禦，則將安用彼將哉？且番即無道，猶願撫臣及臣爲之主，是尚知有天朝之尊也。而德乃隱匿番文不報，釀禍愈深，以致决裂。人臣欺罔，莫大于是。且自火酋盤據西海以來，窺伺内地之謀，未嘗須臾忘也。甘寧、河洮之間，處處有剥膚之患，尤幸諸番爲我藩籬，通彼聲息，虜中一動一静，我得預知而爲之備。我以中馬繫番之心，而因使諸番保我之塞。番即畏虜，暗與交通，而猶未敢顯然逆我顔行者，固懷撫賞之恩，實貪易茶之利也。若革其賞，絶其茶，則番人失望，不爲我用矣。不爲我用，必爲虜用。番歷年中馬，邊疆之險易，道里之遠近，盡在胸中。若爲虜嚮導，誘之入犯，西邊寧得安枕哉？言至此，而祁德之罪，不可勝誅矣。

參炤得協守西寧副總兵祁德，身膺重寄，念切私圖。冒番中馬，已難解瓜李之疑；啓釁携羌，又自撤藩籬之固。馭下無律，罔上不忠，所當重處以戒邊將之徇私啓釁者也。伏乞敕下兵部，將祁德重加議處。至于冒番中馬家人，臣已行該道，查實姓名，據法論罪。逆番既稱悔罪，容臣等酌議處置另題。

萬曆四十二年七月二十七日題。

條議馬政疏

爲巡歷既竣，聞見頗真，謹陳末議，以裨牧政事。

臣至愚不肖，叨奉簡書，巡視茶馬。受事以來，日夜飲冰，雖不敢不竭股肱之力以圖稱塞，而知識有限，端委難尋。于是廣詢博訪，窮利弊之原，講變通之術，以佐臣之所不逮，至于今胸中稍覺洞然，而臣已弛于負擔矣。然法有敝而當更，情有隱而未達者，皆臣未盡之職而未了之心也，敢不一一爲陛下陳之？

夫臣之差，以茶馬爲名，則觀于茶法之通塞，馬政之修廢，而臣之職業見矣。自湖茶復行已來，商賈樂趨，業已疏通無礙。而臣于去歲招商之時，多方鼓舞，一時人情踴躍，報引兩倍原額，不患于易馬之無資矣。惟馬政大壞極敝，已非一朝。臣雖與寺監各官極力振刷，而蕃息之盛未臻，虧損之報日益。在臣督責雖嚴，徒下紛紜之檄，在各官拮据良苦，未收尺寸之功。非法令難行，而窮于刑之無可加也；非人情易玩，而苦于力之不能辦也。譬之久病之人，元氣虛竭，非需以歲時，漸次滋息，豈能驟起？今日之牧事，若不通其窮，寬其力，與之以生養休息，即令張萬歲、王毛仲復出，亦難收雲錦之效也。除臣可以徑行者，若革積穀之科罰，通餘駒之頂補，禁包攬以實圉牧，揀群馬以裕孳生，皆已嚴行苑馬寺，不啻三令而五申之。其有法當通變，不敢擅更；恩當上請，不敢私市者，謹條爲四議，上呈睿覽。

一寬課駒。夫牧馬之盈虧，係于孳息之多寡。而孳生之繁衍，繫于馬力之有餘。舊例三年兩駒，法至嚴密，其爲裕課計，意非不善。然馬以一年生駒，必以一年乳哺。前駒未成，後駒復至，定鈎勤則騾病，生駒密則駒病。況定矣，而未必育。即生矣，而未必成。而爲一切之法以繩之，可乎？蓋四年而二駒者，馬之嘗也；三年而二駒者，馬之偶也。今不以嘗者定制，使人寬然有餘，而顧以偶者爲制，使人局促無地，大非情矣。考《會典》所載，洪武二十八年定，凡補領或孳生三歲課駒，每二年納駒一匹。永樂二十二年，令民養官馬者，二歲納駒一匹。成化元年，令孳生馬，每三年納一駒。三年奏准，復二年納一駒。典制昭昭可考。今陝西苑馬之例，獨與《會典》不同，無所考據，不知起自何時。説者爲始乎先臣楊一清。然考弘治十七年一清奏《請增買種馬疏》内，又有兩年一駒之説，是又非自一清始也。夫使三年兩課，果可嘗行，則今日之馬，固宜生生日積，雲錦成群。而自三十四年起，虧欠課駒三千九百有奇，其生而倒死、及死而賠補者，尚不在内，此其效亦可睹矣。蓋馬之難于三年兩駒也，形氣生化之難强，此物理之所易知也。牧軍之累于三年兩駒也，鬻妻買子之堪憐，此人情之所最苦也。比較之苦于三年兩駒也，剜肉錐髓以不前，此官法之所難行也。法久則敝，事變乃通，而尚爲膠柱之鼓，刻舟之求，操必不可行之法，以驅必不能從之牧，而使之日貧日累，日逃日亡，果孰得而孰失哉？臣以爲宜以《會典》爲准，仍復四年兩駒之例，其有例外多生者，亦炤餘駒處之。庶乎馬力有餘，則孳生必盛。而人力有餘，則芻牧亦勤。法有急之而愈病，寬之而反通者，此議是也。伏候聖裁。

一清牧地。夫蓄養之道，在求牧與芻。芻牧不足，而求馬之蕃息，必不得之數也。查得弘治十七年，都御史楊一清查出，七監牧地一十二萬八千四百七十三頃有奇，其牧馬草場，高山陡澗四萬一千六百二十餘頃，尚不在内。乃今《賦役册》所載，僅僅三萬一千七百九十九頃有奇，其餘竟屬烏有，即曰山地以二折一，坡地以三折二，故其數縮于前，然三分其數而約算之，亦纔得地四萬七千有奇而已。仍該八萬之數，竟歸何所乎？先是，嘉靖、隆慶間，御史劉侖、王相等亦曾疏請清理，而委任不專，後竟草草結局，迄于今而原額日削矣。蓋嘗細究其故，緣牧地雜于藩封、郡縣之間，有爲王府占據者，有爲豪右吞并者，有爲牧軍轉賣者，有爲佃户霸種者。即以武安一監言之，初設監時，原額荒地二千九百六十六頃五十四畝有奇，今《册》載，川坡山折地實止二千一百五十頃六十六畝，減去凡三分之一。其中有坐落長武縣四十八頃有零，竟被彼處佃户曹湖等占據，朦朧丈入縣籍，今雖清出，尚不肯退還。坐落鎮原縣四十頃餘，亦被該縣民張應奉等占種。其他如楚、肅兩府，牧軍陳第、馬恩等，固原川民李柄、楊廷宰等占據者，尚有數千頃，或已斷明而仍占，或經告争而未明，或認租糧而不納，諸如此類，尚難盡查。夫軍以養馬，而地所以養軍也。牧地日削，則牧軍日貧，牧軍愈貧，則牧馬愈耗，及今不爲清丈，將來牧事愈不可爲。雖自其父祖以來，侵占既久，視爲故業，一旦欲取之喉中，似于人情不便。然彼種無糧之地，嘗享其利，而使軍牧無地之馬，日受其害，不平謂何？且原非其業，久假不歸，非奪其所有，亦還其所本無耳。臣請專責接差茶臣，轉委苑馬寺卿，會同固原、關西兩道，凡與各監相鄰藩府、州縣、軍衛田地，一切清丈，各查原額，使盈者不致占于額外，縮者不致損于額中，即王府、宗室及鄉紳侵據者，俱盡法清出，勿爲浮議所搖，勿爲奸民所阻。而又于行法之中，稍爲通融之：令其侵買者，或成業難割，不妨量令認餉以示寬；或願爲受廛，更可分養馬匹以廣牧。如此，則既順人情，易伸國法，于事體當無窒礙，何牧地之不可清也？牧地清而芻牧自贍，芻牧贍而蕃息自易矣。伏候聖裁。

一酌賠補。夫考牧之政，生必報數，死必責償者，法之嘗也。而化育之理，生未必盡成，死不能終免者，亦物之嘗也。蓋使馬之死者，果盡騰壯之時，芻牧無法所致，責以賠補本色，亦復何辭？然未有成馬而死者，有齒已長而死者，死之因不一，而賠補之法則一，非政之平也。且各軍困守圉牧，既難經營以治生，又無月餉以糊口，所恃者惟此牧地耳。然設監之地，必係磽确閒廢之田，風高雨少，寒早燠遲，得天之偏；層巒深壑，礧石浮沙，得地之偏；土曠人稀，農多糞少，得人事之偏。即豐年所入，尚不足供人馬之食。況荒歉頻仍，十室九空，芻牧不贍，倒失必多；倒失既多，賠補益苦，前欠未完，後課復至，即敲骨剝髓，亦不能足。監官嚴刑逼之，不勝箠楚之苦，則賒取客馬，每匹定價銀十八兩，即竭二三年之力，尚不能償，而況倒失者又相繼乎？此賠補之難完也。據該寺條議，欲炤騎操馬匹事例，追納樁銀，然苑馬欲其蕃息，若盡納銀而不補馬，則馬日耗減，何以備緩急之用？況操卒有衝鋒對敵之時，而牧軍特安坐牧養；操卒每月有朋合之納，而牧軍居嘗無徵，此不可比而同也。惟當于賠補之中，稍廣法內之惠。查得弘治九年，有大馬一匹，徵銀五兩，駒一匹，徵銀三兩之例。正德三年，有兒馬追銀七兩，騍馬五兩之例。弘治之例，則載在《會典》者也；正德之例，則載在《馬政誌》者也。誠斟酌于先今之例，而稍爲變通，孳生馬三歲至十歲者，茶易馬一年至六年者，仍炤近例賠補。本色駒二歲以下，追銀三兩。馬十歲以上，茶馬六年以上者，追銀五兩。馬十四歲以上，茶馬十年以上者，追銀三兩。駒未及歲者，追銀一兩五錢。如此，則在牧軍既不苦于本色之難求，在監官亦不苦于追徵之費力，而苑馬寺積貯餘銀，亦可備買馬之用。變法而法在，行法而仁存，此事理之無礙者也。伏候聖裁。

一議俵兌。夫苑監之政，原以資戰征之用，故群內之馬圖孳蕃，群外之馬備俵給，其來久矣。群內盡俵，則閑廄虛，而無以壯戎備之盛；群外不俵，則牧力困，而無以疏重牧之苦。嘉靖三十五年，議准陝西苑馬寺孳養馬匹，每年准給固原、延綏、寧夏三鎮馬二千匹，內一千五百匹專給固原，五百匹延、寧二鎮分年輪給，載在《會典》可考也。後因營軍嫌牧馬不堪，牧軍苦養馬無地，始改爲固鎮官軍徑赴茶司親領二千匹，歲以爲嘗。自萬曆十八年起，積今二十餘年，不俵矣。惟陝西參將營尚有俵給，然每次不過一百五十匹，乃三茶司歲額之給；牧孳養者，則千二百九十匹。出數如彼其少，入數如此其多。日增一日，年增一年，于是一丁而養三四匹者有之，一户而養二三十匹者有之。舊制，群内騍馬，每匹給地三頃一十六畝八分；群内兒馬及群外兒、騍馬半〔一九〕之；其群内騍駒、群外餘駒，三歲成馬者，亦給如兒馬之數。今地不加增，而馬日漸益。查七監有馬無地軍，每監一二百名不等。夫無地而責之養馬，已自不堪。養馬而生則責之孳息，死則責之賠補，更爲偏苦。且世間無二十餘年不死之馬。新者日積而日老，舊者漸老而漸斃。以有用之馬，置無用之地，豈不可惜？則俵給之規當復也。但查各鎮自給茶馬之外，用銀買者亦少。惟延鎮歲買馬，大約用椿朋銀三萬餘兩。甘凉亦兩次買馬，用萬餘金。蓋此兩處，年來有剿伐之役，是以損馬獨多；而靖虜新增營堡，亦議添馬一百四十匹。至于固原軍士，與各監雜處，亦樂于近兑，而憚于遠領。合無將七監牧馬，每歲額外俵給榆林鎮三百匹，令該鎮差官自領，應用草料，炤例增派。兑給固原鎮二百匹，即于河州茶司應給固原鎮馬内，除二百匹給甘凉。一通融間，不惟苑馬不至積耗，且可省兩鎮七十餘金。總之，皆國家之財也。若後來種馬缺少，即便停俵、停兑。其靖虜道，俟修堡完日，先炤數俵給苑馬一百四十匹，後不爲例。俟缺馬之日，許該道臨時請詳，量數多寡撥給。至于應俵馬匹，皆要四歲以上、十歲以下者，該寺官預先點驗注定。七監中量馬多寡，分爲二班，輪流撥俵，不得偏私。又軍士多揀擇騍馬，不願兒馬。騍馬以裕孳生，若俵多而種馬有虧，必以兒七騍三搭配。不然該寺預計應俵之數，擇堪俵者，先扇之以待，亦一便也。此法行，則馬不積于無用，而空憐駿骨之收；人不苦于重役，而稍有息肩之日。恤牧之法，計無便于此者。伏候聖裁。

萬曆四十二年九月初一日題。

校勘記

〔一〕"自"，疑當作"是"。

〔二〕"明"字下，原衍一"明"字，徑删。

〔三〕此文又見清光緒《沁水縣志》卷十一《藝文》。

〔四〕"定"，疑當作"宜"。

〔五〕"土臣"，當作"土田"。

〔六〕"乃國家財賦所出"，前應有"正額"二字。

〔七〕"情情"，當作"性情"。

〔八〕"必"，原作"火"，據文意改。

〔九〕"從"，原作"徙"，據文意改。

〔一〇〕□，字迹漫漶，疑當作"桁"。

〔一一〕□，字迹漫漶，疑當作"其"。

〔一二〕"押"，疑當作"捱"。

〔一三〕按此下原重"之心"至"目前"半頁，原文因此少半頁。

〔一四〕□，字迹漫漶，疑當作"蓺"。

〔一五〕□，字迹漫漶，疑當作"事"。

〔一六〕□，疑當作"暇"。

〔一七〕□，字迹漫漶，疑當作"無"。

〔一八〕"等"，原作"第"，據文意改。

〔一九〕"半"，原作"牛"，據文意改。

張忠烈公存集卷十

奏　疏

請罷湖稅疏

　　爲江右疊罹水災，湖稅亟宜報罷，懇乞聖明渙發德音，以紓民困事。

　　臣昔年跧伏田間，從邸報中見江省大水，撫按告災，皇上特留稅銀賑恤，則舉手加額曰：「聖天子明見萬里，軫念元元若此。」比臣今歲奉命來按茲土，初抵潯陽，淫淋浹旬，即臣公署之內，浸爲行潦，而市衢隴畝間，其爲奔流積水沉淪衝決者，不知其幾矣。

　　亡何，而奉新諸縣報災踵至。批行該道查勘間，臣繇南康巡歷饒州，入鄱陽之境。湖水泛溢，道路以舟，凡三十餘里，皆從圩塍間渡。民居水中，架木而棲，懸釜而爨，啼號之慘，耳不忍聞。見臣舟經過，扶老攜幼，拿小舟簇擁籲訴。臣呼而問之，則云：「此地數年來，連被水災，下達鄱湖，上達安仁，三百餘里，一帶瀰漫。往年川水來遲，尚收早禾。今歲春雨太多，暴水驟至，夏麥將成，稻秧初佈，盡被湮沒，哀哀小民，何以爲生？」臣曰：「爾等棲息水面，與魚鼈爲鄰。若再添一二尺，將盡漂流，何不速去此土，逃生他鄉？」則又泣訴曰：「小民生長於斯，去將焉往？且出無路資必道殣，等死耳，與其死于異鄉，不如死于故土。」臣聞之，而爲欷歔泣下也。隨即牌行九江道賑恤去後。顧此臣所目擊耳，其所不見者尚多也。此饒陽一郡耳，其餘十二郡，尚不知何狀也。

夫江右土故磽埆，又無富商大賈，百姓惟以力田治生，一遇災傷，束手無策。臣等非不多方拯救，而倉庫如洗，無米之炊，巧婦所難。請蠲、請折，尚待勘明具奏。爲今救荒急策，獨有罷湖口稅，百姓即得蘇生矣。

蓋湖口爲江右咽喉，上通荊蜀，下接三吳。商舶之所往來，百貨之聚集。往未抽稅之前，賈客如雲，帆檣銜尾；有無交通，物無踊貴。及既設[一]稅廠，商旅裹足，民日困弊。蓋有繇然，何則？江右地狹民稠，即豐年所獲，尚不足供本地之用，一切皆仰[二]給楚中。今轉鬻不至，米價日騰，是外者不入也。本地所產竹木、陶、柏，皆粗惡之物，然猶借四方來鬻者，稍圖尺寸之利。今賈客不來，欲售無主，是內者不出也。外不入，內不出，表涸中乾，絣罍交竭，欲民無困得乎？然而，憂猶不止[三]此也。語云：“獸窮則攫，民窮則亂。”今江湖亡命，烏合嘯聚，出沒剽[四]掠者，實繁有徒。臣入境兩月來，而見告者屢矣。萬一不逞之徒，乘饑荒之際，煽惑愚民，垂涎利窟，則徵榷之鏹，且將爲大盜之積。念及于此，而可不爲寒心耶？湖稅之罷，蓋不容一日緩者也。

抑臣于此而更有感焉。皇上二十餘年權探所入者，蓋已罄山海之藏矣。其積之也，蓋將有以用之。昨遼左告急，發帑之請，僅得十萬，猶且有吝心。皇上留此將何用耶？財于天地則泉府，而于人生則血脉也。水壅而潰，傷人必多。血脉滯結，必爲瘡痏、爲瘕癥，終有性命之患。故財積之久，則釀禍愈深；攘之多則悖出必捷。洛口敖倉，徒爲李密之資；瓊林大盈，祇速奉天之狩。將來之禍，臣蓋有不忍言矣。皇上儻思及此，則不惟江右之稅當罷，而天下皆當罷。不惟未徵之財勿貪，即已積之財當速發，又何俟臣言之畢耶？乃臣在江右，則言江右。目擊災民困苦，爲請命于皇上，獨有先罷湖稅一策爾。

伏惟聖慈鑒矚，慨發仁恩，以救此方之民。臣愚幸甚，地方幸甚。臣無任懇切望澤之至。

萬曆四十六年六月初七日題。

論遼事疏

爲天人交警，亂萌已著，懇乞聖明亟圖消弭之策，以保治安事。

臣聞國家禍亂之作，必有[五]其萌，不徵于天，則徵于人。其徵於天者，必先告以災異，而後降以鞠訩。其徵于人者，或發難于一隅，而動搖乎率土。稽之往事，歷歷不爽。自非見端知委，杜釁防微，未有不至于覆敗潰裂者也。臣觀邇年以來，災變疊至，如牛妖、人怪、渡鼠、飛蝗，史所不數書之異，與古所不經見之孽，駢集一時。而都城之內，往年風折門鍵矣，今年河水變血矣。咫尺宸居，豈宜有此？明明上天，顯以象告，有識之士，莫不寒心，而陛下恬然不以爲意，臣愚不得其解。豈不以內外諸臣，歲歲告災，日日言亂，而天保之苯祿彌長，全盛之山河不改，遂謂大道遠而無徵，人言繆而不驗歟？不知災屢見而應未彰者，天之所以愛陛下也；亂已成而端未發者，又天之所以驕陛下也。陛下狎其愛而狃其驕，曾不能修德修刑，知危知懼，則愛者將轉而爲怒，驕者將變而爲罰，挽回無及，而國家之事去矣，陛下尚可泄泄已耶？

若夫奴酋者，我之屬夷，世受豢養之恩，而戎索約之者也。一旦狡焉躪入，攻陷撫順，總兵張承胤提師捄援，隻騎不返，羽書告急，京師戒嚴。陛下赫然震怒，下詔征討。在廷諸臣，共奮請纓之志，同矢借箸之籌，議兵議餉，議人議法，亦既不遺餘畫矣，臣復何能贊一詞？顧臣所憂者，不在外夷，而在內地；不在邊疆，而在朝廷；不憂奴酋爲中國患，而恐中國之患或因奴酋而起也。何則？奴即黠悍，然當陷城覆軍之後，不能乘破竹之勢，長驅而窺關門，此其伎倆亦可概見。況有北關犄其後，彼能無覆巢破卵之虞？即或秋高再舉，亦不過攻掠沿邊城堡爾，似不足深患也。惟以一小醜，而欲徵天下之兵，與之爭一旦之命于疆場之外，此則臣之所大恐耳。

《兵法》曰："知己知彼，百戰百勝。不知己不知彼，百戰而百敗。"今陛下聽鼙鼓而思將帥，選舉謀勇之臣，經略則起楊鎬矣，廢將則起李如柏、杜松、劉綎、柴國柱輩矣。此數人者，不知能制奴酋之死命否耶？奴酋控弦之士名曰六七萬，實亦不下三四萬，皆人人堪戰。我兵可與搏鬭者，不過諸將家丁，而諸將家丁多者不過數百人，此外則部議挑選、召募、調發者也。挑選之兵，臣嚮爲保定刑官，往來三輔間，屢從校閱之後，熟知其習玩惰靡，不堪臨敵。召募所致，皆素未荷戈之徒，所謂驅市人而戰者。古今能用市人者，獨淮陰侯一人，今之爲淮陰者，誰耶？至調發之兵，未必慣戰。就使堪用，而近者千餘里，遠者五六千里，比及至遼，已困頓不支。語曰："三鼓氣竭。"況强弩〔六〕之末乎？且用兵者，必兵與將相習，若指臂之相使，而後可取勝。今以五合六聚之衆，而聽一人之指麾，耳目不習，心志不通，使之用命克敵，勢必不能。如必待訓練齊一而後用之，則曠日持久，師老財匱，又非計之得也。此臣之爲中國自料者也，而料敵則更難焉。

夫大師出塞，必期剿滅，非徒以虛聲恐喝之也。然而山川之險易，能熟諳乎？部落之聚散，能盡窮乎？懸軍而入，能無憂後繼乎？出境而運，能無憂抄絕乎？且夫突騎如飛，縱橫野戰者，夷之所長，而我之所短也。以短擊長，以勞赴逸，以客當主，無一可者，故曰難也。世宗肅皇帝時，虜屢入雲中、上谷間，殺掠不可勝計，甚至胡騎直薄都城，而不聞伸撻伐之議者，亦度不能制其命爾。且以文皇帝之神武，兵精將勇，而臚朐河之戰，五將不返，全軍殲焉，則出塞之役，奈何可輕言之也？夫封疆失事，主憂臣辱，滅此朝食，臣亦與諸臣同心，而持議若此者，臣非獨懦也。天下事謀其始，當圖其終；發其端，當窮其變。不在倖勝于一擲，而在決策于萬全。爲今日計，臣以爲且不必徵兵各省，騷動天下。但就近調發召募之衆，益以遼兵。俟經略至日，分佈諸將屯集要害，修復城堡，多製火器，練習營伍，且以固吾圉而厚撫北關以堅其敵，多行間諜以潰其黨。然後用計以圖之，乘隙而報之，期于一創犬羊，以伸中國之威，雪撫順之恥已耳。若夫絕幕空庭之事，言之可聽，而行之實難，臣不敢從臾也。

說者謂，國家西平哱酋、珍播，東掃島夷，易于拉朽。以聖天子之靈，將士之力，何有于蕞爾之奴？臣以爲非可概論也。哱賊叛據孤城，楊酋死守一嶼，若釜魚檻獸，大兵四面蹙之，何慮不克？倭亦倦而思歸，非我實能破走之也。若奴之兵力，既非倭比，而雄據東偏，勾連北虜，又非哱與播比。且三方之役，失亡士馬，糜費金錢，不可勝計。今止議兵十萬，議餉三百萬耳。尚且掺括難足，户、兵二部束手無策，不知此兵、此餉果遂足了此役耶？萬一不足，兵又于何處調補？餉又于何處那借耶？兩敵相當，無兵無餉，得中止耶？勢必將加賦、選丁，動搖天下。臣所憂大患因此而起者，政謂此也。

雖然，此較量于利害之間，而非制勝之本也。語曰："天子有道，守在四夷。"又曰："能治其國家，誰敢侮之？"陛下則誠有道之主也，而今之國家治耶？不治耶？陛下深居高拱，置天下于度外，即邊疆大事，亦且有留中不報者。而內帑山積，尚惜朽蠹之餘易戰士之命，則誰肯爲陛下出死力者？東宮輟講，幾更寒暑，而屢請屢格，終不舉行。皇長孫英茂之年，正宜出就外傅，陶養睿質，而曾不置念，貽謀燕翼根本之計，謂何以致？政本單虛，閣臣以一木支廈，而枚卜之不行如故也。九列晨星，強半代署，而大寮之不補如故也。臺省空虛，守候諸臣，困頓旅邸，而考選之不下如故也。漢廷有一汲黯，而淮南寢謀。宋相司馬光，而契丹相戒不敢入寇。則今日禦侮之方，用人非第一義耶？臣又聞，昔人有云：「平居無直言敢諫之臣，則臨難無仗義死節之士。」若臺臣劉光復者，忠貫白日，名高折檻，而尚使之幽囚囹圄之中，又何以激天下豪傑之氣哉？此臣所謂「不在邊疆而在朝廷者」也。

陛下試深察天人之變，亟維社稷之計，□〔七〕德省咎，行政聽言於臣，所謂儲講、枚卜諸事，一旦慨俞，宸衷一轉，天心助順，神氣自張。奴酋小醜，叩關請罪之不暇，尚敢逆我顏行哉？臣愚不識忌諱，杞憂切念，冒昧陳言。伏惟聖明采擇，并敕下部覆議施行。臣不勝戰慄待命之至。

萬曆四十六年六月初七日題。

再論遼事疏〔八〕

為奴酋罪在必討，廟算當出萬全，謹抒末議，以備聖明采擇事。

臣頃者「天人交警」一疏中言遼事不宜輕戰，非諱戰也。蓋謂戰非難，戰而勝為難〔九〕。必先勝而後可戰，若戰而不勝，不如無戰。此臣愚鰓鰓過計也。然亦意奴已還巢，或俟秋高再舉。近接邸報，又見其突入衝邊，攻陷三堡，勾連北虜，所在告急，全遼之勢，岌岌將危。夫遼危則薊危，薊危則京師危。此時撻伐之議不再計而決矣。顧戰危事未易言也。必選能戰之將，練敢戰之兵，備堪戰之器，而後可以戰。語曰：「將不知兵，以卒予敵。」今所用李如柏、杜松、劉綎諸人，雖皆身經行陣，累立戰功。然止遏小醜，未當大敵。奴酋狡橫多智，老於用兵，此亦勁敵，未可輕也。不知諸將中，誰可當奴酋者，宜令經略楊鎬分別上請，孰堪前鋒，孰堪中權爲翼，使各領一軍，總聽經略指麾。其偏裨以下，必選有膽略慣戰者充之，或取之廢棄，或拔之營伍，無拘常格，便宜題補。見任將領，若紈綺子弟，文墨書生及庸懦昏愚者，亟宜汰斥。更宜敕諭兵部移文各省，招募材勇，果有驍雄出衆、智略過人者，聽本部官司驗實，量行資遣，于軍前效用。四海之大，豈無赳赳干城伏在林莽？必有窺左足而應者，此亦選將之一策也。然而，有能之將，無制之兵，亦不可戰。今之兵，可謂無制之極矣。平居操演，原同兒戲，坐作進退，尚不成行，及遇虜入寇，不過遥爲聲援，相離數里，早已箚營，前挑壕塹，預放鎗炮，使虜不蹂躪便爲上策。迨其出邊已遠，方敢追躡，拾取餘簇、疲馬以報擄獲。敢有覿面衝鋒、以一矢相加遺者耶？即如近日援遼之兵，曾經挑選，然出關者如赴湯火，在道者已多逃亡。此輩未遇虜而膽已裂，一當行陣，非抱首而奔，即俛首受刃耳。所謂有兵之名，無兵之實，即幾千幾萬，將焉用之？徒費國家金錢耳。近見經略議，調選延綏諸路家丁，似爲得策。今各邊無事，且以援遼爲急，仍宜懸厚格募敢死士，若得數百人，便可當脆卒數千之用。至練兵無他奇術，惟在信賞必罰，法令嚴明，使士知進生退死，寧死敵而不死法，自然如山之不可撼矣。若中國長技所恃以制虜者，惟在火器。蓋以我之戈矛，遇虜之騎射，固十不當一。以虜之騎射，遇我之火器，亦百不當一。使撫順諸堡火器夙備，連發不斷，夷必不能陷城。爲今日計，勿惜小費，多置火藥、火器，即本地不產硝磺，第委官于近畿收買，倍高其值，商人〔一〇〕趨利如鶩，數百萬可以猝致。火器具備，教習得法，戰可以摧敵之鋒，守可以堅我之壘。善用兵者，以長擊短，政此之謂也。乃其大要，又在明功罪，重事權，何則？今日之將驕卒惰而不可用者，繇于法令不行；而法令不行，繇于事權不重。權輕法玩，則經略不能制大將，大將不能制偏裨，偏裨不能制卒伍，此敗道也。況杜松輩，皆以宿將並起，勢不相下，不有以制馭之，非軋而争能則妬而潰事，不可不慮。臣愚謂必得天語嚴切責成楊鎬，使之約束諸將，如臨敵不用命者，偏裨以下以軍法從事，大將即奪其軍，列狀奏請，如是既可作其敵愾之心，又可抑其跋扈之氣。即有崛强不可使者，不敢不俛首奉法矣。昔李光弼與僕固懷恩同爲大帥，河陽之戰，懷恩少却，光弼即命取其首，懷恩死戰，卒能破賊。經略初出關門，亦旌旗變色之時，再假以陛下威靈，行法益易，將士用命，未有不克捷者。倘其用法偏私，則臣等操白簡以議其後，必不使軍中之法行而朝廷之法不行也。顧後來之法令宜明，而目前之功罪尤宜核。目前不核則人無勸懲，法終不行。張承胤身爲大將，不量而進，喪師辱國，一身之死，豈能贖萬人之命？而其子猶妄請優恤，曾未聞覆軍之將得徼褒贈之恩也。梁汝貴、頗廷相突圍而出，見失主將，復陷陣以死，一腔忠勇，甘蹈白刃，宜加優恤。其陣傷而死者次之，如全未受傷者，非臨陣處後，即見敗先逃，當亟斬之轅門，以爲不忠不勇者之戒。李維翰身任封疆之重，平時既設防不周，有事又束手無策，縱不逮治，亦當鐫職。乃明旨僅令回籍聽勘，則何以正失事之罪，示將來之鑒乎？總之，功罪明而後法令可行，法令行而後將士用命，克敵取勝，必繇于此。如使循姑息之故習，守邊疆之舊套，玩而無威，亂而不可使，即將卒如雲，亦何益于勝敗之數哉？

臣遠在數千里外，邊疆事宜不能盡悉，亦據邸報所傳者，以臆度若此，一得之愚，知無裨于盈廷之議，然亦區區杞人之憂也。至于急糧餉以備轉輸，修險要以防侵越，簡京營以固根本，則公車之章已滿，無俟臣之贅矣。如果臣言可采，伏乞敕下該部覆議施行。臣愚不勝激切待命之至。

萬曆四十六年六月二十六日題。

糾劾〔一〕橫宗鼓譟疏

爲橫宗借事鼓譟，凌辱憲臣，大傷法體，懇乞聖明立賜乾斷，重加懲創，以肅紀綱，以杜亂萌事。

臣奉命巡按江藩，入境之初，咨訪地方利害，即知省城諸宗驕縱不法，實繁有徒。呼朋引類，橫行市井。管理不能約束，有司莫敢呵問。已有尾大不掉之形，漸成養癰必潰之勢。臣于是嚴行禁約，諭令自新，拿其黨惡市棍夏國登等數十人，悉置之法。仍令司道不時訪挐，剪其羽翼。

比臣今歲正月內，巡歷吉安，按察司又揭報惡宗統高、謀祿及黨棍李二等事迹。方在究治間，突聞省宗有變，鼓譟臬司，即行牌布政司禁戢，并查訪首惡去後。隨據按察司署印副使魏濬呈：爲諸宗無端鼓譟，恃衆擁入憲司，大肆凌脅，有傷憲體事。職蒙委署司印，本月十七日投文時，一人高聲喊鬧而入，門役不能止。職見其戴舊氈小帽，衣舊布袍，口中嚷嚷，不知所言何事。索狀無有，旁觀錯愕，意必市井刁悍，因叱責之。始言係是宗室，遽命止杖。詢之，則云：「父被二庶宗打倒在地，倉卒口急，不能詳語。是我自錯，但乞作主。」職差二役，隨往拘審，久之未到。至未時分，乍聞宗衆聚集，街巷誼嚷。細訪之，始知告者其名謀坐，而所告者，則多煩、多炁也。于是惟知處誼鬧藐法之告人，豈期有破帽舊衣之宗室？職生平行法平恕，恥爲苛礉，此際情境，本宗自知最明，故當衆嚷之。時與其父若兄，挺身勸解，返被毆擊，諸宗遂沿街鳴鑼集衆，擁至按察司大門，內外讙呼不止，向晚闌入司堂，擊鼓誼囂，橫口肆詈，打坏公座。吏書、衙役及守宿官兵，四散走匿。更鳴時分，尚不肯退。兩府管理親來戒諭，亦被訶詈而去。巡、學二道委曹同知，親至堂上諭解。既而撫臺命中軍官執牌曉諭，方以漸引去。竊思謀坌之來，既不以宗室自表，本道之處亦豈因宗室生憎？推原其故，因職近詳庶宗統高父子送府墩鎖，又訪幫惡李二等，發張推官廉實，呈詳本院行究，諸宗忿恨，適與事會，鼓浪乘風，一揚百沸，遂不可止。竊炤江省久苦橫宗，至此已極。無親王之統揮，分屬不專；多從逆之餘魂，種性難改。攫金乎市、禦人于途者，往往見告，道路側目，士紳掩户。即宗室中之賢達善良者，亦每遭其齮齕，何論凡庶？職備員臬寮，見署司印，秉法制橫，乃其職分。今處一橫行屢犯之羽翼，遽懷怨毒。治一褻衣無別之宗人，輒與大難。將使法紀盡淪于地，宗焰上熏于天，勢日益張，安所底止？事出駴異。密詢，係爵宗數輩鼓倡，孽庶繼以號呼，其間宗親、僕從、幫協、市棍，實繁有徒。雖釁起謀坌，自知悔過，退藏斂迹，然嚚凌之聲，徹于都邑，法紀之地變爲鬨場，將來司憲者，何以秉持三尺？可容蔑憲干紀一至于此？理合據實呈報等因。該臣批，謀坌青衣小帽，突入公庭，不通名字，倉卒之際，何繇辨其爲爵宗？即受朴責，亦所自取。而諸宗乃敢鳴鑼糾衆，數百爲群，鼓譟狂逞，打毀公座。憲司何地？可容此輩橫肆也？法紀凌夷于斯極矣。閱詳令人髮指，該司即嚴查首惡數人，五日內速報本官。隨即具文乞休，臣兩批慰留，乃本司以憲體已傷，誼不受辱，遂將司道印送巡南道，移駐境上。布、按二司訪實倡首各宗爵名，開報到臣。

該臣看得，國家之所恃以立者，惟此紀綱法度，固不可以懿親廢，不得以強橫撓者也。而按察司號爲外臺，又紀綱法度所自出，戢暴抑奸，于是焉在。必有凛然不可犯之法，而後禁令易行；必有截然不可褻之體，而後彈壓始重。若以一事之微，一時之誤，而強宗悍衆，遂得以凌轢而詬誶之，則紀綱法度蕩然無存，所關于國家治亂之幾者非小也。謀垔以褻衣投愬，口期期不了。該司未詢來歷，叱而責之，蓋亦懲刁太過，無心之失。在謀垔已自認錯矣，諸宗有何傷心之痛？而鳴鑼集衆，至數百人。□□譁譟，填街塞巷。闖入臬司，鳴鼓公堂，打毀公座，橫詈狂逞，管理勸之，而反被辱，府官解之，而不能止，及撫臣遣中軍執牌傳諭，始漸次解散。至次日，而仍聚衆狂謀，口不擇音，如此景象，真同夷虜，豈清平之世所宜有哉？

雖衆號數百，難以盡法繩之。然一呼百應，倡首有人；攘臂當先，稱雄有人；平日肆毒于市井，而此時咆哮于公庭，乘隙洩忿有人。問："誰鳴鑼？"則弋陽王府輔國中尉統鈢也。問："誰出帖？"則樂安王府奉國將軍謀燈也。問："誰召號？"則建安王府奉國將軍多鯨、宜春王府庶宗謀堊也。有以魏濬爲當斬、又打毀管理肩輿者，爲宜春王府奉國中尉謀殼。有沿街遶署呼名大罵者，爲樂安王府鎮國中尉統鏷。有翻倒公案率衆打毀者，爲石城王府鎮國中尉謀墥、瑞昌王府奉國中尉議渡。其餘鼓煽狂逞，則樂安等王府庶宗謀𧹞、謀䴸、謀䩭、謀寶、謀墧、謀暚、統鐮、統正、統祥、統鎔、議湛、鳳哥等，此輩綽號"海龍王"、"五閻王"、"鐵布衫"、"鐵掃箒"之類，皆平時著名惡宗，南昌之人恨不得食其肉，而寢其皮者，是皆罪之魁也。

蓋各宗生成豢養之習，既逸居而無教，自恃天潢之派，又橫目而誰何。平時作奸犯科，各懷不逞之志；一旦乘機借隙，遂發大難之端。千人成群，兩日方解。金鼓騰于通衢，誼譁環于公署。憲司何地，可容蹂躪？憲臣何官，可使凌辱？履霜有戒，長此安窮？及今不一大創，恐逆濠之變再起于江藩，而楚宗之亂又見于今日也。

伏乞皇上敕下部院，將爵宗謀燈等，庶宗謀𧹞等，查例從重議處，以正國家之法，而杜將來之禍。其僕從、市棍，容臣等徑行拿究。若各府管理，是嚮所選擇，而使令之鈐束諸宗者也。乃既不能禁約于平時，又不能解紛于倉卒，則用管理何爲？臣以爲均當罰治，內宜春府管理拱李，久患癱瘓；弋陽府管理多燹，年逾八旬，老病奄奄，望輕人玩，速當更易，別選賢者代之。多燉、多耗違例謀封，逼兄出結，且肆歐辱，釀此大變，亦宜併懲。

至副使魏濬，真品清修，久孚輿論，三年考績，又有成勞。偶爾事出無心，變生意外，受侮既多，拂衣遂決。在本官愛惜名節，因不難翛然長往。然惡宗一譟而去一秉憲之臣，若發蒙振落，則益長其囂凌之心，而後來者將倒三尺而授之矣。臣以爲本官當循資升調，未宜徑予休致，非爲濬一人惜，爲國家之紀綱惜也。

抑臣猶有□憂焉。蓋江右宗藩，今日之事驟發而變小，異日之事遲發而禍大，則以宗祿之難繼故爾。查江省秋糧，內止祿銀九萬六千一百四十餘兩，嗣後節將各項改抵祿銀五萬六千七百七十餘兩，總計之止一十五萬有奇。今歲支至二十萬六千七百六十餘兩，浮額者幾六萬矣。嚮來藩司東那西借，勉強支持，至于今而那無可那，借無可借。去歲年終，應散兩季祿糧，藩司卒無以應，諸宗環門號擁，已有變徵。過此以往，名封日益，歲祿漸增，而帑藏已竭，既無天降之財；貧瘠之土，斷無加派之理。至于無所措處，諸宗貧困無聊，急不能待，其勢必至于釀亂搆禍，決裂難收。爲今日計，思患預防，獨有限祿一法，可以善後。

臣查十八年間，經科臣萬象春條陳，禮臣于慎行議覆，此法已行于周藩矣，豈獨不可行于江右耶？請斷自今歲宗祿爲額，以後即有加封，總于數內通融均給。而臣等再查有可以抵祿者，湊補足數，則哀多益寡，在藩司既不苦于無米之炊，而挹彼注茲，在諸宗亦相安于有限之數，順導均平之欲，逆銷爭奪之萌，法無便于此者。若以爲禄額有定，而生息無窮，宗支日益繁衍，則宗禄日益削薄，非以廣朝廷親親之仁。臣謂此不足慮也。蓋今日封爵之多，非盡螽斯、麟趾之繁庶也。其以冒濫得者，往往有之。同宗以□害無關，亦相容隱。若禄額一定，多一人之封，則減一分之數。倘有花生、傳生之輩，朦朧請封者，諸宗恐分其利，必不相容，將群起而攻之矣。如此則冒濫難，竊封爵自少，又何虞于削薄耶？然而清冒濫之原，又在復名封之制。查得《宗藩要例》，凡報生、請名、請封，俱繇長史、教授結勘，明白申報。巡撫衙門轉行，布政司覆勘無碍，按季類奏，法至詳且善也。自萬曆三十二年，禮部條陳簡便之法，止用報生一結，而報生之結，又單以五宗爲據。夫五宗亦何可據也？有以賄而求者，有以情而曖者，有以勢而挾者，且彼各爲其子孫異日之地，互相容隱，誰得而問之？而王府書掾，惟利是視，□□有暗結具奏、併五宗亦不知者，禮臣第知爲簡便爾，豈知流弊至此極乎？

夫奪撫臣之事權，而專予之王府，以藩司爲不足信，而取信于五宗，臣未可其可也。據其初意，不過謂多一結則多一事，爲諸宗惜費耳。然使其冒濫一奉國中尉，則歲支六十餘金。等而上之，至鎮國將軍，則歲支二百五十餘金。此視所費，孰重孰輕，孰多孰寡？人謂禮臣不識大體者，此類是也。

臣查江省三藩，萬曆九年間，總計將軍、中尉、夫淑人六百三位。至今三十餘年，而食禄之宗，幾一千八百位，豈盡皆應封之人耶？蓋繇稽查之目疏，保結之法廢。院司無報生之案，名封無覆勘之人。是以年月任其那移，生死惟其代頂，或嫡生殤而以庶生代之，庶生殤而以婢生、花生代之。又或匿已殤之子而待將來之胎，甚或以乞養之兒而亂天潢之派，諸如此類，尚難盡舉。

臣自抵江藩，屢見揭告如此，則封爵安得不多？歲禄安能繼也？部議以爲止責成五宗，如有虛冒者，將本宗降級，五宗罰革禄糧。然自行之數年以來，豈無虛冒？何嘗見參罰降革一人耶？又以爲可省府役誆騙、部役掯索之弊。然臣聞誆騙、掯索，日甚一日，何嘗見省耶？臣以爲宜復舊制，凡報生、請名、請封者，仍令長史、教授取兩鄰收生人等保結，繇巡撫衙門題請，而當請名封之年，必繇布政司親驗其年歲，果與報生相符，然後呈詳撫臣具奏，則欺隱無路，□〔一二〕濫必清，是亦補偏救敝之一術也。

此二議者，皆窮則變通之時，亦防微杜患之策，臣故因悍宗之變而併及之。至于庶宗犯法，與齊民一體究擬，明例具在，而江藩向格不行，遂養成桀鶩，無所忌憚。一以三尺繩之，則群譁而起，法未行而體已傷，必得明旨申飭，有司方可奉行。而奸生、花生、傳生、乞養之輩，亦溷名宗室，呂牛莫辨，螟蛉亂真，豈不汙玉牒而辱天潢？臣以爲宜通行各藩查實，盡令復其本姓，不許溷稱庶宗。而江藩從逆子孫，亦宜削其屬籍，隸于齊民，所謂非其類者鋤而去之，稂莠除而禾嘉自茂，亦宗藩中守法循理者所深願也。

如果臣言可采，伏乞敕下該部覆議施行。臣愚不勝悚息待命之至。

奉聖旨：該部院知道。

萬曆四十六年□月□日題。

糾駁經略疏〔一三〕

爲遼將死事不同，臣疏持議非刻，謹再剖明，以質公論，以祈聖鑒事。

頃接邸報，見遼東經略楊鎬《報清河亡失疏》中有云："以張承胤之死，已蒙賜恤者，尚有臺臣之駁。"其言蓋指臣也。臣先是疏論遼事，內有"張承胤喪師辱國，不宜褒贈"之語，臣何讐于承胤哉？蓋引《春秋》之義，以責覆軍之將爾。而鎬遂借臣言，併欲没鄒儲賢、張旆死節之忠，則臣實不得其解。

蓋死一也，而所以死者不同：有力屈而死者，有潰敗而死者，有慷慨仗義而死者，有窮蹙喪元而死者，有死而繫綱常之重者，有死而貽社稷之羞者。承胤于此數者，何居乎？

承胤不知奴之佯遁以誘我，而輕進取敗，是謂無謀。猝與敵遇，方始分營，行列錯亂，敵遂得而乘之，是謂無法。古尚有張空拳冒白刃者，承胤率數千之衆，不能竭力死戰，而束手待斃，是謂無勇。然則承胤之死，亦何足惜？所惜者，以無辜卒旅而委之鋒鏑。至今白骨成丘，殘兵泣遼水者，伊誰之咎也？臣請借往事爲喻。趙括長平之役，其母請免從坐，則是敗軍之將，法且戮及其家，未聞優恤也。好水川之敗，任福揮四刃鐵簡力戰而死，而韓琦自表貶秩，不聞爲福請恤也。承胤之子，何以獨異于趙括之母？而爲鎬者，豈以韓琦爲不足法乎？

大凡論功罪者，必以朱子《綱目》爲準。《綱目》書死之例有三：曰死之，曰戰死，曰敗没。死之者，予之也；戰死者，功罪半也；敗没，則直貶之爾。若承胤者，固當在"敗没"之例者也；執此以定功罪，則承胤之死，宜恤乎？不宜恤乎？總之，臣只以"喪師辱國"四字，定承胤之案，恐千萬世而下不能易也。若張旆果以力戰而死，鄒儲賢果以罵賊而死，即羅士信洺水之忠，顏杲卿嘗山之節，詎能過之？而鎬妄引臣言，責以不能全城之過，則謬甚矣。

鎬，智人也，豈不辨此？然而爲此言者，臣知之矣。鎬蓋欲加臣以掩抑死節之名，謂上負聖主褒忠之典，而下解將士效命之心，因臣之一言起也。夫臣不嘗謂梁汝貴、頗廷相之當優恤乎？臣何嘗過責于死節者乎？至謂已蒙優恤，臣尚駁之，則臣發疏之時，固不知已有明旨也。且使臣言不謬，則以是非之公，佐聖明刑賞之用，亦職分當然，何遂當緘口結舌哉？鎬之詞若無意而暗伏深機，知二臣之節必録，而故謬其辭，怒臣言之相左，而陽引爲證，其用術亦巧矣！而所以加臣者，亦至矣。臣實饒舌以自取此，若鎬果能制奴酋之死命，則臣方且翹首摧陷之功，以爲社稷稱慶，鎬又何必介介于臣言哉？然而臣用臣議，鎬自用鎬法。坐營[一四]敗死，而歸咎身肥；援將逗遛，而及于寬政。鎬之用法如此，又何怪以臣言爲非也？鎬方受事行間，肩荷重任，國家安危實倚賴之，臣亦何敢求多于鎬？但鎬不當自恃其智，以機鋒中臣。臣不得不爲剖析，若鎬借臣言而圖爲脱卸之地，則臣罪滋大，臣從此絶口不談遼事矣。臣無任悚息待命之至。

萬曆四十六年九月二十九日題。

遼師潰敗陳備禦之策疏[一五]

爲遼師潰敗，國勢可虞，敬陳備禦之策，懇乞聖明采擇，以固根本，以保萬年治安事。

自奴酋發難，舉國張皇，興師動衆，至竭天下之力，與爭一旦之命，臣曾言其不可，亦自謂迂而無當也，乃今不幸而驗矣。楊鎬本大言無實之徒，杜松一匹夫疾視之勇。而廟堂之上，信之爲韓、白，倚之若長城，若謂非此兩人不能辦賊，而今竟何如？

方鎬之初出關也，臣見其舉動鹵莽，心竊訝之。數月來，坐費金錢，一籌莫展，僅僅以掩襲虛報首功。臣尚意兵事尚密，或者鎬計畫已定，俟時而發。即鎬亦自謂機難預泄，似乎意思深長者。及得分路進兵之報，臣乃撫案而嘆曰："鎬不知兵，亦至此乎？"夫兵分四道，聲息弗通，捄援不及，一敗也。懸軍深入，兵無後繼，易于抄絶，二敗也。山林險阻，易進難退，不諳地形，三敗也。身不臨戎，而委之監軍，道將頡頏，難施節制，四敗也。兼此四敗，不待兩敵相當，而已知其無幸矣。杜松自往送死，失一匹夫，有同腐鼠，亦何足惜？獨惜以數萬生靈之命，而付之一擲，楊鎬誤國之罪，可勝誅哉？嚮惟賞罰不明，祀覆軍之張承胤，寬失事之李維翰，是以人心不振，法令不行，致有今日。若不斬楊鎬，則東事尚未可知也。明旨乃止令策勵供職，而鎬尚請盡發四鎮大將出關。天下事豈堪再誤哉？議者或謂：臨敵易將，兵家所忌，卒無可代鎬者耳。如必求不世之略，若留侯、忠武輩誠難其人，若但求才智過人、可以御諸將、安邊境者，恐自不乏。原任兵部尚書田樂，臣未識其面，然臣嘗巡歷西塞，見其恢廓松山及西寧戰功，有古名將方略。如其精力未衰，方叔壯猷，尚可當閫外之寄。而原按遼東御史熊廷弼，才略無雙，策遼事于數年前，如持左券，若用之遼，輕車熟路，尤易見功。諸將中若甘肅總兵李懷信者，姿貌魁秀，膽智沉雄，結髮從戎，屢經血戰。臣向在臨洮，與談兵事，察其可用，曾與科臣趙興邦言之，科臣亦以爲然，臣謂懷信可當一面也。此皆舉臣所知耳。在廷諸臣識鑒百倍于臣者，不知幾何。皇上詔令各舉所知，必有應者。豈祖宗培養二百餘年，而無可備緩急之用者哉？

　　然此猶爲遼言也。今日之事，憂不獨在遼，而在京師；計不獨在守封疆，而在固根本。使奴無大志，僅僅攻掠遼左，但敕諸臣固守勿戰，保無他虞。若其乘勝擣虛，直窺關門，則人心動搖，患且不測。蓋從山海達京師，無名山大川之限，虜騎可以長驅。京師守備，無一可恃。若不早計預圖，至臨時束手，則天下事去矣。臣謹陳備禦數款：

　　一曰簡京營。京軍名雖數萬，冒糧買閑者居多。其在營者，又皆廝養市傭，無論脆弱，不堪〔一六〕臨陣，即荷戈登陴，亦不可使。請敕京營嚴查，缺者補，弱者汰，別招精壯充之。

　　一曰募死士。燕趙古稱豪窟，豈無擊筑屠狗之流？即長安惡少，什伯爲群，不急收用之，一旦有事，且將內亂。宜募爲一軍，優其月餼，與家丁等，分統以謀勇之將，時嘗閱校，以備衝擊之用。

一曰嚴門禁。奴多奸細，宜備非嘗。九門請各用兵部官一員管鑰，御史一員巡視。移駐信地，免其朝參入署。仍多撥官軍，防禦譏察[一七]，即隸于巡視臺臣。皇城禁地，尤宜加謹。嘗以科臣一員宿直，官兵旗校，盡皆精簡，勿容內臣占役。罷內市，停大工，禁行人，以防奸宄出入。

一曰修城池。京城百雉，可恃無恐。或有樓堞損壞者，亟宜修葺。往歲挑塹之役，工未及半，且聞狹而可越，速當倍浚深闊，以壯金湯。

一曰備器械。臣嚮見京營兵應操者，手持白梃，身無片甲。即內庫兵仗，久已朽鈍。其各省解運弓箭、腰刀，內臣索足鋪墊，一概濫收，聞無一堪用者。宜速下該部，開局打造。不如式者，以軍法繩之。火器、火藥，尤爲緊要，不妨多置。其餘一切城守之具，皆當夙辦，以備不虞。

一曰調邊兵。京兵即募，未便練習。且人情久玩，驟用實難。宜于宣大、延綏、甘肅諸鎮，各調精兵數千，入衛畿內。真保各營，亦量簡赴京。至則與新軍相雜，分駐各門，以備戰守。

凡此皆書生嘗談，亦杞人過慮。然寧使備而不用，毋使用而後備。

至近京一帶，城池、關隘，皆當急爲修築。挑選民兵，置造器具，不可少緩。而急下招選之詔，以致林藪之才；大破拘攣之格，以開豪傑之路，又今日第一義也，然其本則在皇上一念之轉移爾。聖心一轉，而臨御召對，發帑用人，則神氣立張，兵自精，餉自足，天下事不足慮也。聖心不轉，而叩閽不報，請帑不報，補大寮、用言官不報，則神氣終索，即日言備，日言守，天下事不可爲也。

臣度皇上之心，毋亦以奴方在遠，諸臣故以此恐喝要求，遂執之彌堅耶。安禄山起漁陽，曾幾何時而遂破潼關，玄宗倉皇入蜀。若非靈武之留，兩京幾不可復。宋家議論未定，金兵已過汴河；靖康南渡，中原遂淪于左袵。此非萬世之炯鑒哉？

夫以金甌無缺之天下，一隅小警，臣何敢爲此不祥之言？然以天時、人事觀之，必當有變，若不在外，亦必在內。而皇上悠悠泄泄，略不動心。縱不爲四海蒼生計，獨不爲九廟神靈計耶？縱不爲萬年社稷計，獨不爲皇上一身計耶？

言至此，皇上當憬然悔惕，不俟臣詞之畢矣。若遼事決裂至此，收拾敗局，爲力倍難；再差一着，滿盤盡亂。臣計李如柏所統及馬林敗卒，與川兵尚可五六萬，遼兵或仍有一二萬，戰雖不足，守猶可支。但當謹守各城，且固吾圉。若以捄敗之急着，再舉僥勝之忿兵，更議調發，騷動天下，臣恐變不在奴，而在蕭牆之內也。是在當事諸臣慎圖之。臣奉命在遠，一腔熱血，恨不得碎首玉墀，敢竭其區區之愚如此。詞甚危，而情甚迫。伏祈聖明留神省覽，采納施行。臣愚不勝戰慄待命之至。

萬曆四十七年四月初三日題。

請更招兵疏

聞遼事雖已決裂，根本不可動搖，懇乞聖明，速更招兵之令，以安人心，以杜亂萌事。

臣接邸報，見兵部《遼事危急》一疏，請於北直隸及山東、河南、山西、陝西四省，招兵入衛京師，竊嘆以爲失策。無何，而奉有俞旨矣。聖意淵深，慮京兵單弱，召募勇敢，以備緩急，此自先事預防之計。然臣以爲今日之患，不在無兵而在無人。即如邇者，遼兵數萬不爲不多，而一敗塗地，則以用之非其人也。且兵取之營衛，則調發易辦；而取之郡縣，則騷擾難堪。北方風氣剛強，雖多驍果，然亦惟沿邊郡邑與虜鄰者，習聞戰伐，膽氣粗壯，可以即戎。若腹裏百姓，耳不聞金鼓之音，目不辨旌旗之色，小有寇警，猶恇怯不前，況敢當大敵乎？雖其中任俠輕生、願效死疆場者，未必無人，然止可聽之自投，不可强之赴難。今部議每州縣定四十名，即取數甚少，而徵發之命一下，報選拘捉，□無安家。以荷鋤負畚之夫，使之赴湯蹈火，斷不敢前。有司束於功令，勢必催迫上道，小民畏死，非聚而拒捕，即逃而爲盜。此時草澤奸雄，乘興而動，鼓造訛言，扇惑衆志，恐大難之端將從此起矣。二萬兵濟何事？而摇動半壁天下，何勿思之甚耶？夫國家營衞，棋布星列，未嘗無兵也，其人亦未必盡不可用也，顧簡練何如爾。誠令拔十得三，統以材勇之官，給裝遣發，猶簡而易集。如以營兵各有防守，衞餘多係老弱，恐抽簡不足，計必出於召募。臣請差科臣或部臣，分往各省募之，毋拘定數，願應者聽，不願勿强。既可得驍敢之士，又可免騷動之虞，法莫便於此者。臣前疏"招選"之說，意蓋若此耳。

至京營之兵，三尺竪子亦知難用。然平日既竭民力以養之，而有事又用民命以代之。朝廷歲糜餉百萬，豢此輩何用乎？臣以爲，亦繇立法未善，統馭非人所致也。勳臣生長貴近，既不知兵，諸將又多以平常者內轉，望輕法廢，威令不行，積習相沿，驟難振作。宜敕兵部擇其庸懦者，盡行汰革，別推就近有才勇者補之。至協理大臣有任甚重，薛三才清謹有餘，經略不足。嚮者東事初起，三才倉皇失措，用非其人，致釀今日之敗，尚可付以緩急大事哉？大抵今時之弊在推諉縮朒之風成，而擔當認事之人少；顧惜體面之意勝，而急公忘私之誼微；拘文牽俗之議多，而破調更弦之力怯。大臣游優循默，以鎮靜之名蓋其規避之實；小臣流連徵逐，以養交之念奪其憂國之心。泄泄沓沓，痿痺之證已成。而皇上又外距中堅，略不省悟。繇今之道，無變今之俗，恐解瓦之形，便在目前，何用紛紛召外兵乎？臣愚不識忌諱，敢竭肝膽。伏乞聖明裁督，敕下該部施行。臣不勝悚息待命之至。

萬曆四十七年四月十三日題。

請振國勢杜亂萌疏

爲朝政日弛，宸衷未轉，懇乞聖明急奮乾剛，以振國勢，以杜亂萌事。

臣惟國家之治亂繫於紀綱之存亡，而紀綱之振始繫於主心之勤怠。主心勤則精神奮而綱紀畢張，無論臣民奉法，即外夷小醜不敢起窺關之志，此治象也。主心怠則精神萎而綱紀盡隳，無論戎狄生心，即悍卒強臣且將有逆節之萌，此亂徵也。

試觀今日之國家，治耶？亂耶？今日之紀綱，振耶？弛耶？而皇上之心，勵精耶？倦勤耶？皇上深居日久，身既與天下不相習，而天下亦若與身不相關。視天下事，無可一理；視天下人，無一可信。下見爲急，而上偏見爲緩；下爭之彌力，而上持之彌堅。是以國家無事不廢弛，無人不淹滯。而目前急務，又無大於枚卜、考選者。枚卜之請，閣臣叩閽月餘，而後得報，斯已奇矣。及廷推已上，又復杳然。即云"考慎其相"，不應若此之遲疑也，考選諸臣困頓已極。嚮云陸續點用，而箋未□〔一八〕下矣；嚮俟冊封差遣，而今又改期矣。不知皇上何以厭薄言官，抑扼諸臣，亦至此也。

夫輔弼者，皇上之股肱，而言官耳目也。無股肱、耳目則不成爲人，無輔弼、言官而得成爲朝廷耶？皇上試一思之，贊襄者，誰之機務？補捄者，誰之闕失？扶翼而安全者，誰之社稷？人民而可若有若無置之也？若今日之紀綱，則廢弛之極矣。宣府不急徵調，而反搆脫巾之呼；楚兵中道潰歸，而竟廢司馬之法。此則皇上何以號□〔一九〕天下耶？至如李如楨，雖諂金吾策遣，然以總兵出，則總兵也。總兵而行總兵之禮，非屈也，朝廷之法也。如楨井底之蛙，妄自尊大，過山海則不見總督，抵遼陽則不禮經略，是其目中已無二臣矣。夫其輕二臣，非輕二臣也，輕朝廷也。何物紈袴之子，敢萌跋扈之心，豈謂尚方之劍不利耶？夫將雖以謀勇爲先，然必忠而有禮，始可事上而御下。如楨之謀勇，臣未之聞，乃無禮不忠如此，豈勝推轂之選乎？萬一臨敵之時，行其傲上護前之意，令之而不從，招之而不應，則杜松之覆轍又將見矣，可不爲寒心哉？且用如楨爲遼帥者，以繫遼人之望，而緩奴酋之入也。臣以欲剿奴酋必不當用李氏，用李氏而奴終不可破滅，恐其緩挾之以爲重，而急與之爲市也。欲安遼土亦不當用李氏，用李氏而遼終不得安輯，恐遼人惟知有李氏，而李氏不知有朝廷也。今雖名將難得，若如楨兄弟者，自不乏人，何必專在其一門耶？

抑臣于是而嘆用人之難也。即如劉相，本一書生，無他奇略，而過情之口，附溢虛名，遂蒙特拔，是以軍旅爲戲矣。相自量甚明，已具疏控辭，或猶疑其委避，然實非疆場之任，臣亦不敢爲勸駕也。

臣巡歷在外，職業未修，何樂饒舌？連接邸報，見夷難未靖，而聖心已寧；國威未張，而國法先廢。治亂之機，關係不小，是以鰓鰓竭其狂愚，伏乞聖鑒采納施行。臣不勝悚息待命之至。

萬曆四十七年七月初七日題。

請減派疏

爲民窮已極，加賦無已，懇乞聖明深維根本至計，亟命減派，以恤民生，以杜亂萌事。

臣惟自古國家之亂，或起于戎狄，或起于叛逆，或起于盜賊，然必有所繇起。亂所繇起，不過曰："民窮財盡而已。"今日之象，毋乃類是。國家自有奴患以來，軍興煩費，司農束手，不得不履畝加賦者，勢也。然亦當斟酌輕重之間，務留不盡之意。乃叁釐未已而七釐，七釐又未已而九釐矣。夫此羸者民也，其何以堪？皇上固不知域中貧困之極也，豈諸臣亦不知耶？若曰："畝加貳釐，不過取民錙銖。"不思小民一錢不得，即關生死，朝廷以爲錙銖，閭閻以爲性命矣。又若曰："有田者多富民，辦納亦易。"不思天下富民少而貧民多，貧者將重困而立斃，富者亦重累而立貧矣。蓋田地止此利藪，民間止此物力。正額尚苦，況于加徵？加徵已難，況于增益？遼餉雖可勉完，額賦必多逋欠。有司即多方催徵，而肉已盡剜，皮難屢剥，如民力之難辦何？是朝廷雖有加賦之名，而未得濟邊之實。小民未見急公之義，而徒聞訕上之聲。亦何利而爲此無益之求以賈傷心之怨耶？在諸臣之議，曰："遼用兵十八萬，歲費餉肆百萬。自加派外，別無策耳。"然以七釐計之，亦以足額，而況有捐助，有扣留，有平糶，有搜括事例？銖銖而積之，孰非可以佐軍興者，奈何又索之田畝也？即謂爲兵、工二部分派而加，臣不知爲已往耶？爲將來耶？如爲已往，則兵已足矣，安家器仗可無議矣。如爲將來，則調發召募，將何時止也？若調發召募目前可止，此一百二十萬金錢解之兩部，何處歸著耶？且今日既可累三而九，異日必將緜釐而分，長此安窮？誰階之厲？臣以爲即不能減于七釐之內，斷不可溢于七□〔二〇〕之外。毋謂既往不咎，成命難反，而爭分寸之間，失四海之心也。臣非不知遼事方急，遼危則京師危，京師危則天下危，即竭天下之力以爲遼，亦不足惜。顧遼，肩背也；天下，腹心也。肩背有患，猶借腹心之血脉滋灌，未便傷生。若腹心先潰，則危亡可立而待。臣恐竭天下以爲遼，遼未必安，而天下先危，不可不深長思也。

蓋今天下病極矣，水旱頻仍，呻吟未起，而重以轉運之難，苦徵調之驛騷，牛車之括取，況地畝之加編又日益也。百姓膏髓已空，竄匿無路，必不肯坐而待死；不肯坐而待死，必出于萬死一生之計。一人倡則衆人應□〔二一〕，一方倡則四方應之。恐斬木揭竿將起於潢澤，而赤眉、黃巾之輩再見於中原矣。

爲今日計，第一在收拾人心以固根本，豈可復〔二二〕朘削無已，驅之使爲亂耶？臣竊謂諸臣之爲國謀者非也，乃皇上之自爲謀更非矣。皇上積金過斗，以有用之物置無用之地，與瓦礫糞土何殊？而發帑之請，叫閽不報；加派之議，朝奏夕可。臣殊不知其解，豈財爲皇上之財，而民非皇上之民耶？夫有人而後有財，若民散矣，財誰與守？今〔二三〕日人欲之，而皇上不與；恐異日與之，而人不欲也。今日屢叩不應，而臣下之情窮；恐異日一呼不應，而皇上之勢孤也。此數百萬朽蠹，可懷袖而攜肩鑰而守否耶？臣有所不忍言矣。

伏乞皇上軫念民生，熟維國計，敕下户部，將加派田畝酌量減免，併乞慨發帑金，轉給遼餉。則民心聯而元氣固，士氣奮而神氣張，外患内憂立刻消弭，宗社無疆之祚，若泰山而四維之矣。臣愚不識忌諱，無任激切待命之至。

萬曆四十八年四月初六日題。

恭慰聖懷疏

爲恭慰聖懷事。

臣接邸報，知中宮皇后於四月六日上仙，不勝哀痛。除俟報訃使臣至日成服哭臨外，合先奏慰，以伸下情。

伏以大行皇后承天作配。儷日爲明。嗣周室之徽音，著虞嬪之至德。理陰教而刑萬國，端表儀以率六宫。《關雎》正風化之原，《樛木》廣惠慈之澤。莫不持載，方期厚地之無疆；忽爾升遐，不識彼蒼之何意？椒塗晝扃，儼鳳質以猶存；緫帳宵懸，悵鷽鴀之不返。哀纏率土，痛切遏音。

恭惟陛下，情篤好逑，恩隆儷極。索嶠時之佩劍，契闊不忘；撫今日之危弦，摧催在抱。其爲愴惻，豈易寬紓？但修短之緣，在人生從來有數；而骨肉之變，惟上聖爲能忘情。豈以社稷之身，過爲壼闈之痛？所願發而中節，庶幾哀而不傷。勉抑存歿之思，用慰臣民之望。且母后侍皇上，四紀八襢，永無間於令聞；而陛下於國家，一日萬機，多有資於内助。追念無成代終之德，宜廑視亡如存之懷。思盛服以賀直臣，諫容止輦；想脱簪而箴宴起，聲惕聞雞。恩勤推啓後之謀，寵昵却當尊之座。則恩禮始終不貳，而幽冥玄感潛通。中宮未盡之心，可以無憾；陛下從厚之諭，不爲空文矣。

臣羈棲江介，阻隔宮庭。莫伸日下之攀號，徒隕風前之涕泗。敢陳哀憫，上瀆宸聰。伏乞睿顔俯垂省覽。臣不勝悲愴瞻慕之至。

萬曆四十八年六月初二日題。

恭慰聖體疏

爲聖體違和，臣心憂惕，謹推究病原，并陳救藥良方，懇乞睿鍳茹納，保身保民，以延無疆之休事。

頃接邸報，見聖躬不寧，命醫胗視。又宣召輔臣從哲於御榻前，面諭諄切。臣驚惶無地，羈棲在遠，不得與諸臣百叩天閽，恭候萬安，葵藿之衷，何能自已？臣生平多病，頗習方書，雖無見垣之職，曾睹折肱之驗。敢以瞑眩之藥，爲皇上陳之。

臣惟人主之病，與嘗人異。嘗人以一身爲身，而人主以天下爲身；嘗人病則一人之病，安則一人之安也；人主病則天下之病，安則天下之安也。而皇上之所以致病者，亦與嘗人異。嘗人病繇於好動，而皇上病繇於好静；嘗人病成於過勞，而皇上病成於過逸。何則？人之一身，止精神血氣四者爲充周，即□天地而運四海，亦此物耳。精神，用則有，不用則無；血氣，疏通則有餘，底滯則不足。故曰："戶樞不蠹，流水不腐。"此养生之善喻，即治世之良方也。以臣觀皇上之病，大約起於鬱積於否，成於虛。請直言而無諱可乎？

臣所謂鬱者，何也？自皇上静攝以來，陽明之象絶少，陰凝之氣獨多，方寸結轖，堅固不開，是謂神鬱。聞聲而聲復稀微，代言而言多恍惚，膈嗌礙塞，呼息纔屬，是謂氣鬱。茹之而不能消，積之而不能運，腐穢填滿，橫據脘腹，是謂食鬱。百脉之滋榮無色，四體之灌注不周，衝逆債盈，玄黄交戰，是謂血鬱。此四鬱，遂生三否。亢而不降，遏而難升，有上下不交之否；陽反居外，陰顧居內，有邪正不勝之否；膏屯不流，情隔不達，有朝野不通之否。而繇此三否，乃成兩虛。才能凋殘於摧抑，命脉戕伐於剥削，是處有空竭之患，無時非愁嘆之聲，而元氣虛矣。剛强化爲嘽緩，偃息養成縮朒，終日昏昏嘿嘿之間，大家泄泄沓沓之習，而神氣虛矣。夫人，惟無虛也。虛則病，無所不虛則無所不病，是以痿痺而不能舉，怯懾而不敢任，而股肱病；前有奸而不見，下有謗而不聞，而耳目病；中乾而外瘠，液銷而肉脱，而形體病；逆而不可使，令而不必從，而指臂病；養癰成潰決之勢，邪氣中要害之間，而肩背病。至於徧體痌瘝，滿目瘡痍，關節毛髮之間，無處而不病。

夫治於未病者，上也。治於既病者，次也。病已成矣，尚且諱病而忌醫，不急求所以救之之方，浸假而往，將毋使倉公望而却走耶？臣以爲此不難愈也。知病之所繇起，則知病之所繇止；得所以致病之根，則得所以去病之術。今日對證之藥，不過在通其鬱耳。鬱通，則否自除；否除，則本自實；本實，則病自無。

皇上誠與大臣通，簡賢任德，委信不疑，則三事九列，共效勷勸，而股肱振奮矣。皇上誠與言官通，舉直旌忠，諫行言聽，則補闕抉壅，繽瑱不蔽，而耳目聰明矣。皇上誠與庶民通，散財罷稅，履畝停征，則膏液流滋，民生潤澤，而形體充盈矣。皇上誠與將士通，信賞必罰，霆疾風行，則威靈震疊，爭先用命，而指臂順從矣。皇上誠與邊圉通，旁求異能，兼舉群策，則禦侮多材，厥愠可殄，而肩背平復矣。若乃存堯舜猶病之心，懷周文如傷之視，繹《大易》治蠱之義，修子輿蓄艾之方，又何痾瘵之難瘳？瘍痏之難除哉？

蓋天下事，一鬱則無所不鬱，一通則無所不通。皇上既與群臣通，則大臣自與小臣通，百官自與萬民通，宮與府通，朝與邊通，乖心戾氣、陰暗跋扈之象，一切盡化，而和平之福可立臻矣。雖然，臣所能言者，病之情形，治病之方術也。若和藥餌操匕箸而進之上，則非臣之所能也，更願皇上之擇醫焉。

今夫閭巷千金之家，主人有患，必遍走四方，博求名醫者，不敢以性命嘗試於庸醫之手也。豈以九五之尊，四海之富，而可嘗試乎？今日之病將入膏肓，非國手不能以一匕奏效。若委命于二三庸醫，攻補不諳其宜，緩急不中其節。中無定見，隨人轉移。今日進一方，且嘗試之，不效，而明日又更一方，又不效，而又更所以治病之方，皆是增病之術，一番誤用必有一番損傷，元氣幾何，堪此消折？至其治藥不暇，安能治病哉？臣故願皇上之亟擇醫也。抑更有進於此者，人情疾病，必呼天，呼父母，百方頌禱。皇上居天位，爲天之子。天，皇上父母也。語曰："父母惟其疾之憂。"天心仁愛，皇上宜保護而安全之，豈忍使聖躬之不寧而今若此者，毋亦欽若順承之道實闕，有以干天之怒歟？明明在上，居高鑒卑，視聽惟民。皇上欲回天意，在先得人心。誠下尺一之詔，省躬罪己，發政施仁，則四海臣民，必歡呼祝誦，爲皇上祈無疆之壽。未有合四海之歡呼祝誦，升聞于天，而上帝不降祥者也。純煆爾嘗，不卜可知。

昔宋景一小國之君耳，善言一發，而熒惑徙舍。況皇上爲天地神明之主，感格又最易易者乎？臣不惟願皇上通于臣民，且願通于天也。臣職在補救，不敢效婦寺之小忠，而妄效法弼之針砭。語云："良藥苦口而利于病，忠言逆耳而利于行。"臣之言雖非忠言，或庶幾于苦口之藥乎？伏乞皇上鑒而納之。臣愚不識忌諱，不勝悚息待命之至。

萬曆四十八年五月十二日題。

奏報遼危情形請督撫移鎮疏

爲川將死戰堪憐，援兵赴救不力，謹據實奏聞，伏乞聖明恤忠魂，治懦帥，以明功罪事。

據左監軍道高出禀：據川營督哨千總廖正權禀報，于本月十三日辰時，發兵至瀋陽應援，于午時至渾河橋南。總兵陳策、童仲揆[二四]傳令言："瀋陽已被劫，各兵撤回。"黃山守營土兵漢把頭目不肯聽傳回營，各言："有進無退，必要厮殺。"又奉經略差官令旗催督，因即扯遇渾河橋北札營，五營官兵隨同札營。陳策、童仲揆、戚金帶各將官張名世、周敦吉、吳文傑、周世祿、鄧子龍、袁見龍、秦邦屏於河南。賀總兵營盤內，浙兵三千，各將官家丁共二千於內札營。河北土川兵遇陣對敵達子，分五路：一路繇猪耳山，一路水下頭截橋。連打五陣，達子已敗，斬級二千餘。其後，又換步馬。達子對前敵猪耳山一路，順河下來，放箭截後尾。川土兵見此，齊心向前，仍又殺退，後被圍困中心。橋北川土兵各亡大半，周參將在內。次就圍着三總兵營盤。一枝繇白塔鋪截殘兵，一枝繇猪耳山札營。三總兵營，初聞炮響三陣，後不知動静。至酉時，復響。達子衝趕，小的後營已攻破，將官不知存亡。

又據副總兵朱萬良、姜弼塘報：十三日辰時，瀋陽失陷，具禀馳報外，本職等陳兵渾河迤南。多賊漫野，從大路之西土臺子，半已渡河。本職等率衆馳擊，在陣斬獲首級五顆，逹馬四匹。正在相拒間，忽報川兵渡河北進，狡賊望見步兵，復添多賊，兩河分股撲衝。本職等慮，恐川兵不保，撤據河之兵，拚死赴救。時未轉刻，而川兵營亂。隨有前賊迎我前軍，四面衝砍，我兵勢孤力疲，死戰突出重圍，收兵回營。所有傷亡士馬，察明另報。惟是我衆因以瀋陽失陷，有失人心，戰氣俱撤。而孤軍西據東救，力竭無效等因。各到臣。

臣初聞瀋陽失陷，即與經臣議，遣令箭急撤川兵還守。不意差官未至，而川浙兵將已敗覆矣。臣細詢其潰卒，當瀋陽圍急，陳、童二將尚在遲疑，是以臣前有"結營自固"之語。裨將周敦吉等欲直前薄賊，謂："與瀋陽兵內外夾擊，可以成功。"即士卒亦踴躍爭先，阻之不聽。及知瀋陽已陷，諸將益忿激，曰："我輩不能殺賊捄瀋，在此三年何爲？"石柱司秦邦屏遂先率兵渡河，諸營繼進，止留浙兵三千餘，兩大將與戚金、張名世在河南札營。兵既渡，營陣未就，而虜以鐵騎四面撲攻，諸軍奮勇搏戰，殺賊落馬者二三千人。賊却[二五]而復前，如是者三。後虜益衆，諸軍饑疲不支，遂被衝散。吳文傑、周敦吉、秦邦屏皆戰死。周世祿從西北殺出，不知去向。鄧子龍、袁見龍奪橋南奔，走入浙營，賊追及，圍之數重。初用火器擊打，賊死者甚衆。後火藥已盡，復接戰，良久，乃敗。而大將、裨將一時俱沒矣。

當川土兵渡河時，朱萬良、姜弼之兵去渾河不過數里，觀望不敢遽進。及賊圍浙兵，兩將方□兵而前，一與賊遇，即披靡不支，東西分散，而賊乃得專攻浙營。其塘報之語，非情實也。臣初疑南兵難用，後北巡經過其營，按轡徐觀，見其部伍整齊，器械完備，而諸裨將周敦吉等，皆慷慨激烈，願一當虜以報朝廷。

臣竊壯之，私與諸臣議，謂："以此步卒，翼以騎兵，盡我全力扼賊咽喉，可使不得出穴，而後版筑之役可興。"乃今已矣。其亡歸殘卒，有以首功來獻者，臣即時炤例給賞，乃痛哭階前，願不領賞，但願爲主復仇。臣亦爲流涕不已。此亦足見諸將之得士心，而士卒果有忠勇之氣也。使將士皆若此，何憂逆奴哉？

自奴狂逞以來，敗衄接踵，從未聞血戰一場。今諸將以萬餘當虜數萬，殺數千人，雖衆寡不敵，力屈而死，其烈烈英氣，尚當爲厲鬼殺賊，足以愧偷生巾幗之輩。此不待覆勘，亟宜從優褒錄，以鼓士氣者也。

先諸將未戰没時，曾具呈於臣，求調川土兵五萬，願獨以步軍滅奴。臣以爲未可再調，寢之。今川浙土兵守營及敗陣逃回，約尚有萬餘人，可成一軍。然已是中下之駟，勢既孤单，又無將領統之，誰爲督勵？則川兵之調，似不容已，雖遠汲不救近渴，然今大勢已失，用兵方始，則此着不可緩也。若朱萬良、姜弼畏奴如虎，臨敵趑趄，胡馬一嘶，棄曳相踵。雖兵止萬計，衆寡強弱之勢，自不相當。然既不能解瀋陽之圍，又不能捄南兵之覆，則將焉用彼將哉？按法而議，自當治以逗遛之罪，姑念其兵單士靡，不能抗強敵之鋒；且遼之戰將死亡略盡，用人之際，暫寬使過之條，所當削職，令立功自贖者也。

再炤經略袁應泰，忠心爲國，竭力籌邊，死生既已早忘，利害詎能逆睹？但既任疆場之重寄，宜效安攘之成謀。而一日之間，失堅城，覆偏師，殺名將，死者暴骨于原野，生者逃竄于四方，遼陽有纍卵之危，士民切瞻烏之懼，則有不得辭其責者。蓋平日手口拮据，亦多綢繆牖户之計，而臨事耳目隔絕，未見發縱指使之功，月旦恐不相假，桑榆猶或可收。此在皇上酌衆論而獨斷之也。

賊尚盤據瀋陽，遼陽以北，居民逃走一空，烽火斷絕，胡騎充斥。已撤奉集、威寧之兵，併力守遼；而敗卒亦稍稍漸集，粗可布置。但遼城二十餘里，城守實難。一時人情惶惑，爭思南徙。臣以爲一舉足，則遼非國家之有，恐不能以丸泥封山海，但當竭力固守，保此危疆。與經臣諸道，日登埤環壘，預戰守之具，安撫城中，率屬將士，人心稍寧。惟恐賊出別計，深有可虞。此時宜使撫臣薛國用帶河西之兵，移駐海州，督臣文球帶山海之兵，移駐廣寧，以張應援之勢，捄阽危之急。而山東水兵從海道直抵蓋州，通州團練民兵速遣出關，更發內帑數百萬，以佐軍需。

臣身在焚溺中，情勢迫切，語多不倫。伏乞皇上留神，此關係天下安危，不止三韓已也。臣愚不勝悚息跂望之至。

奉聖旨：覽奏，川浙兵將戰歿，奉集各兵撤回遼陽，勢益危急。該鎮文武各官，協力守禦，撫安人心，務保無虞。陣亡川浙將，血戰捐軀，不必待勘，着即加褒錄，各將一體優恤。守營併收集各兵，立營團練，候另調本土將官統領。朱萬良等臨陣退縮，着先革去職銜，戴罪立功。袁應泰矢心憚力，調度不前，仍着策勵任事山海。蓋緊要地方，集兵設防，其督撫移駐事宜，該部作速議奏。

天啓元年三月十四日題。

校勘記

〔一〕"設"，原作"説"，據文意改。

〔二〕"仰"，原作"抑"，據文意改。

〔三〕"止"，原作"正"，據文意改。

〔四〕"剽"，原作"標"，據文意改。

〔五〕"必有"，原作"必其"，據文意改。

〔六〕"弩"，原作"努"，徑改。

〔七〕□，疑當作"修"。

〔八〕此文又見明董其昌《神廟留中奏疏彙要·兵部》卷三。

〔九〕"爲難"，原作"非難"，據《奏疏彙要》改。

〔一〇〕"商人"，原作"傷人"，據《奏疏彙要》改。

〔一一〕"糾劾"，原作"糾效"，據卷首原目錄改。

〔一二〕□，疑當作"冒"。

〔一三〕此文又見明董其昌《神廟留中奏疏彙要·兵部》卷三。

〔一四〕"坐營"，原作"生營"，據《奏疏彙要》改。

〔一五〕此文又見清光緒《沁水縣志》卷十一《藝文》，題作《策遼事疏》。底本卷首原目錄作"遼事潰敗敬備禦疏"。

〔一六〕"閑者居多。其在營者，又皆厮養市傭，無論脆弱，不堪"二十字，底本闕，據清光緒《沁水縣志》補。

〔一七〕"譏察"，字迹漫漶，據清光緒《沁水縣志》辨識。

〔一八〕□，疑當作"之"。

〔一九〕□，疑當作"令"。

〔二〇〕□，據前文當作"釐"。

〔二一〕□，據後文當作"之"。

〔二二〕"復"，原作"腹"，據文意改。

〔二三〕"今"，原作"分"，據後文改。

〔二四〕"揆"，原作"悮"，據《明史》卷二百七十一《童仲揆傳》改。

〔二五〕"却"，原作"劫"，據文意改。

張忠烈公存集卷十一

啓〔一〕

答潘王

　　恭惟殿下，胄本神明，德全睿哲。居然大雅，陋鄘下之摛詞；允矣好修，邁東平之樂善。茂衍本支之慶，屹爲盤石之宗。撫唐叔之遺風，卜年卜世；篤周親之顯德，令望令聞。忘勢即古之賢王，下交不吝；維城實今之宗子，與國同休。某密邇桐封，久欽玉範。曳裾無幸，楚筵〔二〕之醴空聞；授簡非才，梁苑之詞未賦。頃叨簡命，濫廁一員。鵜在梁而濡翼，凜矣冰兢；馬立伏以無聲，赧焉尸素。猥承慈眷，遠損貺頒。珍實充庭，驚睹七襄之爛；袞章盈楮，榮逾一字之褒。登拜顏歡，省循汗漬。有心可鏤，永矢沒齒之盟；無德不酬，願祝千秋之祉。

答秦王

　　恭惟殿下，磐石大宗，珪璋令範。居本支千億之長，穆穆宜王；撫河山百二之雄，泱泱望國。親賢樂善，卓爾不群；說禮敦詩，居然大雅。其在于古，邈哉忘勢之高風；若求之今，屹然維城之良翰。某猬承策遣，幸入提封。磧塞馳驅，及門之長裾未曳；瑤函鄭重，充庭之珍貺先頒。感激難名，稱塞無地。

答韓王

　　維城令望，夙推磐石之宗；下士高風，過損兼金之貺。省躬難稱，拜手爲榮。恭惟殿下：大雅不群，爲善最樂。多聞博學，早工鄴苑之詞；忘勢好賢，嘗設楚筵之醴。雍肅交孚於宮廟，穆皇協譽於邦家。某久慕東平之懿範，未睹鬢髯；偶來西土以觀風，得通姓字。征軺□駐，命使遙頒。既折節以下交，且承筐而加璧。珠璣落咳，揮尺牘之琳琅；雲漢爲章，賁一言於華袞。

答肅王

恭惟殿下，珪璋令望，藩翰大宗。振秀披華，筆扛龍文之鼎；抽玄啓秘，枕藏鴻寶之書。泱泱鳳冠於群封，穆穆重光於奕葉。某方馳驄馭，未覲玉階。忽來飛翰之頒，更損投瓊之貺。撫心增感，揣分奚勝。入疆而勞使臣，已荷駢蕃之寵；授簡而遊上國，還陪清宴之光。

上益王

雲漢爲章，侈百朋而委貺；瓊瑤未報，馳一介以宣忱。下逮已優，上交非諂。恭惟殿下：璿源衍秀，麟社分祥。玉質金相，穆穆宜王之度；江襟湖帶，泱泱大國之風。客引八公，不羨淮南〔三〕叢桂；書藏萬卷，寧論鄴架牙籤？卓然磐石之宗，允矣維城之望。某北鄙豎儒，西臺末隊。濫忝乘驄之使，幸居賜履之封。授簡非才，敢擬遊梁之賦？長裾可曳，忘思解乘之招。何意入疆，即煩折節。一言華袞，增氣色於征人；十襲玄黃，爛光華于旅服。有懷難數，無德不酬。明信可羞，敢采溪毛而荐□？高深不擇，望恢睿度以兼容。

答益王〔四〕

天潢疏派，式推磐石之宗；王牒垂芳，丕著惟藩之望。瑤函遠逮，瓊宇遙瞻。恭惟殿下：祥鍾虹渚，秀毓珠躔。建國表諸藩，七葉桐圭承帝邕；維城誦宗子，一方茆土鞏皇輿。永膺姬祐之鰲圖，茂衍虞封之麟趾。某濫竽聰使，謬按鴻都。戴斗有懷，深仰龍光之氣；停驂未幾，遥承鳳藻之題。

答益王

恭惟殿下，胄本神明，性全仁厚。親賢下士，有姬公吐握之風；好學自修，如衛武磋磨之力。陋彼淮南之鴻烈，耻談鄴下之浮華。磐石久重於周宗，玉牒有光於漢册。某弭轡觀風，幸睹泱泱之大國；游園侍宴，喜聞秩秩之德音。辱寵遇之有加，承蕃錫之無已。交也以道，知意重于百朋；却之不恭，謹登嘉于九頃。

答益王

恭惟殿下，頎昂令望，嚴翼純衷。撫七葉之桐封，屹然磐石；翊萬年之寶曆，允矣維城。好善親賢，惟率繇之祖訓；敦詩說禮，能丕振其家聲。信穆穆以宜王，真雍雍乎大雅。某凡瞻睿範，久沐宏施。頃弭轡于鄰封，更題緘于遠道。亟問亟饋，極知折節之虛懷；贈物贈言，自愧徼恩之過量。

答益王

樵薪盛典，謬承綱紀之司；海嶽隆情，特枉瓊瑤之貺。省循知愧，登拜為榮。恭惟殿下，仙源疏派，雲漢為章。親賢樂善，吐握勤姬旦之思；好客憐才，醴酒設楚元之席。凡此賓興之彦，孰非養育之功。某頗攻鉛槧，愧乏鑑衡。為國求賢，雖抱殷殷之意；因人成事，難逃碌碌之譏。自職分之當然，何注存之已甚。奎章麗日，珍寶充庭。敬百拜以登嘉，肅八行而陳謝。

答益王

西園良夜，曾陪飛蓋之歡；南浦春江，忽枉題緘之訊。叨承逾分，登拜懷慚。恭惟殿下：式金式玉，令望令聞。好賢有如緇衣，下士嘗爲吐哺。即以謭劣，屢辱優隆。珍奇頻出於雲笥，問饋亟頒於霜署。雙南失重，九鼎難堪。雖却之不恭，已屬小人之腹；乃施于不報，難圖大德之酬。

答益王

入國觀風，快睹泱泱之盛；出疆先導，叠頌纍纍之施。拜手何堪，捫心自愧。恭惟殿下：卓爾不群，謙以自牧。古訓是式，每敦禮以説詩；世德作求，惟親賢而樂善。某夙詢宗牒，久仰令聞；頃奉簡書，得依睿範。蘭亭桂殿，追飛蓋於西園；玉露瓊華，灑雲章於東壁。駸駸載道，翰札重宣。授簡無能，未就遊梁之賦；加飡有貺，頓增行李之光。祇有藏之難忘，蓋亦不知所報。

别益王

攬轡而遊上國，湛露恩濃；歸闕而報簡書，瞻雲戀切。肅將明信，仰答崇深。恭惟殿下：虛懷好善，折節延賢。唱和風騷，友建安之六子；編摩鴻烈，集淮上之八公。士輕千里而來，名擅諸藩之望。如某者，才非授簡，任忝乘軺。載馳載驅，咏皇皇者華之叶；以遊以豫，觀泱泱大國之風。醴設瓊筵，曾接兔園飛蓋；珠揮玉管，屢煩雁使銜書。玄黃頒在笥之珍，華衮賁征途之色。感懷無斁，報稱莫繇。茲當嚴駕以出疆，用敢削箋而告别。采芹采藻，殊慚沼沚之儆忱；式玉式金，徒想穆皇之令範。

答筠溪王

恭惟殿下，麟趾疏祥，桐圭襲慶。文成七步，才名追鄴下之芳；門引八公，賓從秩平臺之盛。惟爲善之最樂，卓爾不群；且忘勢之可風，居然大雅。國人于焉矜式，公族賴以主盟。某謬辱簡書，觀風大國。欲通姓字，方赧阻于未同；乃損瓊瑤，荷先施之特異。謹受章而完璧，即附使以宣心。

上方中涵老師相公從哲[五]

魁三成象，具瞻台斗之光；吹萬同恩，私淑門牆之澤。積懷有素，削牘告虔。恭惟某官，文明中正，肅括閎深。知覺先民，伊尹任天下之重；經綸蓋世，武侯真王佐之才。進思盡忠，有謨猷必告於後；事惟以道，非仁義不陳于前。自參密勿以來，久著弼諧之益。鎮群囂於螗蜩沸羹之後，時靡有爭；扶正氣于摧殘剝落之餘，陽方漸長。豈惟陳力？殆欲嘔心。連斗杓以平四時，妙成功於無迹；仰璇穹而鍊五色，補造化於不言。肆今國步之多艱，又值天心之告變。夷氛甚惡，民怨滋生。風雨飄颻，有大廈將傾之勢；膏肓沉痼，亦越人却走之時。賴一柱以擎天，且三年而畜艾。自有撤桑之計，以免厝火之憂。九廟奠安，萬靈悦懌。某北鄙豎儒，西臺末隊。淵源有自，得因尹公而遊孺子之門；吐握不遺，曾偕嚴助而入公孫之閣。自涸牛馬，幾閲春秋。馭叱王陽，徒有懷而靡及；書投光範，敢無因以至前。蓋亦桃李之知春，妄比涓潦之宗海。愧青蘋之采采，用下非蓋；想赤舄之几几，居高不擇。

賀沈銘縝相公㴭

顯渙制麻，榮躋台袞。聖人作而萬物睹，會雲龍風虎之期；

王者出而名世興，孚舟楫鹽梅之契。慶歸宗社，歡動華夷。恭惟某官：直方而大，清任以和。知覺先民，見唐虞於瘝瘝之際；經綸蓋世，失蕭曹于指顧之間。當學焉而後臣，必行可而斯仕。值乾坤正位之日，乃君臣相得之時。詢諸大夫，國人皆曰可也；簡在昊天，上帝實式憑之。考卜宣猷，宅揆爰立。千里趨追鋒之召，九重厪側席之思。鼎有足以承乾，匹三成象；鈞無垠而播物，吹萬同恩。蓋國家內外并急，專待非常之人；而台臺經緯兼資，正是救時之相。豈如十事之要主？行將一德以格天。尼父用而反侵疆，却敵于壇坫之上；留侯入而借前箸，折衝在帷幄之中。社稷從此安矣，黎民亦有利哉。某側聞盛舉，頓怍歡悰。空持賀厦之私，實阻掃門之役。陰陽調而萬物理，佇觀大政之新；元首明而股肱良，擬獻中興之頌。

答吳曙谷相公道南

赤烏几几，夙仰休容之度；瑤函纍纍，特頒優渥之施。誼篤下交，感懷內結。恭惟某官：格心大學，經世宏猷。曰咈曰吁，矢虞廷之匡弼；無偏無黨，履周道之蕩平。桑土綢繆，豫國計于將陰之候；斗杓斟酌，回元氣于既剝之餘。一人獨鑒純忠，四海具瞻膚碩。頃緣苫塊，暫解機衡。惟良相嘗係明君之思，而忠臣必求孝子之門。想甫御夫祥琴，定遄歸于揆席。某濫膺策遣，于役名邦。咫尺台光，謁未通乎半刺；駢蕃鼎實，貺乃侈於盈筐。愧無德以堪，祗有心可勒。片言華袞，謹當什襲而藏；一物珍奇，有過百朋之賜。

賀趙吉亭冢宰煥

伏審光奉蒲輪，召還銓部。德尊望重，久殷四海之瞻；地近班高，特領六官之長。人雖求舊，命乃維新。恭惟某官：剛健以中，直方而大。三朝耆碩，天子望而改容；一代典刑，人倫式爲師表。在昔統均之日，適當異議之興。衆口如川，屹立折狂瀾之倒；長安似奕，片言定當局之爭。闢荆棘爲蕩平，息蜩螗而寂靜。忌攖多口，身潔先幾。雲本無心，任卷舒而自得；水流不競，付得失於何知？翟公之門徑蕭條，洛社之耆英聚集。五千載飄摇風雨，羨靈光之獨存；億萬人瞻仰星雲，嘆碩果之不食。惟天明聖，念國老成。騰焉東海之濱，久矣南陽之卧。渙頒芝簡，環賜鈞衡。安石起自稽山，蒼生愜望；巨源再居選部，墨綬彈冠。況當三載計吏之時，正是百辟觀刑之日。明昭式序，使大臣莫不法而小臣莫不廉；陰用抑扶，俾小人有所畏而君子有所恃。薪無前積，結約之直氣陡伸；艾必先鋤，囂競之私群終渙。坐致官方之振飭，重觀王道之清夷。某逖聽郵傳，深懷碩慶。顧皇華僕僕，方載驅原隰之車；而赤舄几几，莫繇聽星辰之履。肅裁蕪牘，聊布歡悰。聖主得賢臣，已擬續王襃之頌；一人扶衆正，更將和石介之詩。

賀周敬松冢宰嘉謨

光奉王綸，峻躋天部。德隆望偉，允惟百辟之刑；地重權尊，兼總六曹之長。耆英柄用，海宇歡呼。恭惟某官：明允篤誠，含宏光大。世莫不爲瑞也，祥麟威鳳之表儀；人皆望而仰之，太山喬嶽之氣象。修名早立，直節挺持。麈不去而招難來，衆皆醉而己獨醒。歷中外者四紀，即兒童走卒，盡皆知名；繫安危於一身，在大夫國人，群然推轂。遂繇簡注，特凟銓衡。官以天名，惟天工其克亮；部爲吏統，乃吏治之繇清。若鏡之空，若水之平，夙負人倫之鑒；如茅斯拔，如距斯脱，預知世道之亨。疏滯振淹，仕路絶積薪之嘆；抉疑啓錮，進賢無轉石之艱。豈循佑甫之停年？將續巨源之啓事。蓋人才凋落之際，顯需雨露之栽培；而吏道穢雜之時，又待風雷之盪滌。標指方樹，流品已分。在廷服舉措之公，斯世荷清明之福。爲天喉舌，方統百官而均萬□；非帝股肱，將奠四維而安九鼎。某遙聞曳履，喜切彈冠。江汜羈棲，致阻趨蹌之末隊；雲霄翹望，徒瞻吐握之虛襟。敢貢蕪詞，用旌賀悃。

與張誠宇司農問達

北斗崇嚴，時望五雲於天表；南州羈泊，久馳四牡於江皋。雖迹遠而神親，亦心疏而儀簡。暫紓鞅掌，謹削緘封。恭惟某官：氣涵剛大，行道中庸。珥筆飛瀾，吐納渭水、秦川之秀；振衣抗節，睥睨終南、華岳之奇。自簪羽以登朝，久蜚聲而震世。漢庭補袞，凜然謇諤之風；楚國擁旄，籍甚安攘之譽。載貳卿貳，乃陟司徒。文昌聯八座之班，去天尺五；邦計總九州之賦，掌國倉儲。惟理財必先用人，肆得君乃可籌國。按圖而窮方域，既户口錢穀之周知；借箸而酌泉流，自内外公私之兼利。坐享陳陳相因之積，足應嗷嗷待哺之求。萬室其盈，炊不憂于無米；三軍盡飽，籌何用于量沙。劉大夫之心計不勞，蕭相國之功名堪並。蓋本"絜矩"二字，雖平天下以有餘；而用《周禮》一書，於經國計乎何有？某夙侍下風，久瞻台曜。皇皇弭節，嘆踪迹之揆違；草草濡毫，愧情文之闕略。所恃寸衷明信，雖溪澗以堪羞；更知大度包荒，即涓埃而不擇。

賀王霽宇司馬象乾

涣號彤廷，晋籌樞府。尚書乃帝之喉舌，僅次三公；司馬爲王之股肱，特顓九伐。謀于僉口，在大夫國人皆曰賢；簡在一人，若諸夏蠻夷罔不服。慶歸社稷，喜溢紳裾。恭惟某官：器兼文武，道備天人。生齊魯禮樂之鄉，近接聖人之統；負伊周經濟之略，真爲帝者之師。自陟名纏，休有華問。洎乎蜀播功成，克靖西南半壁；肆及薊遼節制，屹立東北長城。銷夷氛於樽俎之間，玩戎寇在股掌之上。逆則用討，講驃姚出塞之圖；順乃能柔，收魏絳和戎之利。遂使塵斷胡天，烟清漢月。漁陽塞上，不聞羯鼓之聲；細柳營中，閑老沙場之客。虜功懋矣，鞏三輔以奠皇圖；簡命隆哉，統六師而平邦國。召韓范于閫外，揆注宸衷；得頗牧于禁中，允孚人望。當此文恬武嬉〔六〕之日，佇看内安外攘之猷。復三代講試之規，以仁義勝節制，而節制勝技擊；申六月出師之法，使士卒畏將帥，而將帥畏朝廷。精神折千里之衝，威望落四夷之膽。馬若飲于窟下，只可折箠以笞之；兵不弄於池中，何須傳檄而定也？飛書插羽，永無赤白之馳；介祉錫圭，行有丹青之勒。某幸忝夙屬，快睹新綸。依廈有年，賀敢後於燕雀；承筐不腆，獻薄采夫蘋蘩。惟願早上星辰，佇聽漢宮之履；更期即爲霖雨，和調商鼎之羹。

賀黄梓山司馬_{嘉善}

天子之守在四夷，時方有道；司馬之權顓九伐，政出無私。合夷夏以宴然，郡簪紳而仰止。恭惟某官：猷兼文武，身繫安危。量納百川，擴斷斷休休之雅度；節凌五嶽，挺磊磊落落之孤標。績在邊疆，已著繆户撤桑之遠畫；心存社稷，時陳徙薪曲突之深謀。折衝銷千里之氛，舞羽弭兩階之化。即令邊郡無事，孰非運籌帷帳之功；就使遼事方艱，止須折箠鞭笞之力。予曰禦侮，且兼疏附之親；王之爪牙，更寄心腹之托。帝方簡在，民所具瞻。某久荷生成，更蒙優渥。自西秦奉使，駕言四牡以旋歸；而北斗遥瞻，徒望五雲之縹緲。近聞曳履於星辰，不覺彈冠於江汜。薄陳一介，用候九如。自慚蘋藻之微忱，所恃海天之大茹。

答郭青螺司馬子章

受一廛而爲氓，夙被仁人之澤；駕四牡而于役，幸觀大國之風。辱翰貺之先施，戴高深而志感。恭惟某官：世所具瞻，國之元老。文詞法先進，綽有永叔之遺風；事業紹家勛，足繼汾陽之偉烈。功成身退，迹隱名高。洛下閑居，司馬之年未老；隆中抱膝，卧龍之意嘗深。即囂然處畎畝之中，實屹然負巖廊之望。明主嘗厪側席，老成豈久懸草？況嚮時撫定西南，曾已制㡾中之勝；而今日用兵東北，政宜叩囊底之餘。即欲從赤[七]松以遊，終當爲蒼生而起。某舊厠編民，竊廕甘棠之蔽芾；新承簡命，方驅維駱以咨諏。式閭之敬，未將題緘之訊；先志瑤華，奪目筐實充庭。學書未成，快睹虞卿之著作；懷璧爲罪，敢因趙使以完歸。尚需行部之期，顒展踵門之請。據鞍草謝，泚筆神馳。

慰孫藍石老師總憲瑋

避世先幾，抗章勇退。惟大臣之道，不可則止；而聖人之行，歸潔其身。況兹黨與交攻之時，兼是詿言□□之會。林柯不静，擇枝無息羽之安；風浪難平，望渡有褰裳之戒。自匪善懷其堅白，孰能早脱於磷淄。恭惟某官：抱用行舍藏之具，竪禮進義退之標。等富貴於浮雲，何當一盼？砥節操如介石，豈易三公？邇以執法之無私，遂致浮言之悞及。巧成萋菲，貝錦之織未停；傷比弋繒，冥鴻之飛已遠。叩閽不報，拜表輒行。望紫氣於函關，識真人之將隱；指白駒於空谷，嘆嘉客之難留。長孺不容，朝廷虛無人矣；晉公一去，社稷將何賴焉？雖則人語之曉曉，還是天心之夢夢。雪消見晛，終無不散之雲烟；風捲重陰，會見大明之宇宙。商山有約，雖暫從赤松而遊；謝墅難安，終當爲蒼生而起。停觀蒲召，早應枚求。某遥聽錦旋，未能弩道。望門墙之數仞，空想春風；采澗沚之一毛，敢將冬曝。

賀許少微總憲弘綱

渙頒特簡，晋領中臺。握九伐之權，已見威馳異域；爲萬邦之憲，更聞風凛寰中。國有龍光，朝皆燕喜。恭惟某官：尹任夷清，房謀杜斷。品比千尋之壁，仰之而彌見其高；器同萬斛之舟，用也而尚虛其半。允文允武，式表巖瞻；之紀之綱，聿新憲度。棲烏府裏，知夜語之無聲；列柏臺前，見歲寒之不改。將使賢者進而不肖者退，仕路一清；行看大臣法而小臣廉，朝端丕變。某行役西土，快睹新綸。庇借二天，幸有門墻之覆廕；身懸兩地，恨無羽翮以翻飛。

賀李旭山總憲誌

渙綸楓陛，統憲柏臺。權壓諸司，兼總六曹之務；班崇獨坐，式標百辟之刑。國有龍光，人胥鼓舞。恭惟某官：德自天生，材優王佐。備四時之氣，人偏挹其清風；存三代之心，身獨留夫直道。凛矣歲寒之不改，巍然喬木之可依。弼教明刑，衆已服皋陶之直；秉憲貞度，上獨稱李勉之賢。乃自秋官，特移臺院。五年虛左，頓生榮戟之光；二載兼官，益振紀綱之肅。從此小廉大法，在廷之氣象一新；行且黜幽陟明，舉世之人心競奮。某夙蒙庇廕，倍切歡悰。情同繞樹之烏，願依劍舄；身類因風之絮，阻隔江天。

賀方中涵老師[八]少宰從哲

簡在帝心，晋居天部。惟聖主求賢若渴，特於掄選[九]，持[一〇]衡鑑之司；乃大臣事君以人，遂繇較士，總銓綜之任。君子得興，善類彈冠。恭惟某官：道匯三才，目營四海。揆天文藻，獨擅承明著作之庭；弼聖嘉謨，夙見廊廈論思之地。進不攖情於纓冕，處帷獨樂乎詩書。風雨數椽，李相庭惟旋馬；蓬蒿三徑，翟公門可張羅。縉紳之注望彌隆，繾綣之眷知有素。乃因典試，特起司銓。汝作鹽梅，本急需於調鼎；衆推冰鑑，乃暫借於持衡。永叔知貢舉，而苜軋一新，文體頓還大雅；山公在天曹，而啓事日上，人才盡列當途。豈但軼裴馬之蹤，行且接夔龍之武。某夙托門牆，信淵源之有自；今違山斗，苦瞻望之徒勞。情深舞忭于鴻逵，地隔趑趄於燕賀。

賀史聯岳少宰繼偕

漢廷考卜，將登宅揆之尊；周典明昭，先寄銓綜之重。時維燕喜，國有龍光。恭惟某官：道匯三才，性苞九德。明光射策，卿雲符太史之占；天禄抽書，藜火叩老人之杖。司雍樂育，多士之集如雲；秉察澄清，大奸之去似距。以斯嫉惡之嚴，遂犯群邪之忌。箕雖有舌，璧本無瑕。宜衆正之交推，爲一人所特簡。如弦斯直，蓋百折以不回；匪石之貞，必三辭而後進。山公再居選部，真軼裴馬之名；伊尹實維阿衡，行接揆龍〔一〕之武。某北鄙豎儒，西臺下品。以家君曾附驥尾，締交忝比塤篪；是孺子欲御龍門，仰止有同山斗。遥瞻赤舄，迥隔青霄。敬削牘以起居，敢承筐而唐突。

賀李孟白津運少司農長庚

光膺帝簡，特總軍儲。統十五道之轉輸，繫數萬人之命脉。新綸一涣，衆志交孚。竊惟自奴酋有寇邊之患，而聖朝興問罪之師。志欲吞胡，亦曰滅此而朝食；糧徒資敵，反至師老而費財。海内騷然，民力竭矣。況三十鍾而致一石，運事維艱；且二百萬而括九州，人心更涣。自匪濟時之略，難操經國之籌。故古來足兵，必繇足食；而今日議法，乃先議人。恭惟某官：文武憲邦，經綸蓋代。起家民部，既戶口錢穀之周知；更歷外藩，又道里山川之熟習。以上卿之尊貴，奉特命之威靈。自下令於流水之源，知部飭若屯雲之集。馬騰士飽，夜籌何用量沙；轂擊肩摩，轉舌寧須流馬。此日爲三軍司命，他年當第一元功。某遜聽郵傳，遙爲國慶。青蘋采采，聊申燕雀之微忱；赤舃几几，伏望海天之大茹。

賀周心銘戎政少司馬 盤

五材之用重戎兵，法嚴克詰；九伐之權歸司馬，威用張皇。況屬羽衛之森嚴，尤賴壯猷之彈壓。詔書初下，紳弁交歡。恭惟某官：洵智且仁，允文乃武。胸吞雲夢，落珠玉於毫端；手挽銀河，洗甲兵於塞上。屯田充國，十策中羌虜之膏肓；經略韓公，一人破西賊之心膽。酒泉張掖，不聞胡騎腥塵；大宛月支，盡受漢家戎索。昆夷喙矣，邊境晏然。姓名久識於番酋，勳烈已標於麟閣。遂膺帝簡，特領京戎。號令一施，將十二營旌旗立變；指麾若定，使數萬衆戈甲生輝。再見六花八陣之圖，重識三令五申之法。王靈丕振，神氣斯張。蓋臣爲社稷而生，原負運籌之略；而君有股肱之托，可無撫髀之思？干羽行格於兩階，烽烟盡消於萬里。某梓里小生，柏臺後進。昔見渙綸北闕，喜切彈冠；玆來問[一二]俗三秦，情深賀廈。戔戔束帛，僅同野獻之忱；采采溪[一三]毛，敢作王公之薦。

答周心銘戎政少司馬 [一四]

詔還節鎮，晉總戎兵。不勝彈冠，情有同於賀廈；何勞飛札，報反侈于投瓊。感切大來，愧成虛牲。恭惟某官：身係安危，器兼文武。居朝廷而持議論，獨標謣謣之忠；安邊境以立功名，共仰桓桓之績。惟國家承平日久，致京營武備久隳。鐵騎數千，半入私家之籍；金錢百萬，多充内寺之囊。鼓且不揚，寧問交綏之用；鶴何能戰，將貽噬臍之憂。嚮令督理之得人，未必廢弛之至此。乃者聖主聽鼙而思帥，群公推轂以升賢。特下璽書，召司戎族。嫖騎數年出塞，韜略久熟于胸中；臨淮一旦登壇，旌旆丕新于帳下。昔李文達之陳直戰，已爲膠柱而難行；若于肅愍之練團營，尚有成規之可考。仁看雄略，爰變軍容。某仰社稷之龍光，竊鄉邦之燕喜。薄言一介，殊慚沼沚之微；鄭重七襄，反辱瓊瑶之貺。捫心自悚，拜手何堪？

答周心銘戎政少司馬〔一五〕

千乘啓行，玉節動雲霄之色；百朋寵錫，瑤□分□□之光。忽拜隆施，反慚虛往。恭惟某官：韓范等夷，管蕭亞匹。埋輪望重，姓名夙著于寰區；秉鉞功高，心膽嘗寒于胡虜。八年保塞，久經沙磧風霜；一旦還朝，復近蓬萊殿閣。晋公凱奏，宜歸闕之有期；定遠功成，且入關之未老。司馬用而驚聞夷夏，重看今日宣傳；李勉入而始成朝廷，尚憚舊時丰裁。君命召不俟駕矣，豈就道之遲遲？虜未滅無以家爲，何故鄉之戀戀？某遥聞振旅，未遂歌驪。薄陳祖道之涓埃，翻辱報章之腆渥。感當次骨，謝未宣心。伏願曳履星辰，早慰紫宸之眷；幸勿留心山水，遂尋黄石之盟。

賀崔振峰少司馬 景榮

涣頒内召，晋貳中樞。惟司馬掌九伐之威，華夷共憚；而夏官居六卿之重，文武具瞻。既岳牧之同推，宜繡斾之獨簡。邦家有慶，紳弁交歡。恭惟某官：性裕經綸，心涵宇宙。善謀善斷，集房杜之偏長；用守用攻，妙韓范之方略。自朔方秉鉞兩河，絶胡馬之長驅；惟靈夏韜戈四鎮，免漢兵之騷動。欃槍盡掃，桴鼓希聞。功在封疆，帝若曰子有禦侮；生爲社稷，人皆謂王之爪牙。肆膺眷知，召還樞筦。候吏爭傳其歸袞，宸衷方切于憑軒。蓋以玁狁于襄，正吉甫歸鎬之會；而遼陽多事，須留侯借箸之謀。誠欲安夏而攘夷，豈云重内而輕外？佇觀石畫，仰贊皇猷。收千里折衝之功，致舞羽兩階之化。旂嘗之駿業，在此行矣；台□之崇階，若有待焉。某聞命自天，彈冠累日。肅顒牛馬之走，敬致燕雀之忱。

賀陳松石南少司農所學

萬邦爲憲，夙崇秉鉞之勛；九扈顒司，新簡持籌之任。瞻依孔邇，歡忭惟均。恭惟某官：卓識際天，大猷經世。吞八九雲夢，浩蕩無垠；具數萬甲兵，韜涵莫測。荐更郎守，藩臬所至有稱；兼司禮樂，軍農無施不可。自開節府，益暢鴻猷。内順外威，邊塞絶風烟之警；小廉大法，閭閻無愁嘆之聲。使晋國天下莫强，知漢廷無出其右。惟豐鎬乃國家根本，而儲積繫兵食樞機。况羽書狎至之秋，又瓶罍交罄之日。非大經濟，疇能足國而兼足民；乃厪續貂，先問治人而後治法。渙頒天語，晋貳地卿。寵命維新，已近文昌之座；兼銜如舊，仍操風憲之權。事雖主於理財，秩實尊於計相。贏縮均輸熟算，何勞馬上之鞭？户口錢穀周知，□□□中之倉。夷吾居江左，皆稱留後得人；蕭相運關中，何患軍前乏食？行且有鈞衡之拜，豈久煩金穀之司？某沐恩有素，聞命若驚。歌彼鱒魴，嘆袞衣之信宿；駕言駒駱，苦蓬迹之綏遲。毋能卧轍以遮留，祇用削箋而稱賀。戔戔束帛，聊紓野曝之殷勤；孑孑干旄，遥想仙塵之縹緲。

答陳松石南少司農

緇衣好切，薄言一介之將；赤舄情殷，遠辱兼金之詢。大來何幸，虛往真慚。恭惟某官：九德在躬，萬邦爲憲。恩流威暢，日兼冬夏以皆宜；文令武齊，才裕經緯而不倚。撫唐虞之故土，績戀康侯；鎮豐鎬之舊京，權尊亞相。邊無羽檄，已静西北之風塵；時急輸征，更領東南之財藪。旄麾戀戀，光留三晋雲山；劍珮珊珊，色借六朝烟水。行繇卿貳，晋陟公孤。豈獨户口錢穀之周知，將見舟楫鹽梅之兼濟。某彈冠有慶，卧轍無因。聊紓燕雀之忱，反餌瓊瑶之報。解推澤渥，豈徒鼎肉之頒；蓋載恩深，願續甘棠之頌。

答衛桐陽南少司馬一鳳

榮膺特簡，晋貳留樞。賀廈有懷，忱僅同於燕雀；投桃自愧，報反侈於瓊瑶。何幸大來，真誠虛往。恭惟某官：天生名世，王之藎臣。直道不回，矯矯千尋之幹；處躬自厚，汪汪萬頃之波。經緯素裕於胸中，韜略如指之掌上。繇郡守藩宣而開府，所至澄清；自左右大夫而國人，同聲推譽。惟留都乃國之根本，王氣嘗新；而本兵爲王之爪牙，卿材獨重。遂繇憲府，陟貳夏官。得頗牧於禁中，政須借箸；寄夔龍於鴛署，暫與觀兵。想龍蟠虎踞之都，金湯增壯；肆豹變鷹揚之士，組練一新。國有人焉，時之慶矣。某忝依鄰里，又附同舟。喜極彈冠，自視恒情百倍；薄言束帛，何勞厚報七襄。感永結於中心，謝難宣於寸管。

賀饒映垣南少司馬元暉

推轂盈廷，筮樞特簡。卧龍治蜀，宣昭綏定之功；司馬居留，克詰張皇之烈。維揚我武，允穆師言。恭惟某官：才稱人傑，孕匡廬彭蠡之精靈；品擅國華，飛干將莫邪之光彩。杜武庫之韜涵莫測，李文饒之經略非嘗。蓋左之右之以咸宜，是治内治外而兼濟。一琴入蜀，清澄錦水之波；五月渡瀘，威掃僰林之瘴。安南人之反側，寬西顧之焦勞。化洽風行，勛高賞懋。惟留都肇基王迹，日月雙懸；而聖主注意時危，文武並重。乃紀殿邦之績，畀忝宥府之謀。總七德以臨戎，想七較之旌旗變色；統六師而講武，知六朝之山水生輝。得丈人以師貞，用真儒而無敵。周邦咸喜，王國有光。雖信宿遮留，尚繫鼉叢魚兒之望；而威靈宸疊，已徹龍蟠虎踞之區。暫領圻父之爪牙，且司尚書之喉舌。五兵載戢，三錫頻來。某叨承夙廕，快睹新綸。薄言采藻之忱，用識彈冠之慶。置夷吾於江左，已增天塹之雄；還吉甫於鎬京，尚受王明之祉。

與羅柱宇南少司空

元老居留，社稷倚安危之寄；名邦問俗，斗山厪瞻注之私。眷懷折節之交，已後題緘之訊。恭惟某官：直大以方，智仁且勇。節標嶽立，匡廬削五老之峰；才沛川流，彭蠡倒三江之浪。自登華籍，休有令聞。巨源啓事，知綜叙之清通；山甫納言，惟出入之明允。迨分節鉞，坐鎮陪京。練水西數萬甲兵，風雲八面；壯鍾阜千年王氣，日月雙懸。是簡在於宸衷，遂晋階于起部。班崇嘗伯，地近文昌。疇若予工，既交推于曰岳；克熙帝載，將正席於三台。某本以西晋竪儒，謬荷南州策遣。入疆而訪名賢之躅，未有儀刑；馮軾而過長者之廬，于焉矜式。顧以塵途之鞅掌，未遑濡牘以披心。先辱隆施，彌增厚報。謹馳一介，上候九如。劍浦烟雲，想像斗間之紫氣；金陵佳麗，遥瞻天外之青山。

迎徐海石副院兆魁〔一六〕

上顧鄰初老師宫詹起元

口中管樂〔一七〕，笑舉世之莫知。在承明著作之廬，無出其右者；彼名世治平之佐，舍此其誰哉？然以守道之貞，每懷難進之意。玉堂金馬，久辭五色蓬萊；鍾阜石頭，且訪六朝烟水。墅穿謝屐，蒼生佇望于東山；巖起商霖，丹詔屢馳於北闕。注看考卜，用翊熙明。某身在陶鎔，心依皈附。天高地厚，感成我之德，同生我之恩；日居月諸，愧國士之遇，無國士之報。昔年關隘，曾候起居。方從西塞而歸，突有北堂之變。棘人坦坦，友麋鹿於楸梧；桑者閑閑，伴耕樵於丘隴。情因禮廢，迹與□疏。雖以函丈之尊，亦缺題緘之造。克誠有罪，□也□誅。頃來江右以觀風，幸與吳門而接壤。皇華問道，□苦駪征；采苢北山，每憂鞅掌。澄清無效，羞登孟博之車；險阻備經，空叱王陽之馭。出同小草，顒冀玄造之栽培；往涉大川，尚望迷津之指點。庶可因而報主，以不負於吾師。敬削素箋，用披丹悃。大江東去，滔滔願赴於朝宗；明月西來，皎皎光分於容炤。伏願攻寬鳴鼓，雖後至□猶矜；誠鑒束脩，於來者而不拒。楊玄草就，早應□掌於國人；陸莊未荒，敢不酬恩於知己。其（下缺）

與韓象雲宮詹爌

五雲天上，久殷台斗之瞻；一介江干，敢薦溪毛之悃。物輕意篤，迹遠神親。恭惟某官：學爲帝師，才優王佐。完三光五嶽未分之氣，獨擅精靈；讀九丘八索以來之書，全抽奧秘。詞翰變西崑之體，大雅重還；道德仍東魯之風，先民可作。方絲綸於北掖，旋羽翼乎東宮。出入銅龍，矢啓沃論思之益；雍容金馬，養弼諧調變之猷。扶日重輪，不數商山之黃綺；擎天一柱，佇偕虞室之皋夔。某世譜後生，鄉邦下品。殷勤自叙，敢同北海之前稱；躑躅徒勞，猶恨荊州之未識。肅通魚素，上候鴻禧。想赤舄之休休，不遺葑菲；異青蘋之采采，得備釜錡。

校勘記

〔一〕"啓"，底本卷十一至卷十八卷首目錄均作"駢牘"，正文皆作"啓"，後不再出校。

〔二〕"楚筵"，字迹漫漶，參考後文《答韓王》辨補。

〔三〕"淮南"，原作"懷南"，按此用淮南八公典，因改。

〔四〕"王"後，卷首原目錄有小字"六"。按本書卷首目錄中凡一題多篇者均標注篇數，不再重出篇名，此後不再一一出校。

〔五〕"從哲"，據卷首原目錄補。按原本正文題下小注人名均無，各卷均同，統一據卷首目錄補，下不一一出校。

〔六〕"嬉"，原作"禧"，按語出韓愈《平淮西碑文表》，因改。

〔七〕"赤"，字迹漫漶，參考後文《慰孫藍石老師總憲》辨補。

〔八〕"老師"，卷首原目錄無。

〔九〕"掄選"，字迹漫漶，參考明楊士奇《歷代名臣奏議》卷一百三十五辨識。

〔一〇〕"持"，字迹漫漶，參考明畢自嚴《石隱園藏稿》卷八辨識。

〔一一〕"揆龍"，應作"夔龍"，均舜臣。

〔一二〕"問"，字迹漫漶，參考後文《與羅柱宇南少司空》辨識。

〔一三〕"采采溪"，字迹漫漶，參考卷十二《與包大瀛豫撫》辨識。

〔一四〕卷首原目錄無此篇題目。

〔一五〕卷首原目錄無此篇題目。

〔一六〕"迎徐海石副院兆魁"，底本闕第二十七頁，無文。此標題據卷首原目錄補。

〔一七〕"口中管樂"四字前，底本闕第二十七頁，無文。標題"上顧鄰初老師官詹起元"據卷首原目錄補。

張忠烈公存集卷十二

啓

上吳節庵老師宣大總制崇禮

文武萬邦之憲，盡清邊塞之風烟；斗山一代之師，偏渥門墻之雨露。況是受釐之列，彌深依厦之私。采菲肅將，翹雲躑躅。恭惟某官：尹任夷清，房謀杜斷。左宜右有，才投之萬應而難窮；規圓矩方，塞守之終身而不弛。□在宸眷，專寄封疆。蓋獫狁舊號天驕，於四夷獨爲桀鶩；而宣雲夙稱斗絶，視九塞猶係安危。自四十年互市以來，不見兵革久矣；而數十萬控弦之衆，豈能戎索約之？狼子野心，方且跋胡而疐尾；胡雛側目，又將饑食而飽揚。賴有帷幄之妙籌，獨執氈裘之要領。緩之而急，急之而緩，示以不測之機權；或離而合，或合而離，搆其可乘之釁隙。使之猖猖於投骨，方尋幕内之戈；若或悻悻以當輪，直擣陰山之穴。既可取魏絳和戎之利，又何難嫖姚出塞之功？有萊公在北門，國無憂矣；微管仲而左袵，功莫大焉。彤弓之賜予方新，麟閣之形圖不朽。某愧以駑駘，辱蒙陶鑄。立朝無垠坻之固，詎云桃李成陰？攬轡乏澄清之功，敢謂藜藿不采？獨是寸心凜凜，自不敢負君，并不敢負師；顧此四牡騑騑，周爰咨諏[一]，且周爰咨度。倘簡書之不辱，庶鞭策之可加。

答涂鏡源老師宣大總制宗濬

龍門夙御，恩深桃李之蹊；雁使遥傳，寵溢瓊瑶之貺。雖雨露不擇乎物，豈弟子可得之師？拜手何堪，捫心有洟。恭惟某官：覺在斯民之先，身任天下之重。文經武緯，投以左右而兼宜；嶽峙淵涵，望之高深而難測。自居諫諍之地，久標塞諤之名。正色立朝，使君子得所恃，而小人有所畏；忠言悟主，使朝廷受其益，而天下蒙其休。迨仗鉞以臨邊，益紓猷而懋績。揚威榆塞，西賊之心膽嘗寒；移節宣雲，北門之鎖鑰愈壯。貳而懷，服而舍，玩夷酋於股掌之間；來則拒，去不追，鞏封疆於磐石之固。使之猖猖於投骨，自有不測之機權；即欲蠢蠢而揚鞭，絕無可乘之瑕隙。是以呼韓稽首，盡格塞外之氊裘；閼氏請盟，世受漢家之戎索。周得上策，漢得中策，參之者獨有我朝；房則善謀，杜則善斷，兼之者實惟夫子。何用五餌三表，別試陰謀；將使四塞九邊，盡欽顯望。昆夷駾矣，曰有禦侮之臣；疆圉宴然，盡是折衝之力。炳旂嘗之日月，終尋帶礪之盟；上劍履於星辰，跻正公孤之席。某夙蒙陶鑄，忝屬編氓。庇受一廛，成我者又且生我；迹羈千里，相望兮未能相從。每耿耿以有懷，奈蹙蹙而靡騁。頃徼天幸，濫廁台員。步亦步而趨亦趨，鮑桓之丰裁且在；聞所聞而見所見，范韓之威望赫然。雖小技之易窮，混竽自愧；乃高山之可仰，指轍何迷？方圖削牘而上陳，忽枉函箋之下逮。衮褒榮於片語，況爛矣雲錦之章；珍貺侈於百朋，顧缺然桃李之報。謹因還使，肅布謝悰。惟天一方兮，此日企旌麾於塞上；是我之師也，何時奉杖履於朝端？

答馬□□宣大總制

受一廛而為氓，夙荷生成之大德；輕千里而命使，仰欽吐握之高風。拜手歡愉，省躬跼蹐。恭惟某官：一代詰人，百年名世。峨眉雪霽，霞標峙天半之孤峰；錦水波明，灝氣倒峽中之巨浪。文推國匠，掩楊馬之風騷；學為帝師，駕夔龍之事業。踐中外者數載，憲文武於萬邦。履近星辰，任隆鎖鑰。雖天子有道，守在四夷；而价人維藩，控茲三晉。軍中殺氣，揚范老之先聲；塞外降王，憚萊公之宿望。笞中行之背，喙徒天驕；飲月支之頭，威馳絕域。兵戈盡洗，手挽銀河；草木皆春，坐銷金甲。雁門關外秋風，斷塞馬之嘶；狼胥峰頭白日，懸漢軍之幟。即胡雛長嘯，未敢跳梁；而閼氏請盟，永矢忠順。遂使國家四十年款市，要約愈堅；空朔數千里山河，綢繆益固。維時尚父鷹揚[二]之烈，何以加焉？若彼嫖姚麟閣之功，方斯蔑矣。有安社稷之臣，豈止封疆之任？固將簡屏翰崇勳，卜鹽梅重寄者也。某西鄙堅儒，編氓下户。安攘偉望，自兒童久已知名；生聚洪恩，與父老共相依戴。顧以風塵鞅掌，未能奉赤舃以周旋；且也榮戟尊嚴，不敢削素褫而唐突。何期高誼，不吝下交。墮雙鯉於雲中，箋橫綺錦；分百朋於笥內，寵溢瓊瑤。想怙恃於生平，方謂有天足庇；乃禮遇之若此，真是無骨可刊。

賀崔振峰宣大總制景榮

憲府策勳，炳旟嘗之日月；彤庭錫命，渙綸綍於雲□。燕喜非嘗，龍光有赫。恭惟某官：王之藎臣，國之儒□。朔方仗鉞，赫赫南仲之威靈；西夏提師，隱隱范公之兵甲。寄封疆於千里，爲保障者三年。胡馬不嘶，窟□鮮青烟之警；漢兵盡偃，邊頭無白羽之飛。予曰有禦侮之臣，帝實鑒忠勤之績。乃因奏最，爰發褒綸。秩晉魏[三]階，鄰孤卿而荷寵；賞延奕世，列監胄以觀光。蓋允武允文，勳代原獨隆於當代；而懋功懋賞，恩□□□盛於一時。從此三錫九錫而益恭，且將大書特書而未已。某欣逢盛事，喜倍恒情。燕賀有懷，薄采溪毛而獻悃；鳧飛無術，謹憑尺素以宣心。

答王霽宇薊遼總制象乾

恭惟某官，一代具瞻，百年名世。登泰山則天下小，巖巖萬仞之標；惟滄海爲百谷王，汪汪千頃之量。文經武緯，左有右宜。社稷恃以奠安，寰海望爲霖雨。履曳星辰，已特顯乎九伐；手扶日月，行晉陟於三台。某樗櫟散材，缶盂小器。操刀未割，慚非碩鼠之神明；持斧何能，敢望埋輪之丰采。幸參柏署，總屬鈞陶。酌水□源，久盟心於飲德；飡花圖報，思借手於投环。祗以風塵僕僕，未遑一介之修；何期注矚殷殷，又損百朋之貺。

賀黃梓山固原總制晉階廕子嘉善

恭惟某官，師貞丈人，壯猷元老。胸藏萬甲，折衝揚千里之聲；謀出九天，指顧制諸酋之命。嚮者獫狁匪茹，邊鄙不寧。馬飲長城，臂斷漢家之索；旗梟可汗，髮衝壯士之冠。乃遣將以出師，爰設奇而破虜。移□□□，一戰而血漬沙場；震霆摧枯，屢駕而塵清大漠。謀奇發縱，捷奏犁庭。曾無亡矢遺鏃之勞，已收執訊獲□之效。匡王定國，既雪耻而除凶；告廟郊天，遂論功而行賞。絲綸赫奕，恩數駢蕃。陟樞筦之巍階，掌兵戎之大事。王欲玉汝，既特進以公孤；官世金吾，且施及於孫子。是以有慶矣，侈覺報於彤弓；又何以予之，頒珍藏於文綺。蓋功懋懋賞，原國家激勸之嘗；而得全全昌，極人臣寵榮之盛。固將三錫九錫而未已，豈止一命再命以益恭。吉語遙傳，塗歌互應。某情深躍忭，□阻摳趨。敬將燕雀之忱，肅顒牛馬之走。伏願威□□域，平三十六國而帶礪重盟；位極上台，歷二十四考而箕裘永振。

答黃梓山固原總制

威彰薄伐，勳昭日月之旂；寵錫殊恩，地近星辰之□。喜申燕賀，愧辱鴻施。恭惟某官：忠誠許國，文武憲邦。兵富胸中，不數龍圖老子；名聞域外，何論燕頷虎頭。先事綢繆，計畫每周戶牖；當場發縱，指揮悉中□□。肆□□之□□，□□開□□□。疾如風雨，□□□□。夷氛妙若鬼神，目中曾無驕虜。一鼓而朱輪□□，數駕而紫塞烟清。露布飛馳，共道天顏有喜；雲章□發，遥知輿論同歡。彤弓既饗於一朝，錦冑且延之奕世。蓋外威内順，原數年未有之功；而君禮臣忠，極一時相得之盛。某侈觀受祉，竊效彈冠。四牡驅馳，未踵戟門而稱賀；一函潦略，何煩鼎眖之遥頒。真虛往而實歸，使心慚而顏洟。

賀劉定宇固原總制 敏寛

涣頒綸簡，晋總節□。一新文武之具瞻，頃肅華夷之氣色。恭惟某官：天賦壯猷，世推神略。左宜右有，才投之萬變而不窮；外攘内安，用效之一隅而未盡。吾儒稱爲大勇，天子鑒乃精忠。特移憲府之麾，兼總制臺之鉞。鎮九邊之要害，王國視以安危；撫全陝之輿圖，夷酋盡歸控馭。息烽烟於萬里，何須西閉玉關；固鎖鑰於三陲，不用東封函谷。慶延社稷，歡動紳纓。某忽聞得輿，深切彈冠。燕雀依人，自有情而賀厦；匏瓜終繫，苦無術以飛鳧。薄將束帛之忱，用寫登堂之悃。

與許少微兩廣總制 弘綱

秉憲西臺，夙仰風猷之肅；建牙南國，遥依北斗之星。荷垂注之殷優，激感懷其倍切。恭惟某官：補天巨手，貫日貞心。爲諫官則能言，爲大臣則能行，不負生平之學；在朝廷則重内，在封疆則重外，真稱社稷之臣。嚮者朋黨之論繁興，若重陰之蔽日；於時忠直之臣被逐，如隕籜之從風。即以憂國之老成，亦引潔身之大義。小群既涣，泰道斯亨。起之於湖山嘯傲之中，人惟求舊；畀之以嶺海勷勳之寄，命乃維新。總兩粵而撫安，統百蠻而節制。聲靈赫耀，威德馳流。海不揚波，偃鯨鯢其若徙；山皆消瘴，賁草木以知榮。何須試下瀨之樓船，自可標勒功之銅柱。某猥以駑庸，曾承約束。僅隨旅進之次，仰跂清光；何意稠人之中，偏徹□達。有心可許，每懷知己之恩；無德不酬，況沐先施之惠。薄抱沼沚，敢報瓊瑤。五嶺雲深，徒望天南之紫氣；三台星朗，仁看斗北之丹綸。

答許少微兩廣總制

西臺竊祿，夙蒙覆露之恩；南國省方，近接炤臨之宇。寸忱未展，大賁先施。恭惟某官：尹任夷清，房謀杜斷〔四〕。孤標屹立，掩雲漢以凌騫；雅量渟泓，擴滄溟而□□。執正論於舉國若狂之日，聲息沸騰；持獨醒於眾人皆醉之時，氣消呿亂。令嚴彰癉，使大臣無不法，而小臣無不廉；權妙抑扶，俾宵人有所畏，而君子有所恃。迴瀾既倒，見睍〔五〕將霾。祇因黑白之太分，遂致雌黃之驟起。箕雖有舌，信哆侈以難窮；雲本無心，任卷舒而自得。天心既定，人望爭歸。爰馳北闕之蒲輪，特起東山之謝傅。征南幕府，威生斧鉞之光；橫海樓船，氣奪鯨鯢之魄。風情粵徼，百蠻之瘴癘全消；日麗庾關，五嶺之崔荷頓絕。真文武萬邦之憲，當東南半壁之天。寵已錫乎彤弓，勛仁圖於麟閣。某幸以駑庸，得承約束。烏棲柏署，曾依劍珮之崇階；駱駕江藩，又附節苑之鄰壤。入疆伊始，削牘未遑。忽來飛騎之臨，特枉兼金之貺。數行雲錦，榮逾華袞之褒；什襲玄黃，寵過瓊瑤之錫。循躬汗漬，拜手魂搖。

與王太蒙總河佐

雲漢爲章，侈百朋而委貺；瓊瑤難報，馳一介以宣忱。先施之道未能，後至之誅何逭？撫躬汗漬，拜使□□。恭惟某官：名蓋八紘，目營四海。得聖之任恥，嘗□□納溝；當世之平溺，尚思於繇己。若濟川汝作舟楫，久虛丞弼之階；惟轉運必始漕河，先試經營之績。集分黃導淮之群策，循繇汶達濟之成規。智用不爭，行所無事。遂使馮夷順軌，合九派以安瀾；海若效靈，納百川而善受。秋風瓠子，無窮璧馬之沉；春水桃花，不皎蛟龍之浪。西北之咽喉無梗，東南之輸輓如雲。功逾平江，勞齊鄧國。河渠可紀，將徵太史之書；帶礪堪盟，行有玄圭之錫。某共濟無緣，朝宗有願。冰心一片，猶聞玉壺之清；膏澤百年，尚睹甘棠之芾。一函未奏，九鼎先頒。噓吸細流，固知滄溟之善下；汪洋巨浸，真使河伯之難前。薄言潤藻之微，敬祝波鱗而上。酌西江之〔六〕水，難酬〔七〕大德之洪深；望東欲之雲，徒結微衷之躑躅。

答王憲葵總漕紀

恭惟某官，性裕經綸，氣全剛大。招不來而麾不去，人稱社稷之臣；醉獨醒而濁獨清，世鮮公忠之匹。寅漬典禮，望媲夔龍；畿輔建牙，勛高鎖鑰。宜交推於廷權，乃特簡於宸衷。維茲環鳳之區，實繫興龍之地。千年王氣，式龍擁護之權；百萬軍儲，更重轉漕之任。顧江南民力竭矣，方瘄嘆於斗箕；而遼左兵事騷然，又目蒿於庚癸。賴資長策，宏濟時艱。酌恩惠以兼施，合公私而兩利。舳艫銜尾，競萬艘以雲飛；秔稻連翩，委千倉而露積。蓋足兵先於足食，而安內始可安邊。彼斗筲小器，方拮据以難前；乃霹靂大才，遂咄嗟而立辦。民之慶也，國有人焉。當此注意安危之時，正煩整頓乾坤之手。仔膺綸綍，便上星辰。某櫟樗散材，鄉鄰凡子。惟桑梓之必恭，況山斗之可仰。嚮也嚶鳴出谷，謬托契於忌年；已而萍迹因風，遂分携於異地。三年陰伏，一札全疏。茲策遣於豫章，幸比鄰於淮海。周爰鞅掌，未先一介之馳；鄭重投瓊，忽枉百朋之貺。長者之賜侈矣，禮以隆折節之謙；君子之交淡如，意尚溢承筐之表。

與王憲葵總漕

三晉莫強，謀帥簡詩書之望；萬邦爲憲，居留資文武之才。惟北斗以南一人，卓然名世；是大江之北千里，屹若長城。社稷有光，桑榆增氣。恭惟某官：明允篤誠，宏深肅括。摩霄峻節，壓行霍之嵯峨；匯海宏襟，陋河汾之浩瀚。自躋膴仕，休有令聞。惟江淮當天下之中，而轉漕關國家之命。遂膺宸簡，特借總廛。統數道之徵輸，作一方之保障。四百萬軍儲輻輳，盡歸京洛千倉；幾千年王氣鬱葱，嘗護芒碭五色。蕭相國給軍無匱，應居第一之功；劉子安轉運多奇，自是無雙之智。彤弓旅矢以錫西伯，原在豐芑之鄉；圭瓚秬鬯而似召公，必於江漢之滸。某斗筲下器，鄉里小生。聆藹藹之德音，言猶在耳；想几几之碩範，誼豈忘心？頓辱嘉訊之殷優，彌激私衷之感結。薄言一介，上候九如。積寸念以迴環，匪曰報也；望周行之指示，庶其謂之。

與王憲葵總漕

高山可仰，夙殷嚮往之私；台斗非遙，久缺起居之敬。肅裁鯉素，仰候鴻禧。恭惟某官：氣備四時，身兼九德。人皆知爲瑞也，祥麟威鳳之表儀；國所恃以安焉，浴日補天之經濟。處衆則不隨不激，得聖人之任，兼得聖人之和；持己而無伐無矜，有大臣之才，且有大臣之量。踐更中外，懋著□名。濟變匡時，固已失蕭曹指顧之下；調元贊化，還看參伊呂伯仲之間。淮揚之節鉞久淹，楓陛之絲綸遄召。簪紳屬望，社稷憑依。某猥以蹇庸，夙承盼昧。勞人草草，頓疏一介之將；束帛戔戔，用候九如之履。

與樊昌南晉撫謨

恭惟某官，品冠人倫，才優王佐。嶙峋勁節，卑太華之三峰；浩蕩宏襟，隘黃流之九曲。含香清譽，鳳冠仙曹；借箸訏謨，咸推武庫。迨憑熊而出守，甘棠留勿剪之思；及建隼以臨邊，尺劍倚長城之寄。肆膺宸眷，載錫彤弓。權假專征，丕振戎麾之號令；班崇獨坐，聿新憲府之威儀。穹廬仰息以歸心，紳弁承風而祇志。蓋才本萬邦爲憲，允文允武，久著赫聲；而國惟三晉莫強，以攘以安，式資宏略。已奠金湯於永固，特鄰鼎鉉以平躋。某願受一廛，幸遂小人之懷土；駕言四牡，偶來大國以觀風。遠道馳驅，尚逡巡於燕賀；隆儀珍重，乃駢錫乎瑤函。一言之褒重于袞，何期雲錦之來投？七襄之報不成章，安意溪毛之可荐。

答樊昌南晉撫

恭惟某官，名世人豪，殿邦偉望。爲憲惟周之吉甫，運籌若漢之留侯。錫弓矢以專征，予曰禦侮；用詩書而謀帥，王之好仇。五部名王，盡仰冠裳之化；四封生齒，同霑雨露之恩。是特簡於帝心，用晉貳乎司馬。掌九伐之柄，將弭干羽於垂裳；鄰八座之班，會上星辰而曳履。衆心所屬，人望攸歸。某自顧朽材，久依大造。風塵薄宦，無能伸好於淄衣；榮戟巍階，未敢漫投夫素簡。頃徹台庇，濫備諫員。若小犢之當輪，深憂覆轍；豈寒蟬之抱葉，可望好音。方省己而懷慚，敢洟顏而受賀。極知不棄，曲垂臨炤之光；顧念何修，可答蓋容之造。

與徐雅池晉撫紹吉

紫禁渙綸，丹霄授鉞。天生名世，原爲社稷之臣；帝倚長城，特簡詩書之帥。八鸞止至，四履欣然。恭惟某官：宏深肅括，明允篤誠。生本不凡，鍾玉壘錦江之秀氣；文推大雅，若相如子雲之善鳴。四牡皇華，屢秉雲霄之節；九天閶闔，能回日月之光。世每聆離離梧鳳之音，衆共仰巖巖泰山之象。聲名遠暢，物望攸歸。衆口交推，一人獨簡。撫唐虞之故土，總侯伯之專征。惟天子曰有禦侮之臣，在晉陽眞爲保障之任。之綱之紀，吏民共仰三章；爲翰爲屛，廊廟亦馮九鼎。威靈震疊，早開行霍之雲；丰采澄清，已徹河汾之水。三關增壯，從今盡絕烽烟；四郡同歡，此日新沾膏雨。某通家兩世，穎籍一塵。聞命自天，竊彈冠而忘慶；羈身異地，欲賀厦以無從。薄陳沼沚之微，用紓燕雀之悃。

與吴繼疏晉撫_{弘度}

一廛衡宇，夙沾湛露之膏；四牡皇華，幸近卧雲之榻。眷懷明德，肅布微悰。恭惟某官：名高北斗，望冠南州。世篤忠貞，若鄭桓之有嗣武；家傳經術，如韋相之得玄成。夙掌絲綸，池上之鳳毛猶在；曾持衡鑑，關中之駿足全收。司銓軼裴馬之芳，典樂接夔龍之武。迨專節鉞，益著勛名。衆推却縠之詩書，獨任晉陽之保障。三關塵静，偃鼓角以不驚；四郡風清，胥室家而相慶。偶以蓴鱸之動念，遂尋松菊以歸來。道固善於卷懷，時則需夫幹濟。逢萌北海，雖掛玄武之冠；安石東山，實繋蒼生之望。佇看蒲召，即下楓宸。某舊列編氓，渥承覆露。依萬間之棟宇，願授緇衣；歌九罭之鱒魴，未親赤舄。頃入仁人之里，願事大夫之賢。謹削牘起居，敢承筐唐突。我之懷矣，徒勞翹首以馳思；何以畀之，尚須長跽而請教。

與文受寰雲撫_球

恭惟某官，識蘊高明，氣全剛大。卿材讓美，敦却縠之詩書；韜略夙嫻，富仲淹之兵甲。譽望積孚於中外，風猷益著於邊郵。惟獫狁舊號天驕，而雲朔夙稱斗絕。天限南北，國倚藩屏。自四十年款貢以來，久已恃安而忘戰；而數十萬控弦之衆，每思饑食而飽揚。夫惟文武之謀猷，能執夷酋之要領。扣關有使，不聞胡馬之驕；約部無譁，盡受漢家之索。真四夷之爲守，故三晉以莫强。禦侮才難，豈匹干城之佐；和戎利大，宜□金石之音。寵已錫夫彤弓，功尚圖於麟閣。某分受一廛，身覊千里。江鴻繫帛，曾傳佳信於青旻；代馬嘶風，久結勞思於紫塞。肅將戔菲，仰溷尊嚴。知采采之非恭，恃茲明信；諒休休之不擇，總在涵容。

與劉斗陽薊撫 日梧

恭惟某官，王國龍光，人倫師表。兼吉甫之文武，敦君實之忠貞。自開府於薊門，久宣威於漁塞。乘風伺月，邊塵不聳夫狼烟；臥鼓櫜弓，戰士久閑於虎帳。予曰禦侮，國有長城。即以遼警之震鄰，羽書狎至；賴有壯猷之經遠，戶牖周防。主上寬東顧之憂，朝士倚北門之重。安危所寄，社稷是憑。某通李有年，識荆無路。頃以出山之小草，偶來大國以觀風。事大夫之賢，于焉矜式；辱長者之惠，曾不遐遺。薄言一介之微，愧彼七襄之報。

答劉斗陽薊撫

才疏攬轡，幸觀大國之風；寵溢題緘，特枉兼金之訊。省循知愧，登拜爲榮。恭惟某官：天生名世，人所具瞻。器受萬鍾用也，而尚虛其半；剛經百鍊試之，則所向無前。維薊鎮爲東虜藩籬，地控三陲之塞；而開府乃北門鎖鑰，身當萬里之城。是惟文武全才，可屬緩急大事。議招議討，夷酋在股掌之間；足食足兵，封疆若磐石之固。頃以建奴之犯順，遂至畿輔之震鄰。唇亡而齒則寒，既奮征誅於驕虜；枝披而本先撥，又勤撫恤於勞民。固雖徵發之驛騷，未見閭閻之愁嘆。豈獨一方恃爲屏翰，實則四海倚以安危。某仰斗久殷，披雲未遂。賦皇華於周道，方在咨詢；望紫氣於青霄，徒懷躑躅。未先一介，反辱百朋。感則惟有骨可刊，藏之而願言勿斁。

與孫藍石畿撫瑋代〔八〕

揆留帝簡，寵峻朝階。統三輔以建牙，之剛之紀；奄四封而賜履，爲翰爲屏。何幸受成，敢言共濟。恭惟某官：一代具瞻，萬邦爲憲。占叶渭水，誕符王輔之期；書授圯橋，學契帝師之略。經文緯武，國步視以安危；移孝作忠，人倫仰爲師表。道孚天下之望，忠結主上之知。洊歷清華，久疏優渥。惟王畿作鎮，控大勢以殿邦；而价人維藩，寄重權於分陝。式予鉅範，大邑宏施。調化瑟以宜民，兢絿不觭；握玄鑑而察吏，澄汰無遺。山川兵食之周知，不數文饒之略；水旱災傷而必奏，何勞鄭監之圖？塞警全消，穹廬膽落；海波不蕩，島嶼風清。六年安撫，倚腹心爲干城；千里邦畿，奠股肱於□□。續時書之大府，眷日注於重瞳。身上鳳池，行曳星辰之履；名圖麟閣，且申帶礪之盟。某幸佐下風，欣依大廈。愧澄清之未效，每切儀刑；嘆啓處之不遑，遂疏問訊。軺軒初駕，榮戟遙瞻。乃辱先施，惠加後進。珍百朋而均重，藻五色以摛華。誼薄雲天，藏深肝膽。

與韓晶宇畿輔濬

紫禁渙綸，丹霄受鉞。以一時之人傑，撫千里之王畿。漢詔初馳，周邦咸喜。恭惟某官：參天偉幹，浴日精忠。負昌黎山斗之名，具稚圭經濟之略。嚮以真御史柱殿中之法，人欽范甯之澄清；既聞名廷尉持天下之平，自卜於門之高大。遂緜推轂，特畀建牙。簡文武以憲邦，用詩書而謀帥。襟黃河而枕恒嶽，形勝甲於域中；左山海而右宣雲，阨要通乎塞外。況奴氛未靖，漸欲窺關；而虜孽争强，陰將啓釁。綢繆桑土，全資未雨之先謀；樽俎折衝，獨賴運籌之妙算。旌麾甫蒞，號令維新。變將驕卒惰之風，修柔遠能邇之政。皇圖鞏固，措三輔於覆盂；戎醜宵奔，聞一韓而破膽。民之模矣，國有利焉。某遜聽郵傳，深懷燕喜。碧幢青幕，遥□□府之威儀；簾雨棟雲，猶想乘驄之丰采。肅陳筐篚，唐突轅門。

與陳蠡源操江道亨

涣綸北闕，秉鉞南都。王氣千年，夙重豐鎬之地；長江萬里，式隆鎖鑰之權。寵服惟新，傳聞胥慶。恭惟某官：斗牛間氣，舟楫長才。標仲舉之君宗，具瞻一代；兼吉甫之文武，爲憲萬邦。盛名早著於登朝，素望積乎於膴仕。繇曹郎而方岳，所至交稱；自大夫而國人，同聲延譽。惟陪京爲國家根本，而中丞乃社稷干城。爰自廷〔九〕推，膺兹特簡。防嚴天塹，控吴越而制江淮；守重居留，擁舟師而護陸寢。撫龍蟠虎踞之勝，奮鷹揚豹變之威。貰草木以皆兵，偃鯨鯢其若徒。眷焉南傾，不須觀靺鞈之師；赫矣先聲，早已壯樓船之氣。仁看鴻代，即上麟圖。某幸觀大國之風，更竊鄰光之炤。有懷燕賀，私彈貢禹之冠；奈阻虢征，政叱王陽之馭。薄言芹獻，唐突槐階。南浦西山，徒望天邊之紫氣；石頭鍾阜，久俟江上之朱麾。

答陳蠡源操江

秉鉞居留，萬里壯金湯之勢；題緘訊遠，十行垂琬琰之光。拜手知榮，省躬增愧。恭惟某官：山斗具瞻，文武爲憲。峋嶙勁節，迥凌五老之峰；浩蕩宏才，倒瀉三江之浪。自登華貫，休有令聞。惟金陵爲國家鼎奠之基，式隆鎖鑰；而長江乃東南天塹之險，必慎隄防。遂簡文武之猷，特寄安危之任。連吳帶楚，自越達淮。畫鷁千航，盡煥帆檣之色；水犀萬甲，一新組練之容。貴草木以皆兵，偃鯨鯢其若徒。鷹揚豹變，壯猷陡起風雲；虎踞龍蟠，王氣長懸日月。已受彤弓之錫，行圖麟閣之勛。某仰斗有年，班荊無分。交緣孔李，敢自馭乎通家；才謝鮑桓，謬觀風於大國。何期遝注，疊辱隆施。雲漢爲章，真一言之逾袞；瓊瑤難報，惟十襲以爲珍。

與劉華石淮撫

績懋錫圭，纘禹平成之烈；寵優晉秩，繼皋明允之司。功在國家，歡同紳紱。恭惟某官：量納百川，目營四海。道濟天下之溺，引手無難；覺在斯民之先，納溝是恥。暫以作楫之材，出駕司空之權。決排疏瀹，智以無事爲神；謀度諏詢，策用不爭爲上。隱金椎于堤堰，□□利涉，且思利漕；沉玉璧於泥沙，但知防川，何知防口？肆收功于砥柱，乃大障其狂瀾。九曲安流，不起桃花之浪；八年底載，何煩瓠子之歌。特簡楓宸，升華棘寺。且暫于休沐，紓四乘之勞；將即下徵書，正六卿之位。某[一〇]觀風大國，景仰台階。鞅掌邊塵，久缺魚書之訊；盱衡淮海，徒縈雲樹之思。謹憑尺一以宣心，敬采溪毛而薦信。

答劉華石淮撫

誤辱簡書，於役大國。方行李一介以往，歌《皇華》四牡之章；乃使者千里而來，荷錫我百朋之貺。捫心自悚，拜手何堪。恭惟某官：無器可名，有容乃大。生原降嶽，即居名嶽之鄉；才本濟川，因借浚川之用。民艱盡拯，深切繇己之心；河伯效靈，真是回天之力。功已收於白馬，報將俟於玄圭。某容容處後，碌碌無奇。竊祿中臺，深抱續貂之愧；觀風西塞，謬膺攬轡之行。從不識相馬之天機，恐難得和戎之要領。念茲擔負，凜矣冰兢。乃辱隆情，遠煩華札。雖則維桑與梓，用意良殷；然而投瓊及瑤，念惠已甚。

餞崔瑞軒秦撫

抗章勇退，優詔辭榮。體國忠貞，久篤匪躬之誼；保身明哲，還高止足之風。簪紱聳觀，閭里相慶。恭惟某官：履道直方，抱身修潔。不可則止，懷難進易退之心；與時偕藏，標衆濁獨清之慨。乃者縈情于藥餌，忽焉動念于鄉園。歸去來兮，世上之浮名安羨；身將隱矣，人間之榮寵何知？主恩特予以還山，道體從容而休沐。白駒皎皎，難羈如玉之人；綠野閑閑，喜遂歸田之樂。三秦父老，爭臥轍以遮留；一介使臣，欲叩閽而無力。蓋功成名遂，身退乃天道之自然；而見可知難，先幾得聖人之家法。鴻方高舉，又何慕於弋人；鷗已忘機，自不驚夫漁父。東山小草，寧來安石之譏；北海清風，再見伯夷之節。詎肯辱身而降志，自能激懦以廉頑。求之古今，寔爲希曠。然而甘棠蔽芾，召伯之澤方新；洛下閑居，司馬之年未老。暫歸繡袞，佇聽蒲輪。雖欲從赤松以遊，終當爲蒼生而起。某遙聞趣駕，莫遂歌驪。想旌旆之悠悠，徒殷躑躅；望雲山之渺渺，祇切翹馳。薄言一介之將，聊代百壺之餞。

迎李瞻宇秦撫 起元

擁麾分陝，增氣色于山河；仗鉞入關，肅風聲于草木。歡騰四履，號渙十連。恭惟某官：性樞神縱，王略天成。才同芒刃解批，更十九年而不缺；器若虛舟容納，受千萬斛而有餘。民望允孚，帝心獨簡。惟關之中，天府國也，須資文武之猷；而陝以西，周公主之，遂授翰屏之寄。綸音寵被，鸞輅儼臨。氣滿函關，護仙塵而縹緲；雲開華岳，迎神劍以飛揚。凡在缾罋，于胥鼓舞。某自愧守株，無能負弩。謹馳介使，肅候前旌。

賀李瞻宇秦撫

三秦屏翰，安危仗出群之才；四塞河山，鎖鑰□非嘗之任。歡騰將吏，氣肅風雷。恭惟某官：器兼文武，望重華夷。品立千尋，仰焉而莫窺其際；剛經百鍊，試之則所向無前。軺軒幾半于域中，籌畫猶多于塞上。惟茲分陝之任，爰須禦侮之材。既兼四岳以疇次，遂自九重而授鉞。綸音北下，羨寵命之從天；旌節西來，聽歡聲之動地。紀綱振肅，一新憲府之科條；神氣奮揚，重整轅門之號令。偉矣一方保障，屹然萬里長城。某謬辱簡書，幸同封壤。聞絳騶之至止，不勝彈冠；恨匏迹之遠羈，無能飛烏。薄致芹藻之獻，聊申燕雀之忱。

答李龍峰秦撫楠

周分二陝，夙稱天府之區；漢重三秦，特簡節旄之寄。軒車至止，紳弁歡如。威靈早震于遐荒，羌虜寢陸梁之計；德澤行淪於下土，閭閻還安輯之休。雖云杼軸其空，久苦誅求之剡肉；自有經綸在手，立起捐瘠於納溝。民之莫矣，如關內之久安；國有人焉，見周邦之咸喜。某幸附同舟，叨陪□□。歌皇華於蜀道，阻御龍門；望紫氣於函關，遙依燕廈。何期輕鮮，反辱崇隆。龍藻巧眩於七襄，珍品重逾於九鼎。蓋念維桑與梓之誼，禮意倍爾綢繆；而誦投桃報玖之章，循省終焉跼蹐。

答李龍峰秦撫

情殷賀廈，肅將燕雀之忱；惠損承筐，鄭重瓊瑤之報。大來何幸，虛往還慚。仰某官：才裕經綸，器兼文武。峻比千尋之壁，仰之彌高；貞同百鍊之剛，撓而愈勁。試范韓於塞上，久富甲兵；得頗牧於禁中，新加節鉞。□□大國，美哉百二河山；赫赫新聲，屹矣三秦保障。□謂安石不起，當如蒼生何？今日司馬復用，名聞外國矣。某舟托長年，幸免褰裳之懼；績分貧女，顆資鄰壁之光。聞擁旌以來臨，自彈冠而志喜。迹違趨謁，遙馳一介以披衷；禮篤綢繆，反辱多儀而枉訊。愧滋浹背，感結鏤心。

答周心銘甘撫盤

恭惟某官：當代夔龍，西邊韓范。犁庭剪醜，陋驃姚出塞之圖；保境安民，收充國屯田之利。膚功懋著，燕□光昭。當萬里之長城，受九重之特簡。絲綸新錫，已總羽魏貔貅；節鉞暫留，尚作玉關鎖鑰。某梓里後進，柏府備員。方有事於三秦，幸受成於四履。路車未駕，猶得瞻繡袞之光；駱馬初維，忽已拜瓊瑤之賜。感當銘胸，拜則欣顏。

餞周心銘甘撫

伏聞某官：振旅西陲，還轅北闕。六年安撫，山川應變旌旄；萬姓遮留，父老共攀茵轍。軍中貔虎劍戟，與塞日爭輝；關外羌胡笳管，共邊風並慘。雖中朝得一□老，六師之神氣方張；而遠塞失一長城，萬里之烟塵恐動。某仰仙旌之東下，喜切彈冠；望真氣之西來，願深負弩。謹陳澗藻，用佐傳餐。

賀荆籲吾甘撫州土

漢家開五郡，用離羌虜之交；聖世重三陲，特簡節旄之寄。歡騰將吏，威肅華夷。恭惟某官：道直以方，器弘而毅。名高龍卧，抱管樂之才猷；氣奮鷹揚，富范韓之經略。嚮擁麾於河外，曾蹀血於窮荒。拓千里封疆，豈止閉關保境？驅百年戎馬，真同絕幕空庭。膚功久契於重瞳，寵命顓需夫推轂。邇者眷焉西顧，曰予禦侮之臣；遂爾起自東山，畀以專征之任。酒泉列郡，夙欽定遠之威名；罕开諸酋，復聽營平之撫馭。舊時父老，迎劍舄以歡呼；新闢山河，識軍容而震疊。窟無飲馬，虜將遠徙於聞風；帳有鐃歌，士豈久疲於暴露。瀚海之青烟盡斷，玉門之白羽不飛。真當萬里之城，允爲百辟之憲。某謬辱觀風之使，幸同賜履之封。榮戟遙瞻，竊彈冠而志慶；匏瓜終繫，難飛舄以將忱。薄陳溪澗之微，仰祈海天之茹。

答荊籲吾甘撫

行邊修使職，虛慚鞅掌之勞；飛翰訊征人，重辱騈藩之貺。有懷欲慶，無德不酬。恭惟某官：明允篤誠，閎深肅括。汪汪千頃之量，澄之不濁，而撓之不清[一一]；矯矯百鍊之剛，招之不來，而麾之不去。折衝帷幄，妙借前箸；指畫山川，較如聚米。聲靈赫濯，草木亦憚威名；神采奮揚，風霆倍爲震疊。是以諸羌弭服，鴟鴞懷我以韶音；雖則海虜跳梁，犬羊亦馴其桀性。譯通萬里，漫言定遠功名；烽靜三陲，詎止營平方略。某奉將簡命，來入封疆。聽載道之歌聲，隱然韓范；歷沿邊之城壘，屹若金湯。重譯來庭，未羨有魏絳和戎之利；乘黃在野，慚無九方相馬之神。徒使邊境驛騷，受一介行李之累；每懷王事靡盬，愧四牡皇華之章。且跼蹐而靡寧，何溫存之屢及。逆之磧石，饋之湟中，餞之廣武，使命相望以辱臨；錫以錦綺，飲以壺觴，授以餐餉，腆貺有加而無已。顧茲優渥，即肝膽皆鏤刻之私；奈此涓微，愧桃李非瓊瑤之報。

答荊籲吾甘撫

恭惟某官：韓范才猷，夔龍品望。旌麾威聲，壯河西五郡之金湯；帷幄謀神，握塞外群胡之要領。烟銷青海，何須絶幕空庭；甲洗銀河，只見韜弓卧鼓。求之於古，惟文武吉甫之儔；其在於今，鮮將相衛公之匹。某謬膺策遣，幸共封疆。驅馬西來，見壁壘旌旗之生色；憑車四望，覽山川風物之殊觀。未服諸羌，徒羡營平之故略；欲通絶域，難尋博望之仙槎。方稱塞之未能，豈注存之敢望。何期隆渥，曾不遐遺。雲錦陸離，賁及風塵之倦客；瓊華鄭重，損來筐篚之珍藏。

賀楊楚石榆撫應聘

竊惟靈夏之封疆，實繫華夷之界限。自昔分争之世，多爲割據之區。洎〔一二〕乎我朝，亦稱多事。孽宗煽亂，曾動破斧之師；逆卒弄兵，幾釀屠城之禍。迨干戈之既定，已財力之交空。休養數年，仍苦瘡痍未起；逼鄰二虜，更憂烽火時傳。自非經緯之才，曷致輯寧之效？恭惟某官：席前借箸，早收發縱之功；掌上談兵，謄有折衝之略。特膺宸簡，晋總師干。錫弓矢以專征，予曰禦侮；用詩書而謀師，王之好仇。命南仲城方，再賦《出車》之咏；畀韓公分陕，重聞破膽之謡。赫赫明威，已動山河之色；堂堂薄伐，行清沙漠之塵。寧論燕頷之封，終入麟臺之畫。某幸因攬轡，得倚同舟。紫氣秦關，遥仰斗光於幕府；皇華周道，阻修燕賀於轅門。

與楊楚石榆撫

恭惟某官：名世真才，殿邦碩望。甲兵數萬，胸中藏范老之奇；韜略三篇，圯下受黄公之秘。用詩書而謀帥，錫弓矢以專征。手挽銀河，欲洗妖氛於塞上；氣吞羯虜，嘗興鐃鼓于師中。飲月支之頭，馳聞異域；斷匈奴之臂，擬絶天驕。漫言西閉玉門，直浄烽烟於萬里；何用東封函谷，已堅保障於三秦。功名久著旂嘗，姓字行標麟閣。某仰斗有年，同舟此日。奉長者之教，冀指迷津；荷先施之頒，過叨腆貺。載馳關隴，未能上謁轅門；薄采藻芹，敢用將忱雁使。

答張誠宇楚撫問達

恭惟某官：高標拂漢，卑華嶽之二峰；雅量洭溟，隘洪流之九曲。掖垣珥筆，非仁義不陳於前；楚國擁麾，有膏澤必流之下。已紀旂嘗之日月，將上劍履於星辰。某樗櫟散材，斗筲小器。鵜在梁而濡翼，凜矣冰兢；馬立仗以無聲，愧焉尸素。豈期庸品，誤辱簡書。萬笈龍團，恐難筅和戎之利；千群駿足，詎易辨在坰之良。方拜命而永懷，敢涊顏而受賀。

答董誼臺楚撫漢儒

秉鉞而撫湖湘，懋著經營之績；抽簪而娛泉石，獨高恬退之風。方仰霄漢之難攀，詎意瓊琚之遠逮。恭惟某官：人本猶龍，名真過斗。水剚陸解，批秒握內之揮裁；武緯文經，杼軸極胸中之變化。譽望積孚於鵷序，勛猷夙決於楓宸。何知妒口之多端，遂致傳聲之易□。經成市□，方將涅其白而磷其堅；志決宜鴻，竟能進以禮而退以義。身將隱矣，寧憂衆口之難調；止或尼之，且待天心之自定。暫臥東山之奕墅，佇觀北國之蒲輪。某誼切同舟，情殷歧路。望楚雲於天際，難伸折柳之情；來衡雁於隴頭，忽往兼金之訊。惠則渥矣，拜竊涊然。

賀梁醇宇楚撫見龍

恭惟某官：忠結主知，道崇人望。吞八九雲夢，胸中□變化之奇；具數萬甲兵，掌上運折衝之略。正議定群囂於一是，姱修矯衆濁以孤清。衡鑑無私，舊識山公之啓；出納惟允，新傳吉甫之詩。簡在宸衷，晋居憲府。畫山川而賜履，盡三湘七澤之區；錫弓矢以專征，兼五侯九伯之任。之綱之紀，吏民共仰三章；爲翰爲屏，社稷亦逢九鼎。威靈震叠，早開衡岳之雲；風采澄清，已徹漢江之水。某猥緣夙雅，幸借鄰光。聞命自天，竊彈冠而有慶；羈身異地，欲賀廈以無從。

答徐海石楚撫兆魁

恭惟某官：天子諍臣，正人執友。自昔西臺露簡，久標謇諤之聲；于今南國擁麾，益展安攘之略。在朝廷則重内，在封疆則重外，古爲社稷之臣；爲諫官則能言，爲大臣則能行，時鮮公忠之匹。之屏之翰，允維百辟之刑；作楫作霖，仁膺九重之眷。某嚮于旅邸，幸一披雲。直道而行，亦惟從夫先進；高山可仰，頗自信於生平。久承鄰壁之光，聊致野人之獻。何期輕鮮，反辱崇隆。

答衛桐陽鄖撫一鳳

恭惟某官：轉旋偉略，經緯長才。望久屬於樞衡，任先隆乎節鉞。提封千里，據江漢之上游；控制三藩，扼楚秦之要害。聲靈赫濯，綱紀森嚴。吏披拂於清風，民瞻依乎化日。之屏之翰，已作憲於萬邦；爲龍爲光，將平躋乎八座。某久深仰斗，每思先進之從；今附同舟，幸有長年之托。征車初駐，未遑削牘以將忱；飛騎忽來，已荷函箋而損貺。先施渥矣，高誼殷然。

與包大瀛豫撫〔一三〕見捷

恭惟某官：補衮精忠，自矢心懸赤日；立朝正色，人欣笑比黄河。一時仰若斗山，四海待爲霖雨。爰孚特簡，晋撫名邦。佩玉鳴鸞，涖止動江山之色；杖鳩騎竹，來俁慰旄稚之心。憲度維新，知小廉而大法；新猷丕振，自綱舉而目張。十三郡共盱福星，億萬人同歌良翰。某誼托同舟，情殷依廈。羈棲江畔，苦無術以鳧飛；盱望台光，祇有心於燕賀。戔戔束帛，敬已肅於未將；采采溪毛，量想容於不擇。

與包大瀛豫撫

九重授鉞，漢庭推特簡之榮；千里建牙，江國仰先聲之烈。軒車至止，會弁歡如。恭惟某官：掞天文藻，陋楊馬之風騷；經國訏謨，軼賈晁之奏對。珠探驪頷，曾聞威觸雷霆；鳳播梧音，夙仰名爭日月。方賜環之無幾，已推轂之紛如。惟茲江右名區，特屬宸衷簡在。星分翼軫，映劍珮之寒芒；雲擁衡廬，拂旌旄之紫氣。八鸞清道，初喊喊以來臨；萬户傾心，已欣欣而相告。某得拜下風，幸葭蓬之有托；願從先進，知型鑄之不遺。肅將采徇之微，用展豫鳴之悃。

與包大瀛豫撫

恭惟某官：王國龍光，人倫師表。剛經百鍊，試之則所向無前；器受萬鍾，用也而尚虛其半。一封排閶闔，何知虎豹當關；三載動風雷，共羨蛟龍起陸。既特撰於皇鑒，旋授鉞於丹階。撫吳楚之封疆，泱泱大國；控江湖之形勝，隱隱長城。戒令初頒，蓋已風行而草偃；紀綱頓肅，自將吏習而民安。某夙仰高蹤，叨陪下乘。維舸江介，煩委貺之頻仍；策蹇周原，苦駪征之鞅掌。披雲未卜，采藻先陳。無德不酬，徒內慚於報李；有懷難盡，尚顒待於班荊。

答包大瀛豫撫

仗鉞涖南州，萬里風雲連斗極；題緘來北道，十行琬琰賁江皋。眷高誼以色飛，感先施而汗浹。恭惟某官：性裕經綸，氣全剛大。石渠珥筆，賦成擲地之聲；瑣闥封章，語有回天之力。立仗恥伏駒之踢踏，批鱗折危檻之岣嶙。人瞻鳴鳳於梧崗，天起臥龍於雷雨。洧鹾冏寺，晋拜中丞。錫弓矢以專征，權壓諸司之貴；畫山川而賜履，班聯五等之崇。蓋惟允武而允文，是宜爲屏而爲翰。某濫承策遣，幸共封疆。想旄戟之初臨，心殷負弩；奈驂騑之乍弭，思澀濡毫。猥辱隆情，特頒華札。亟問亟饋，煩雁使之頻仍；載笑載言，阻龍門於咫尺。

答包大瀛豫撫

恭惟某官：一代具瞻，萬邦爲憲。直節挺千尋之壁，仰之彌高；虛襟弘萬頃之波，容而益大。漢庭推轂，夙聞補衮之猷；江國建牙，丕著翰屏之望。旌麾甫駐，吏民爭欲承風；符采一新，山川亦爲動色。如某駑劣，承乏省方。喜陪劍履之光華，幸執鞭弭於封域。周行在望，引迷資南指之車；彼岸難躋，共濟倚長年之檝。夙緣良厚，遇合真奇。客路孤航，尚淹留於江浦；波心雙鯉，已傳致夫瑤函。藻五色以摛華，珍雙南而均重。

答包大瀛豫撫

伏念某樸樕散材，瓴甋小器。西臺逐隊，慚無立伏之聲；南國省方，愧乏登車之志。拜命而有懷靡及，諏詢謀度，未通宣達之宜；入疆而欲見施行，緣兢剛柔，詎得張弛之竅。刀未操而難割，足方駕而已疲。惟望提携，敢云勝任。恭惟某官：琅玕披腹，煉五色以補天；經緯生心，奠六鰲而負地。名宣宇宙，忠感風雷。頃澳北闕之新綸，來撫南昌之故郡。一星入部，光搖牛斗之墟；十乘啓行，氣壓匡廬之峻。風行大戒，百僚之聽睹維新；露灑前驅，萬姓之謳吟恐後。豈期塵迹，獲躡□蹤。兼葭形穢，自欣倚玉之榮；蘭蒫香清，敢托斷金之利。雖芝眉之孔邇，奈鞅掌於周原。想一榻塵封，徒望西山氣爽；乃十行霞爛，忽隨南浦雲飛。拜鼎貺之駢蕃，知鍾情之優渥。有懷難述，聊抒謝於荒箋；無德不酬，當𧇾忱於蕭使。

答包大瀛豫撫

伏念某操刀未割，攬轡非才。駕駒駱以咨諏，每懷靡及；歷隰原而跋涉，豈敢告勞？已閱潯陽，載移星渚。民風吏治，曾無振肅之能；名山大川，徒極遊觀之勝。素餐良愧，負乘堪憂。恭惟某官：誼凌匡嶽，量匯蠡湖。念鞅掌之征人，頻頻特訊；侈承筐之異品，縈縈多儀。信小往而大來，兼情深而文至。雖據得隴望蜀之願，已足饜心；而誦投桃報瓊之章，能無汗頰。不恭是懼，就拜爲榮。藏之中心，莫喻懷思之悃；願以異日，庸紓酬德之忱。

與錢浩川虔撫 桓

建牙望重，具瞻安攘之助；攬轡才疏，全賴提攜之益。先施已渥，不腆是將。恭惟某官：身肩宇宙，名震華夷。允武允文，雅負巖廊之具；善謀善斷，妙持帷幄之策。節鉞坐鎮乎四藩，氛祲永清於千里。鴻勛懋著，固將銘日月之旂；簡命重申，行且曳星辰之履。某叨役巡省，幸共封疆。甫入江湄，即荷授餐加璧之雅；薄陳沼沚，有愧投桃報李之章。

賀錢浩川虔撫

恭惟某官：鍾鼎元功，斗山偉望。三千奏牘，抗正氣以批鱗；數萬甲兵，運神機于指掌。自膺宸眷，來總戎麾。兼文武以訏謨，酌寬嚴而敷政。天清日霽，嶺南之瘴癘全消；雨潤風噓，江右之疲癃盡起。日成月要歲會，歷幕府之星霜；王功圖勛民庸，紀太常之典籍。惟啓猷之懋著，宜思數之隆頒。何以予之新章，服于玄袞；是有慶矣侈宴，報于彤弓。朝野聳觀，吏民舞蹈。某茲聞新命，倍切歡悰。肅陳絲縷之微，用展燕雀之賀。伏願勛懋賞懋，歷二十四考于槐階；大書特書，光百千萬年之竹簡。

餞錢浩川虔撫

秉鉞而控名藩，懋著安攘之績；抽簪而返初服，堅尋泉石之盟。道有攀轅，人歌歸袞。恭惟某官：抱文經武緯之略，植禮進義退之標。珥筆西臺，天下想聞丰采；擁麾南國，諸藩共戴恩威。祇因蒿目而憂時，以致嘔心而違豫。抗章勇退，引義辭榮。惟聖人歸潔其身，而君子不俟終日。霖方濟旱，忽捲霧以龍潛；德政覽輝，乃翔雲而鳳舉。隱矣周柱史，杳紫氣以難攀；賢哉疏大夫，悵白駒之莫縶。士女爭遮茵輷，山川猶戀旌旄。名遂功成，暫學留侯之辟穀；道高望重，終起謝傅於徵書。某世譜分華，同舟托濟。以數年之依庇，忽歧路之分攜。九罭鱒魴，嘆公歸之不復；一枝楊柳，綰別意于無窮。薄言一介之將，有愧兼金之贐。

迎周春臺虔撫 應秋

天方授楚，建牙須文武之材；陝以分周，節鎮倚安危之寄。新綸一渙，遞履交歡。恭惟某官：略不世出，韵自天成。兼十亂之才，人獨推乎姬旦；備四時之氣，世偏挹其春風。盎稱國士一人，既宰王畿[一四]百里。瑤徽有韵，清傳宓子之聲；水鏡無波，炤入山公之啓。迨司三禮，自足一夔。維此虔州，夙稱重地。跨足據楚，三江蟠襟帶之雄；連粵引閩，五嶺控藩垣之勝。巍然開府，屹若長城。爰簡社稷之臣，用作詩書之帥。得武安于中禁，若有待焉；置文成于上游，豈無意者？惟緩急可當大事，故弓矢獨畀專征。無競惟人，有虔秉鉞。幾百年蠻烟瘴雨，將望氣以全消；方十里金城湯池，因建牙而增壯。星輝斧戟，光摇翼軫之墟；霓動旌旐，勢撼衡廬之峻。若此先聲之赫赫，宜乎喜色而欣欣。某嚮當未達，已仰高風。自愧雕蟲，曾引斤於大匠；更欣附驥，得接羽于仲方。回想流光，屢更寒暑居諸之變；堪憐踪迹，竟是東西南北之人。雖曰半面未同，實則寸心久結。何竟攬轡之將歸，幸值擁麾之至止。仰巾簪而幾墜，豈止彈冠？捲詩書以欲狂，便思削牘。知都門之尚發，于錦里乎趨迎。儀以將心，拜而送使。所祈十乘啓行，早慰髦倪之望；或者四騑未駕，猶瞻劍舄之光。

與周春臺虔撫

攬轡非才，未奏澄清之效；請纓無志，豈堪軍旅之司。荷獎率之殷優，增駑庸之踧踖。敬披微悃，用答鴻施。恭惟某官：才裕經綸，志安社稷。抱將相之兼局，應笑隨陸無武，絳灌無文；計夷夏之大防，嘗思《天保》治内，《采薇》治外。頃以奴酋之犯順，致煩天討之張皇。將懦兵驕，未見破虜平胡之策；主憂臣辱，宜激懷忠倡義之心。想夫感事而撫膺，必期滅此而朝食。如某者生無俠骨，識謝智囊。未逢黃石一編，可度龍沙萬里。悞蒙策遣，謬畀護軍。劍及于堂，屨及于室，敢不聞召而即行？左屬橐鞬，右執鞭弭，蓋亦因人而成事。過辱同讐之誼，遠煩大眷之頒。挾纊投醪，已勒濃恩於肺腑；采芹挹沚，敢將輶報於涓埃。

答周春臺虔撫

某夙欽先進，邇廁下風。四牡皇華，徒竭周咨之力；三年株守，祇懷素食之慚。幸托大廈以護身，得畢長途之鞅掌。弛于擔負，方圖棲息于林阿；畏此簡書，又使馳驅於戎馬。念一身天南塞北，真同柳絮因風；思兩地斗仰雲瞻，頗似征鴻戀侶。方擬修辭而告別，忽承損貺以先施。敦繾綣于送歸，絕勝陽關三叠；侈光華於行色，真逾寶劍千金。感之惟有骨可刊，報也而永言勿斁。

賀吳本如蜀撫 用先

大廷推轂，式隆專席之權；重地建牙，特借殿邦之略。既疇咨於四岳，將爲憲於萬方。凡有識知，於胥鼓舞。竊惟西蜀之地形，原號中華之天府。屏翰繫非嘗之任，安危仗出群之才。從文翁化導以來，夙嫺禮樂；迨武侯經略而後，丕著聲靈。趙清獻之綏懷有方，張乖崖之鎮定不擾。光於史册，流入傳聞。其在于今，益異夫舊。自播酋倡亂，原野之膏血猶腥；及隴士尋兵，庚藏之朽蠹若掃。采木之征輸未已，猥夷之猖蹶方張。邊境騷然，誰諭馬卿之檄；民力竭矣，難形鄭監之圖。必須經綸拯濟之猷，始收平定安輯之效。恭惟某官：洪深蕭括，明允篤誠。敦却穀之詩書，兼吉甫之文武。才同利刃，更十九年而若發於新；器比虛舟，容千萬斛而尚餘其半。久孚民望，特簡帝心。錫弓矢以專征，建旌麾而作鎮。威名震疊，同劍閣之巍峨；符采輝煌，助錦江之澄麗。一琴伴鶴，墨夫解綬以潛逃；五月渡瀘，醜類問名而嚮化。南人不復反矣，西蜀亦有利哉。某奉使秦蜀之間，幸在封疆之內。若鳴鳩乳燕之棲檐棟，庶幾依廈而安；托長年三老以涉江湖，敢謂同舟而濟。遙聞蒞止，不勝欣然。望蜀道青天，恨乏鳧飛之術；逢隴頭驛使，聊將燕賀之忱。耿戔戔之束帛，敬在未將；猥喋喋以陳詞，喜能盡喻。

與饒映垣蜀撫 元暉

青天蜀道，遙欽秉鉞之光；明月章江，近式鳴珂之里。感先施之甚渥，於後至乎何誅。恭惟某官：翊運真才，補天妙手。兼吉甫之文武，敦却縠之詩書。劍閣嵯峨，崒聲靈其倍肅；錦江澄湛，流膏澤以彌長。略可籌邊，不假長卿之檄；心堪告夜，獨攜清獻之琴。諸夷奉漢法之尊嚴，四路仰明威之震疊。自昔武侯治蜀，爲三代以後一人；及夫文定鎮川，亦百年之中僅見。有如盛美，真可匹休。安危仗出群之才，予曰禦侮；社稷屬非常之任，人望爲霖。某世譜小生，受廛編户。緇衣有願，未御元禮之門；烏府非才，濫策王陽之馭。識荊未卜，飛翰先投。無德不酬，誦瓊瑤而自愧；有懷欲獻，未沼沚以非恭。

與李玄白梁撫 養正

秉鉞有虔，據天下中原之會；承筐不腆，紓生平仰止之私。儀在物先，情因詞達。恭惟某官：參天植幹，匯海橫襟。扛百斛之龍文，強哉其矯；振九苞之鳳翼，煥乎有章。自襆被而爲望郎，每橐橐以上啓事。時稱水鏡，人比山公。久結明主之知，是有重臣之任。嵩高而詠良翰，繼彼甫申；洛水以作師徒，保茲家室。星臨是福，雨澍成甘。八郡之文飭武修，兩河之民安物阜。蓋披海内之輿圖，莫如中土；而較諸藩之節鉞，獨數明公。將寵錫夫彤弓，且策勳於彝鼎。某心殷仰斗，緣阻登龍。雖赤烏之前，素無介紹；而淄衣之好，豈昧生平。敢曰未同而言，詎有無因而至。伏望恕其造次，收之于藏納之中；加以矜容，亮之於形迹之外。其爲感激，曷言名？

答李玄白梁撫

忱宣一介，方紓景仰之衷；寵錫百朋，忽枉駢蕃之貺。開緘愉快，拜手悚惶。恭惟某官：仙李盤根，白星誕命。才同芒刃，更十九年而若發于新；器比虛舟，容千萬斛而尚餘其半。撫輿圖之要會，敷經緯之宏猷。威罍恩流，遠來近悅。即加以師旅，因以饑饉，人懷修救修備之憂；而居有積倉，行有裹糧，自裕足食足兵之策。兩河倚爲覆載，九鼎視以安危。暫勞屏翰之功，旋策公孤之命。某交疏先達，雖未御元禮之車；志慕名流，久已羨山公之啓。頃者一函之唐突，蓋亦積歲之勤拳。豈謂芹將，乃煩瓊報。永以爲好，敢再咏乎風人；却之不恭，謹三肅夫使者。吮毫以謝，鏤骨勿諼。

與李孟白齊撫_{長庚}

高山可仰，遙瞻東嶽之雲；大德難酬，薄挹西江之水。物輕意篤，迹遠情親。恭惟某官：人本猶龍，才能張楚。驅馳風雅，踐屈宋之騷壇；經緯乾坤，兼絳隨之器局。自登華於郎署，迄更歷乎藩宣。居則愛而去則思，是處有垂棠之廡；聞者慕而見者敬，何人無御李之榮？繇赫赫之具瞻，撫泱泱之大國。周齊之封，五百山川，獨甲于區中；鄒魯之士，三千禮樂，全收于域內。屬二東之告困，厪百計以周援。起自溝中，奠之枕上。偃潢池之兵甲，固已賣刀佩犢，賣劍佩牛；復闕里之弦歌，且聞變齊至魯，變魯至道。膚功可紀，將賡泮水之章；寵錫非嘗，定侈彤弓之貺。某辱知有素，對晤無因。身在南州，悵遠羈於異地；人非北海，敢自敘乎通家？荷嘉惠之駢蕃，激微衷其蘊結。薄言沼沚，仰答瓊瑤。念芹曝之久懸，匪曰報也；想滄溟之不擇，庶其鑒之。

答李孟白齊撫

恭惟某官：瑞應金匱，根盤仙李。胸吞雲夢，瀉爲筆下之風騷；手挽銀河，散作人間之霖雨。譽收物望，忠悃主心。畫山川而賜履，若岱之高海之深，同歸震叠；秉節鉞以專征，即親如姬賢如呂，莫並尊崇。屬有饑饉師旅之加，曲盡撫綏安集之術。呼箕呼斗，束人不困於七拂；佩犢佩牛，海國無憂於潢澤。豈獨一方之屏翰，誠關四宇之安危。允推社稷之臣，宜正樞衡之席。某雖疏半面，曾受一廛。召伯垂棠，凤被仁人之澤；通家稱李，敢締長者之交。跧伏山中，懷好音於空谷；駕言江右，馳信使於遐天。不遠千里而來，錫我百朋之貺。殷殷雅意，情居翰墨之先；纍纍多儀，惠侈瓊瑤之重。感之鐫骨，報有矢心。

與王岵雲齊撫 在晉

涣綸北闕，開府東方。召伯巡宣，想甘棠之蔽芾；魯公啓宇，羡節鉞之尊崇。凡在知交，于胥鼓舞。恭惟某官：受天間氣，爲世具瞻。笙鶴雲間，緱嶺之風標如見；鳳麟文苑，弇州之聲價堪齊。自染翰以侍君王，絲綸焕彩；及投璧而授河伯，汶泗安瀾。楚材盡拔於荆南，霸氣重恢于越國。星臨是福，光騰翼軫之區；雨澍成甘，澤溢彭蠡之潤。鯀治行之第一，爲岳牧所交推。克當上心，乃眷東顧。畫山川而賜履，畀弓矢以專征。江左夷吾，復入青齊之域；北門平仲，今居鄒魯之邦。知大東小東之無憂，將一變再變而至道。顧以震鄰有警，至使徵發無停。唇亡而齒則寒，事誠急矣；皮去而毛安附，患更甚焉。吾恐季孫之憂，不在顓臾；人謂桓公之才，能攘夷秋。即加以師旅，因之饑饉，自可使有勇知方之民；若左執鞭弭，右屬櫜鞬，必能收摧陷廓清之績。蓋緩急可當大事，無逾明公；而社稷安以爲悦，又懷素志。此一人所倚毗，而中國以重輕者也。某世譜分華，同舟借庇。省燕嘗紫，猶餘去日之香；列柏稱青，共勵歲寒之節。感先施之過腆，于後至乎何誅。愧此涓涓，聊酌西江之水；望兮渺渺，遥瞻東嶽之雲。

答王岵雲齊撫

惠兹南國，久留棠樹之思；保彼東方，新秉戎麾之重。睽違異地，問訊遥天。感簪履之不遺，佹笑言之伊邇。恭惟某官：身兼九德，氣備四時。經以文緯以武，抱不世之兼才；居則愛去則思，敷宜民之大德。頃以旬宣而上最，特加節鉞於雄藩。錫弓矢以專征，畫山川而賜履。昔周公封魯，太公封齊，疆域全歸于宇下；肆岱宗若礪，滄海若帶，形勝獨甲于區中。屬以遼警之震鄰，又聞天灾之洊至。民危易動，時難方殷。然而大旱爲霖，澤隨車而是雨；先聲奪氣，威破膽以如雷。固知赫赫之于襄，已見欣欣而相告。予曰有禦侮，主上釋宵旰之憂；民其無扺離，大東絕匕捄之嘆。固將一變而至道，徐俟三年之有成。某世譜分華，杖履宜從夫先進；同舟共濟，風濤幸托於長年。自解珮于江干，屢盱衡于雲表。勞勞鞅掌，未將一介之將；纍纍投瓊，忽枉百朋之訊。心乎愛矣，情文自別于尋嘗；久而敬之，嚴事敢弛于終始。

答劉石閭越撫—焜

恭惟某官：命世宏猷，殿邦偉望。持衡銓部，軼裴馬之清名；典禮容臺，接夔龍之芳躅。肆建牙於東越，益馳譽於中朝。秉七德以臨戎，霜威凛若；按六條而察吏，風紀森然。海不揚波，島息鯨鯢之浪；民皆安堵，澤無鴻雁之歌。豈獨兩浙之福星，實炳三階之泰曜。某世譜後生，臺班下品。俣膚策遣，巡行文獻之名區；過辱記存，惠逮瓊瑤之大貺。

答王斗溟閩撫士昌

恭惟某官：殿邦經略，名世品流。體國忠貞，濟美有同二鄭；傳家經術，高文真邁三蘇。風居獻納之司，曾補聖明之闕。九關虎豹，叩閶闔以難通；十載風霜，視潮陽為倍苦。既下賜環之召，端緜前席之思。明主知人，舉皋陶而不仁斯遠；士師執法，得定國而民自無冤。宜人望之攸歸，為帝心所特簡。維八閩當東南要口，而中丞須文武兼才。授斧鉞於雲中，人歌良翰；建旌麾於海上，國有長城。軒軑甫臨，旄倪交慶。舉周典明昭之政，布漢廷寬大之條。解墨綬以潛逃，猶憚批鱗之丰采；偃赤丸而斂迹，頓還佩犢之淳風。南粵請成，委蠻琛而畢貢；東夷喙息，靜島浪以安瀾。新聲已屆於先庚，虜績自操夫左券。某北鄙堅儒，西臺庸品。鵷班碌碌，慚無立仗之聲；驄馬行行，遽有登車之志。入其疆而問小民之苦，方在周咨；居是邦而事大夫之賢，政圖請益。祗因鞅掌，未暇濡毫。何期高誼之優，特枉兼金之貺。一言華袞爛然，雲漢為章；十襲玄黃侈矣，瓊瑤難報。竊撫心而自愧，矢沒齒以難忘。

答黄與參閩撫承玄

誼托同舟，未挹清風之穆；惠來遠道，忽投明月之光。情篤雲霄，感深肝膈。恭惟某官：品值千尋，量弘萬頃。調高白雪，軼揚馬之風騷；慶襲黄裳，振韋平之事業。譽望夙孚於海內，功名更著於關西。席已久移，表正具瞻之地；棠猶勿翦，纏綿去後之思。某共事一方，暌踪異境。徒勞癙寐，難瞻紫氣臨關；過辱綢繆，忽睹梅花到隴。函封雲錦，榮逾一字之褒；篋貯瓊瑤，愧乏七襄之報。

答陳匡左粵撫

登車無效，仰慚孟博之風；秉鉞有虔，佇奏文淵之績。惟江海之善下，致瓊玖之先施。拜而若驚，服之無斁。恭惟某官：胸匯三才，目營千古。出風入雅，踐屈宋之騷壇；右有左宜，兼范韓之器局。自留曹而行省，居則愛去則思；歷郎署而藩宣，位彌高望彌重。遂繇推轂，特簡建牙。蓋斗以南一人，皆指爲卿雲景曜；而粵之西千里，盡銷夫瘴雨蠻烟。豈惟俗變于炎方，將使威行乎海外。某憒憒無能，硁硁不達。想埋輪之家法，不能舍狐狸而問豺狼；聽持斧之民謠，眞是來雷霆而去敗鼓。幸近高賢之里，干旄未伉于浚郊；乃辱長者之交，筐筺忽羅于偃室。受素書而長跽，拜嘉貺以汗顏。雖曰却之不恭，蓋恐懷而爲罪。黃鍾大呂，喜得聞希世之音；白雪陽春，愧莫效巴人之和。削箋陳謝，含臆難申。

與陳匡左粵撫

恭惟某官：恬然道味，閱濁世以難淄；穆爾清風，鼓群生而善入。持己若圓規方矩，太丘之表望彌尊；濟世則武緯文經，曲逆之出奇不測。夙摻保釐之重，新加節制之嚴。五嶺烟雲，望霜威而自斂；百蠻瘴癘，迎旭炤以爭開。尚未延見吏民，已先聲之赫赫；曾亦傳聞道路，皆喜色而欣欣。想下車咨度之初，即開府功成之日。詎止風行廉法，蓋將績著攘安。斷藤之勳業重新，標柱之聲名堪駕。譯重白雉餘威，應訖遐方歌咏。彤弓殊錫，終膺懋賞。某逖聽郵傳，深爲國慶。瓟瓜苦繫，難申晉謁之忱；筐筺肅將，用展豫鳴之悃。

答陳匡左粵撫

恭惟某官：斗山師世，文武憲邦。涵萬斛之經綸，兼擅房謀杜斷；振千秋之風雅，寧論宋艷班香？人望洋而難測其源，時欽寶而莫名其器。洊更中外，懋著勛名。遂從藩翰之良，特簡詩書之帥。撫綏西粵，控制南荒。漲海炎天，一轉清和之日月；箐林嵐嶺，重開黯淡之雲烟。政已孚於先庚，頒即騰於大戒。稍恢經略，自使〔一五〕

答張鳳皋黔撫鶴鳴〔一六〕

校勘記

〔一〕此句前當缺一字。
〔二〕"鷹揚"，原作"膺揚"，據《詩·大雅·大明》改。
〔三〕"巍"，原作"魏"，據文意改。
〔四〕"杜斷"，原不清，據文意補。
〔五〕"睍"，原作"睨"，據文意改。
〔六〕"之"，原缺，依上下對句補。
〔七〕"酬"下原衍一"酬"字，徑刪。
〔八〕"代"，卷首原目錄無。
〔九〕"廷"，原作"延"，據文意改。
〔一〇〕"某"，原作"其"，據文意改。
〔一一〕按：此二句依文意當作"澄之不清，而撓之不濁"。
〔一二〕"洎"，原作"泊"，據文意改。
〔一三〕"撫"，卷首原目錄無。
〔一四〕"畿"，原作"幾"，據文意改。
〔一五〕以下底本闕頁無文。
〔一六〕以下底本闕頁無文，標題據底本卷首原目錄補。

張忠烈公存集卷十三

啟

答許仰亭銀臺

恭惟某官：剛健以中，直方而大。峋嶙植節，匡廬削五老之峰；浩瀚儲才，彭蠡倒三江之浪。自登華貫，休有令聞。惟龍汝作納言，帝心簡在；若甫王之喉舌，人望攸歸。暫爾居留，坐鎮鎬京之重地；行將入閣，浠鄰鼎鉉之崇班。某仰斗有年，識荊此日。奉長者之教，藏之而何日忘之？尊大夫之賢，事也而敢云友也。風塵勞攘，別來之問訊全疏；雲翰淋漓，遠至之情文倍篤。感當鎸骨，謝未披心。

賀鄒南皋廷尉元標

綸宣北闕，詔起東山。當聖主中興之時，正名世見行之日。在廷交慶，薄海同歡。恭惟某官：道覺民先，才優王佐。精神通百世而上，見唐虞寤寐之間；人物是三代以前，參伊吕伯仲之際。養其剛大，歷艱難險阻而不移；休乎中庸，凡頗詖滛邪之盡黜。世皆知為瑞也，若景星之麗天；士□□而宗之，同眾流之歸海。言動樹人倫之法則，出處關天下之安危。雲本無心，任卷舒而自得；龍惟有德，合潛見以皆宜。茲天欲平治之期，乃聖作物睹之會。人惟求舊，務急親賢。眾論僉同，啟事首推乎耆碩；大君有命，蒲輪先賁于文江。簪敢共切彈冠，山川亦為動色。舉皋陶而化群枉，暫持法紀之平；相尼父而反侵疆，行建安攘之力。

某忽睹郵傳，頓生舞蹈。聖賢相得，擬將續頌于王褒；社稷有靈，還願圖形于傅說。

與韓晶宇廷尉濬

五雲天上，久殷台斗之瞻；一介江干，敢薦溪毛之悃。迹遐心邇，楮短情長。恭惟某官：氣全剛大，行道中庸。巨手補天，時鍊媧皇之五石；驚濤振海，難搖鰲背之三山。當舉國之洶洶，獨一人之諤諤。蘭臺執法，若行父見無禮則誅之；棘寺升華，舉皋陶而不仁者遠矣。將使刑期盡措，豈惟民自不冤。某舊綴班行，今承步武。高山可仰，徒廑巖石之思；前事足師，止效邯鄲之迹。肅裁尺素，止訊起居。敬已先於未將，量或容於不擇。

答朱玉槎容卿世守

恭惟某官：屹然介石，穆如清風。生道義節氣之鄉，具聖賢豪傑之學。秉銓綜叙，裘馬同聲。典禮寅清，夔龍方駕。暫爾請休沐之暇，恬然高難進之風。薪已積前，鉞當遍授。某碌碌無能，硜硜不達。偶以出山之小草，幸來問俗于名邦。望長者之廬，于焉矜式；叙通家之誼，欲跂殷勤。猥承翰貺之先施，深荷情文之篤摯。

與姚震宇冏卿鏞

太微麗天，光映江淮之境；卿士惟月，特專冏牧之司。被寵命之維新，羨錦遊之足樂。情深賀廈，敬肅承筐。恭惟某官：斗下雙龍，桐陽一鳳。驊騮開路，騁汗血于天衢；鷹隼凌秋，擊霜威于雲表。自攬巡方之轡，丕揚貞肅之風。蜀道秦關，已著澄清之化；維揚淮海，更飲震疊之聲。國人群然而賢之，在廷無出其右者。遂膺宸簡，特晉冏卿。心秉寒淵，會見三千騋牡；牧成雲錦，總歸十二天閑。導屬車之清塵，嘗夾五龍之舜馭；訪遊仙之奇迹，肯隨八駿于周王。千金不市于燕臺，一過應空于冀〔一〕野。蓋自昔冏伯之命，惟用正人；而于今出車之時，亟資馬政。自是驂騑載道，大張薄伐之威；且使閭巷成群，重觀數馬之富。徐展御民輔世之略，以佐馳王驟帝之猷。超乘當先，繁錫方始。

答姚震宇冏卿

一函燕賀，慶甫烏于彈冠；千里魚傳，情更殷于墮履。室邇人遐，薄往厚來。恭惟某官：道直以方，器弘而毅。韵非倍調，鏗然黃鍾大呂之音；品絕塵流，巍爾太山喬嶽之象。在蘭臺爲真御史，珥筆生螭陛之風；入冏寺則名公卿，振佩玉龍盤之氣。今日五花雲錦，且咏駉駉在野之章；異時八翼丹霄，行看翩翩傅天之采。晋有人矣，國亦利哉。某鄉里小生，班行末隊。維與桑梓，每懷借廕之思；若塤與篪，敢謂同聲之應。鶯遷有喜，莎振不禁。薄言采藻之微，過損兼金之貺。永以爲好，報乃侈于瓊瑤；懷哉難忘，感當鎸于肺腑。

與徐正宇冏卿 鉴

知己恩深，未有涓埃之報；同人誼篤，疊承優渥之施。循省難堪，感懷曷已？恭惟某官：直方而大，純粹以精。匣内雙龍，射斗牛而吐氣；袖中五色，補造化而不言。標南州孺子之清風，人爭爲友；裁東魯諸生之狂簡，士慶得師。是曰天子之諍臣，實亦斯文之盟主。秉心淵塞，暫膺圉牧之司；馬國龍光，即寄節旄之任。某曾忝屬吏，于役名邦。方奏一函，荐微忱于浥露；乃煩再命，損寵貺之駢蕃。豈薄往以厚來，真有加而無已。雖維桑與梓之誼，不吝稠隆；而誦設桃報瓊之章，能無覥洟。

答陳遹庵給諫

恭惟某官：道韵欲仙，才名過斗。完光嶽未分之氣，豈但鍾匡廬彭蠡之精靈；讀丘索以來之書，不獨窺鹿洞鵝湖之妙義。行標月旦，仲舉爲一世所宗；思捷風雲，孔璋稱七人之雋。播皇皇者華之咏，銜命于宣；聽雝雝其鳴之音，覽輝斯下。固已上啓事而待金馬，行將捧天書而拜瑣闥。聖朝之闕事方多，顒資補袞；君子之道長有日，佇俟彈冠。某有願執鞭，無緣倒屣。居是邦也，雅知事大夫之賢；過而式焉，未得近高人之里。乃承綣注，加惠頻仍。七襄爛兮，簡枯腸而難報；百朋侈矣，量滿腹之莫容。

答晏懷泉給諫鳴春

恭惟某官：世所具瞻，邦之司直。節標獨立，矢嘖嘖之梧音；議折盈廷，定咻咻之鼎沸。有嘉謀則入告，見無禮而必誅。共謂天子有爭臣，自得從繩之益；即今聖朝多闕事，全資補袞之功。望積著於六垣，位行躋乎九列。某憒憒無能，庸庸匪比。偶以出山之小草，幸來大國以觀風。事大夫之賢，徒聞聲而寄慕；辱長者之惠，乃損賹以先施。藻五色以摛華，珍百朋而均重。感之無斁，懷哉難忘。

與劉泰階山西直指惟忠

北闕渙綸，補袞仗糾繩之益；西方代狩，乘驄欽震疊之威。簪筆聳觀，編氓加額。恭惟某官：道直如弦，名高過斗。琅玕披腹，煉五色以補天；經緯填胸，奠六鰲而負地。特受繡旒之眷，拔居綱紀之司。鳳凰鳴而梧桐以生，虎豹藏而藜藿不采。蓋治亂安危之大計，惟宰相能行，諫官能言；而正直忠厚以立朝，使君子有恃，小人有畏。行行且止，已聞丰采於都亭；皇皇者華，將見澄清于郡國。霜飛玉斧，威搖三晉之雲山；手挽銀河，澤沛九天之雨露。豈特士民將吏，共凜風猷；將使草木昆蟲，均沾德化。想先聲之赫赫，應喜色而欣欣。某名厠班行，幸兼葭之有倚；身歸覆庇，惟桑梓之必恭。薄言潤藻之微，用烏兕觥之悃。

與江完素河東直指 日彩

恭惟某官：龍見從王，鳳鳴儀世。忠貞自許，有古人謇諤之風；夙夜在公，真王臣蹇蹇之節。問當道先及于豺狼，逐無禮豈寬夫鳥雀。行行且止，都城屏息于□驄；皇皇者華，山岳動搖於綉斧。惟茲鹽政，關于軍儲。暫借調羹〔二〕之手，不須煮東海之波；重揮解愠之弦，復見奏南薰之曲。從此國課陳陳而積，將使賈客熙熙而來。萬姓同歡，三藩交慶。某幸厠班行，更蒙覆庇。想法星之臨炤，久切瞻依；望真氣之陡來，益殷蹢躅。

與徐正宇督學直指

二天席庇，夙蒙國士之知；一介宣忱，遙致野人之獻。有身可許，無德不酬。恭惟某官：南州間氣，北斗崇標。空萬馬之群，步騁燕臺蹀躞；折五鹿之角，名爭朱檻峋嶙〔三〕。志慨登車，獨攬范君之轡；途喧避乘，人欽鮑氏之驄。丰采卓冠於蘭臺，忠赤獨傾於楓陛。惟盛世重椒薪之化，而留都屬豐鎬之鄉。肆簡宗工，特煩較閱。引郢斤而斲削，振木鐸以琳琅。課實袪玄，江左之風流頓洗；披華啓秀，兩京之大雅重還。蓋聖主壽考作人，正文運中天之日；而君子英才樂育，當教行化雨之時。豈獨續鄒魯之弦歌，將盡收淮吳之麟鳳。某冀野竪儒，燕畿舊吏。自涸牛馬之走，久隔清光；一隨麋鹿而遊，愈殊音問。邇以出山之小草，幸來大國以觀風。未式德廬，徒望斗間之紫氣；嘗懸封楊，難眷座右之清塵。□積緒之迴環，式濡毫而唐突。承筐無實，數取飭於未將；盬荐有孚，量或容於不擇。

答龍紫海兩淮直指遇奇

四牡將歸，聊薦歌驪之悃；雙魚忽至，過煩報玖之忱。何意大來，番成虛往。恭惟某官：明允篤誠，洪深肅甘。養以剛大，扛萬斛之龍文；煥爲文章，振九苞之鳳彩。立朝正色，挺然砥柱於中流；謀國深心，灼矣徙薪之先見。人需霖雨，世仰斗山。惟鹽筴之虧盈，關軍儲之血脉。剔數十年之積弊，弦一解而遂調；畫千百世之芳規，泉嘗流而不壅。綱紀一新于四省，經綸小試其一斑。此日巡方天下，仰范滂之丰裁；他時入直朝廷，得李勉而尊嚴。某幸以同心，兼之共濟。遙聞瓜代，寧無戀戀之情；不謂芹將，反辱縈縈之貺。

與毛孺初漕運直指一鷺

彤輪策命，領東南財賦之邦；繡斧巡行，總軍國轉輸之任。新猷渙渙，衆志交孚。恭惟某官：道濟九州，目營四海。身如砥柱，任洪濤巨浪以難搖；器比虛舟，即萬斛千鍾而兼受。矯矯棲烏之府，雝雝鳴鳳之音。國人群然而賢之，在廷無出其右者。惟國家之命脉，以漕運爲咽喉。四百萬軍儲，合楚豫越吳之物力；三千里運道，會江淮河濟以交通。雖法久而弊生，必人存而政舉。是資風采，特遣紀綱。赫濯先聲，知河伯江靈之效順；調劑妙用，自民生國計之兼優。合萬艘以雲飛，委千倉而露積。於此行也，亦有利哉。某既廁雁行，又聯鶿序。江南冀北，久殷對月之思；楚水吳山，徒結因風之恨。喜聞特簡，誼在同舟。便折屐以欲狂，且彈冠而志慶。謹頫萍使，代布雀私。

與畢東郊陝西直指懋康

烏府聯班，陪從喜參乎振鷺；皇華策遣，省方幸次於花驄。仰後武之難攀，感先施之下逮。五衷久勒，一介初馳。恭惟某官：王國龍光，人倫山斗。立朝以正直忠厚爲本，操無偏無黨之心；修身惟聖賢豪傑自期，養至大至剛之氣。補主闕而避人焚草，豈曰過則歸君？憂民溺而引手納溝，直似推之繇己。埋輪都亭之下，先問豺狼；登車攬轡而來，盡清狐鼠。觀風問俗，則咨諏咨謀咨詢咨度，不憚車轍馬迹之勞；發政施仁，則不競不絿不剛不柔，已收吏習民安之效。黃河渭水，盡洗濯於教化風聲；華岳南山，亦震疊於紀綱法度。實係具瞻四海，豈徒大造三秦。某晉鄙豎儒，燕都舊吏。誦漢史二天之語，夙荷幷幪；咏《周詩》四牡之章，今承約束。光分鄰燭，竊餘炤以生輝；濟共同舟，賴長年之可托。函關初入，華札頻頒。纍纍多儀，授飡而加璧，不是過失；區區不腆，投瓊而報李，此之謂乎？

與畢東郊陝西直指

國家之利在和戎，專資茶馬；使臣之職惟分陝，兼控川湖。必有經國之才，始副簡書之托。如某者樗散無奇，斗量何算？識非伯樂，豈能相上駟之天機？材謝張騫，料難得西夷之要領。雖龍團萬篋，摘山之利無窮；而駿足千群，在坰之良難致。顧茲叨負，每切冰兢。恭惟某官：世所儀刑，邦之司直。批驪龍而抗疏，力欲回天；駕驄馬以觀風，問先當道。籌邊憂國，畫成百世訏謨；察吏安民，灑盡一腔心血。總出其餘緒，皆爲南指之車；而奉以周旋，可作西秦之鑑。豈獨嘉惠於後進，庶幾共濟於同舟。

贐畢東郊陝西直指

三秦問俗，隨車流雨露之膏；四牡歸期，反旆動河山之色。士民望失，紳弁心摧。恭惟某官：道直以方，氣剛而大。有謨入告，時矢曲突之忠；無禮必誅，每見尚方之請。蘭臺執法，正士望而彈冠；繡斧觀風，墨夫聞之解綬。所至即問民疾苦，不殊召伯之巡行；有言皆係國安危，寧讓賈生之通達？利規百世，福造一方。兹已及夫瓜期，式遄歸乎驂駕。雲開華岳，隨錦旆以飛揚；氣滿函關，護仙塵而縹緲。想扳轅臥轍，定環載道之遮留；奈折柳歌鸝，莫遂臨岐之飲餞。薄言一介，用代百壺。渭北江南，只有盱衡而凝眄；天長海闊，惟祈努力以加飡。

迎龍紫海陝西直指

皇華周道，喜陪法從以驅馳；紫氣函關，遥望仙塵之至止。無因負弩，有幸合簪。恭惟某官：靈鍾人傑，品擅國華。見龍在田，抱雲行雨施之經濟；同人于野，擴海涵地負之襟期。昌言寧憚於批鱗，介節豈同夫□□？爰膺帝簡，代狩秦藩。持斧而望風〔四〕，暴公子之威名著矣；登車而澄清有日，范使君之意氣慨然。黔首觀德以杖鳩，墨夫聞名而解綬。氣蒸華岳，霏拂載道之清風；濤捲黃河，灑灑隨車之膏雨。某蘭室舊交，柏臺新契。自珮聲之南去，每軫臨岐；思馬首之西來，有如望歲。忽聞彌節，深切彈冠。奈迹繫隴頭，自恨簿書之鞅掌；使心懸渭曲，徒瞻雲樹之蒼茫。薄言一介之將，聊寫三春之思。

與姚震宇茶馬直指

柏署聯班，托質慚依乎玉樹；楓宸拜命，省方幸後於花驄。仰止可欽，俯循自悚。恭惟某官：世所具瞻，邦之司直。有嘉謀則入告，凜矣藥石之可師；見無禮而必誅，隱然藜藿之不采。攬轡足搖山岳，埋輪先問豺狼。撫定西南夷，何用長卿之策？揀窮中上駟，寧須大宛之求？三省共仰聲靈，四方將爲則傚。某識本憧憧，材原碌碌。續貂堪哂，馬立仗〔五〕以無聲；持斧何能，犢當轅而恐覆。猥徼天幸，得步仙踪。大道爲公，想舊政爲新政之告；周行在邇，惟前事即後事之師。敢曰望丰裁以相方，庶幾守畫一而勿失。

迎黃武皋茶馬直指彥士

國家之利在和戎，獨資茶馬；簡書之任專分陝，兼控川湖。自非經緯之才，曷繫華夷之望。遙聞策遣，深切歡愉。恭惟某官：天驥神資，金莖沆氣。澄不清而撓不濁，汪汪叔度之冲襟；麾不去而招不來，矯矯長孺之直節。賦皇皇者華之咏，早驅周道以咨諏；播行行且止之謠，衆望桓驄而屏息。殿中執法，峨冠偏指凶邪；袖裏彈文，抗簡獨先權貴。隱然藜藿之不采，凜矣松柏之後凋。時稱真御史，乃骨鯁之臣；上謂子大夫，宜封疆之任。惟氐羌散居塞外，爲我藩籬；而茶馬互易國中，繫其命脉。爰膺寵命，特借巡行。利盡摘山，立致月團萬艘；功收市駿，行看雲錦千群。番酋爭貢葡萄，宛馬總肥苜蓿。自有范使君之丰采，何言班定遠之功名。某駑足難鞭，朽株無用。心勞叱馭，空持漢使之旌旄；謀乏籌邊，未得夷情之要領。瓜期已過，正懷抱蔓之羞；擔負難承，久切息肩之願。何期相代，得獲同心。喜極彈貢禹之冠，望切盱張衡之目。清風易水，□已驅使者之車；紫氣函關，願早度真人之駕。

答錢梅谷湖廣直指春

策遣分馳，久悵重雲之隔；函書遠訊，忽來明月之投。木桃何意於瓊瑤，玉案乃酬夫菲菲。恭惟某官：學本家傳，才真國器。西臺丰采，挺然寒柏之後凋；南國巡行，芾矣甘棠之勿剪。氣吞夢澤，山川亦憚霜威；澤瀉銀河，草木同沾露潤。蓋埋輪之勁節，自昔有聞；而攬轡之風猷，於今再見者也。某幸附同舟，眷懷異地。戔戔束帛，方戒使以將忱；纍纍承筐，乃緘題而分惠。

與俞淳初廣西直指誨

恭惟某官：素節崇嚴，貞心淵塞。犯雷霆於天上，曾批經尺之麟；逐鳥雀於秋空，獨奮凌風之羽。聲高嶽嶽，爭朱檻之嶙峋；威避行行，騁桓驄而蹀躞。代一人而巡狩，志四海之澄清。雨潤風噓，席布通宣之德；山搖岳動，總欽震疊之靈。已知綱紀之聿新，自見朝廷之增重。歸闕在邇，受祉必多。某幸綴班行，忝同臭味。嚶鳴出谷，曾敦伐木之交；萍迹隨流，徒切停雲之望。豈期高誼，不裁遐遺。感雅注之殷優，肺腸可鏤；恃□表之明信，蘋藻堪羞。庶其鑒之，知意在玄黃之表；匪曰報也，願永堅金石之盟。

答徐若谷四川直指良彥

弭節分疆，異地悵星河之隔；題緘遠訊，同春沾琬琰之施。拜惠知榮，開函若覯。恭惟某官：偉幹參天，晶光射斗。名高月旦，真是南州孺子之風；志在澄清，豈止西蜀文翁之化。誅佞請尚方之劍，觀風埋當道之輪。巫峽嵯峨，應讓威靈聳峻；錦江明麗，可如衡鑑虛平。三巴共仰風稜，四牡何勞咨度。某幸陪後履，且托同舟。瞻紫氣於天邊，方見一星入蜀；笑紅塵於馬上，俄驚雙鯉來秦。想戀戀故人，遂枉兼金之訊；奈悠悠遠道，徒深倚玉之思。

與吳北[六]陽四川直指之皡

蜀道青天，萬里壯澄清之志；吳江白露，三秋縈離索之思。厘痞瘵以眷懷，題緘封而問訊。先施有腆，後至何誅。恭惟某官：荆璧連城，楚材楨國。郢中高調，掩屈宋之風騷；柱後直聲，軼鮑桓之丰采。補衮龍于楓陛，謇謇昌言；矢鳴鳳於梧岡，雝雝振響。惟西蜀據地形之險，而直指代天子之巡。駕四牡以駪征，皇華帶露；驅五丁而開道，丹嶂飛烟。埋輪都市之□，□已先問豺狼，後問狐狸；叱馭邛崍之阪，誠哉陽爲孝子，尊爲忠臣。錦水波明，光映繡衣之彩；巫山雲捲，遥欽霜斧之威。人依携鶴之清風，治敷卧龍之大德。西夷冠帶，何更傳司馬之文；東魯弦歌，將再睹文翁之化。蓋自登車之始，已嶽動而山搖；迄今按部之時，自風行而草偃。民之莫矣，國有利焉。某吹叶塤篪，班聯鵷鷺。交敦伐木，久結嚶嚶求友之情；貺損兼金，深感戀戀故人之誼。薄言沼沚，仰答瓊瑶。遠道懷人，徒寄愁心於明月；好音惠我，顒需佳信於長風。

答楊伍南河東直指州鶴

束帛肅將，用展豫鳴之悃；函書遠逮，猥叨鼎貺之施。虛往自慚，大來何幸。恭惟某官：直氣凌霄，丹忠貫日。有謨入告，真同藥石之陳；無禮必誅，豈遜鷹鸇之擊。長孺在廷，而淮南謀寢，偉哉社稷之臣；敬輿一疏，而臺閣風生，凛矣逢干之匹。觀風驅四牡，諏謀詢度之周咨；約法御三藩，緙競剛柔之不觭。民胥鼓舞，帝自簡揆。某一塵席庇，既竊潤於天河；兩地同舟，更分輝於鄰燭。薄將下悃，反辱多儀。藏之而何日忘之，止有肝腸可鏤；報也而永爲好也，愧無瓊玖還投。

與陳中素江西直指于廷

花驄按部，吏民共仰風猷；繡袞還鄉，閭里欣瞻晝錦。前徽已邈，後思方殷。恭惟某官：道蘊閎深，氣全剛大。文九苞而振羽梧崗，矢噦噦之音；威一角以觸邪楓陛，著稜稜之節。凜矣藜藿之不采，挺然松柏之後凋。出代天巡，萬里沐澄清之化；歸稱家慶，一堂紓燕喜之懷。仁簡命之重申，將登車之伊邇。某幸接清塵，仰師成憲。駑駘難策，惟依造父之馳驅；蹢躅不前，賴有邯鄲之步武。自旋旌節，遂隔山河。腸一日而九迴，每切悠悠之思；目千里而四望，難禁渺渺之懷。

與陳中素江西直指

恭惟玉節榮旋，仙航遄發。花明繡斧，襲一路之香風；日麗袞衣，映千層之錦浪。鳧鷖爭隨畫舫，魚龍應避震威。夾岸歡呼，集紳縉之趨附；隨車慰遣，擁旄稚之遮留。某乍親芝宇，即唱驪歌。搖曳心旌，同揚舟之泛泛；離迷客路，望雲樹之茫茫。東歸之赤舄難攀，西來之好音時踐。

與陳中素江西直指

恭惟花驄鳳駕，繡袞言旋。雲擁旄旌，到處動山川之色；霜明劍珮，逢人欽斧鉞之光。早解攬於江皋，已停驂於珂里。徑存松菊，迎晝錦以滋榮；膝邊芝蘭，舞班衣而稱慶。其爲豫樂，豈可形容。某片時晤對，止餘沚浦之清芬；千里懷思，徒望吳門之真氣。

迎劉耳陽江西直指蘭

太微麗天，執法凜中台之象；荊揚分域，省方觀南國之風。

郵筒初傳，彈冠稱慶。恭惟某官：嵩嶽降神，河圖授道。氣全剛大，扛百斛之龍文；聲播雝喈，振九苞之鳳彩。當群情之鼎沸，獨中立而砥持。正色昌言，既恥轅下駒之局促；平心易氣，又消殿上虎之紛爭。言路視以重輕，人倫望爲模楷。惟此豫章之地，夙稱文獻之邦。特借澄清，于胥震疊。霜風南指，威搖匡嶽之雲；霖雨西來，潤溢彭湖之浪。民俟後至，吏惕先聲。某攬轡無能，伐檀有泚。瓜期已過，嘗懷抱蔓之羞；擔負難承，急切息肩之望。忽聞佳信，倍激歡悰。自有夙緣，每作簸揚之糠秕；庶無罪悔，全資覆匿於瑾瑜。薄言燕雀之忱，兼代弩矢之役。綸音渙發，想已下於丹霄；繡斧星馳，祇遙瞻乎紫氣。

與張憲松河南直指　至發

立朝廷而正色，夙高折檻之聲；代天子以省方，丕著埋輪之望。新猷一渙，衆志交孚。恭惟某官：謇謇昌言，世景鳴陽之鳳；稜稜風采，人謠避路之驄。批淵底之蒼鱗，寧虞濤浪；隱山中之白額，不采藜藿。獨是孤持，静挽蜩螗世界；周行自履，恥尋荆棘歧途。諫草流傳，已貴國門之紙；彈文數出，頓生臺閣之風。一人鑒乃精忠，百辟推爲司直。肆膺特遣，代狩中原。駕四牡以觀風，秉六條而察吏。繡衣持斧，不羨暴公子之威名；攬轡登車，騰有范使君之雅志。威靈震疊，氣搖嵩岳雲開；法紀澄清，化徹黃河色變。赤子無戴盆而泣，墨夫將解綬以逃。八郡風流，兩河雷動。某遙依雲樹，遐望旌幢。匏迹堪憐，獨抱因風之恨；芹忱可獻，聊傾懷玉之私。

答楊伍南河南直指

折梅逢驛使，方紓燕雀之忱；剖鯉得素書，忽狂琅玕之贈。投桃有愧，加璧何堪。恭惟某官：胸蟠二酉，背負六鰲。鳳凰鳴而蒼梧以生，德輝有爛；虎豹藏而藜藿不采，威望隱然。見無禮則必誅，有嘉謨而入告。羽方集菀，翩翩矯翼以凌風；流正噴瀾，矻矻孤標而砥柱。邦之司直，民所具瞻。頃來代狩于中原，益著登車之丰采。雲開嵩室，嶽靈欽震疊之威；色變黃流，河伯象澄清之指。雖以兵荒之交警，自知經濟之餘閒。某幸聯桂籍，久習蘭薰。嚶其鳴矣，用敦伐木之情；賁然來思，反辱投瓊之貺。

答陳中素山東直指

攬轡風清，猶仰高賢之躅；題緘誼篤，特煩長者之施。拜手若驚，省躬何幸。恭惟某官：德抱清貞，氣全剛大。凌雲聳秀，情高岱嶽之峰；浴日飛瀾，量闊滄溟之水。峨冠執法，一時丰采無倫；持斧省方，到處澄清有頌。興嗟于東楚，飛芻輓餉勞民；悁嘆于積薪。[七]且聞旱魃之降殃，以致平原之若赭。民心易動，天意難知。然□膏澤汪洋，德隨車而是雨；威靈赫濯，聲轉轂以如雷。將使彫枯盡起于溝中，濤浪不驚于海外。天災不能困，而夷醜不敢窺也。某仰止有年，景行如昨。典型在望，庶幾蕭規而曹隨；聲氣相求，敢云塤唱而篪和。天長地闊，江山頓隔于東西；物煥星移，歲月俄更大寒暑。深懷耿耿，遠道漫漫。忽來飛翰之投，重以報瓊之貺。開函而如承色笑，意溢情真；訊使而備悉起居，室邇人邈。嚶其鳴矣于喬木，可知求友之殷；我所思兮在太山，徒切側身之望。

答陳中素山東直指

某幸承後武，得踵前徽。雖間別之日長，乃儀刑之時切。奈遙遙雲樹，瞻晤無繇；而僕僕風塵，起居亦缺。乃勞遝注，深感高情。自昔禮義之鄉，必稱鄒魯；於今山海之勝，猶數青齊。盡歸統轄之中，益邑經綸之略。即加以師旅，因以饑饉，自知撫定之有方；若後問狐狸，先問豺狼，特是澄清之餘事。有如潰潰，徒爾悠悠。羈棲有類于匏瓜，素食空慚乎稼穡。不意空堂之上，屬以軍旅之司。闕下請纓，雖有封疆之志；席前借箸，□無帷幄之籌？所望共濟之同心，不吝周行之示我。尚需拜命，容再乞言。

與郭振龍直指

觀大國之風，澄清未效；感長者之誼，寵渥先施。矢肺腑以勿諼，誦瓊瑤而難報。謹馳介使，聊布微忱。恭惟某官：道秉直方，養全剛大。完光嶽未分之氣，靈孕乾坤；迴江河既倒之瀾，力肩宇宙。忠危厝火，時上流涕痛哭之書；智豫徙薪，豈等爛額焦頭之客。自盈廷之聚訟，迄時局之更移。嘗獨立以獨言，豈人趨而人若。驚濤振海，難搖鰲背之三山；巨力補天，每鍊媧皇之五石。蓋留都本清議之地，而正人居獻納之司。蓋惟言路之光，實繫朝廷之重。某叨承簡命，于役名邦。事賢友仁，實切斗山之仰；安民察吏，虛窮夙夜之勞。即啓處之不遑，于素飡乎何補？頃煩遝訊，彌激私衷。無德不酬，聊酌西江之水；有音可惠，仍祈南指之車。

答鄒瀘水直指 德泳

恭惟某官：南州間氣，北斗崇標。家學淵源，陋韋經之呫嗶；朝端慷慨，爭朱檻之岣嶙。排虎豹於九關，歷□霜者廿載。忠過汲孺，卧更久於淮陽；才比賈生，席未前於宣室。道光身絀，迹隱名高。聖主不畢世而怒忠臣，鳴鳳豈嘗棲於枳棘；天心倘一朝而開霽色，卧龍當立起於風雷。此實舉國之公心，豈獨一人之私願。某憒憒無能，硜硜不達。偶以出山之小草，幸來大國以觀風。事大夫之賢，於焉矜式；辱長者之惠，頓爾先施。既儀物之豐隆，且情文之篤摯。庭充筐篚，亦知却之不恭；投以瓊瑤，又恐懷而爲罪。敢因蘭使，謹用趙歸。若披先哲之格言，已足發蒙啟錮；而得鴻儒之製作，又如拱璧藏珠。九頓以承，八行附謝。

答鄒瀘水直指

某雖在各天，久殷仰斗。曾披諫草，已欽陸賈之雄文；及入蘭臺，又接鮑桓之後武。顧以登龍之無路，即欲窺豹而弗繇。頃者攬轡名邦，停驂德里。因過廬而式段，得設榻以延徐。道氣溫如，飲醇醪而自醉；和風穆若，羨桃李之不言。得事大夫之賢，自謂生平之慶。何期高誼，更辱隆情。出先哲翰墨之珍，揮大雅風騷之緒。數行一軸，價重揚金；八韻七言，聲高郢雪。玩之不能去手，藏之何日忘心。念無德以不酬，豈有唱而莫和？塵餘倦眼，怕臨殘燭以揮毫；澀久枯腸，強對墨池而抽繭。聊裁短句，奉答好音。所愧下雪之調卑，恐見大巫而神盡。鷺洲返棹，早回雪夜之舟；文水開筵，難坐春風之席。

答丘鍾屓直指_{兆麟}

恭惟某官：人傑鍾靈，國華擅品。生而爲瑞，應聖作以徵祥；鳴必於陽，覽德輝而振采。編摩簡册，讀窮丘索以來之書；鼓吹風騷，洗盡漢唐而下之語。方陳詩於四國，賦彼皇華；忽簡命於中臺，光茲烏府。法星初耀，芒寒翼軫之區；隱豹猶藏，威懾藿藜之采。入則無法家拂士，久懷憂國之心；出而矢讜論忠言，顒待補天之手。某神交有素，覿晤無緣。簸而揚之，愧糠秕之居前；入而化焉，幸芝蘭之在邇。羨君馴馬，莫繇弩矢以前驅；錫我百朋，反辱瓊瑤之遠逮。心乎愛矣，眷雅誼綢繆；何以堪之，增微衷之踽踽。

賀新選省中

伏聞啓事，榮選掖垣。茅茹彙升，深愜彈冠之望；鵷鷺簉羽，更縈倚玉之思。於國有光，同時交慶。恭惟某官：氣剛而大，道直以方。鵬奮九天，搏扶搖而上者；鳳翔〔八〕千仞，覽德輝而下之。國人群然曰賢，在廷無出其右。遂從異籌，特立上□。□知天子有爭臣，木從繩而必直；自此聖朝無闕事，幸未起而先焚。況當議論之多岐，又是紛囂之乍定。龍戰於野，餘碧血以猶腥；隼集在墉，驚朱弦而未定。所賴昌言之謇謇，共扶王道之平平。某幸忝雁序，快睹鶯遷。入則有拂士法家，極言路一時之選；徐而觀忠言直諫，舉明主三代之隆。肅奏賀箋，薄將菲物。酌西江之水，愧此涓涓；瞻北闕之雲，勞思怛怛。

賀新選臺中

渙號楓宸，升華烏府。司存獻納，宏紓補袞之忠；時際彙征，頓愜彈冠之望。有識交慶，不謀同詞。竊惟本朝之建置，最重諫官；今日之艱屯，無如言路。曙星落落，僅三五之熹微；元氣奄奄，繫絲毫之斷續。鯤龍未醒，雖批逆以不驚；猛虎方嗔，欲扣關而難達。人心結轖，世道晦冥。用才同轉石之艱，式序有積薪之嘆。雖大夫國人皆曰可，尚爾遲回；即法家拂士之盡無，何憂孤立？直弄印者七載，方轉圜于一朝。想應天意之亨通，始得聖心之開霽。君子得輿，正士伸眉。恭惟某官：氣全剛大，道履直方。鵬運九霄，擊扶搖以上者；鳳翔千仞，覽德輝而下之。允爲社稷之臣，特重紀綱之地。拔茅連茹，羨諸公袞袞之升；獨立敢言，聽一人謇謇之論。聖朝多闕事，顒有待于匡扶；明主可忠言，更亟須于啓牖。況以夷奴之犯順，兼之灾沴之頻仍。論事勢即外寧而內憂，料禍變恐速小而遲大。全賴曲突徙薪之計，以杜土崩瓦解之虞。蓋將維九鼎之安，何止免四郊之恥。某夙缺芳問，快睹榮除。幸廁駕鷺之班，得遂兼葭之倚。得賢有慶，擬續頌于漢臣；求友同聲，願賡歌乎《周雅》。

與候命臺中

慚鴻簑羽，近依日月之光；振鷺聯班，遙切斗山之仰。彈冠有慶，束帛用將。恭惟某官：肩扶巨力，搏桄宏猷。奠三神海上之山，補五色天邊之石。夙以經綸之望，拔居耳目之司。待詔金門，尚結棲梧之響；題銜烏府，已生列柏之香。天子有爭臣，衆共推其骨鯁；聖朝多闕事，尚有待于糾繩。雖弄印者久之，知渙綸其可矣。某久欽譽問，幸廁班行。慚糠秕之居前，簸揚堪哂；喜兼葭之有倚，形穢何妨？心隨南浦之雲，懷哉渺渺；手挹西江之水，愧矣涓涓。

答章[九]仲山吏部 光岳

駕彼四牡，觀泱泱大國之風；錫我百朋，荷戀戀故人之誼。開緘色喜，拜手神搖。恭惟某官：直擬朱弦，清涵玉鑑。出風入雅，共推小陸之能文；方矩圓規，皆謂季方之難弟。自升華于水部，旋標譽于天曹。澄汰品流，盡塞群邪之竇；彙征茅茹，宏開衆正之途。士彈貢禹之冠，人頌山公之啓。想平衡在手，即稱量天下以無私；若皎月當空，縱炤徹人倫而愈朗。此時裴馬，異日夔龍。某幸因雁譜，得識芝眉。想伯氏之吹塤，同聲已遠；羨仙郎之樸被，世籍有光。

答涂溪如吏部 國鼎

恭惟某官：世道羽儀，人倫師表。節標千仞，凌塵壒以霞騫；氣備四時，含中和而玉潤。啓事著山公之望，程才推水鑑之明。真軼裴馬之踪，仁接夔龍之武。某久懷仰斗，未獲識荆。嘗聞居是邦而事賢，詎有過其間而不式。顧叱王陽之馭，啓處不遑；而御元禮之門，次且未果。

答葉明生吏部

百里弦歌，懋著分符之績；三銓衡鑑，超躋啓事之班。方遥注于斗山，乃枉投夫翰札。謙撝已甚，跼蹐難安。恭惟某官：量涵萬品，鑒徹九流。雙鳧初飛，奏牛刀于雞肋；一琴自伴，懸范甑于魚塵。畏壘何私，家爲尸而戶爲祝；甘棠勿剪，居則愛而去則思。惟騰譽於口碑，宜晋階於天部。廉平範物，應追宣伯之躅；雅操繩時，豈議巨源之美。從知賢者進而不肖退，仕路一清；當使大臣法而小臣廉，官常不紊。何論當年之裴馬，即爲異日之夔龍。某有懷慕藺，無路識韓。采歌咏於民謠，樂聞遺愛；訪循良之政迹，恨不同時。豈期盛德之冲虚，猶廑後來之存注。題緘鄭重，固難還刺以璧歸；拜使悚皇，聊假濡毫而荆請。

答錢泰宇戶部

恭惟某官：材惟人傑，品擅國華。近聖人之居，尋源有自；生王者之世，應運非常。姿千仞以孤騫，器萬鍾而大受。漢庭起草，名高題柱之班；計部持籌，望重含香之署。當邊儲告匱之日，正戍卒待哺之秋。獨能酌盈以濟虚，豈至捉襟而露肘。粟紅貫朽，何須萬斛量沙；士飽馬騰，不數三軍挾纊。日見京坻之積，永無庚癸之呼。某久懷仰斗，今幸同舟。甫入關門，即荷授飡加璧之雅；薄陳沼沚，有愧投桃報李之章。

賀湯暗生戶部[一〇]

恭惟某官：人本猶龍，望原過斗。金相玉質，標國瑞于名家；夕秀朝華，掞天葩于藝苑。縮銅章而出牧，續奏牛刀；列粉署以分曹，香浮雞舌。爰從妙簡，特借邊儲。惟茲數萬之金錢，實係三軍之命脉。民力竭矣，豈能剜肉以醫瘡？官廩蕭然，每至捉襟而露肘。坐看長策，立濟時艱。酌盈虛以灌輸，炊何憂于無米；合公私而贍潤，匕不嘆于有捄。士飽馬騰，威生戊己之較；醪投纜挾，患銷庚癸之呼。元氣固而神氣益張，懋功隆而懋賞且至。某既聯世講，又借同舟。紫氣函關，幸得挽東來之駕；朱麾隴坂，恨莫攀西去之塵。

賀劉情宇戶部〔一〕

恭惟某官：瀛海人龍，燕臺神駿。孝友擅季方之譽，才名標小陸之奇。早射策於魏科，旋割符於邊郡。爰從最考，晉秩版曹。舉于魚鹽，夙諳管仲父理財之策；權乎取予，衆推劉大夫心計之工。惟此潯關，夙稱利藪。控荊吳之要會，賈客摩肩；匯江漢之巨流，舳艫銜尾。法存抑末，例有征商。況當司農告絀之秋，益借諸道權輸之利。遂膺特簡，來領分司。譏而不征，難難後先王之舊；取之有制，已預知德政之新。蓋當行旅蕭然，寬一分即受一分之賜；而幸仁人蒞止，早一日則沾一日之恩。聞諸道途，皆欣欣然喜色相告；傳於遠邇，自熙熙然爲利而來。某夙忝世譜，今托同舟。望真氣之陡臨，匡廬色動；想清標之遠映，彭蠡波明。飽繫征人，莫遂披雲之願；芹將介使，聊紓賀厦之忱。

與劉情宇戶部

司榷南州，九派溢江湖之潤；還轅北闕，重霄依日月之光。幸托同舟，恨分歧路。恭惟某官：筆落星辰，才雄河漢。領國家財賦之計，洞晰源流；分司農征催之權，盡除煩擾。澄江似練，堪比使君之清；畫舫如雲，不問關津之禁。酌上下相通之脉，既以利國且以利民；當公私交匯之時，寧知額內安知額外。蓋寬一分則受一分之賜，已聞近悅而遠來；而留一日則沾一日之恩，猶願舊政而新告。某經年依附，一旦分攜。望紫氣於雲間，莫挽真人之駕；想錦帆於江上，難隨博望之槎。感夙誼之綢繆，眷前期之綿邈。酌九江之水，聊當清酒百壺；修尺一之詞，用代陽關三疊。

答劉情宇戶部

恭惟某官：靈鍾五嶽之精，身備四時之氣。文壇載筆，才名遠駕。應徐泉府持籌，心計恥談桑孔。新領權關之命，寵開解網之仁。一片冰心，清徹魚龍之窟；千帆雲影，歡騰江漢之聲。聞商至以如歸，知國儲之攸齊。某猥緣攬轡，得倚同舟。旌節初臨，殊切彈冠之慶；風塵遠隔，未紓傾蓋之私。

答劉情宇戶部

四牡將歸，未賦清風之誦；雙魚忽至，先來明月之投。誼篤臨岐，情逾伐木。恭惟某官：方絜玉尺，清貯冰壺。領□□□之□，□□□□；□□□□□□□，□□如歸。擊汰揚舲，榜聲與謳歌并起；浴鳧飛鷺，宦情同煙水俱閑。近悅遠來，衆方思夫借寇；月會歲計，期忽迫于及瓜。雖則前事作後事之師，守而勿失；尚須舊政爲新政之告，惠及無疆。某幸共封圻，夙同聲氣。廬岳峰頭時有雁，雖頻來逸少之書；潯陽江上不通潮，竟阻泛子猷之棹。誰期離別，又在須臾。尚未折楊柳一枝，逢人驛路；乃反辱瓊華五色，貽我江皐。如玉案之難酬，想木瓜之可咏。

答翁桃槎戶部

新恩隆重，幸叨兩世之榮；雅誼殷優，過辱百朋之貺。感懷莫喻，抱悚殊深。恭惟某官：心弘涵茹，交篤應求。道在兼成，視有美皆己之美；善能錫類，每因親及人之親。伏念家君，無適俗韵，乏巧宦才。自通朝籍者三紀，每苦前薪；忽膺簡命于一朝，得移右轄。敢云濡翼，實切循墻。狠厘鴻德之周遐，特枉瓊箋而賜賀。以其子并念其父，古道猶存；信乎友可順乎親，微生何幸。但未奉鯉庭之對，敢當鼎實之頒？謹百拜以受言，肅三辭而完璧。

答翁桃槎户部

駕四牡以省方，未奏澄清之效；行三軍而誰與，謬當紀纛之司。聞簡命以若驚，辱瑤函而增愧。蓋自邊臣不戒，以致醜虜生心。蠢爾何知，敢逞當輪之背；狡焉犯順，久勤破斧之師。中外戒嚴，神人共憤。伏乞某請纓無志，學劍不成。突焰未興，曾妄獻徙薪之計；席籌難借，豈能參入幄之謀。縱膂力之方剛，奈軍旅之未學。何期詔旨，俾往視師。智豈陳平，足護出關衆將；才非衛瓘，可監入蜀諸軍。雖碌碌因人，自有權操指縱；而明明飭憲，亦當法肅行營。志既切于枕戈，慮更深于負乘。維今聖主中興之日，正是匈奴運盡之時。元首明哉，安內自能攘外；昆夷駾矣，服德甚于畏威。玄菟之羽檄不飛，肅慎之楛矢且至。恭惟某官：匡國真忠，籌邊遠略。兼吉甫之文武，敦却縠之詩書。義激同讐，欲靜烽烟於塞上；情殷篤舊，先加飡璧于江干。醪繢可以推恩，車馬頓爲生色。振揚愚懦，敢不着祖逖之鞭；指授神機，尚俟叩黄公之略。

答鄒匪石南兵部 惟璉

伏念某登車無志，攬轡非才。咏皇皇原隰之章，末盡觀風之職；想孑孑干旄之誼，嘗懷問道之心。方叱馭以周咨，忽及瓜而望代。聞之在昔，每云搖山岳而問豺狼；自反厥躬，真是來雷霆而去敗鼓。雖勞鞅掌，終愧素飡。難逃有道之鑒觀，敢辱過情之許可。恭惟某官：南州間氣，北斗高名。珠燦星羅，蟠胸中之武庫；風翻日動，飛筆下之文瀾。碣石談天，奧閟獨推鄒子；漢廷題柱，風流誰似田郎？誠哉廊廟之珍，蔚矣龍光之望。某久仰光華，未同踪迹。居是邦也，幸得事賢而友仁；國有人焉，所當式廬而設榻。祇以風塵之勞攘，遂成問饋之疏慵。忽荷先施，益增厚報。交以道義，雖曰却之不恭；投之瓊瑤，又恐懷而爲罪。

與李心白中翰成名

恭惟某官：仙李盤根，白星誕瑞。吞雲夢者八九，浩蕩無垠；擊溟海而三千，扶搖直上。身依鰲禁，真三神海上之山；恩沐鳳池，羨一佛人間之世。此日紫薇省裏，推敲金戛玉文章；他時屈軼堦前，看補衮批鱗事業。誠社稷之倚毗，而海宇所具瞻也。某鹿鹿散才，魚魚末品。看花一日，曾追蹀躞于曲江；苦李三年，自嘆羈棲于上谷。祇奔馳于牛馬，忽荏苒乎居諸。萍迹久淹，徒切因風之恨；瓜期已過，深懷抱蔓之羞。所望引手於雲霄，或不失足于泥塹。敬因册使，薄貢芹私。縹渺五雲，此際斷張衡之目；離岐兩地，何時御李膺之舟。

校勘記

〔一〕"冀"，原作"驥"，據文意改。

〔二〕"羮"，原作"羑"，據文意改。

〔三〕"檻"，底本字迹漫漶，參考後文《與俞淳初廣西直指》辨識。

〔四〕依句格，此下當缺二字。

〔五〕"仗"，原作"伏"，據文意改。

〔六〕"北"，卷首原目錄作"伯"。

〔七〕依句格，此下當缺一句。

〔八〕"九天，搏扶摇以上者；鳳翔"，底本字迹漫漶，參考後文《賀新選臺中》辨識。

〔九〕"章"，原作"張"，據卷首原目録改。

〔一〇〕底本卷首原目録無此篇篇題。

〔一一〕底本卷首原目録無此篇篇題。

張忠烈公存集卷十四

啓

答趙鳴宇方伯彥

受一廛而爲氓，尚昔甘棠之廕；輕千里而命使，忽來明月之投。禮篤下交，感深內省。恭惟某官：瑞世鳳麟，濟時舟楫。文經武緯，既左有以右宜；規圓矩方，豈前跋而後疐。歷登膴仕，休有令聞。先保章而後繭絲，吏有羔羊之節；以催科而寓撫字，民無鴻雁之歌。甘棠蔽芾於郊原，膏雨沾濡乎禾黍。維茲三晉，均戴二天。某夙篤緇衣之好，蓋嘗仰切夫巖瞻；親承陰雨之膏，豈獨與沾乎河潤？結中心而莫喻，誓沒齒以難諼。茲者守株除目，濫同北郭之竽；索米長安，尚乏東方之俸。介于難進難退之際，已固苦於樊籠；置爲可有可無之人，衆亦厭如龐贅。乃辱過注，曾不遐遺。遠煩瑤簡之頒，更枉兼金之訊。有薪如桂，有米如珠，應過憐乎羈客；投瑤報桃，投玖報李，翻倒愧於風人。簡括枯腸，蕭裁短楮。臨南風而惆悵，望眼迷離；仰北斗以瞻依，心旌搖曳。

賀閔曾泉方伯洪學

歲德在晉，會逢熙豫之辰；价人維藩，特借保釐之重。瞻依孔邇，舞蹈不知。恭惟某官：朗識造微，太猷經遠。一生清節，行己在顏冉之間；奕代徽聲，家世出袁楊之上。浡更中行，懋著勛名。日冬夏以咸宜，歲穀玉而並濟。頃從外臺之長，擢居右相之司。移南國之甘棠，垂陰并翼；酌西江之波瀾，滲漉河汾。細侯之竹馬爭迎，尹鐸之繭絲安問？薇花正茂，風生行省之香；隼旟初臨，氣壓山河之勝。堂吟蟋蟀，知復見乎《唐風》；國有龍光，將嗣歌于《周雅》。某夙世有緣，徼天之幸。駕四牡而于役，濟托同舟；受一廛而爲氓，庇歸大廈。聞旌麾之蒞止，若燕雀之相依。薄貢箋私，庸抒賀悃。捲西山之雨，猶聞玉佩珊珊；嘶代北之風，徒望雲峰緲緲。

答閔曾泉方伯

恩受一廛，已愜小人之願；惠來千里，特煩長者之施。拜手若驚，捫心有踧。恭惟某官：身兼九德，氣備四時。撓不濁而澄不清，汪洋莫測；左之宜而右之有，經緯無端。人飲德而不知其功，世欽寶而難名其器。聲宏實懋，居愛去思。何茲三晋之民，獨有二天之戴。星臨是福，光偏爛於井參；雨澍成甘，潤倍滋於汾沁。之綱之紀，來甸來宣。使唐虞仁讓之風，于今再見；將山河表裏之勝，視昔加強。信价人之維藩，保釐氓庶；慶君子之得興，膺受王明。某自慚薄劣，得共周旋。濟托長年，幸脫波濤之險；庇依大廈，知無風雨之侵。既遂懷土之私，復枉兼金之訊。賜出長者，却之即曰不恭；如于匹夫，政恐懷而爲罪。

答沈何山方伯演

兩世尋盟，分誼本同猶子；同舟共濟，風濤幸托長年。受廛之願已違，仰斗之心彌切。題函遠訊，拜手深慚。恭惟某官：心涵造化，性裕經綸。世德齊桓武之芳，科名壓郊祁之雋。渾渾噩噩，先秦兩漢之文章；蠱蠱巖巖，太山喬嶽之氣象。踐更郎署，望重兩都；出任藩宣，風清一路。憂民慮切，痛嘗抱于納溝；謀國心長，計每先于曲突。屬以封疆之多事，畀之保障乎一方。騎竹并州，道路之欣欣已久；遷鶯閩海，雲霓之盼盼成虚。豈其輕北而重南？奈何奪彼以予此。人皆缺望，我獨彈冠。某世譜小生，朝班後進。才疏攬轡，敢云孟博之澄清；心切執鞭，久慕荆川之丰采。偶來巡省，幸得周旋。所賴左提而右携，庶無前跋而後疐。心乎愛矣，知收之肝膽之中；儼然覥之，更溢于玄黄之外。有衷可結，無德以堪。

答沈何山方伯

甘棠勿剪，纏綿去後之思；尺素遥傳，感激平生之誼。開緘如覿，拜使爲歡。恭惟某官：氣韵欲仙，時名過斗。網羅千古，讀窮丘索以來之書；陶鑄聖賢，耻爲漢唐而下之品。籌國則如指諸掌，惜民而若納于溝。自郎署以及藩宣，去則思而居則愛；從國人而至大夫，聞者慕而見者欽。西江之閭澤猶新，閩海之徽聲更懋。紫薇省署，香浮北嶺之雲烟；丹蜃樓臺，氣壓南溟之瘴癘。暫爾巡宣于四國，行將燮理于三台。某自昔攬轡以遊，幸得同舟而濟。周旋綦履，已知德盛而禮恭；采納蕘蕘，更見道高而心下。自分歧路，久曳心旌。情在遠以不遺，覥有加而無已。尊者之賜必拜，雖曰却之不恭；小人之腹易盈，又恐貪以獲戾。

與周鶴岣憲長懋相

金城千里，聿彰守塞之勛；水國一方，深切懷人之感。有思何遠，無德不酬。恭惟某官：性裕中和，器兼文武。昌言謂謂，睹鳴鳳之在梧；丰采稜稜，凛乘驄之避路。自移關隘，益著聲靈。洞悉羌虜之情形，妙制柔威之方略。雖敦詩書，説禮樂，不改儒者之風；而安邊境，立功名，足奪武夫之氣。烟消青海，波静黄河。已宣譽於封疆，行斥華於廊廟。某幸同聲氣，謬托生平。嚮也西塞周旋，所賴左提右携之力；兹焉南州策遣，益切事賢友人之思。奈隴樹秦雲，徒吟解句；而螺川鷺渚，空式干廬。殷然杼軸之思，命此昆侖之使。尋源萬里，寄驛一枝。采彼蘋蘩，庶鑒予之明信；眷焉金玉，尚惠我以好音。

答楊致吾憲長 邦憲

恭惟某官：道韵清夷，情峰卓犖。寸衷耿耿，心傾日以嘗丹；百尺亭亭，節凌雲而挺秀。左宜右有，蓋兵刑錢穀之周知；經武衡文，凡楚蜀燕雲之徧歷。人皆欽囑，國所憑依。維夜郎萬里之天，繄輿圖一方之險。民生之艱危不易，全憑德澤維持；苗衆之叛服無嘗，獨恃紀綱彈壓。惟憲典嚴而貳懷服舍，故從來之反側全安；且吏治肅而大法小廉，雖頻歲之凶危不害。澄清已效，牙節將加。某曠違已久，寤寐徒勞。六轡入疆，失候人之夙戒；七襄飛札，煩信使之遥臨。曾無乘葦之先，敢拜兼金之訊。

答林中漢憲長

某病毀餘生，疏迂下品。蓬蒿三徑，久尋松菊之盟；閶闔九天，已斷鵷鷺之夢。豈期承乏，復忝巡方。遂迫在澗之幽人，還作出山之小草。皇華載咏，夙駕於征。風送舳艫，夜泛湘波之月；星分翼軫，曉瞻匡嶽之雲。蓋將攬轡以入吳，亦欲刺舟而訪戴。顧簡書可畏，敢曰遲遲吾行；即芝宇非遥，徒有悠悠我思。盈盈積水，隔仙珮於星河；歷歷晴川，望清塵於江樹。方擬停雲之賦，忽來剖鯉之函。導之嵒疆，禮已加於在昔；交於外境，誼更篤夫先施。非君子之至斯，授餐顔赧；恐匹夫之爲罪，懷璧心摇。

答談中約大參 自省

青雲携我，曾追天驥之塵；明月投人，忽枉江魚之訊。開緘色動，拜手心摇。恭惟某官：玉質金相，文經武緯。奏鳴琴于單父，心在冰壺；上啓事于山公，人稱水鏡。即此鄖陽之重地，獨當江漢之上游。特簡旬宣，專資彈壓。還勞求於鴻雁，民無佩犢之風；倡節儉于羔羊，吏有懸魚之守。憩多召樹，口有羊碑。某結契既深，暌離亦久。渚瀾汀沚，懷思空結於佳人；簾雨棟雲，凝佇徒哦于高閣。何期雅注，曾不退遺。七襄爛兮，既淋漓于楮墨；百朋侈矣，更珍重于玄黃。感之誠無德以堪，藏也而非言可述。敢因蓬使，敬用趨歸。

與南二太學憲 居益

學較爲教化之原，聿先模楷；文章乃經世之業，必重鑑衡。惟盛名久著于士林，是妙選首膺夫帝簡。斯文何幸，後學交歡。恭惟某官：望揭斗山，才雄河漢。完三光五岳之氣，獨擅精華；讀九丘八索之書，全抽奧秘。筆非秋而垂露，文異海以生珠。頃從治郡之良，特借作師之任。關西夫子，方振鐸以琳琅；冀北人文，將聞風而鼓舞。家傳經術，何須楊子玄篇；門有生徒，不用馬融絳帳。伯樂顧而凡馬盡空，牝牡驪黃安問？大臣過而群材胥集，梗楠杞梓俱收。學有本源，獨闡濂洛以來之正脉；詞歸大雅，盡洗成弘而後之頹風。四科之陶鑄方新，三晉之英才盡育。某感鄉邦之被化，知有德有造之兼成；幸子弟之得師，將不中不才之丕變。彈冠有慶，欣輸燕雀之忱；飛烏無因，苦恨匏瓜之繫。謹馳介使，并荐溪毛。鑒此未將，冀葑菲或收于下體；量存不擇，知山海無棄于微塵。

與梁懸藜憲副 應澤

受一塵而爲氓，下里沐天河之潤；驅四牡而於役，重霄瞻北斗之光。戴高厚以難名，眷瞻依其倍切。恭惟某官：品重鼎彝，氣分光嶽。含香粉署，夙高題柱之名；剖竹專城，懋著褰帷之績。迨任旬宣之寄，益弘安輯之猷。調寬猛以平施，冬日可愛而夏日可畏；酌民財以兼利，薰風之穆而時風之和。瀰瀰河汾，難擬流膏之渥；峨峨行霍，僅同巖石之瞻。已合三晉而同休，將膺一人之特簡。某籍忝編户，身荷鴻私。維桑梓之必恭，況受仁人之利；想父母之孔邇，彌深赤子之依。謹削牘以起居，併承筐而唐突。

答陶元暉憲副朗先

問海上之征鴻，方將繫帛；剖江心之雙鯉，忽枉題緘。感不遑遺，愧當殊錫。恭惟某官：人龍品望，天驥風神。探禹穴之奇，胸蟠二酉；奏漢庭之賦，價重三都。爲郎標題柱之聲，出守敷褰帷之化。爰從宸簡，移鎮海邦。萑藪全清，潢澤無憂于佩犢；藿薪息燄，憚人不嘆于匕抶。雖當邊警之震鄰，征輪正急；然以大猷之經遠，調發何難？不特息鯨鯢之波，且將奪犬馬之魄。二東禔福，百辟傾心。某因緣世誼，敦篤神交。一介區區，未寫中心之好；七襄爛爛，乃煩外境之施。報真侈于瓊瑤，感當鎸之肺腑。

答饒業明憲副元暉

才疏攬轡，澄清未效南州；寵溢承筐，問訊特來北道。感茲隆誼，愧彼先施。恭惟某官：朗識鑒微，大猷經遠。躋聲名于元凱，異表白眉；騰光焰于斗牛，奇覘紫氣。爲望郎而襆被，進憲使以擁麾。淮海維揚，據天下襟喉之會；芒碭豐沛，屬聖朝湯沐之鄉。惟重地必需重臣，若鉅才何難鉅任？威其有赫，雷破柱以不驚；澤以無心，雨隨車而成潤。整軍經武，鞍韔一新；闢野勸耕，汙萊盡治。縱鯨鯢弗靖，當不驚白馬之濤；即鴻雁未安，亦何慮黃巾之變。屹乎保障，允矣翰屏。某夙承後武，久應同聲。觀大國之風，席曾未暖；過高賢之駕，榻乃虛懸。何辱記存，致煩問饋。百朋之錫侈矣，七襄之報缺如。

答饒業明憲副

十行訊遠，氣分蘭蕊之香；一介將忱，報愧瓊瑤之重。先施甚渥，後至何誅。恭惟某官：祥鍾靈傑，運翊休明。繞電凌霜，龍劍飛芒而射斗；翻風動日，豫章挺幹以干霄。自歷華臚，猗有休問。惟江之北，千里王氣所鍾；而斗以南，一人帝心獨簡。予曰禦侮，國有藩屏。賣劍易牛，兵不憂于潢澤；撤桑繆戶，謀已豫于陰晴。控天塹之上游，淮海金湯益壯；據地形之最勝，芒碭氣色彌新。以斯經緯之才，仁有節旄之授。某辱交有素，拜貺猶鮮。敢將采藻之忱，用抒纏綿之思。報也而永爲好也，敢云酬惠於錯刀；懷哉而何日歸哉，尚想論文于杯酒。

答盧建臺憲[一]副惟屏

千里懷人，悵阻重雲之隔；十行訊遠，忽來明月之投。瓊玖爲珍，木桃自愧。恭惟某官：文濤振海，情嶽干雲。出本神奇，遂空千群之驥足；養以剛大，能扛百斛之龍文。飛鳧標仙令之聲，題柱起望郎之譽。迨分藩翰，益著風猷。隨左右而咸宜，豐年之玉而荒年之穀；酌寬猛以交濟，冬日可愛而夏日可威。甘棠已植於兩河，霖雨將濡於四海。某生同桑梓，誼結芝蘭。自岐路之分攜，歷數年之契闊。嚶其鳴矣，方敦伐木之情；儼然命之，重損兼金之貺。室遠人邇，式懷好音；薄往厚來，敢忘大德？

答詹起鵬憲副

恭惟某官：北斗崇標，南州間氣。含香清望，風流不數田郎；借箸訏謀，兵甲争推范老。遂從特簡，出領名藩。浩渺洞庭之波，盡作隨車膏雨；蒼茫雲夢之澤，皆披鼓物雄風。不須吊古以懷沙，行且競南而張楚。某因□鳳尾，得比雁行。把臂論交，夙結斷金之契；嚶鳴求友，久虛伐木之情。偶以小草而出山，得於大邦而問俗。干旄孑孑，尚未造請於浚郊；瓊玖纍纍，早已先施於偃室。

答王□□憲副

某年少棄繻，曾負請纓之志；生平跨馬，嘗懷撫髀之思。自聞小醜之跳梁，致使大軍之覆没。髮嘗上指，劍每宵鳴。蓋亦屢疏以陳言，直欲滅此而朝食。不期當事，謬界監軍。禀重任以若驚，雖切循牆之懼；幸長□之可效，頓萌投袂之心。想螳背之何能，擬龍庭之盡掃。猥承指誨，遠示輿形。無勞聚米畫山川，忽已三韓掌上；但一披圖計兵食，了然諸虜目中。借此前籌，用期後效。軍旅之事未學，敢云千里以折衝；胡虜之運將衰，誓使隻〔二〕輪之不返。義憤所激，誇誕自慚。惟望鑒原，恕其率爾。

與傅咨伯郡守 淑訓

明庭射策，上林分桂籍之華；嚴郡剖符，下里沐銀河之潤。敢言倡和，彌篤瞻依。恭惟某官：至德無名，大材不器。學窮元始，搜九丘八索之藏；生禀精靈，萃七澤三湘之秀。郢曲高而國中寡和；荆璧重而海内争傳。弱冠登朝，應千年之夢卜；一麾出守，符百里之星占。棠陰遍植於東郊，去思綿結；膏雨倏加於西鄙，來暮歡騰。眷惟桑梓之丘，盡屬卵翼〔三〕之物。轉曜靈而普炤，群分負日之暄；決溟渤以流仁，各滿飲河之量。固已家尸而户祝，何殊雷動以風行。虞典陟明，知虛班於銓署；漢家增秩，定首及於潁川。某四境編氓，二天怙恃。因叩升斗之祿，羈靮天涯；敢奉咫尺之書，唐突階砌。迎已後於竹馬，罰豈逭於蒲鞭。唯是燕賀高堂，或假捲簾之顧盼；且念鶯鳴喬木，載徵伐木之恩私。鑒斯沼沚之忱，容以江海之度。感戢無既，跂望良殷。

答王漕河別駕

楚材擅美，式揚江漢之靈；周俊登庸，出贊郊圻之化。功高疏浚，譽起澄清。恭惟某官：吐鳳文名，解牛才略。蘭滋湘澤，香流九畹之芳；璞剖荊岩，價賈百城之重。器堪作楫，久虛夢卜之招；才本濟川，暫試虞工之任。惟津海為神京門户，而漕河乃天下咽喉。千里來同，盡東南供獻之國；九河合派，擅西北川澤之繞。往河伯蕩淫，曾泛桃花之浪；致海濱沮洳，幾成魚窟之鄉。帝曰警予，君斯拜命。行所無事，妙通脉絡之宜；逸而有成，盡塞奔騰之竇。波濤偃恬，循順軌以朝宗；秔稻聯翩，望安流而會集。勣斯茂矣，寵豈後乎？某幸托鄰封，獲承懿範。兩地而情深企仰，久慕芝眉；一見則歡若生平，遂投蘭味。何期優渥，過辱宏施。燦爛函章，與七襄而爭麗；繽紛庭實，視九鼎以加隆。

賀楊念庭糧馬別駕

疏榮玉陛，題與分幾何之猷；竊禄金臺，合簪結寅恭之雅。昔切高山之仰，今欣大廈之依。恭惟某官：南州間氣，北斗高名。亮節表喬嶽之岣嶙，靈心澈重淵而映炤。惟此股肱重郡，是簡經緯長才。綸除方下于九天，舞忭已騰之三輔。方今民力已竭，長聞蓑楚之悲吟；漫道馬群其空，未見桃花之蹀躞。佇觀妙手，大闡新猷。坰牧如雲，不必千金市駿骨；催科不擾，寧憂二月賣新絲？是誠一路之福星，豈獨甘城之師表。某為儒未就，作吏無能。喜名德之來臨，庶周行之可望。祇緣奔馳牛馬，未遑一介以先驅；何期錯落瑤瓊，忽自五雲而下擲。感之刻骨，愧且汗顏。謹布意于穎君，代歡迎之竹馬。

與王賓吾州守所用

名高五馬，專城膺簡命之榮；庇受一廛，下里沐天河之潤。瞻依孔邇，歡忭惟均。恭惟某官：中原間氣，北斗崇標。掞藻天庭，直軼盧楊之詞調；分符閩海，早揚卓魯之循聲。何期澨澤之僻區，得借寇君而移守。衣餘五袴，已聞來何其暮之謠；麥秀兩岐，將有樂不可安之咏。某分列編氓，身羈關塞。欣欣相告，未得關竹馬之迎；采采欲陳，敢自比野芹之獻。

答何□□縣令篦

棠陰垂愛，去思騰尸祝之聲；河潤流仁，孔邇繫瞻依之望。無能報德，有愧施恩。恭惟某官：名世非嘗，全才不器。生當京洛，獨窺羲畫于先天；策媲治安，可屈漢庭之前席。爰從簡命，暫試花封。游刃有餘，四顧而全牛立解；膠柱不鼓，一變而化瑟均調。酌寬猛之微機，冬日可愛而夏日可畏；弘解阜之大德，薰風之穆而時風之和。一片冰心，可對洛陽親友；千家碑口，獨起晉國循良。方喜歌廉，俄驚借寇。無以公歸，嘆遵鴻之不復；誰爲吾主，奈卧轍以難留。凡屬霑恩，莫不觸望。況如某者，雖列編氓，實同臭味。分庭抗禮，何殊設榻以待徐生；折節下交，有同倒屣之迎王粲。百年知己，二載交歡。自隔封疆，遂成河漢。追思舊日，夢魂與夜月齊飛；回首故園，歸雁并行雲俱杳。忽來雙鯉，可抵萬金。既得蘧伯之音，又拜鮑叔之惠。瓊瑤投我，施之不以爲恩；肝膽銘君，藏之莫知所報。肅陳寸楮，敬寫縷衷。輯玉來同，望旌旆之至止；授餐適館，負弩矢以先馳。

答王□□縣令夢庚

身受一廛，情均怙恃；心懸千里，望隔關河。自飛去雙鳧，久結清霄之夢；何傳來一札，翻投明月之珠。延蘧使以色驚，發瓊函而汗漬。竊惟敝邑，如斗一城，彈丸四壤。山川盤繞，野無可耕之田；草木凋枯，民鮮取材之藪。兼以頻年饑饉，遂致滿目蕭條。皮骨僅存，欲醫瘡而無肉；室家不保，雖泣血以誰呼？人已厭其餘生，天也憐其將斃。恭遇某官：德盎如春，澤時若雨。下車即咨詢疾苦，臨堂而軫念艱難。赤子無知，若置而加諸膝上；匹夫向隅，如推而納之溝中。是以膏液嘗流，薰和廣被。花封夜靜，門無里胥之經過；茆屋春長，家有妻孥之相慶。眷茲瘠土，頓是樂郊。某分列編氓，生歸覆載。萬家桑梓，均倚廡於垂雲；三徑蓬蒿，偏沾濡於湛露。感則刻之肺腑，報未效夫涓埃。反辱優隆，遠加溫渥。百朋寶貺，特分冰蘗之餘；尺幅素箋，愧匪瓊瑤之報。

與董仁[四]庵縣令之表

符分百里，山城依仙舄之光；身受一廛，下里沐天河之潤。戴均怙恃，情切歡呼。恭惟某官：秀擢金莖，清涵玉鑑。廣川家學，奧獨探乎天人；魯國儒風，用夙嫻于禮樂。蚤擅屠龍之技，遂騰薦鶚之書。暫寄青氈，旋司赤社。星所臨而是福，幽遐盡耀于光明；雨隨澍以成甘，原隰均沾夫膏澤。奏牛刀於雞肋，遊刃有餘；揮玉軫于瑤琴，清音自遠。萬家棠樹，何須問潘岳之花；一片冰心，不必置任棠之水。來何其暮，重聞五袴之歌；樂不可支，行見兩岐之瑞。某分列編氓，心歸覆翼。羈于異域，未先騎竹之兒童；躋彼公堂，已後稱觥之父老。即瞻依之孔邇，奈道路之阻修。薄言芹藻之微，庸展燕雀之悃。

答王蔥嶽長垣令洽

一奉徵書，久淹旅邸。天心未卜，空憂轉石之堅；人事日非，莫問守株之苦。蹙蹙若無枝之鳥，何處依棲；悠悠如不繫之舟，終焉漂泊。羨人裘馬，腰下之組未懸；笑我頭顱，鬢間之絲已見。精魄坐銷於俯仰，姓名虛溷於風塵。金馬婆娑，尚乏東方之俸；玉階寥杳，徒瞻北闕之光。米如珠，薪若桂，釜甑塵飛；棋度日，酒爲年，居諸電迅。若此旅懷之落莫，豈堪秋意之蕭森？強欲登高，羞落參軍之帽；無人送酒，閑關處士之門。計客裏之九秋已過，想天邊之三徑全荒。孤雲繫故國之心，叢菊開他鄉之淚。不有綈袍之戀戀，何來華札之殷殷？投我瓊瑤，鮑叔之惠侈矣；銘諸肺腑，王孫之報云哉。

答翟凌玄任丘令鳳翀

漢庭射策，同出師門；周甸分猷，幸依鄰壁。芝眉久隔，方深痌瘝之思；鯉素遙傳，足慰浮沉之想。開函色喜，拜手神馳。恭惟某官：列宿儲精，兩儀毓秀。生當勝地，居齊魯禮義之邦；學有真傳，接孔顏道德之統。登太山而天下小，高標一代之雄；惟滄海爲百谷王，俯納群流之潤。文九苞而爰止，藹藹吉人；音八變以成風，泱泱大國。擊水起圖南之翼，長鳴空冀北之群。簡在宸衷，符分鉅邑。一琴隨鶴，猶聞宓子之聲；滿縣栽花，不讓潘郎之韵。烹小鮮而不擾，批大窾[五]以有餘。潢池渤海之區，無不賣劍佩牛，賣刀佩犢；畏壘庚桑之化，行且尸而祝之，社而稷之。不獨漢代之循良，實亦虞廷之爲翼也。某才不逮人，年方及立。看花上苑，附驥尾以蠅馳；倚玉燕臺，登龍門而雀躍。自分佩帶，嘗曳心旌何期；理郡以來，乃得同舟而濟。所望開其盲聵，示我周行。迷指周車，免起臨岐之嘆；焰懸秦鏡，少開對面之疑。即片言重於九鼎，況多儀錫我百朋。揣分難堪，捫心莫報。謹易箋而完璧，肅托穎以宣情。伏冀汪涵，俯寬罪戾。歸鴻縹杳，此時將問訊之音；春樹蒼茫，何日把論文之酒？

答吳星海廣文道長

嚮切斗瞻，班荊未遂；邇徼天幸，倚玉交歡。奈宦海萍逢，合離無定；使岐途星散，去住難憑。歷時序之悠悠，縈浮沉而泛泛。恭惟某官：靈鍾人傑，品擅國華。豫章之幹干霄，豐城之光射斗。辨河飛瀑，屈鄒衍之談天；學海匯流，陋張華之博物。擊三千而鯤化，指百里以鳧飛。一片冰心，漫置任棠之水；四郊棠廕，誰言潘岳之花。爲厭五斗之折腰，聊借一氈而振鐸。馬融絳帳，門庭負笈之徒；楊子玄亭，客有問奇之士。綜百家之同異，抉千載之幽微。鄒魯之教大行，燕趙之風一變。金歸爐冶，士固喜于得師；石受磨礱[六]，余亦欣于益友。接紫芝之眉宇，自覺親依；挹叔度之襟懷，頓消鄙吝。方幸盍簪之雅，不殊傾蓋之交。忽聽遷鶯，遽難繫馬。塵浮仙蓋，渡易水以遐征；風擁星軺，別金臺而遄發。身依禁闕，佩聲日上雲霄；化敷圓橋，泮水時沾雨露。從茲履坦，漸見升華。某自遠清風，載離潦暑。星馳邊塞，王陽之馭不停；日近長安，孔璋之書未達。離迷望眼，斷鴻隨野樹交橫；搖曳心旌，秋色與長天共遠。揭來華札，忽墮層雲。不忘少原之簪，情殷念舊；尚合延平之劍，氣篤相求。誦麗藻之翩翩，拜珍奇之纍纍。感鐫肝膽，報乏瓊琚。因蓬使之言旋，托穎君而申謝。三秋賦別，嘗懷采玉之悲；四望懸恩，欲斷張衡之目。

答沐國公[七]

恭惟某官：忠貞許國，帶礪傳家。勛載金符，翊社稷萬年之運；威標銅柱，撐西南半壁之天。爵冠五等以獨隆，禮視百僚而殊絶。於臣稱世，與國同休。某久企英風，遠居異境。欲通姓字，交有阻于未同；忽枉瓊瑤，量自宏於不擇。恐懷璧之爲罪，敢借繭歸；惟感德以難諼，容將李報。

答豐城侯

恭惟臺下，帶礪名家，簪纓華冑。勛在王室，久聞召虎之光前；品重人倫，共道西平之有後。于臣稱世，巍然喬木之存；與國同休，倬矣丹書之誓。頃以松楸之念，暫輟鵷豹之班。擁傳還鄉，人誇晝錦；鳴鸞歸闕，友誦清風。某未先一介之將，反辱百朋之貺。懷璧是懼，敢因後以完歸；感德難忘，敬勒箋而布謝。

答劉□□總戎

請纓繫虜，威名久著于遐荒。撫髀思賢，簡拔特繇於中禁。人欽元老，國有長城。恭惟麾下：氣擁玄雲，忠貫白日。六韜變化，師中推長子之貞；三略神奇，圯下受老人之秘。揚威島嶼，曾聞弓掛扶桑；撫定西南，共道名標銅柱。天生爲社稷，安危獨繫一身；帝倚作爪牙，緩急可當大事。邇以邊人不戒，遂使奴虜生心。突掩關門，如入無人之境；盡俘士女，同爲異域之囚。比赴援以窮追，更喪師而辱國。五千深入，嘆李都護之不歸；十萬橫行，惟霍〔八〕驃姚爲可使。王赫斯怒，聽鼛鼓而思將帥之臣；衆皆曰賢，授節鉞而起熊羆之佐。君命召不俟駕矣，豈就道之遲遲？虜未滅無以家爲，何故鄉之戀戀？先聲奪氣，已寒醜虜之心；一鼓成擒，定掃降奴之幕。仁見邊馳露布，預知功上麟圖。某久慕雄名，未親德範。想恂恂大樹之度，徒望旌麾；誦依依楊柳之章，未能祖餞。乃勞飛騎，遠辱長箋。橫槊賦詩，已露英風於筆陣；據鞍草檄，更覘猛氣於戎行。

答柴總戎

充國之在金城，氐羌坐困；定遠之通西域，夷虜來王。嘗聞麾下之英名，不讓古人之方略。久懷大樹，今幸同舟。方初駐乎征軺，乃叠勞乎飛騎。品兼水陸，惠侈玄黃。謹中心而藏，感授餐加璧之雅；誰借手以獻，爲椎牛享士之資。雖曰不恭，庶其無較。

答張參戎

功著北邊，保障重燕山之險；望隆南斗，澄清息桂海之波。側仰英風，眷懷明德。恭惟某官：胸藏黃石，氣擁玄雲。持一劍以答君，心惟許國；散萬金而酬士，義不爲家。惟茲閫外之建牙，實出禁中之拊髀。伏波銅柱，重標五嶺之勳；下瀨弋船，遥奪百蠻之氣。山無鳴鏑，卒可櫜弓。周有虎臣，樹廊清于江海；漢開麟閣，旂功伐于旒嘗。應知庭剖虎符，會見肘懸鵲印。某分淺班荆，未睹緩帶輕裘之度；心期傾蓋，徒企乘風破浪之姿。猥辱先施，殊欽高誼。温詞過于故舊，珍品來自遠方。

答潘内監

某技不逮人，暗難通務。臺班逐隊，幸參鴻鷺於中朝；都下埋輪，未問豺狼於當道。謬辱簡書之寄，來觀江國之風。攬轡登車，殊愧范使君之丰采；繡衣持斧，徒襲暴公子之威名。憂稱塞之未能，幸提携之在望。恭惟門下：誠結主知，才優國計。雲門閶闔，螭頭日近天顏；露濕旌旗，魚鑰時聽宮漏。逮專司于江右，益篤志于公家。征之去尚待來年，曾上章而請罷，何殊鄭監傳圖？陶以寡不可爲國，肯日益以求工，有類江南花石。既爲民而造福，自得天以延禧。某初入封疆，未遑削牘。荷翰貺之遠加，更情文之兼至。省躬自歉，登拜爲慚。

與潘內監

恭惟門下，珥貂貴近，乘鶴清高。日侍袞龍，五色載御爐佳氣；口銜丹鳳，十行承天語傳宣。督陶政于江藩，碧玉金星，奇麗極尚方之奉；總榷關於河泊，彩帆畫鷁，委輸供內府之藏。曾請稅以抹荒，何止萬民全活；議去征而爲國，還期千載流芳。某忝竊巡方，幸同封壤。嚮曾聞內外一體之義，惟在同心；即今值商民交困之秋，尚思共濟。甫入疆而繫艇，即命使以投瓊。無德不酬，敢謂隋珠之報；有懷可致，庶幾趙璧之完。

答張眞人

秉籙清都，夙仰赤松於霞表；銜書遠道，忽來青鳥於江干。拜手何堪，感懷無既。恭惟門下：眞氣誕生，仙源疏派。本支綿衍，歷漢宋以彌昌；世代宗崇，兼天人之位號。家傳舊物，惟餘一劍龍精；帝授靈符，皆是數書鳥迹。雲邊雞犬，人間別有蓬萊；洞口煙霞，方外自成宇宙。一麾白羽，招風雨於握中；半幅丹砂，走雷霆於筆陣。碧冠鳳詔，已膺寵渥於王朝；絳節鸞笙，行見飄颻於天路。某混濁凡胎，塵埃俗物。五千《道德》，不逢柱下之青牛；三册《陰符》，欲訪橋邊之黄石。揭來大國，得望龍盤虎踞之奇；未躡仙巖，遐想鶴舞鸞翔之勝。何期信使，早已飛章。一札輝煌，已作費囊之佩；兼金鄭重，用爲趙璧之完。

校勘記

〔一〕"憲"，據卷首原目錄補。

〔二〕"隻"，原作"雙"，據文意改。

〔三〕"卵翼"，原作"卯翼"，據文意改。

〔四〕"仁",卷首原目録作"二"。
〔五〕"大窾",原作"大竅",據《莊子·養生主》改。
〔六〕"礲",原作"朧",據文意改。
〔七〕"沐國公",底本卷首原目録作"黔國公"。
〔八〕"霍",原作"雲",據文意改。

張忠烈公存集卷十五

啓

與王府元旦

王正啓序，帝震乘權。淑氣方新，盡轉幽陰之景；繁禧伊始，肇開純嘏之祥。恭惟殿下：心通三極，體備四時。地迎紫宸，信得春之獨早；枝分玉牒，知卜曆之偏長。當此青陽獻歲之辰，正是碧殿凝和之會。銀旛綵勝，仗簇東郊；柏酒辛盤，筵開北海。想宮内之和風穆穆[一]，樂化日之舒遲；抑國人之喜色欣欣，幸吾王之遊豫。某快逢佳節，遥祝鴻庥。躋彼公堂，未遂稱觴之願；於以沼沚，敬將獻曝之忱。伏乞海涵，可勝雀忭。

答王府元旦

天迴北斗，春先到於王門；氣轉東皇，光特分於仙苑。愧無善頌，辱及隆施。恭惟殿下：法天行健，與國同休。慶襲璿源，默應璇璣之運；寵分玉牒，益調玉燭之和。宜兹獻歲之辰，愈戀迎陽之祉。乃承睿注，遠逮瓊華。細綺輕羅，侈出在筍之服；辛盤柏酒，遥分内殿之春。謹九頓以登嘉，肅八行而陳謝。伏願益養元和，聿綏新禄。堯天之日舒以長，永歌亨泰；魯侯之福昌而熾，願祝岡陵。

與相公元旦

天地方交，日月啓三陽之泰；君臣相悦，明良協一德之符。

既燮理之宏多，宜休徵之萃集。恭惟某官：心涵三極，道濟八埏。握斗柄以平四時，陽不愆而陰不伏；代天工而理萬類，民以皞而物以熙。轉一氣於洪鈞，改太和之宇宙。履端方屆，純嘏畢來。紫禁春融，先□鳳池之色；蒼精瑞藹，偏生綸閣之華。肇茲三百六旬待旦，法天之行健；從此二十四考成功，與歲而更新。某欣值佳辰，彌增結戀。羈棲遠道，難稱柏葉之觴；搜簡枯腸，未就椒花之頌。念東風之桃李，發生長賴於陽和；望北極之星辰，旋轉嘗依於台曜。

與督撫元旦

皇建有極，綿萬曆四十二禩之太平；王次於春，開周正三百六旬之正朔。履端伊始，介祉方新。恭惟某官：道匯三才，身備四氣。調太虛之元軸，陰不伏而陽不愆；措斯世于春臺，民嘗熙而物嘗阜。茲者斗柄回寅，青旗出震。乾坤旋轉，覺和風之融融；日月光華，見卿雲之爛爛。普天偕樂，更紓後樂襟懷；一世皆春，大邑同春意興。柳條梅蘂，總足關情；竹節桃符，何須隨俗？福履若陽之方盛，寧言如阜如川；成功與歲而更新，何止計時計月。某際此芳辰，眷懷台斗。奈浮沉萍迹，難稱柏葉之觴；而搜簡枯腸，未就椒花之頌。

與督撫元旦

天迴北斗，蒼穹生萬象之華；春滿南州，憲府集百靈之祜。履端伊始，長發其祥。恭惟某官：心涵造化，德體長人。健法乾行，每謀新而除舊；和如春靄，獨排凛以進暄。以茲秉鉞之初，適會改杓之次。萬年卜曆，又當四十八禩之太平；四國承風，且仰三百六旬之新政。乘陽氣而布令，遵夏正以授時。知幽遐奧澳，咸耀於光明；將草木群生，皆有以自樂。柳條梅蘂，應舒茂對之高懷；柏葉椒花，共佇迎年之佳事。某欣逢令節，遙祝純禧。謹將一介之微，用佐五辛之薦。伏願有俶令終，其旋元吉。轉洪鈞于一氣，熙熙登老氏之臺；贊泰階之六符，奕奕過周家之曆。

答督撫元旦

天地之交曰泰，陽德方亨；日月之首曰元，夏時肇建。同春有慶，大賚先頒。恭惟某官：心涵太始，體備元和。昭回萃萬象之精華，文爲經而武爲緯；慘舒調兩儀之化育，物以皞而民以熙。舉三秦并囿於春臺，宜百順攸同於福履。消除氛祲，辟邪何假於桃茢；醞釀陽和，燕飲顓宜夫柏葉。某自憐蓬迹，莫舉椒觴。何期偕樂之仁，遠逮分甘之貺。感則額手，謝未披心。化國之日舒以長，已快睹六符之象；君子之福昌而熾，願早協一德之交。

答督撫元旦

璇衡轉象，頓回宇宙之春；榮戟分輝，大煥江山之色。履端伊始，泰道方亨。恭惟某官：行如天健，德與日新。總百福之原，天獨隆以戩穀；備四時之氣，人偏挹其和風。茲者三微啓運，萬象昭回。幕府樓臺，想春光之駘蕩；轅門簫鼓，知勝事之喧闐。辟邪無假於桃茢，燕豈惟宜夫柏葉。君子之福昌而熾，有俶令終；化國之日舒以長，無物不樂。某欣逢佳節，遙跂清光。驛使一枝，方寄嶺梅之信；江波雙鯉，忽傳尺素之書。

答督撫元旦

紫氣臨關，適值迎春之候；青陽布令，恰符頒政之初。天時人事偕新，世道民生共泰。仰惟某官，德孕天和，心通太始。被溫綸於北闕，泰協天地之交；洒甘液於西秦，澤成雷雨之解。扶杖共欣漢詔，吹枯不假鄒生。值獻歲之方新，知履祥之有淑。某椒花有頌，甫馳驛使以將忱；柏葉分甘，忽枉雲箋而損惠。

答直指元旦

恭惟某官：心通三極，化贊兩儀。日居月諸，行健法天之不已；星移物換，成功與歲而更新。茲值桃葦之辰，益戀松椿之祉。如某者宦遊驚物候之新，孤迹結鄉關之思。枯腸簡盡，椒花之賦難成；殘燭燒窮，柏葉之樽堪擲。猥承高雅，不我遐遺。辛盤分推食之仁，蘭簡寫同春之誼。賁嶺雲而生色，煦霜署以知溫。無德能名，有衷可鏤。章江綿邈，此心同流水之長；滕閣清虛，何日坐春風之側？

答鈔關元旦

玄律告終，青陽載啓。梅催寒盡，迎淑氣以飛香；柳帶春來，映晴光而吐秀。對此融融之景，能無脉脉之思。辱惠瑤函，祗承佳貺。持將貰酒，足忝柏葉之觴；欲贈報章，奈乏椒花之筆。

復司道元旦

天迴北斗，春滿南州。新宇宙之風光，麗江山之物色。眷茲佳節，注及同人。煥乎有章，映卿雲而競爛；藹然在念，賁霜署以知溫。感之難忘，懷哉曷已。所願與物同熙，乘陽行令。政比春風之穆，民遊化日之長。其爲提携，尤深慰藉。

答督撫上元

良宵三五，天開佳勝之辰；斗酒十千，人醉太平之月。萬山燈火，鬭子夜之風光；九陌笙歌，喧午橋之士女。彩色與天光並爛，晴雲逐香霧同飛。眷茲佳景，空負賞心。宦邸蕭條，獨有琴書爲伴；旅情寥落，誰將簫管同遊？何意高情，忽承偕樂。散銀花於小院，巧奪天工；酌玉斝於寒齋，溫生春意。深幸續卜夜之歡，所愧乏投瓊之報。

與王府端陽

蕤賓應律，炎后司衡。日方中以向離，適象昭融之祉；陽得令而居夏，還舒茂對之懷。樂事駢臻，良辰燕喜。恭惟殿下：襲萬年之慶，備四時之和。揮玉調弦，鼓薰風而解慍；範金象鼎，懸夏日以祛邪。值茲重午之辰，益迓方申之眷。浴盤有警，何須九畹之蘭；卜世無疆，久蓄三年之艾。榴花焰夜，想西園之宴方酣；薄酒如澠，知北海之樽嘗滿。某欣逢令節，未曳長裾。三沐三薰，聊采溪毛而荐信；一絲一縷，願膺遐祉以徵年。

與王府端陽

天數有五，惟離位之居中；日象爲陽，在大夏而得令。節應亨通之候，福叶昌熾之占。恭惟殿下：皇穆無間，昭明有融。南風之薰，應朱弦而阜物；夏日可畏，苦炎景之麗天。雖罔逸于遊觀，亦乘時而茂對。乃者律屬蕤賓，辰逢重午。梅霖乍歇，徹玉宇以生涼；榴火爭飛，映丹罳而炫采。梟厨鳳戒，殽分漢殿之羞；蒲酒盈樽，座設楚筵之醴。萬靈呵護，辟兵無假于丹砂；百祿駢臻，續命何須夫綵縷。惟有浴蘭紉蕙，懷南國之佳人；且須切玉包金，引西園之上客。某味同菖歜，迹比匏瓜。攀叢桂於淮南，莫問綠雲高躅；泛龍槎於盱水，難依銀渚仙標。

與王府端陽

炎后司衡，蕤賓應律。葵開五葉，良辰喜值天中；艾結千門，樂事喧傳王國。恭惟殿下：德與時增，福如陽盛。芳原遠播，何須新沐蘭湯；慍已咸舒，不待重揮玉軫。吳羅蜀扇，賜出尚方；羌笛秦箏，宴開清邸。天和方邕，觴浮九節之蒲；鶴算無疆，命續五絲之縷。某遙羈鮑迹，悵隔醴筵。敬將一介之忱，用祝千秋之祉。

答王府端陽

炎景方長，薰風應候。蕢開五葉，天時正值天中；艾結千門，人事歡同人意。辱頒大賚，深荷鴻施。恭惟殿下：度弘寬裕，福備昭融。風動朱弦，阜物每思夫解慍；雲飛彩鷁，懷賢獨切於投沙。西園之飲宴方酣，北海之樽罍嘗滿。乃懷偕樂，遠暢隆儀。接賓札之輝煌，不假辟兵之籙；藏珍綺而披服，何須續命之絲。

與督撫端陽

日麗中天，重午炳離明之象；風清西塞，三秦協泰定之符。慶與時臻，道因陽□。恭惟某官：夏鼎辨奸，虞弦解慍。艾三年而預畜，久□醫國之方；絲五色以嘗縈，自得延年之術。蘭湯新浴，艾虎高懸。羽扇一揮，用蔽元規之污；龍舟競渡，還招屈子之魂。手握靈符，民物之氛祲盡辟；心涵造化，陰陽之愆伏全消。某快睹昌辰，知延茂祉。匏瓜空繫，難稱北海之觴；蒲黍肅將，聊效東方之獻。

答督撫端陽

節臨重午，陽司大夏之衡；訊往兼金，惠拜同人之貺。頻沾寵渥，倍切歡悰。恭惟某官：炤並離明，行維亨吉。納群生於壽域，人懷續命之絲；奠四塞於覆盆，家執辟兵之契。虞弦解慍，重看薰入南風；夏鼎袪邪，無復妖呈白日。畜艾久思醫國，沐蘭快睹彈冠。當此燕喜之辰，乃辱瑤函之賜。包金切玉，幸分九子之甘；細綺輕羅，莫致七襄之報。

答督撫端陽

時臨地臘，序應中天。艾結千門，燕喜同歡于競渡；蘭滋九畹，沐芳新睹夫振衣。眷念同人，乃來大賚。恭惟某官：文明離炳，德澤解融。贊翊玄功，陽不愆而陰不伏；煦濡庶類，民若皞而物若熙。醫國豫畜艾之方，戀主結傾葵之愫。兵銷不試，何須配辟兵之符；財裕無窮，不用鼓阜財之曲。值茲令節，益邕宏禧。蒲葉浮樽，載集清閒之宴；榴花焰席，應舒茂對之懷。猥辱解推，特頒翰貺。輕羅細綺，既佩拂乎薰風；切玉包金，且分甘于珍品。感深刊骨，報未成章。天一方未得相從，徒挹蘭分而難近；夏之日有懷獨永，更隨綵縷以娛長。

與直指端陽

日逢夏午，普揚離焰之輝；節屆天中，茂衍亨嘉之祉。化因道洽，慶以時行。恭惟某官：忠傾葵赤，節紉蘭芳。銷氛祲於無餘，不借揮麈之羽；握靈根於既固，何須續命之絲。慍盡解於南薰，澤遍流於西土。會逢佳節，益邕弘襟。焰夜榴花，偏映投醪之席；迎風艾葉，獨光列戟之門。雖君子與民同之，惟賢者而後樂此。某自慚匏迹，莫獻蒲樽。切玉包金，敢擬芳筵之荐；采蘋烹藻，聊將野曝之忱。

與王府中秋

秋色平分，好景全歸上國；月華普焰，清光偏在王家。欣值良宵，益膺多福。恭惟殿下：秀毓銀潢，清涵玉鑑。揮毫作賦，平臺多翰墨之英；秉燭夜遊，西院集簪裾之盛。想瓊樓玉宇，高處寒多；況桂殿冰輪，飛來香滿。轉盈盈之皓魄，水洗山河；降冉冉之素娥，雲流環珮。危欄遍倚，聽千家砧杵之聲；良夜歡娛，奏一曲霓裳之調。賞心樂事，天上人間。某四牡方馳，未奉南樓之宴；千秋有願，聊陳北海之觴。

答王府中秋

秋色平分，月華正滿。一年佳景，天當澄爽之期；午夜清光，人慶團圞之炤。獨此塵鞅之勞擾，其如風氣之蕭森。關山淚落于胡笳，庭樹情憐夫烏鵲。悲秋作賦，徒軫騷客之離憂；望月銜杯，殊乏謫仙之雅況。乃承殿下垂情偕樂，遠逮宏施。瑤札翩翩，信自兔華擷下；香風習習，知隨桂魄飛來。想宴樂于西園，徒有夢魂得到；望清輝於北斗，恨無羽翼相從。

與督撫中秋

桂闕香浮，獨麗一年之景；轅門瑞靄，遙分兩地之光。節慶良宵，忱將下悃。恭惟某官：靈涵玉宇，炤普金天。造品崇隆，高出塵埃世界；積功圓滿，補完缺陷山河。搗盡玄霜，自得長年之藥；移來丹桂，還看奕葉之華。福如月以嘗盈，文似秋而垂實。碧天涼夜，應開北海之樽；皓魄重輪，益暢南樓之興。某得挹末光，幸分鄰壁。澄輝在望，真同近水樓臺；清影堪依，自比遶枝烏鵲。僭通雙鯉，敬佐一觴。太平有象，喜家家户户同樂今宵；景福無疆，願歲歲年年嘗如此日。

與督撫中秋

玉律司中，金風薦爽。香生桂殿，平分天地之秋；光滿瑤臺，普運華夷之炤。欣逢佳節，遙把清輝。恭惟某官：氣凜秋空，心瑩月朗。綢繆牖户，補完缺陷之河山；掃蕩烽烟，成就清明之宇宙。每乘時而行令，還對景以舒懷。值此良宵，彌增佳貺。挹蟾光而遠眺，興不減於庾樓；擷兔穎以揮毫，調應工於謝賦。莫問廣寒宮裹，自飄飄欲挾飛仙；不須天柱峰頭，已矯矯俯凌塵世。某幸分餘炤，悵隔重雲。北斗遥瞻，蓬迹若淹於邊塞；南枝空遠，烏棲恨阻於檐枝。薄將斷瓠之微忱，聊佐飛觴之宴樂。

答督撫中秋

天涯節序，又逢摇落之期；塞上風光，共仰廓清之烈。多儀賁錫，令節同歡。恭惟某官：心徹冰壺，手調玉燭。虛涵萬象，納山河於靈臺一寸之中；明炤群生，攝民物於寶鑑千層之内。喜值良宵，益舒佳貺。桂宮虛敞，方升東海之輝；憲府清凉，正集南樓之宴。樂願同□一世，福永卜于千秋。某作客經年，逢秋兩度。金風蕭颯，重生宋玉之悲；玉魄團圞，再識嫦娥之面。政懷梁月，忽損瓊瑶。分沆瀣於仙盤，頓消病肺；竊廣寒之靈藥，願駐修齡。

答鈔關中秋

秋氣凄清，月華圓滿。憑欄望遠，遥思逸興庾樓；把酒問天，自悵孤吟滕閣。想吾廬三徑，空欲乘風；嘆烏鵲一枝，何能振翼。似此旅懷之落落，其如良夜之厭厭。辱損雲箋，惠來冰署。況又授飡而加璧，真是投桃以報瓊。流影入懷，願寄愁思於明月；分輝炤壁，還期佳信於清風。草草勒詞，殷殷致謝。

與王府重九

序屬三秋，節逢九日。霜飛紫塞，輕寒不入深宮；菊滿芳園，佳景偏歸上國。何期飛翰，遠及征人。恭惟殿下：斂時五福，慶合千秋。飲沆瀣於金莖，不用濃醅緑蟻；挺葳蕤於玉葉，何須爛熳黃花。賓客如雲，豈少龍山之落帽；車旌相望，應追滕閣之鳴鸞。將國人相告以欣然，惟賢者而後能樂此。某乍違睿範，未捧□□。□承珍賜之從天，至使蹐窮而無地。登高望遠，徒瞻佳氣於瓊樓；拜手陳詞，願祝繁禧於玉履。

與督撫重九

序屬杪秋，日逢重九。霜前白雁，衝寒吹以遄征；籬下黃花，殿群芳而擢秀。天開佳節，人慶良辰。恭惟某官：清澄玉露，峻挺金莖。采菊陶園，偏愛南山佳氣；賜茱漢殿，先承北闕恩光。當此九扈咸登，懷抱益舒於偕樂；況值四郊無壘，登臨豈假以銷憂。遠追颺館之勝遊，再續龍山之佳會。賓筵方秩，羞談落帽風流；氛祲全銷，何用佩囊仙術。某羈迹異鄉，眷言遐念。顧茲搖落，獨深杜老之悲秋；酌波行潦，敢效江州之送酒。

答督撫重九

兌秋告暮，商律迎寒。日月如流，節序俄驚吹帽；驅馳良苦，風霜尚未授衣。對素景以興懷，撫芳辰而增慨。籬邊菊老，空憐思發花前；天外鴻飛，自嘆人歸雁後。芄野之長征未已，龍山之高會成虛。送酒何人，豈有白衣剥啄；插茱無意，任從烏帽攲斜。乃承某官，樂與人同，賜從天降。殷殷雅惠，較湛露以尤濃；煒煒瑤華，視芳英而倍燦。受當百拜，敢云還璧而留食；懷切三秋，只有登高而望遠。

與王府長至

天開於子，喜圭景之迎長；道長乎陽，卜璇宮之介祉。蓋大來乘夫剥極，復其見天地之心；而有俶啓于令終，益乃如岡陵之象。葆天和既閉關而養息，憂民事還望景以占年。絲縷初增，閑玩五紋之刺繡；吹噓乍暖，微調六管之浮灰。美矣芳辰，休哉豫慶。某芹曝初將夫獻□，瑶函忽逮以承筐。感則同冬日之溫，報未致秋毫之末。

答王府長至

恭惟殿下：中含元氣，復見天心。采絢銀潢，倬彼魯雲之瑞；光融璇室，熙然趙日之溫。值圭景之迎長，政鴻禧之洊至。葭飛鄒律，調鳳筒以噓和；雪滿梁園，擷兔毫而攄賦。哀時之對，與國同休。某獻曝方陳，投瓊遽逮。寒灰乍泠，喜逢睿藻之如春；襪綫難長，幸借宮紋之半刺。感而百頓，謝附一言。伏願德比陽剛，惜寸陰於禹晷；福如日至，綿百禄於周宗。

與督撫長至

周正應候，軒紀得天。曉奏觀臺，蒼籙紀五雲之瑞；□回宮壁，洪鈞轉一氣之和。是維介人，克膺繁祉。恭惟某官：識參元化，體備中和。德如冬日之溫，道見天心之復。扶持善類，使陽氣之嘗亨；遏塞宵人，俾陰邪之盡伏。值此迎長之景，可知開泰之徵。某方修獻履，忽枉承筐。質比枯荄，屢費吹噓之力；心同弱綫，嘗牽絲縷之衷。惟願斡旋回宇宙之春，不假鄒生之律；感召致禎祥之慶，嘗符太史之占。

答督撫長至

圭表測長，轉淑光於亞歲；璇臺占瑞，書嘉采於五雲。遙知百禄之遒，會于一陽之復。恭惟某官：才蓋八紘，道涵三統。觀乾坤之會，既獨復以亨陽；握臨泰之機，更朋來而引物。遠寄梅花之信，真同葭管之春。某添窮愁之一綫，冷獨閉關；拜蕃錫之兼函，溫如挾纊。

復司道長至

三正肇始，七日開元。時占陽德之亨，復啓天心之泰。際斯嘉節，宜有繁禧。某心比寒灰，處同幽谷。瞻天北極，無從瑞紀五雲；滯迹南州，祇有愁添一綫。聊自閉關而偃息，可能吹律以生和。忽逢驛使之梅，陡動葭筒之黍。詞同春暖，情與景長。

校勘記

〔一〕"穆穆"，字迹漫漶，參考後文《復司道元旦》、卷十二《答黃奥參閩撫》辨識。

張忠烈公存集卷十六

啓

壽益王

天潢疏派，共推磐石之宗；皇覽揆初，茂衍靈椿之□。歡均縲弁，慶集宮庭。恭惟殿下：地重親賢，德隆藩翰。漢皇孫子，龍種自與人殊；周室本支，麟趾知爲國瑞。丕膺純嘏，誕降嘉辰。暐燁祥光，瞻南極老人之宵見；鬱葱佳氣，繞西園公子之夜遊。擘麟脯以爲饈，欲借麻姑之爪；待蟠桃之結實，還陪王母之觴。聽華封之祝有三，多多益善；翼今皇之曆維萬，永永無疆。蓋惟宜君而宜王，是以得名而得壽。某遙跂璇題，阻陪珠履。獻南山之頌，象取臺萊；佐北海之樽，忱將蘋藻。

壽益王

恭惟殿下，發祥帝胄，疏派仙源。克明克類克君，備配命凝休之德；去太去奢去甚，握長生久視之根。福與年而俱增，如川方至；壽始升而未艾，若月之恒。頃當朱芾之辰，愈衍箕疇之祉。椿榮南國，從知八百歲爲春，八百歲爲秋；桃薦西池，應是三千年而花，三千年而實。人歌以遊而以豫，天錫俾熾以俾昌。某欣逢嶽誕，敬采溪毛。愧此涓忱，莫效千齡之祝；恭承嘉惠，過煩九鼎之頒。沐銀漢之恩波，魚鳧起舞；舐金丹之寶氣，雞犬欲仙。

壽方中涵相公從哲

五百年而名世，有開合德之符；八千歲以爲秋，願罄長生之祝。壽曜高懸於南極，祥輝近映於北辰。樂事駢闐，歡聲環匝。恭惟某官：稟天地中和之氣，膺聖賢亨泰之期。非仁義則不陳，孚一德一心之契；安社稷以爲悅，圖卜年卜世之休。正帝眷之方隆，宜天心之助順。時維華誕，序應長庚。方啓中秋之令旦，正天人鼎盛之時；況逢聖作之昌期，尤君臣泰交之會。階符同耀，拱宸極以嘗尊；神岳比崇，鎮坤維而益固。禄壽名備人間之完福，齒德爵稱天下之達尊。某猥以周咨，羈於江介。望公孫之賓閤，莫遂稱觴；歌史克之頌詩，祇陳削牘。壽命長矣，茀禄康矣，百僚矢召奭之音；元首明哉，股肱良哉，千載賡皋陶之什。

壽李旭山總憲誌

鴻禧天錫，箕疇協五福之占；鶴算日升，華祝效千齡之頌。簪紳喜溢，黎庶歡騰。恭惟某官：神降生申，精符應昴。手扶日月，奠萬曆之靈長；氣轉乾坤，躋八荒於仁壽。望崇曳履，慶集懸弧。南極呈祥，紫氣映霜天而曉燦；西池獻瑞，青鸞帶日影以朝飛。惟大德必得壽而得名，肆天錫且俾昌而俾福。某幸值華辰，喜同燕賀。驅馳遠道，難稱祈祝之觴；濡削素箋，敬寫瞻依之臆。伏願益養元和，永綏後禄。作朋三壽，鼎鉉調燮，克綿寶籙億千；隸籍群仙，蓬島遨游，嘗住瓊樓十二。

壽劉定宇固原總制

仗鉞策勛，身繫安危之重；懸弧紀瑞，時迎福履之初。合萬姓以同歡，祝千秋而未已。恭惟某官：扶輿間氣，河岳精靈。學夙貫乎天人，才兼綜乎文武。齒德爵稱天下之達尊，禄名壽備人間之完福。維茲穀旦，實應郊禖。豪傑信非偶然，必五百年而始出；春秋豈曰儵爾，將八千歲以爲期。駐顏無假于丹砂，過道何求于具茨。九宮山下，敞群仙荐壽之筵；五色雲中，擁王母傳書之使。曰耄曰耋曰期頤，自今伊始；如岡如陵如川至，以莫不增。順乾坤之紀以方長，佐日月之光而未艾。某自慚羈旅，未側賓筵。敬羞澗藻之微，用代兕觥之祝。伏願壽國壽民，茂衍千齡之遐祉；卜年卜世，永翊萬曆之靈長。

壽李龍峰秦撫楠

恭惟某官，靈鍾降嶽，瑞集懸弧。八百歲以爲春，式衍莊生之頌；三千年而結實，重來王母之書。既得位以得名，將壽民而壽國。某遙羈叱馭，莫遂稱觴。仰南極之祥輝，身遊壽域；望西方之佳氣，情繫賓筵。薄將溪澗之毛，用代岡陵之祝。作朋佐命，長依日月之光；舐鼎得仙，深切雲霄之望。

壽錢浩川虔撫桓

天開於子，祥符望景之占；嶽降生申，瑞紀揆初之慶。祝千秋而未艾，合萬姓以同歡。恭惟某官：體備中和，運逢亨泰。手扶日月，翊萬曆之靈長；氣轉洪鈞，躋八荒於壽域。既得名而得位，且俾壽以俾臧。茲惟懸矢之長，政是飛葭之候。影移蒼陸，舒化日於虁階；氣應黃鍾，襲融風於蓬島。某會逢華誕，倍切歡悰。敢稱北海之觴，用效南山之祝。登龍沙而引眺，擬共拍洪崖之肩；擘麟脯以爲羞，或可借麻姑之爪。預除塵榻，仰候先旌。

壽彭嵩螺四川直指端吾

塵清攬轡，肅風紀於西川；瑞集懸弧，現祥光於南極。人心胥悅，天佑彌隆。恭惟某官：質本星精，身參元化。五百年而會合，誕鍾嵩岳之神；八千歲爲春秋，迥邁彭籛之算。届兹穀旦，適值揆初。日方中以向離，喜□昭明之象；陽得令而居夏，政符鼎盛之年。將俾熾以俾昌，且壽民而壽國。丹砂玄牝，何須求永命之方；蓬島瑤池，久矣注長生之籙。某身覊匏繫，恨難稱北海之觴；筆謝花生，愧莫效南山之頌。薄言沼沚，代禱岡陵。絲縈綵縷，願一絲一歲以徵年；祝比封人，敢三祝三多而獻壽。

壽吉獻丹甘肅直指人

天地之大德曰生，用造萬靈之命；人世之至樂者壽，宜居五福之先。肆直揆初，必徵荐祉。恭惟某官：扶輿間氣，宇宙完人。知性知天，抱立命修身之學；去太去甚，握長生久視之根。正春秋鼎盛之時，佐日月中天之運。詩嘉未老，方任四國之經營；莊咏大年，初啓八千之歲月。羨南極老人之再見，想西王使者之重來。樂只萬年，且壽民而壽國；華封三祝，祈多福以多男。看他時鼎鉉作朋，皤皤稱黃髮之老；迨百歲崆峒同道，飄飄與赤松而遊。某欣逢穀旦，莫奉瑤觴。敢借不腆之將，用祝無疆之壽。淮南雞犬，得沾餂鼎之餘榮；海上蓬萊，願與添籌之勝會。

答吉獻丹回壽

壽域宏開，方效無疆之祝；瑤函寵賁，猥承有爛之施。餂鼎分榮，投桃翻愧。恭惟某官：生鍾間氣，道契真源。爲國龍光，已播萬年之頌；躋民仁壽，願登三代之隆。喜逢弧矢之辰，益茂椿松之祉。如川如阜，慶人世之得全；俾熾俾昌，知天錫以難老。某迹覊叱馭，情阻摳衣。酌彼行潦，愧乏祈年之大斗；投來腆貺，遥分益算之仙丹。

答督撫賀生

歲月浮生，愧韶華之虛度；雲霄高誼，荷鼎貺之遙頒。百朋未喻豐隆，一介敢云稱塞。恭惟某官：德體一元，心周萬彙。躋斯民於壽域，熙熙登老氏之臺；翊國祚於靈長，奕奕過周家之曆。凡在生成之下，俱無夭札之虞。即以小年，亦歸大造。顧念某人本蓬樞桑戶，生而弧矢空懸；質同樗散蒲輕，惜矣斧斤自伐。年垂不惑，猶然汶汶無聞；日已向中，尚爾悠悠不學。鄙哉亦何足算，壯也已不如人。逢茲初度之辰，轉切後艱之懼。猥承慈注，軫及微生。華札輝煌，不數鸞書寶籙；精鏐璀璨，何須玉粒丹砂。感惟有骨可刊，佩則沒齒無斁。

答督撫賀生

伏念某駢枝剩物，擁腫微材。生也懸弧，空有四方之志；少而不學，枉虛初日之光。將四十以無聞，嘆半生之漫度。犬馬之齒已長，回憐隙裏青春；蒲柳之質先凋，早見鏡中白髮。況倚門腸斷，憂劉日之西斜；陟岵心驚，指狄雲而北望。當此揆初之候，益增旅客之思。恭惟某官：德盛好生，至人育物。人莫不欲壽，普其錫壽之思；愛之欲其生，畀以嘉生之貺。光分瑤札，疑從青鳥銜來；寵益精鏐，不數丹砂鍊出。感當次骨，謝不宣心。投之以瓊瑤，尚有稽於李報；生我者藥石，更跂望乎周行。

答督撫賀生

某潦倒浮生，支離棄物。蹉跎老大，愧無一事如人；荏苒居諸，真是半生虛度。朝來攬鏡，憐潘令之頭顱；靜裏撫膺，嘆劉郎之髀肉。百年鼎鼎，其如歲月難留；四牡騑騑，奈此風塵易老。況白雲在望，徒勞陟岵之□；而青鳥難逢，莫問瑤池之信。

揆初將屆，旅思彌增。推大德之好生，眷雌辰而損賥。錫之金簡，何殊寶籙雲符；飲以瓊漿，不數丹砂火棗。陳人增色，霜署知溫。從此未盡之年，總是感恩之日。

答鈔關賀生

王正啟序，皇覽揆初。計男子懸弧之辰，逾古人强仕之日。歲華冉冉，曾一瞬之難留；少壯悠悠，嘆半生之易擲。蹉跎白髮，引鏡而脉脉自憐；荏苒青春，撫髀而潸潸出涕。況百憂之交集，致五內之如焚。藥餌關心，已厭風塵之苦；林泉入夢，將尋猿鶴之盟。倘偷安於大塊之勞，或久全其不才之質。詎意好生之大德，及於虛度之小年。錫以駢蕃，曲爲引翼。躋之於壽，固已窺君子之心；愛之欲生，敢不拜仁人之賜。

復司道賀生

不佞大塊勞人，兩間剩物。空懸弧矢，經營未效於四方；枉費居諸，荏苒已迫於中歲。笑瓠堅之無用，枵爾形骸；愧樗散之苟全，偃然視息。二毛增感，每虞蒲鬢先秋；百病交侵，未有松徵入夢。嘆百年有幾，空憐少壯悠悠；四十無聞，真是浮生碌碌。生時逢初度，益動深懷。猥辱好生之仁，遠惠引年之賥。瑤華鄭重，已足當續命之符；珍錯繽紛，恐愈增美疢之疾。

謝　婚

恭惟盟契百年，好諧二姓。長絲久繫，特煩柯斧之求；喬木可依，喜遂蔦蘿之托。天作之合，人定厥祥。蘋蘩有賴於宗祧，琴瑟式調於淑女。知令愛賦姿婉娩，自符鳴鳳之占；奈小兒稟性顓蒙，未卜乘龍之器。重荷千金之諾，愧無雙璧之儀。依依有爛之光，遙瞻燕喜；耿耿未將之敬，肅荐芹私。

張忠烈公存集卷十七

啟

行取謝王霽宇制院 象乾

竊念某西鄙豎儒，南輔下吏。仕而後學，方抱懼于操刀；少不如人，敢妄期于脫穎？勞雖鞅掌，祇泊泊于風塵；拙自守株，亦悠悠于歲月。誠恐匏瓜于繫，空成抱蔓之羞；所冀升斗堪憐，能解固鱗之厄。不有雲霄之引手，寧生羽翼以翻飛？伏遇某官：生成大德，吐握定懷。賞善如驚，旌片言于堂下；使人以器，收三語於幕中。自惟爨後之餘，亦備藥籠之選。取材不棄，飾朽斷以丹鉛；澤物無心，滋枯荄之雨露。遂使庸庸之下品，得參濟濟以同升。還念致身之自，敢忘成吾之恩？惟求無玷於官簀，或不仰慚乎知遇。顧今人情愈變，時事日非。天聽彌高，真若雷霆鬼神之莫測；民心難保，時有水旱盜賊之深憂。廟堂聚訟之夫，漸成蜀洛牛李之釁；山林隱逸之彥，高標顧廚俊及之名。看此時當局如弈棋，方爭持于黑白；恐他年在野有龍戰，將貽禍于玄黃。念茲耿耿而有懷，奈此區區其何補？惟明公精忠勁節，舉朝推社稷之臣；願及時秉軸握衡，天下荷清平之賜。某嘗得趨承劍履，近山斗之光華；參畫箸籌，佐蕘蕘之末議。則所為寤寐矢之，而旦暮遇之者也。薄陳一介，上候九如。愧沼沚之微，難言明信；祈海天之大，不却涓埃。

行取謝王柱石撫院 國

五百年有名世，身繫天下之安危；方千里惟王畿，任重朝廷之屏翰。仰澄清之憲度，察吏惟明；何吐握之休容，使人以器？濫膺徵選，總屬裁培。額手難承，嘔心曷罄。恭惟某官：道直以方，氣剛而大。出風之雅，昭回日月之文章；左有右宜，整頓乾坤之事業。自司執法，大著風猷。雖與累累若若之儔比肩而事主，實抱謇謇諤諤之節獨立而敢言。恥君不及堯舜，非道不陳於前；許身自比伊周，在廷無出其右。共知藜藿之不采，熟如松柏之後凋。蓋招之不來而麾之不去，古惟社稷之臣；乃眾醉獨醒而眾濁獨清，今鮮公忠之匹。踐更藩臬者幾省，每留南國之棠；恐優林壑來數年，不見東山之履迹。久協輿望，特簡帝心。謂畿南乃天子股肱，為九牧四方之極；而河北又京師戶牖，統三關六郡之雄。非重臣節鉞難加，必明公鎖鑰乃可。其自渤海以外，宣雲以內，皆屬紀綱；凡若一命而上，方岳而下，總歸震疊。入境即問民疾苦，置赤子襁抱之中；下車先察吏貪廉，使墨夫解綬而去。議兵議餉，心以謀國而嘗丹；請賑請蠲，髮為憂民而半白。遂使郊圻之地，屹如磐石之安。尋榮誓誥於丹書，終流芳徽於青簡。某駑足難鞭，鉛刀鮮割。刑名未學，徒紊亂乎三章；簿領空勞，亦虛繫乎五斗。方懼千夫譴黜，乃徹惠於生成。借絢飾于溝中，忘其朽斷；賞枯音於爨後，被以宮弦。遂使樸樕之散材，得同如茅而彙進。想大人篤憐材之意，豈誠責報於將來；而下吏思致身之繇，敢不歸恩于此日？湌花有素，願同黃雀之投環；適館無因，徒切緇衣之受粲。謹齋心而跂牘，敢沐手以承筐。

謝孫藍石撫院薦瑋

紀綱三輔，殿邦篤屏翰之助；衡鑑百僚，式序昭激揚之典。葑菲不遺乎下體，吹噓直徹於重霄。感切鎸心，報矢銜結。恭惟某官：忠孝自天，文武為憲。靈鍾渭水，熊羆符王輔之占；瑞出藍田，瑤琨擅國華之品。兼德言功之不朽，集清和任之大成。三代後人傑，共推殊絕；百年間名世，誰與匹儔？自弱冠而從王，久蜚聲於臚仕。丹心補袞，精誠結主上之知；正色立朝，丰采係時流之望。惟天子規方千里以爲甸服，而國家專制一面是維重臣。爰自建牙開府以來，大恢安內攘外之略。網開三面，流寬大之恩膏；鏡抇千層，察貪廉之流品。修備修救，即頻年水旱，無蕭蕭之飛鴻；足食足兵，使千里封疆，如屹屹之盤石。積日上之大府，眷自注于重瞳。謂國家多事之時，值海內空虛之日。官廩蕭然，無陳陳相因之積；民力竭矣，有嗷嗷待哺之憂。特晋憲臺，筦司邦計。蓋明主理財謂必先用人，獨簡經綸之手；而大人以薦賢乃可事主，彙拔茅茹之倫。得之詢精察之餘〔一〕，辨其才品節操之異。一時俊譽，盡入剡章。雖王畿風化之原，人知砥礪；而漢廷得人爲盛，吏獨循良。如某者朽斷微才，斗筲小器，濫膺刑名之任，實非聽斷之才。每懼債轅，敢希推轂。孰意畢離沛澤，不遺灌木之叢；箕好噓仁，遍及青蘋之細。寵以華袞，置之簸揚。蓋聞吐握延攬之懷，逢人說項；抑亦鼓舞豪傑〔二〕之意，致士從愧。獨慚穢質，非玉樹之琳瑯；自愧塵心，無玉壺之瑩潔。雌黃莫辨，詎云犀炤重淵？蹀躞不前，敢望驥騰天路？惟有勉竭駑鈍，可酬國士之知；或者少建功名，無負作人之意。一趨一步，當仰止於高山；成始成終，總歸功於大造。身非黃雀，報恩敢後于投環？心類烏衣，識主自欣于依厦。敬顓一介，薄貢微芹。伏乞鑒沼沚之衷，勿麾諸門墻之外。身懸兩地，望函關紫氣以神馳；心繫二天，想渭水晴光而意結。

謝方冲涵按院薦〔三〕大美

澄清三輔，風猷凛肅冰霜；衡鑑百僚，品藻高懸日月。葑采不遺夫下體，袞褒直徹於重霄。知遇若斯，報稱何地？恭惟某官：知覺先民，文武憲世。凌雲聳巘，陋小魯之巖瞻；涯海飛瀾，鍾全吳之靈氣。是以鯤鱗擊水，灔溟渤者三千；鵬翼垂天，決扶搖乎九萬。洎乎三章佐理，法星懸江漢之濱；四面祝仁，化日映桃花之浦。釋之持平不倚，于公平反無冤。簡在帝心，晉司執法。瑞呈梧嶺，載調丹鳳之聲；寶索珠淵，時探驪龍之額。諤諤袖中之草，峨峨柱後之冠。補袞丹忱，天日同其洞朗；埋輪丰采，風霆避此威稜。累代天巡，幾環海甸。周原攬轡，花驄帶雨露以遄馳；焚草封章，白簡凜風霜而迅激。凡匡廬、彭蠡、雲夢、湘江，總震疊于紀綱法度；若嵩嶽、洪河、燕山、易水，盡洗濯于教化風聲。顧謂安民必先知人，明析廉懦公邪之品；猶以薦賢乃可事主，特拔監司守令之才。吹送即使上天，品題便成佳士。思皇豪俊，盡入搜羅。而且憐才無方，取人以器。津噓葭管，發暖甲於枯荄；材備藥籠，收餘功于敗鼓。遂使駑駘下駟，反爲糠秕先揚。形穢自憐，豈是謝家玉樹；胎凡不類，敢方漢苑金莖。瓶筲小器，虛擬八斗之才；瓦鑠微軀，自愧雙南之許。蓋大人蕘蕘必采，不遺小善之抽揚；而孺子蟠朽無奇，恐負洪鈞之陶冶。成吾等于生我，並乾坤俱大于難名；知恩敢不酬恩，即頂踵可捐而何惜？顧念株守無能，祇切循墻之□；即今瓜期已及，恐貽抱蔓之羞。所望益篤沾濡，終加鞭策。使鱉蹇駑趾，望千里以飆馳；呴沫纖鱗，指三津而騰躍。庶頑材鈍質，永歸大造錘爐；而結實成陰，長作公門桃李。身非黃雀，投環敢後於浪花？心似烏衣，識主自欣於依廈。拜馳介使，唐突台階。伏願鑒涓滴之微忱，勿麾諸門墻之外；自茲戴高深之厚德，永結於肝膽之中。

謝黃雲蛟關院薦吉士

繡斧行邊，簡閱作六師之氣；彤輪報命，激揚提百□之衡。拔茹恩深，循墻愧切。恭惟某官：乾坤真氣，海嶽精靈。經文緯武之才，萬邦爲憲；出將入相之望，一代具瞻。埋輪震懾於當途，花驄且止；攬轡澄清乎四海，白簡時飛。柏署名高，楓宸寄重。惟此三關鼎峙，原擁護於神京；邇來四面震鄰，嘗竊虞夫驕虜。故聖世有大搜之舉，而明公膺代狩之行。節出烏臺，塞上霜威凌草木；令嚴虎旅，軍中殺氣遶旌旆。凡介士如雲，猛將如雨，盡在發縱指使之中；肆行山若礪，滄海若帶，永無震驚沸騰之患。膚功殿國，真當萬里之城；優□酬勛，行正三台之座。顧謂安邊境立功名，豈惟介冑；而敦詩書説禮樂，亦富甲兵。況内寧可弭外憂，皆有桑土綢繆之責；且安民必先察吏，寧無繭絲保障之分。懸金鏡於當空，持玉衡而論最。累百而不當一，非濫剡章；於衆中拔其尤，亟爲推轂。何期葑菲之下體，更作糠秕之先揚。過辱品題，曲加栽植。片言識之堂下，幸逢特達之知；今日請處囊中，或有毫末之見。親生我誰其成我，怙恃同恩；人一天予獨二天，穹窿并戴。顧念鼇蹩千里，足方縮以難前；仰惟翱翔九霄，手可引而下濟。冀終駿惠，大賚鴻施。提携嘗示以周行，鞭策不遺於駑駘。此日覆瑕掩垢，無非大冶錘爐；他年結實成陰，亦是公門桃李。敬修尺一，用答高深。愧沼沚之微忱，瑤瓊之永好。

考滿與陳廉崖吏科<small>治則</small>

珥筆螭頭，丹扆賴糾繩之益；提衡鷺序，朝紳凛封駁之嚴。極知揭日之無私，安冀垂雲之可庇。恭惟某官：定國訏謨，補天忠藎。恥君不及堯舜，非道不陳于前；致身自比伊周，在廷無出其右。折五鹿之角，謣謣有聲；空萬馬之群，矯矯獨步。邦之司直，民所具瞻。共知天子有爭臣，木從繩而自直；從此聖朝無闕事，草木起而先焚。某小智間間，短才碌碌。三年沉陸，穎未脱于囊中；一念哀矜，冤或含于盆下。似此不蜚不鳴之品，寧有計月計歲之勞？方救過之不暇，豈課功之敢望。恐干幽黜，貽玷清流。伏乞垂卵翼[四]之宏仁，寬瑕疵之積愆。中山之篋未起，或宥其既往之愆；澠池之翼可期，姑責之以將來之效。蓋苦李無盤根之固，專跂望于栽培；而匏瓜懷抱蔓之羞，待轉移于吹息。若克還故物，不同漢渚之簪；則矢報洪恩，敢後華陰之雀？

考滿與袁六休吏部

六察辨官，藻鑒仰日星之炤；三年報政，栽培希雨露之恩。愧五技之已窮，幸二天之可庇。恭惟某官：才優王佐，品絕人倫。龍見在田，沛商霖而應運；鳳巢于閣，輝虞日以來儀。人擬連城炤乘之珍，士切太山北斗之仰。兼以清規月映，虛涵不夜之城；朗識冰融，重攝見垣之鏡。是來帝簡，晋秩天曹。而求賢無方，使人以器；拔幽疏滯，汰佞登良。朝興連茹之歌，野跂彈冠之望。清通簡要，已駕裴馬之名；明聽翼爲，將接夔龍之武。某西鄙豎儒，右輔下吏。雖家君拔援霄漢，得附驥尾以騰躍；而孺子沉辱泥途，空望龍門之巀嶭。箋屢濡而踧踖，心永結以迴環。茲當三載之報瓜，敢修一介之行李。竊念某才不周務，識未通方。折獄謝磔鼠之神明，當機鮮斷蛟之鋒利。祇是奔馳牛馬，嘆空度乎居諸；雖復鞅掌簿書，亦何益于殿最？知難逃于幽察，輒預跂乎明慈。伏乞擴乾坤大造之恩，恢山海兼容之量。覆瑕含垢，潤朽噓枯。中山之篋未盈，或曲原其既往；澠池之翼可鼓，且姑試以將來。令得洗濯于清流，側聽錘爐于大冶。若乃水鏡靈臺，偏施炤矚；山公閟啓，謬辱篇題。使九折羊腸，不永虞于陰雨；一官鷄肋，得早脫於牽纏。雖化印無能感德，自深于食稻；而投環有願報恩，敢後于湌花。

考滿與趙體衡太史乞文[五]用光

天庭挨藻，絲綸摛五色之華；玉陛疏仁，雨露沐九天之寵。

祈片言之華袞，作奕世之瓊瑤。額手傴承，齋心跂讀。恭惟某官：體備天人，名揭日月。道接真儒之統，會一言主敬之傳；學為王者之師，陋半部太平之對。灝氣擬龍門之飛瀑，高標齊砥柱之凌霄。自入金馬之門，盡壓石渠之彥。夜來蓮矩，平分閶闔清輝；朝罷香烟，滿載蓬萊佳氣。篇章鼓吹曹劉，製作銜官班馬。擅三長于史局，爛矣日星；羅八駿于文衡，森然桃李。北門視草，暫煩珥筆之司；東閣和梅，行正宣麻之拜。某桑梓後進，樗櫟下材。久縈如斗之瞻，竟阻及門之刺。茲當下吏報政之期，適值明公代言之日。遭逢何幸，舞忭殊深。愧乏小善之抽揚，敢乞明章之赫奕。出匠心之獨造，為天語之傳宣。洒珠玉于詞鋒，輝生寶軸；落烟雲于筆陣，彩溢瑤函。使傳諸後世，對揚天子之休；將戴之終身，永荷仁人之賜。

答喻秉吾司理賀考選 致和

某樗櫟散才，瓶筲小器。操刀未割，愧無磔鼠之神明；持斧何能，敢望埋輪之丰采？蓋為臣不易，而為諫諍之臣更不易；涉世最難，而涉險巇之世尤至難。進則却步于僨轅，退又驚心于負乘。憶昔備經險阻，不勝前跋後疐之憂；即今幸脫風波，誰非左提右携之力。顧担方釋而負彌艱，途本修而力未逮。猶望周行好我，不改同舟共濟之時；庶幾明哲保身，得免入朝見嫉之患。

答喻秉吾司理賀考滿

某才不通方，識未周務。五詞莫辨，謝磔鼠之神明；一割自慚，匪斷蛟之利器。祇是奔馳牛馬，嘆虛度乎居諸；雖復鞅掌簿書，竟何益於殿最？乃者三年報政，已自阻于修途；不意兩院奏留，使復還其故物。瓦全何幸？冰懼滋深。蓋素奉教于君子，發蒙振聵，每示我以周行；而陰受賜于仁人，覆垢匿瑕，真培予如大造。是以不蜚不鳴之下品，亦有計日計歲之微勞。從此一階而升，盡屬九鼎之力。不報明德，有如皇天。乃辱注惠之殷殷，更投瓊瑤之纍纍。益增佩戢，愈結心藏。謹拜新璋之書，敢貪鮑叔之惠。伏念苦李無言，自少盤根之固；而戍瓜已過，恐懷抱蔓之羞。惟望大開秦鏡，時指南車。庶明公惠顧舊好，有同漢渚之簪；而不佞克全始終，不類梁田之瓠。

答喻秉吾司理賀聘考

折獄無能，已愧明刑之任；知人不易，豈堪較士之衡？何意禮聘之遠來，或恐虛聲之悮動。夫三秦爲豪傑之藪，代有聞人；而大比即弓旌之遺，厥惟盛典。是以廟堂敦遣，特重主司；郡國徵求，廣延參較。要亦集衆耳衆目之用，以羅有馮有翼之英。爲王國求棟梁，非爲私門植桃李也。某識慚水鏡，才謝春花。久已敝帚乎詞章，豈足持衡于萩院？暗中摸索，要難識佳士于語言文字之間；皮裏推求，詎意相天機于牝牡驪黃之外？即令舉十而得一，亦可附以人事君之誼；倘能選衆而拔尤，庶不虛薦賢爲國之心。惟虞結網之疏，使有遺珠之嘆。負茲任使，空往奔馳。乃承雅意之殷傻，遠錫瑤華之繾綣。感當何似，報且無章。置對案之匆匆，率揮毫之草草。聊鳴謝意，伏乞炤原。何時四馬驂驔，望金臺而遄發；又是三秋隔別，想玉宇以神馳。

校勘記

〔一〕按此句依句格當缺一字。

〔二〕"傑"字原無，此據句格、文意補。

〔三〕"謝方冲涵按院薦"，原作"謝方冲含薦按院"，據卷首原目錄改。

〔四〕"卵翼"，原作"卯翼"，據文意改。

〔五〕"乞文"，原闕，據卷首原目錄補。

張忠烈公存集卷十八

啓

送益王試錄

千里分茅，茂衍親賢之澤；三年登俊，宏開新櫺之途。幸盛典之有成，仰作人之無斁。恭惟殿下：玉質金相，周情孔思。禮元若元，筵設穆生之醴；摛詞逾建，籤分鄴架之書。惟此浹浹之大國，實生濟濟之多才。韞璞荊山，俟玉人之琱琢；蔘麟文囿，待虞者之網羅。蓋養之數年，而合之一日，豈曰無待而興？即取之王國，而貢之天朝，不過借手以獻。況因人成事，何關主者之權？而爲國求賢，本自人臣之誼。濫廁紀綱之任，敢居搜簡之功？謹循成例，籍奉賢書。袞鉞片言，尚有須於大雅；日星數語，庶足範乎斯文。

送閣[一]院試錄

竊惟選舉重賢，科網敢疏於麟鳳？文章關氣，運瀾已倒於江河。若會際風雲，似可侈一時之盛；非望如山斗，要難起八代之衰。惟聖主壽考以作人，肆大人觀文而成化。休哉無斁，煥乎有章。廟堂操鼓鑄之權，如矢示鵠；縫掖被陶甄之澤，若草從風。家傳闕里之書，人抱荊山之璧。頃海內屬當大比，而江西更號多才。狠以謏庸，濫叨綱紀。合內外而悉飭，殫宵旦以拮据。士肅規條，吏循法守。雖文自歸主者，祇惟碌碌因人；而事則有司存，敢不兢兢奉職？關嚴扃鑰，早盡塞乎旁途；材別良楛，幸未收乎廣鼎。闈初徹棘，士若蒸雲。藉其名以貢者一百人，錄其文而獻者二十首。譽髦濟濟，庶幾拔乎衆尤；文質彬彬，蓋亦從乎先進。既告成事，敢奏賢書。遵新令以衡文，或可寬苴軋之罰；率舊章而舉事，亦惟憑新櫝之功。

送督撫試錄

天網宏開，共佽得人之盛；洪鈞陶鑄，全歸大造之恩。曠典欣逢，膚公堪紀。恭惟某官：文武憲世，知覺先民。秉鉞有虔，敦詩書而說禮樂；作人無斁，歌樸棫而咏菁莪。凡此十三郡之英才，同沾化育；即今一百人之選舉，總屬陶埏。借鵬鶚以天風，方能翀漢；起蛟龍於雷雨，始得騰霄。誰云較閱之能，實則栽培之效。如某者濫承綱紀，愧乏搜羅。事則有司存，雖亦兢兢奉職；文自歸主者，終於碌碌因人。荷寵錫之先施，覺涊顏其已甚。薄陳菲物，并奏賢書。七襄之報不成章，徒勞杼柚；片言之重逾于鼎，敢借品題。

出闈答督撫

樵薪盛典，謬膺綱紀之司；海嶽隆情，特枉瓊瑤之訊。捫心知愧，拜手爲榮。恭惟某官：文章宗匠，山斗具瞻。說禮敦詩，著雍容之雅度；憐才好士，擴吐握之虛懷。合敝鄉之英才，歷經年之教育。祥金就範，總入太古之陶鎔；叢桂生香，盡是春風之長養。思皇多士，利見大人。兹者運際風雲，三年而當大比；榜開龍虎，一日而舉百人。以兹得士之多，方見作人之效。囿群麟鳳，始憑虞者之張羅；林植杞楠，徐候匠人之柯斧。卞和識玉，含輝終屬於荆岩；象罔得珠，毓秀應歸之赤水。揆厥所自，敢貪天工？猥承獎借之優，兼損騈蕃之貺。顏則有泚，神且爲驚。

迎正主考

天網泓開，羅鳳麟於澤國；文星遠映，煥奎璧於雲霄。干旌賁載道之輝，衿綬切彈冠之慶。與聞盛典，跂覩休光。恭惟某官：百年明世，一代宗工。書籠藏胸，貯分篋之萬卷；筆花入夢，擅授簡之三長。賦擲地以成聲，文蒸霞而有爛。纂天祿較讐之業，光吹藜烟；供承明侍從之班，寵分蓮炬。徵文考讞，已勞數載之編摩；□俊登良，特簡名藩之較閱。思皇多士，利見大人。天風借而健鶚爭飛；化雨滋而潛蛟起舞。況歲德在午，□明正炳於南方；而節序逢秋，寶寶荐登於西府。會當大比，可曰愆期。培養於四十餘年，見壽考作人之□；待試者五千餘士，聽文章司命之權。提玉尺以裁量，引朱繩而削約。黜浮歸雅，知茁軋之全袪；損文用忠，想成弘之再見。蓋地靈人傑，江右原甲於區中；而天寶物華，鑒別須逢乎識者。豐城之光射斗，司空遇而干莫兼收；豫章之幹翻風，大匠過而杞楠畢采。將使賓興之彥，蔚爲社稷之禎。盡舉爾所知之公，成以人事君之誼。士之慶也，國有光焉。某偶因攬轡而來，得與瑣闈之役。簾分內外，雖皆爲主以求賢；卷判墨朱，不過因人而成事。頃聖明持如不得已之意，而臣子處無可奈何之時。雖補牘以有言，恐扣閽之無力。忽聞渙號，不覺解顏。想紫氣霏霏，政望匡廬而南指；此素心耿耿，已共章江而北流。謹修竿牘以遥迎，代負弩矢之前導。伏願星言夙駕，慰雲霓天外之思，卜吉入闈，收龍虎榜中之俊。

迎副主考

鳳鳴在梧，覽德輝於北闕；奎光射斗，炤文彩於南州。士慶遭逢，人爭瞻仰。恭惟某官：朝廷直諫，天下文章。因事納忠，每效批麟之益；避人焚草，不邀折檻之□。履周道以如夷，在漢廷而無右。掖垣封事，久居侍從之班；棘院掄材，特重提衡之任。惟大江之西萬里，夙號雄藩；而如雲之士五千，實多名彥。摩娑待試，皆求當於主司；剪拂争憐，獨欲伸於知已。預聞藻鑑，必善甄裁。羅麟鳳於郊原，寧使網疏一目？望斗牛之光怪，自能劍識雙龍。當盡收澤國之杞楠，斷不羡公門之桃李。念此行也，功莫大焉。

迎兩主考

使節下楓宸，萬里風雲干氣象；文星臨棘院，九霄奎壁焕章光。攬六轡以如絲，頓八紘而結網。朝隆盛典，士幸奇逢。恭惟某官：品重圭璋，望崇山斗。披華振秀，掞文藻於天庭；出雅入風，蜚英聲於詞苑。羡子虛大人之賦，人主恨不同時；聽陽春白雪之歌，國中誠然寡和。歲當比士，上意作人。暫輟侍從之班，特借掄材之寄。輶軒歷南紀，先聲摇五老之峰；文章出上台，彩色奪三江之秀。遥遥郵傳，側聞車馬之音；濟濟簪裾，望接芝蘭之氣。某與叼共事，彌切馳神。知傳導之停驂，當望塵而擁篲。肅陳肴俎，恭迓干旄。捲滕閣之珠簾，拄笏望西山之爽；掃陳公之封榻，開樽盡南道之歡。示我周行，先賦呦呦鳴鹿；于焉嘉客，坐聽喅喅和鸞。

請主考

高懸日月，瑣闈操司命之權；玄感風雲，開榜慶得人之盛。與聞大典，樂觀厥成。恭惟某官：文起八代，鑒徹九流。北斗垂光，久繫士林之望；南州啓泰，特提文苑之衡。合一國之英才，歷兼旬之程較。若探玄珠，象罔得詬離之後；如求神驥，天機相滅没之間。披層砂以揀金，集衆狐而取腋。况流風靡矣，亦唐文三變之迹；而異說紛如，非漢代一尊之制。力還大雅，必道中庸。更朝暮以拔尤，祛苗軋而歸正。筆端造化，點無假于朱衣；眼底星辰，迷豈窮于五色。遂使操觚之彥，皆成入轂之名。色動江山，聲喧道路。羅而致之几席，爭看髦士彬彬；録而上之朝廷，堪咏吉人藹藹。三年而逢曠典，稽古者固侈殊榮；一日而得百人，進賢者必蒙上賞。某職襄共事，誼荷同心。當扃鑰之方嚴，豈笑言之可假。簾分内外，地隔天淵。雖有朝夕繼見之報，實缺杯酒論文之會。兹者鹿鳴已賦，鶴蓋方閒。欲選□以開筵，擬登高而命酌。菊英未落，好尋彭澤黄花；劍色猶横，堪眺豐城紫氣。逢人江上，須傾袁紹之杯；待客齋中，早掃陳蕃之榻。伏冀龍光，可勝鵠俟。

錢主考

銜天命以羅才，多士慶風雲之會；奏賢書而歸闕，重霄依日月之光。會秩離筵，情深投轄。恭惟某官：學際天人，道先知覺。月旦操人倫之鑒，文章爲士類之宗。頃辭鴛鷺之班，來頓鳳鄰之網。暗中物色，一過而凡馬皆空；信手投綸，舉釣而六鰲兼致。豫章合抱之材，盡充國棟；豐獄沉埋之劍，始出人間。時欽衡鑑之精，士慶遭逢之盛。鹿鳴方賦，鸞馭言旋。千旄生載道之光，自使山輝川媚；車馬識歸裝之重，無非天寶物華。某幸奉周旋，眷兹岐路。鴻飛遵渚，難留信宿之袞衣；驪唱陽關，願駐飄颻之鶴蓋。行厨夙戒，啓牘敬陳。倘許停驂，當先擁篲。

請孫藍石倉場 瑋

彙征天路雲霄，沾噓拂之恩；仰止龍門山斗，切扳□之願。敬卜自公之暇，肅申用下之忱。恭惟某官：道備天人，德全忠孝。熊罷應卜，祥符渭水之靈；日月高擎，望表華峰之峻。光[二]文允武，俾内寧外順，既經緯之咸宜；之紀之綱，使大法小廉，見風猷之丕振。社稷倚爲鼎呂，寰海望若卿雲。而乃憐才勤于三握，擴公旦之虛懷；旌善賞及片言，懸叔向之朗鑑。薪菲無以下體，滄海不擇細流。某蟠木無先容之資，駑足非遠到之器。自蒙甄拔，即脫泥塗。恩同天高地厚以難酬，感歷日居月諸而倍切。兹者玉律司秋，金飆薦爽。井梧凝露，流灝氣於涼霄；月桂含華，浮瑞香於素宇。肅虔諏吉，選勝開筵。盛集簪裾，蹌蹌濟濟，敢云揖讓以相先；恭迎劍舃，步步趨趨，庶幾儀刑之不遠。載色載笑，徽玉趾以來臨；一藻一芹，恃溪毛之可薦。謹齋心而鵠俟，顒傾耳于鷺鳴。永戴鴻私，用光燕喜。

請李龍峰中丞 楠

仗鉞撫三秦，丕著作屏之望；驅車歌四牡，幸投傾蓋之歡。廁近龍光，敢修燕豈。恭惟某官：名高過斗，道直如弦。敦却縠之詩書，富龍圖之兵甲。某忝依梓里，生平願識荆州；欣御龍門，此日得親元禮。匪致殷勤於樽俎，何繇傾寫乎胸懷。爰借公餘，別開小宴。采南山之薇蕨，味儉盤飡；酌北斗之桂漿，情深杯酒。德音藹藹，聆若玉之玄言；威儀抑抑，式如金之雅度。庶其謂矣，願邀一顧之榮；儼然臨之，敬拜百朋之錫。

請包大瀛中丞 見捷

方舟共濟，久依山斗之光；傾蓋論交，新入芝蘭之室。欣逢嘉會，敬秩初筵。恭惟某官：自牧以謙，同人於野。嚶鳴求友，道每篤于先施；設榻延賢，禮過隆于折節。士□片言之重，人爭半席之榮。何幸庸流得承下履，聞風寄慕千里；有若比肩覿面談心，百年定於片刻。芨卜自公之暇，取稱不腆之觴。選勝開筵，簾捲西山之雨；披襟命酌，樽浮北海之春。正水天一色之時，看霞鶩齊飛之景。雙龍氣紫，引遐眺於張華；一笑河清，接溫顏於包老。謹諏吉旦，夙戒庖人。咳唾九天，跂聆霏霏屑玉；驪駸四牡，佇□嘁嘁鳴鸞。倘許班荆，當先擁篲。

請包大瀛中丞

關門盛典，謬膺綱紀之司；設榻高情，特辱招賢之寵。既歌醉飽，敢講獻酬。恭惟某官：山斗繫望，雲漢爲章。秘閣抽書，叩太乙老人之杖；瑣闈封事，邁洛陽年少之才。迨秉鉞以有虔，益作人而無斁。大江之西萬里，同在陶甄；待試之士五千，總歸樂育。如某者頗攻鉛槧，愧乏[三]鑑衡。爲國求賢，雖抱殷殷之意；因人成事，難逃碌碌之譏。自職分之當然，何注存之已甚。華筵載秩，勝地相邀。飛鶩落霞，再見王生之賦；鳴鸞佩玉，重招帝子之靈。即當洗爵而勸酬，奈此入簾之相逼。謹擬撤棘之暇，肅修酌醴之歡。緩佳會之期，必有以也；寬後時之罰，庶其諒之。預跂龍光，不勝雀躍。

請包大瀛中丞

錫弓矢以專征，獨總戎麾之令；聽鼙鼓而思帥，廣求杕杜之才。式憑秉鉞之威靈，勉效闢閫之較閱。簪纓胥奮，介胄同歡。恭惟某官：知仁且勇，發强而剛。抱攘夷安夏之猷，嘗思《天保》治内《采薇》治外；兼出將入相之具，每笑隨陸無武絳灌無文。號令森嚴，四壘旌旂變色；聲靈赫濯，三江草木皆兵。頃當搜簡之期，謬忝紀綱之任。群千五百之精鋭，合十三郡之材官。三試拔尤，一旬竣事。弓開明月，雖少穿楊飲羽之奇；劍倚長虹，豈無投筆請纓之彥。籍而獻之闕下，予曰有禦侮之才；羅而致於轅門，或亦備干掫之選。鷹揚已賦，燕喜當陳。謹選勝以開筵，敢先期而請命。釋兵杯酒，坫壇修揖讓之威儀；借箸席前，樽俎聆折衝之雄略。倘蒙移玉，當早拜塵。

請包大瀛中丞

追陪劍舄，久依瓊玉之光；鞅掌風塵，將隔星河之影。□□載秩，別意方長。恭惟某官：範世襟期，炤人肝膈。動不逾矩，允惟百辟之刑；語則成爻，盡是六經之訓。乍瞻丰采，若披霧以睹青天；徐叩衷藏，真望洋而觀滄海。猥以愚蒙之陋，得承提誨之殷。自夏徂冬，匪朝伊夕。嚶鳴出谷，方欣喬木之棲；弱羽隨陽，又悵重雲之阻。前期綿杳，告別須臾。肅陳樽俎于公餘，邀惠干旄之菈止。意不在酒，敢云卜夜之歡；贈惟以言，尚借周行之示。伏祈左顧，翹望前驅。

請錢浩川中丞 桓

世譜分華，曾躡龍門之峻；同舟共濟，□依象服之光。初入封疆，願承色笑。恭惟某官：天生名世，人所共瞻。抱安攘之宏猷，文爲經而武爲緯；敷撫綏之大德，吏則畏而民則懷。據四省之要衝，屹一方之屏翰。某幸緣攬轡，得待擁麾。星麗月華，近借一輪之彩；蠅依驥尾，遐追千里之塵。茲來南土以觀風，欲卜西園之嘉會。分庭抗禮，敢云玉帛以相先；進履執綏，庶假傳疊而展敬。行厨夙戒，削牘先陳。賁然來思，冀枉干旄之孑孑；惠而好我，還傾玉屑之霏霏。伏乞龍光，可勝鵠俟。

請吉獻丹直指〔四〕

北闕銜恩，同奉簡書而代狩；西陲問俗，幸陪法馭以周旋。慶集合簪，懷深投轄。恭惟某官：民所具瞻，邦之司直。維天子命，志在當世之澄清；爲學者師，身任斯文之盟主。繡斧儼臨於關右，旌旄初駐於隴西。天上光芒，法星與文星並燦；人間歌頌，髦士同介士齊歡。某濫竽茶馬，幸共封疆。交契芝蘭，入室久投臭味；生同桑梓，他鄉倍覺情親。敬卜公餘，用申私款。采溪毛而列俎，酌澗水以烹茶。揮麈尾清談，聊遣思鄉之況；聽羌音叠奏，先揚出塞之聲。伏冀龍光，不勝雀忭。

請吉獻丹直指

恭惟法駕，計日西巡。方欣並轡之遊，忽軫臨岐之悵。言思後晤，未卜前期。即今若不盡歡，此去空勞相憶。想自公之多暇，擬選勝以開筵。酌醴焚魚，愧乏盤飱之獻；吹笙鼓瑟，聊紓燕樂之懷。已成[五]行廚，預聞司馭。惠而好我，知移玉趾以龍光；賁然來思，竚望鸞鑣而鵠俟。

請錢泰宇餉部

含香望重，夙縈傾蓋之思；倚玉情深，喜遂合簪之願。非接殷勤於杯酒，曷傾懷抱於立談。敢卜公餘，聊陳私悃。采南山之薇蕨，味薄盤飱；酌北海之樽罍，敬將獻酢。霏霏玉屑，聆揮麈之清風；嘒嘒鸞音，望揚旌之采色。伏祈命駕，可勝跂瞻。

陝西別啓

伏念某樞下駑駘，溝中朽斷。謬入皇華之道，深懷負乘之憂。策乏一籌，漫道通商而裕國；和兼五利，詎賢柔遠以安邊。巴山之雀舌成虛，大宛之龍媒難致。霜蹄盡老，空嘶秋露蒹葭；駿骨堪憐，孰飽春風苜蓿。已竭黔驢五技，未收駃騠三千。畏此簡書，恐貽羞于隕越；弛于擔負，總徼惠于提携。竊鄰壁以分輝，附長年而共濟。迷標南指，免掩涕于窮途；期促東歸，悵分踪于岐路。遥煩寵貺，大賁征雲。茲當返轡以出疆，乃敢削箋而告別。涓埃不腆，愧難報乎瓊瑶；明信可陳，或不遺夫蒭菲。盱衡劍履，徒縈仰斗之懷；回首關河，殊切停雲之思。

江西別啓

三年于役，久懷依厦之私；四牡將歸，倍切臨岐之感。龍光漸遠，鵠望殊殷。恭惟某官：神情淵穆，德量休容。恢乎蓋載之宏，無人不在其含育；沛若江河之决，小善亦與之抽揚。如某者材同樗散，器比筲微。偶來觀江國之風，嘗恐負簡書之托。迷方未辨，標指獨賴于南車；涉岸無涯，嚮往惟瞻夫北斗。若匪雲霄引手，左提而右挈；幾于狼狽卸肩，前跋而後疐。眷懷明德，服膺中藏。兹當嚴駕而出疆，又辱題緘而饋賮。心乎愛矣，感歌驪脱劍之殷慺；何以報之，愧酌潦羞毛之輕鮮。猥憑明信，唐突崇嚴。江月嶺雲，別後之夢魂嘗繞；塞鴻河鯉，異時之音信可通。

校勘記

〔一〕"閣"，底本卷首原目録作"各"。

〔二〕"光"，疑當作"允"。

〔三〕"乏"，原作"之"，據文意改。

〔四〕"直指"，卷首原目録作"中丞"。

〔五〕"成"，疑當作"戒"。

張忠烈公存集卷十九

尺　牘

與臺省諸公

　　吾輩職司言路，在內則規朝政而操風議，在外則銜王命而效馳驅。雖各殫心力，同期報主。然內之所條畫而陳與夫抨彈而擊者，皆治亂安危之要務，賢奸邪正之大關。使言聽諫行，固社稷之福。即不然，留此一段議論於天地間，猶可撐宇宙也。若弟奉使天末，碌碌無所知長〔一〕，且偏差止司一事，即竭耳目手足之力，其營幾何？徒勞攘于風霜跋涉之中，磨勘乎簿書移會之細。事固有勞而罔效者，此之謂矣。

與張華東給諫延登

　　接邸報，見"無黨"一疏，切中世俗膏肓，可謂當今藥石。使人人持此論，操此心，何憂議論不消，風波不息耶？無奈好事者之不肯相安也。爾日長安景氣何如？疏逖之人，聽聞易誤，惟老年伯教之。

與孫拱陽侍御居相

　　報代役還，接老年伯手札，甚慰懸企。入夏以來，想道履清適，法馭按部，始於何方？三輔故多豪猾，而宮莊牧地及勛貴貂璫莊田佈滿，其奴僕子弟，憑借威焰，魚肉小民，莫敢誰何，獨畏白簡彈文耳。前見老年伯先問豺狼，特參稅使，此輩聞之，自當落膽斂手矣。朝中議論，近亦紛紛，多而無當。誠如台諭，安得渙小群爲大群，不失同心共濟之誼乎？

與李素我侍御凌雲

邸報中讀大疏，極切時弊，真通達體國之言。視邇言是，爭者何如也？邇來朝議益復紛紛，同室之戈，相尋不已。非獨言路一變，恐禍且移之國家。憂心如焚，補救無術。年丈深識虛心，何以挽回之？

答〔二〕錢梅谷侍御春

一芹將意，又辱瓊報，祇切汗顏。然千里損貺，不敢不拜也。詢之使者，知年丈按部，將周三湘七澤，澄清之餘，當別是一番景象矣。世事如棋，長安新局日變，誠如來教，顧此時多指亂視，黑白不分，旁觀雖明，當局目眩，即有國手，亦不能終此敗局。須收拾殘枰，從新起手。正正堂堂，勿用陰謀，勿繇詭道。要在使我無一敗着，彼攻瑕翻局者，將不戰自屈，何用紛爭無已時乎？一得之愚，年丈以爲然否？

與吉獻丹侍御人

長安議論，近復紛紛。同室之中，忍相剸刃。玄黃之傷，將自此始。《詩》云："載胥及溺。"今日之謂也。我輩幸出是非場中，可免林木之禍。然見世局若此，國事日非，獨瘖瘝言，每增慨嘆。

答楊伍南侍御州鶴

時事日非，穴中之鬥，相爭不了，叫號嫚罵，無復人禮。不意于我輩同咨中，見此怪物，來教所謂黑白不分，陰陽亂亂者，誠可永嘆。惟天日不見，魑魅橫行。若主上斧斷霆擊，小人且將變爲寒蟬矣。憂心如焚，莫能救藥，爲之奈何？

與周句蒽侍御 師旦

邇來時局大變，想邸報中盡皆載之。向日翻雲覆雨之徒，其伎倆遂已盡露。而隨聲附和者，又如醉如狂，載號載呶。若火方焰，更益之薪；若鬭方酣，更借之刃。使其氣焰不可嚮邇，而刈除不遺餘力，則議論安得不沸騰？殺機安得不狠毒也？究將使正人君子俱禍以爐，而國家之事不可言矣。一念至此，憂心如醒。以托在肺腑，敢向年兄道之。

與趙懷東侍御 綾

別來忽忽二載餘矣。永懷高誼，夢寐以之。獨恨天各一方，無羽翮以相從耳。年丈以何時抵留都？南台，公論所出，而年丈又以公明正直居之，屹然爲中流砥柱，善類恃以無恐矣。北台省又起戈矛，同室之鬭，弟竊羞之，但恐爭而不已，不免有玄黃之傷耳。向者同心之約，弟願與年丈始終守之。愚拙如弟，斷不能隨人附和，受人指使也。奉使入奏，驅馳良苦。想長安聚首時光景，何可再得？人生如大海浮萍，豈不信然？

與李燦岩[三]侍御 吉星

邇來朝事益不堪言。玄黃之傷，乃在同室，誰生厲階？不能不致疑于諸君子也。老公祖所云："'激'之一字致之。"真可爲當今對症之藥。蓋天下事莫不壞於"激"而成于"和"。激則過，過則偏。有偏黨必有忿爭，有忿爭必有攻擊，有攻擊必有搆陷，有搆陷必有敗傷。勢所必然，古今一軌。使皆能捐去成心，共敦大雅，言當輒止，事過即休。和詩人伐木之鳴，引藺相避車之誼。亦何至紛紛藉藉無已時耶？甚可惜者，國家人才能有幾何？而東牽西掛，幾無完人。淡語微詞，輒欲驅逐；老成屏謝，臺諫摧殘。恐將來有空國之禍，憂在社稷者方大耳。嗟夫，生盛明之世，受主上之知，不同心竭力，共矢爲國之忠，而爭意氣之私見，護朋黨之私人，剗除異己，燼亂朝政，豈人臣之節、丈夫之度耶？弟不能爲諸君子望矣。自揣迂謬，必不諧時。且晚得代，將偃仰王屋山下，漱石枕流，以畢初願。惟恃老公祖砥柱中流，首唱和德，爲衆正噣〔四〕矢爾。辱教之及，輒布肺腸。

與李涵初侍御微儀

邇一函奉訊，想輒記室，聞首道印務借重年丈，西臺綱紀當煥然一新。公論不明，讒言接踵。邇李朴一疏，尤可駭異，弟讀之，髮竪眦裂，恨不即請尚方加此奸之頸。潦草彈文無復論，年丈得無哂之乎？弟去都五千里而遙，比奏至日，想年丈及台省諸兄擊奸之章，公車已不勝收。然區區忠憤，不敢以在遠而委之不聞也。

答董誼臺中丞漢儒

國事日非，衆言淆亂。悠悠世情，寧能人諭而戶說之哉？臺下品望素隆，浮言何損？即不辯亦自洞然。況大疏中，剖析分明，皆絕不相涉者。盜嫂竊金，古今一轍，又何怪焉？某濫廁臺班，容容無所建白。寒蟬之誚，自知難免。然目睹凌囂詬誶之形，攻擊排擠之害，國體言路所傷實多，是以寧爲緘默，不敢隨聲而附和也。日者區區兩疏，亦知天聽甚高，叩閽難報。乃一片血誠，不能自已。方愧拾人唾餘，有如塞白，臺下何譽之過耶？

與錢梅谷侍御春

繡斧按部三湘七澤之間，計車轍馬迹且半矣。所至澄清，寧顧問哉？盈庭議論，又復紛紛。不意雁行之好，遂尋同室之戈。寤言思之，每懷永嘆。但恐交戰不已，定有玄黃之傷，爲之奈何？

答楊弱水侍御鶴

弟雅性木强，不能隨俗比周，依人進趨。而老年丈直節孤標，亭亭千仞，屹然砥柱中流，是以弟慕之敬之，直仰爲儀刑，匪止謬托肝膽已也。如蘭之契，千里同室，又何必結佩聯鑣，始爲快乎？向來諸宵人燼亂朝政，欲盡驅異己，獨據要津，扼天下之吭而使之屛息。惟命我同心二三兄弟，雖日夜疚心疾首，思折五鹿之角，奈燎之方揚，寧或滅之？今幸社稷有靈，衆正吐氣，是非黑白漸已分明。但小人之計甚深，交甚密；而君子之黨甚散，意甚疏。恐一旦伺釁而動，禍且不測。邇日未即發難者，坐債於李民部一疏爾。異時之事，責在我輩，將誰諉焉？

答張憲松侍御至發

國事至今日，乃否泰一大機關。所幸衆正協力，讜論滿朝，即有力神奸猶不敢顯試辣手，然其心豈須臾忘郢哉？鷹犬輩當先效力，逢人搏噬，伎倆固有限也。但啓主上不信言官之心，異日中外交構，局勢一成，將有不測之禍，乃大可憂者耳。前者小疏，不過從老年丈昌言後，效一臂之力，豈足爲輕重哉？我輩持論雖正，而交甚淡，防甚疏，事至則言，事過則已。彼其之子方朝夕密謀，伺隙而動，恐正終不能勝邪。況敢言如年丈輩者，皆已次第出都，彼視弟等，若發蒙振落耳。憂心如焚，何以捄之？休沐之念，實出本懷，若萬不得請，亦當勉赴闕庭，竭區區以報聖恩也。

與賈鳴寰儀部

別諭，言言肝膈，非親家不肯爲此言，弟非于親家，不得聞此言。把玩再四，感刺心骨。然弟竊有區區之懇，敢以瀝白。

弟自思叨蒙聖恩，拔置言路。拜官以來，容容碌碌，曾無一言及于時事。似乎首鼠兩端，偷保祿位，足以感激公憤，遂上此疏。止知爲朝廷擊奸邪，爲國家明公論，遑念佽他？前小札中所云有人不喜者，亦以意見之不同爾。不虞其遂疑弟爲指刺，爲有嫌也。弟疏見在，末後一段，包者自廣，豈偏指一人？且言官論事，必有嫌疑始假公以濟私，待人亦太淺矣。蓋弟所指干李諸奸，中其隱痛，遂不覺徵色發聲。所云"爭爵位"一語，非其本心也。

又曰弟"信人挑激"。是何言歟？夫挑激人者，必詭秘狙詐之流；受人挑激者，必莽撞愚魯之甚者也。弟平日與人寡交，在都門日，自董昆星、楊弱水、周句蔥、李涵初三五人外，有經年不一面者。自信頗不比匪人。親家視弟，豈受人挑激者否耶？況弟除日得報，元日草疏。數千里外，即善挑激者，必不能飛至。而弟亦無順風耳也。弟即至不肖，亦且有鬚眉，稱人間男子，又得列侍從之班，奈何一人當路，便禁弟不得出聲耶？

來教云："立朝之日少，居鄉之日多。待親戚亦自不同。"此見親家用意忠厚之至。弟竊以爲親戚之間，若相傾相軋，此惡俗妒腸，非人所爲。如論國家之事，則不得雷同回互，何也？先公而後私，固有所重也。不然誰無年家，誰無親戚？若皆爲年家、親戚，誰更爲主上者？議論兩岐，稍涉一邊，便似左袒。是矣，顧天下無兩是之理，擇其可者，亦自不妨。親家但看今日議論不清，病根從何而起；攻擊不已，綫索從何而操？故攻潞河，攻東林者，未必皆君子。然而其心無所爲，其言公也。護潞河，護東林者，未必皆小人。然而其心有所爲，其言私也。公私之間，是非了然，天下清議誰能掩之？

若行勘、年例二事，小疏中"互有是非"一語，原自不偏。初時原云："廷弼可以無勘，而瑋勘之，此瑋之過也。乃交攻醜詆，使瑋不得安其位而去，則言者之過也。年例可以緩推，而焕推之，此焕之過也。乃交攻醜詆，使焕不得安其位而去，亦言者之過也。"臨發寫時，始删去此數語。以渭南知己而孫年伯亦攻冢宰者故耳。親家即此便見弟之論偏與不偏，弟之意薄與不薄矣。惟是弟生有傲骨，耻向人籬落間寄身，脚根底做人。快口直腸，未□爲時局中人側目。然弟惟有守此拙性，是非付之清議，得失付之造物耳。如使弟寒蟬自抱，望影占風，苟且功名，循資遷擢，雖三公九卿，弟亦視之若乞墦登壟，羞而不爲也。

直布胸臆，不覺瑣娓，恃愛若此，惟親家亮之原之。

與韋崧翹給諫 蕃

方今言路日輕，清議如綫。然使二三君子秉心無競，協和共濟，國家之事尚在可爲。年丈真修真品，人望所歸，必有一段大力主持，以爲衆正嚆矢，邦之司直，舍年丈其誰哉？

與龍紫海侍御 遇奇

弟前見朝議紛紛，大臣相率徑去，國體凌夷，人情騰沸，欲上"振紀綱、省議論"一疏。腹稿已成，再三思之，長安群吻方囂，而疏遠之人從旁解紛，不能息争，于似佐鬭已矣。俟其興盡自息耳。

與龍紫海侍御

役還，接手教，備見相念之殷，感切肺腑。邸報至，知榮代，吳年丈已得旨，喜爲鼓掌。年丈方欲移旌，而□者即下，機相符合，信不偶然，天下事何非數也。我輩次弟出疆，獨獻丹丈一人落後，其鬱懷如何消遣？南來不肯蒞華，後晤之期，又未可知。奈何連日炎蒸逼人，無處可避，因想山中，謖謖松風，潺潺澗水，枕石漱流光景，不覺神飛。秋來得代，且當偃臥林壑，不令張季鷹笑人。都中因起廢一事，又至大鬨，國體言路傷辱已甚。弟以爲此時且當放寬一着，激則恐聖心愈疑，異日反難效力。劉掌科一疏而及三人，爭端將又從此起。一層浪息，一層復興，何日是清净世界耶？慨嘆，慨嘆。

校勘記

〔一〕"知長"，疑當作"短長"。參閱卷二十《答郭振龍侍御》。

〔二〕"答"，作"與"。

〔三〕"岩"，卷首原目錄作"崖"。

〔四〕"嚆"，原作"蒿"，據文意改。後同。

張忠烈公存集卷二十

尺　牘

遼　事

答文受寰憲副球

不佞入關未久，門下即有嵩祝之行。竊計春初旋軫，尚得一布腹心。政凝望間，而遼左之新綸下矣。覿面之思，又不勝彈冠之喜。匪獨爲知交私忭，實爲社稷稱慶也。

方今國家事莫急于遼，而亦莫難于爲遼。遼數年前尚無恙也，何一旦危急至此哉？蓋受病□深，須時而發。而年來又數易撫鎮，迄無成功。譬之尪弱之夫，剋期求起。今日更一醫，明日更一醫；涼燠之劑，互投雜進。病未必愈，而元氣愈傷，直至深入膏肓，有秦越人望之走爾。夫遼，以孤懸一鎮，四面受虜，計兵兵微，計餉餉拙。即良平之智，韓白之勇，無所藉資，亦安能空拳以搏敵？而論者猶侈口狼望之勛，抵掌伊吾之烈，豈不謬哉？所論言之則可聽，試之則必敗者也。

今主上敕廷臣會議，百凡君子必有訏謨。然恐築舍盈庭，終無石算，趙營平有言："兵難逾度，百聞不如一見。"門下一入三韓，虜情盡在目中。以平日經緯之猷，酌臨時事機之會。伐謀伐交，議戰議守，自有長策。蠢爾諸酋，將屈首受戎索之不暇，寧敢飲馬塞下也？遼之復振，將在此行。不佞所爲社稷慶者此爾，區區何能佐末議耶？

與武夷懿憲副文達

客歲，役車出上谷，過辱延款，登樓夜酌，出郊追餞。雅誼高情，不數平原十日也。既抵錦鄉，得聞新命。與張誠宇、韓太素對語，同謂必是遼左。及接仕譜，竟如所料，主爵者可謂知人善任矣。方今遼事岌岌，奴酋連合西夷騷動邊境，疲勞我師，志不在小。此酋窺伺遼土之心，蓄之數年，而未敢即動者，以北關爲梗，恐議其後也。若合四夷之力以攻北關，北關必不能支。無北關則開原危，開原危而全遼皆危，畿〔一〕輔有剝膚之憂矣。邇見張振海疏，凜凜以兵食爲憂。無兵無食，固遼今日大患，而尤患無人。有人，則兵與食不足慮也。門下數萬甲兵胸中素具，離兩虜之交，保全遼之命者，自有奇謀雄略，奴兒小醜只折馬箠笞之耳。

與黃梓山司馬嘉善

謹啓：奴酋，一小夷耳。螳臂當輪，狡焉狂逞。台臺叩囊底之餘，自足取之。愚者千慮，何當芻蕘之采？而一腔熱血，常懷杞人之憂，不敢不聞之掌記。

夫今之論遼事紛紛，大約主戰者什七，主守者什三。然戰守原無定局，而亦不相離。能守而後可戰，能戰而後可守。但戰者夷之所長，而守者我之所易。則今日之事，當先議守而後議戰。守雖不能制敵，尚可自完，而徐規進取。若以不練之兵，輕試一戰。萬一有失，則邊疆之事去矣。此在老成謀國，深慮而熟處之，無搖惑于衆口可也。

蓋論事者大約有二：賢者恥封疆之辱，憤發而矢出塞之謀；不肖者規徼倖之功，摭拾而覬處囊之利，多紙上之空談，少行間之實用。台臺朗鑒高懸，自有以辨之。

若夫無兵無餉，誠難措手。而愚之所憂，仍在無人。度遼諸將，非不夙冒英名，矯矯自負。然以近日舉動觀之，誰爲今之韓白者？若秉鉞者無曲逆之謹，擁麾者鮮嫖姚之略，即甲士如雲，儲餉若阜，祇以藉寇兵而資盜糧爾。此在台臺深念之，且不欲盡言也。

至于調發川兵，尤爲失策。數千里赴敵，兵家所忌；而南人未嘗見虜，恐柔脆不支。且以一卒之安家行糧計之，從蜀至遼，當費數金。若調三四萬人，未得其一臂之用，已費三四十萬金矣。何不用此于北邊，募敢死士乎？而況調發之動搖，道途之騷擾，意外之變不可不慮也。

區區之見，要惟毋動爲大耳。在遠言內，似乎饒舌，亦恃台臺夙昔之愛，推誠相與，輒敢布其狂愚。

答江完素侍御 日采

遼師不戒，又失開原。恐奴酋得志，益輕中國。萬一乘勝長驅，爲患不小。徵發之煩，方自今始。竭天下以救危遼，終必至以遼而危天下。日見大疏，述召募之擾，誠哉至言，定復有訏謀讜論，以紓國家之急也。

與趙澹含給諫 興邦

前報代使入都，一函奉候，想塵記室。遼事告急，老年丈運籌帷幄，自有勝算。愚者千慮，豈足仰佐末議？但一腔憤議，不能自已，具在前後兩小疏中。

弟始謂奴無大志，且可從容圖之。乃今勢已岌岌矣，而無兵無餉，即韓白之勇，良平之智，抑將奈何？況新起諸將，弟即不能盡識，如杜松、柴國柱、官秉忠、劉鋌者，或親見其人，或熟聞其素，似不能制奴酋之命也。弟爲理官四載，繼役秦中，往來塞上，閱人多矣，無一可屬大事者。獨甘肅總兵李懷信，廉勇素著，沉毅有謀，視柴國柱、杜松不啻倍之；且束髮從戎，身經戰陣，嚮在延鎮曾以寡敵衆，摧破虜鋒。其年力方剛，麾下又多壯士，足當緩急之用。甘虜最弱，不足爲患，不如且移之援遼。

弟又思山海以西，直抵京師，無險可恃，又無屯□重兵，永平、薊州止一守備，兵不滿千，皆脆弱難用。薊鎮即有沿邊數萬之衆，又須分以防虜。愚意以爲，薊州宜另設總兵一員，爲京師之衛，稍分薊兵或班軍及兵營隸之，以備不虞，不知可否？此皆小疏所未及者，敢以并聞。

疆場之事，倏忽變更，而弟在數千里外，遙度妄談，知必無當。然亦區區朴誠，雖在外，不敢忘國事也。

與李涵初侍御徵儀

物換星移，歲華又易。天涯兄弟，南北相望，軸杼之思，如何可言？聖曆彌長，振古未有。第天下事日就廢弛，而可憂者更在遼左。徵兵徵餉，竭海内之力以爲遼。而遼之當事者，未見畫一策，出一奇，規進取之計，但循習故套，麋費金錢，師老財費，不知後來何以繼之？

弟度經略必不敢出兵，所報師期，徒以虛聲掩飾，就使出兵，必不能濟。前日之舉，以數千人襲一寨，博六十餘級，以報首功，伎倆亦止此耳。況諸將中無一可恃者，杜松本匹夫之勇，又桀傲難使，而劉鋌之狡，李如柏之憊，總非鬭將，且權侔力均，勢不相下，進退不一，心志不同。爭功妒能之意多，而決勝捄敗之力少。以兵家所大忌，以李郭名將，而尚因九節度潰于湘州，況不及昔人萬萬者乎？至于兵力單弱，暴露疲勞，難以赴敵，又不足論矣。

年丈所云賄虜求和者，料之最審。但奴酋黠甚，恐諸人落其術中，將來決裂難收，此國家安危繫之，非細事也。

弟在遠無所睹聞，徒以臆決，恐不悉其情實。年丈忠心謀國，妙籌在握，幸不時爲主上陳之。

與趙澹舍給諫

頃接手札，千里如面談也。計事期迫，日望新命。近得邸報，乃知明旨。以遼事久借運籌，主上神明，知人善任，信非臣下所及。遐方聞之，無不稱慶。

奴氛不靜，徵兵徵餉，竭海内之力以援遼。而遼之當事者尚借口川兵未集，虛擬師期，兵老財匱，且有清人河上之憂。然而出師之說，亦未易言也。兵不難於戰，難於戰而必勝；師不難於出，難於出而善返。聞奴巢去邊六七百里，其中山溪阨隘，林木叢薈，車不得方軌，騎不得成行，大兵必難徑進。奴薄險以邀我，伏莽以襲我，皆兵家所忌。而我師又卒未訓練，將不同心，紀律不嚴，號令不一，恐首尾不相捄，彼此不相顧，必無幸矣。

老年丈所云："奴入，而我無以備奴；我出，而奴有以備我。"真不易之談。而使之訂定後戰，尤萬全之策，善之善者也。此舉關係甚重，萬一有失，不惟禍在封疆，且憂在社稷，惟老年丈從中主持之。

與徐玄扈宮坊 光啓

客冬，辱老年丈枉道數百里，臨奠先慈之壠，此誼當于古人中求之。山村雞黍，輶褻貴客。至今思之，汗淫淫下。接邸報，知年丈乞歸未得，已入長安矣。當繇往年運河冰結，停舟津門耶？若爾，則以迂道相過，遂滯歸程，益令弟感激難言矣。

弟以首夏抵江右，殫力拮据，苟完三府。顧以疏庸之才，當繁劇之地，恐不能勝其任而愉快也，年丈何以策之？遼左告急，廟堂之上紛紛言戰。弟以爲戰不難，難于戰之必勝耳。目前無堪戰之兵，無能戰之將，而以數萬不教之衆，付之暴虎馮河之輩，徼倖于一擲，萬一有失，善後更難。遼危則薊危，國家之事去矣。

小疏亦杞人之憂，不識有當于蒭蕘之議否？

與文受寰總制

雲中爲三晉北門，自款貢以來，百姓久不見兵革。然狼子野心，豈能終保？老公祖威靈赫奕，震驚遐荒，塞外諸酋自當弭首懾心，長奉戎索，豈獨臨邊郡邑永無驛騷？其自并冀以南，得帖然安枕者，皆明德之賜也。遼氛不淨，徵調方煩，緩急何嘗以一方而動諸鎮？似非長策，僅可暫一行之耳。神京右臂，顓倚宣雲之謀，當事者抑未之思乎？

答劉斗陽中丞曰梧

奴酋犯順、薊，亦實有戒心。然而征繕供億，無一非爲遼者，是薊先遼受患也。遼一日不靜，則薊一日不得寧。萬一兵連不解，騷敝難堪，恐門庭之寇未除，而腹心之變先起矣。

答李夢白中丞長庚

遼事告急，登萊震鄰。徵兵轉餉，議者亦大張皇。所賴應變弘略，調劑苦心。兵發而無譁，餉停而不運，不至以邊隅之警，釀內地之憂，豈獨二東受福？功在國家，非小也。家君不過稟仰石畫，效宣布之勞，豈敢貪天工哉？然以家君之質愊，勤于修職，拙于取名，動不合于時格，乃獨爲台鑒所賞識，屢推荐于當途，此真所謂一人知己矣。

答沈泰垣中丞敬价

奴酋發難，逆我顏行。撫順之敗，至于舉國張皇，公車章滿。惟台臺卓識深慮，洞悉機宜。而一得之愚，亦暗符瞻言之哲，然非當事者所樂聞也。彼人是哉？誰爲聽之？顧以今日觀之，徵兵而兵何在？議勦而勦何策？虜急則急，便欲以動天下之衆，與小醜争；虜緩則緩，姑且幸一日之安，泄泄從事。邇者邊報寂然，不識經略作何舉動。萬一墮狡酋術中，春風一動，胡馬重來，安危之機，決于一戰，恐事有不可料者。廟堂之上，奈何不深思而預策之也？妖星疊出，顯以象言。杞人之憂，日甚一日。台臺乃心王室，獨居深念，將無同乎？恃托臭味，敢布腹心。

答吳北陽侍御之皞

別日以久，思日以積。而山川隔絶，晨風不借，飛翰□從。邇弭節南州，日圖一介問訊，奈塵鞅勞頓，啓處不遑。想蜀道青天，年丈叱王陽之馭，當不減江上征人。顧猶念天涯兄弟，枉札損貺。巫峽峰高，寧足方此隆誼哉？勒在腑膈，豈其敢諼？遼師不戒，徵發四出。廟算乏策，輕聽一人之言，調西南萬衆，千里赴敵，兵家所忌，況幾及萬里乎？就使到遼，亦濟何事？而迫遣騷動，且恐有意外之變，不能不費年丈處置爾。

答王岵雲中丞在晋

遼氛不靜，徵發四出，海內騷然，而東省更甚。蓋東省于京師則肩臂，而于遼則輔車也。調兵轉餉，內以衛京師，而外以援遼。遼事一日不寧，則東省一日不得休息。聞旱魃爲虐，赤地千里，東人何辜，疊遭厄運？而中州亦無歲，二省乃國家之腹心咽喉，關係最重。誠恐小民饑寒迫身，加以軍興之擾，盜賊群起，根本動搖，則天下之事去矣。語云："莫患其外，且備其內。"此亦備內之時也。老年伯深識遠猷，綏和安輯，自有固結人心之術。桑土綢繆，寧俟陰雨之日乎？江右雖素號弱國，可免調遣。然加派之苦，民已不堪。正額日虧，內帑如洗。每與藩臬諸公相對攢眉，束手無策，未嘗不嘆先見之明，與夫濟時之妙也。還念并州，何以策□？

與熊芝岡侍御廷弼

癸丑歲，一候起居，迄今五易春秋矣。耿耿有懷，徒勞杼軸。台臺雲卧已久，而棘寺之請，尚爾中格，然亦有遲之數月，而渙之一朝者。主上不測之恩，固非旦夕所能定也。遼事敗壞，亦至于此。台臺在事時，奴酋帖然弭伏，豈敢逆我顏行？一旦猖蹶，遂不可制。蓋繇邊臣處置失宜，駕馭無法。彼謂中國無人，乃敢肆其狡謀耳。今即徵兵選將，先後出關。乃觀經略舉動，似終不能辦賊。而廟堂之上，輕以疆埸之事付之，萬一有失，再難收拾，噬臍其何及乎？台臺熟悉東事，定有訏謀，不審計將安出也？

與商等軒給諫周祚

遼事告急，覆陷相踵。乃主上若以無事處之，悠悠忽忽，不知所屆。杞憂熒恤，率土同心。而嘉謨入告，未見報可。已當風雨飄搖之時，尚絀桑土綢繆之策，國家事有臣子所不忍言者矣。

答孫百六侍御之益

東事日急，聖心日緩。兵雖漸集，而堪用者少；餉已不繼，而設處甚艱。廟堂之上，泄泄沓沓，苟幸目前無事，且偷燕雀之安。塞草一青，胡馬將動。疆場之事不知所終，恐噬臍亦無及也。

答王虞石侍御 九叙

遼事之敗，不待今日，而廟堂之上，仍復悠悠。議論多而實用寡，任用濫而鑒擇疏，征調煩而防制略，恐將來之事，尚在可慮。且看新經略出關作何動舉。勝負之算，固不在兩敵相當之日也。

與李祝垣侍御 嵩

邇來國事益不堪言。遼氛稍緩，聖心愈怠。凡百君子亦皆悠悠忽忽，偷視廡之安，忘剝膚之戒。從來即甚衰微之世，未有如此景象。且徵發不已，海內騷然。但言增兵，而不言汰無用之兵；但言加餉，而不言省無名之餉；但知竭天下以爲遼左，而不顧因遼左以危天下；但爲苟且朝夕之計，而不思經畫長久之圖。其勢不至于魚爛鳥驚，鼎沸土崩不已也。嗟嗟瞻烏之嘆，豈獨昔人？此新亭一掬淚，不知于何處洒乎？

答郭振龍侍御 一鶚

弟于役名邦，碌碌無短長之效。素餐抱愧，昕夕靡寧。今瓜期過矣，而代者杳如。秋風又動，鄉思撩人。吾家季鷹遺風可踵，不久亦將上章請沐，不使北山猿鶴久怨勞人也。

遼事初起，舉國倉皇，輕言撻伐，用非其人，致釀今日之敗。然至今日而猶無石畫，終日議兵議餉，而不議所以制勝之方，徒以徵發騷擾海內，恐國家之憂，尚有大于遼者也。杞人亦覺饒舌，但此一寸血誠不能自已耳。

答劉總戎綎

東事告急，麾下朝拜召而夕就道，忠于勤王，勇于赴闕，即古名將，豈能過之？閱條議萬餘言，無非石畫，知虜已在目中矣。但奴酋屢勝，宜有驕心，而邇乃按兵不動，豈真懾伏？或者欲致我老我，如鷙鳥猛獸[二]之技，不可不防。前旄已出關，臨敵制勝，自有長策，不佞無能贊一畫。邇策貴鄉諸武士，以先勝後戰之指，亦願以此佐末議耳。

與趙懷東侍御岐

弟别年丈七年所矣。憶昔燕市追游，便如夢寐人生，歡會那可嘗得。但此寸心往來，時如覿面。古人云："千里比肩。"良非虛也。年丈留臺，聲望表表一時。蓋不獨直道清風，爲時欽仰，夫亦真實心信于士大夫，自無人不飲醇爾。遼左潰敗，國家震驚，盈庭之議，幾同畫餅。往見年丈大疏，先得我心。奈當事者褎如充耳何，彼人是哉？我輩徒有杞人之憂耳。經略起自田間，意其才必有過人者，乃出關舉動張皇，不愜人意，恐終不能了此。而近以張承胤之恤，且以機鋒加弟，則其識量又可概見。國家安危在伊仔肩，亦可寒心也。弟自入江右，眠食安穩，但以年來積憂積勞，精血頓損，二毛種種，引鏡自[三]憐，誦張曲江："宿昔青雲志，蹉跎白髮年"之句，不覺爲之慨然。年丈邇想起居佳適，仍望加餐自愛。

與劉方瀛侍御廷元

年丈入朝，西臺生色。讀遼事大疏，精忠讜論，冠絶一時。方遼之初發難也，舉國張皇，争議撻伐。弟謬以爲不可，且料出關諸人不能辦賊，而當事者不謂然也。決裂至此，誰執其咎？經略本不知兵，肩此大臣，豈有四路進兵能不覆敗者？乃猶諉罪于杜松，而援街亭好水川故事以自解，何其大言不慚[四]耶？弟草疏時，尚未見此報，不然，必拈出此一段形容，使自愧死。今日若不另用一番人，而猶使此輩收敗局，遼事終不可爲也。李如柏之憊，馬林、官秉忠輩之庸，長安自當知之。若柴國柱者，亦僅偏裨之才，且有跋扈之氣，難于駕馭，必不可重任。眼中落落，獨見一李懷信，有謂王威堪用者，弟未識其人，不敢輕信也。弟在遠，見邸報不全，小疏潦草，知多未當。然亦有暗合大疏者，如引靈武與靖康事，此與年丈"僉壬南幸"之語正同。但臣子且不敢明言，而修近京關隘，但未便指居庸、紫荆耳。"楊伍南城蘆溝橋"一語，意亦深長。敝省爲京師右臂，緩急可濟，不知當事者亦爲之備否？凡此皆我輩所不忍言，然亦惟可向年丈言之也。

與龍紫海侍御 遇奇

途次拜翰貺之辱，潦略附謝。入疆以來，百冗如蝟。□馬久不報，懷歉殊深。弟素性疏懶，兼以山居日久，□焉自放。乍理薄書，憒憒莫辨，手目亂營。一月之内，僅了數案，拙人之效，亦可見于此矣。年丈素愛我者，何以振之？

奴酋蹂入遼左，突陷孤城，大將提捄援之師，纔一交鋒，全軍覆没，遼事已不可爲。遼危則薊危，而天下事有臣子不忍言者矣。即今京師戒嚴，徵兵選將之議，盈于公車，政恐議論多而主持少，終成畫餅，竟亦何益？

且興師十萬，日費千金。今司農束手，而發帑之請，主上猶有吝心。其他若"補大僚"、"催考選"諸疏，依然停閣，嗟嗟！如此景象，可不爲寒心哉？

我輩受國厚恩，邊疆多事，正宜效一臂之力。奈奉使在外，即志切請纓，謀矢曲突，亦付之無可奈何而已。杞人之憂，年丈以爲然否？

與田雙南侍御生金

潯陽使還，得年丈手札，如面晤也。法駕行部，想先聲所至，江山震疊，而吏民之承風仰德，不待言已。豐鎬王氣，不將增而壯耶？頃從邸報中讀遼事大疏，洞切事情，其于經略，不以糾而以諷，更見忠厚正直之至，覺弟之參駁，稍露形迹矣。然而今日之事，政未盡言。邇來邊報寂若，其中必有機殻，或者陰與爲市，而圖苟且結局，徼倖不戰之功。萬一墮狡奴術中，誤國之罪，此輩之肉〔五〕其足食乎？

與徐玄扈宮詹光啓

嚮從包撫臺奏使得老年丈手札，嗣無頙役入都，久未裁報，歉歉。年丈以經濟長才，膺簡閱新命。讀大疏，區畫精密，胸中具有成筭，將使棘門兒戲之軍，皆成河陽變色之壘。以此卒戰，一可當百，何憂逆奴哉？然弟竊有所慮者，則以事權之不專也，錢糧之不敷也，召募之難遽集也，工料之難猝辦也，造作之難應手也。有一于此，事便難就，功便難成，而況兼之乎？今日人掣吾肘，而異日吾藉人口，從來真心任事之難，蓋如此矣。

年丈後兩疏，已洞悉端委，而竟無應者，且奈之何？年丈既已爲舉朝推轂，膺主上特簡，一肩鐵擔，斷無住手之理。然就今日事勢觀之，所需錢糧工料，不惟目前難必，即遲以歲月，亦必不能如意。弟以爲年丈當再一酌之，物料且取之近地，簡選且□之見兵，衣甲、器械且造其中等。待行之稍有次第，而後漸漸推廣，庶乎取材易而見效速。不然日復一日，人既痛痒不相關，而我名與實兩無着，此局何時結耶？弟于年丈誼則伯仲，情逾骨肉，不敢不竭其愚。

答賈鳴寰大參之鳳

遼餉轉運，半倚津門。親家以長才肩此重任，三軍之命實倚賴之。年來造船、募卒、儲粟、括金，千頭萬緒，亦千難萬苦。非親家計畫周詳，綜理微密，蓋未易辦此也。功在封疆，譽在廊廟，某且慶之仰之。但當事者不深維長久之計，且屯且守，坐困此酋，而十八萬之師拱守而仰給內地。毋論蛟宮蜃島，風濤險惡，不可屢試于不測之途，就使舳艫無恙，往來如織，而海內民力竭矣，飛輓豈能嘗繼？萬一有方千里水旱之灾，此百萬之糧，何處收買？三韓將士將坐而待斃乎？抑不肯坐而待斃乎？此事督餉當力争之，奈何其首鼠也？總之，今天下時勢，悠悠忽忽，言事者非有公忠為國之心，任事者又無真實濟世之品，惟有聽天數之或剝或復，國事之自成自敗而已。流泉興嘆于胥溺，瞻烏預憂夫爰止，深計之士能不撫膺太息哉？

與李夢白中丞長庚

一聞新命，即圖遣賀，勞人鞅掌，不遑起居，坐成疏節，知汪度必相原也。遼氛不靖，饋餉艱難。老公祖膺茲特簡，總督軍儲，任重權尊，令行流水，當使飛輓如雲，肩摩轂擊，士馬起飽騰之色，軍中無脫巾之虞矣。然海內之民力已竭，而遼事之結局難期。歲額加增，久則難繼。催科太急，民且生心，恐根本之憂方大耳。且兵必有定數，而後餉可有定額。今當事者但言處餉，不言核兵。數月之間，已靡費金錢三百萬，而又日日招兵加餉，奈何竭天下之膏脂，填無底之壑，而老公祖亦安能獨任經營之勞，以供泥沙之用乎？局外之人，本不宜饒舌，亦恃老公祖夙愛，敢竭區區之愚爾。

與李載心給諫若珪

國家多事，言路空虛。讜議忠謀，回天障海，惟老年丈是賴。誦大疏，諤諤昌言，砭泄沓之膏肓，刺頗詖之心髓，真可謂捄時藥石。凡百君子，當人書一通，置之座右，提醒羞惡之心也。東事結局，政未易言。當事者不思長久之計，但爲苟且之圖。耗敝海內以事一隅，恐外患未寧，內憂先起。而邇尚有持標本之論者，世豈有剜心腹以醫肩背，而人得無恙者乎？千慮之愚，偶與遠猷符合，但爲時所不喜聞耳。

答沈何山方伯演

別來忽逾三時，每想道範清談，玉温珠錯，恍然若侍下風，不知有楚山越水之隔也。晉民無福，得一仁人，又爲閩中奪去。然以愚見論之，老年伯經濟宏才，政當用之西北多事之際，奈何遽轉移耶？

遼師必敗，不待智者知之。而經略敢于以封疆徼倖，可恨也，尤可嘆也。善後之策，難更百倍。廟堂之上，發言盈廷，苦不得其要領，安得如老年伯訏謀遠猷，以靖夷氛而安社稷乎？天時、人事，湊合一時，不出今歲，必當有變。恐奴未必爲大患，而大患或因奴以起也。杞人日夜疚心，寢不安席，但恐猝然有不虞之警，天下事不可爲耳。

答周句蒽侍御師旦

遼事杞憂，人多笑爲迂闊。然以近事觀之，則出塞之舉，果未易言。但又轉籌之，竭天下之力以爲遼，而遼之當事者，悠悠歲月，不敢以一矢加虜。師老財匱，必將有變，恐患不在外而在內也。近聞有賄夷求媾之説，想智盡力屈，必出此下策。果爾，則誤國之罪不容于誅矣。

答陳松石中丞 所學

方東事之初起也，發言盈廷。愚者千慮，舉國笑以爲狂，乃不幸而驗。然封疆之事，已什去八九矣。今奴已破北關，無復内顧，益得以全力圖我。倘果如諜言，乘我無備，以大軍向遼瀋，而別以輕騎斷三坌河，則兩城入虎口中矣。河東失，則東西諸城不攻而潰，破竹之勢既成，恐一丸不能封山海。奴若更連西虜，分入薊門，雖有智者不能爲謀矣。

答楊伍南侍御 州鶴

自李氏鎮遼以來，養癰蓄毒，一旦潰裂，遂不可支。今河東半壁已去八九，一遼陽孤城，朝不保夕。倘奴以大兵壓遼陽，而以輕兵襲海蓋，則海蓋必不能守。又倘以正兵圍遼陽，而以奇兵斷三坌河，并遼陽亦不可守。河東失，則河西如破竹矣，一丸豈能封山海乎？惟苟幸奴不即來，我可乘而修備。至來春援兵大集，事猶可爲。但恐奴未肯歇手耳。

與楊弱水侍御 鶴

遼事決裂至此，中外惟仗一經略爲長城，而人不同心，事不應手。今塞草已青，胡騎將逼，尚苦無兵無餉，不知寇迫遼陽何以待之？萬一蹉跎，大事去矣。而一二謀國者，止持腐爛之談，循拘攣之格，曾無有長才定力，聽淆築舍，視亂多指。如此景氣，看來有"載胥及溺"耳。

答丘鍾扈侍御 兆麟

遼事初起，杞人有言，舉國笑以爲狂，豈意不幸而驗也？今遼尚未靖，而爲遼者已窮；遼之害未已，則害之因遼而起者，又且難測。而紛紛之議，苦不得其要領，天下何時得安耶？感開誠之雅，竊敢深談，不知有當否也？

答汪静峰總制應蛟

國家自有夷患以來，老師親履山海，選將徵兵，繕城〔六〕搜乘，所以爲遼者至矣，而尚不免悠悠之口。天下事旁觀易而當局難，夫兵機在兩陣之前，而遙制于千里之外，雖鞭之長，能及腹乎？況當事者專恣雄行，違衆用獨。始既不與同謀，終安得爲分過也？今老師已得請而歸，浮雲世事，自可付是非毀譽于度外。然夷虜交訌之日，一旦自撤萬里長城，深惜廟堂之算左矣。

答韓晶宇中丞濬

今之恒山上谷，古之馮翊扶風也。内以擁護王居，外以聯絡侯服。朝廷所托重恃力者，自不與他郡國等。卜有警急，徵發必先。況以逆奴之荐食，烽火徹于甘泉。京師戒嚴，人情搖惑，非借三輔之衛，何以奠九鼎之安乎？聞台臺自受鉞以來，選將搜卒，繕城治兵，先事豫備之防，殆無遺策。以天之靈，社稷之福，萬萬無己巳、庚戌之事。即或變出不虞，有鄴侯在近畿，知可"談笑静胡沙"矣。惟是朝政日益廢弛，人心日益涣散，政恐國家之憂不在疆場，而在根本之地也。台臺以爲然否？

與房素中侍御壯麗

當東事方棘，某憂憤激切，至于終夜不寐。已得遼差之報，即勃然投袂而起，身雖在江右，而心已馳玄菟、樂浪之間矣。

上顧鄰初老師[七]宮詹起元

自客歲奏記函丈，星且將週。豫章望金陵，一葦可航；而一介之遣，遲遲至今，疏慢之罪，真擢髮難贖矣。老師格君大學，濟世弘猷，舟楫霖雨之望，海內久已傾心。頃者，夢卜肇舉，師言允協，亦謂夕推轂而朝宣麻，乃久覆金甌，猶然弄印。主上如不得已之心，信非臣子所能測也。某黽勉及瓜，簡書未報，又有遼左之役。奴氛日惡，軍實全虛，封疆之事十去八九。此時欲結既渙之人心，而振久衰之士氣，即才略過人者，尚難以設謀而計效，況庸庸如某者乎？然主憂臣辱，誼不敢辭，當竭駑鈍以效經營耳。

與衛桐陽司寇一鳳

留都王業所基，雖國家根本之地，急資彈壓，然以今內訌外潰之時，主上憂勞，群心惶惑，必得老成持重、識量過人如台臺者，後可以靜鎮物情，戡定時變。想追鋒之召，即在旦晚間耳。某鞅掌經年，黽勉竣事，積勞委頓，倦鳥思林，政欲上章請沐。而當事者又以遼差相苦，奴氛日惡，玄菟、樂浪之境，半染腥羶，巡方之使，是亦可省。若為視師而往監護諸軍，則戰守之事業有經略主之，是又為附疣枝拇也。意欲控辭，恐涉規避。人臣之誼，事不辭難。東西南北，惟天子使，只須待命而行耳。

與鄒南皋廷尉元標

春初側聆誨言，忽忽數月。蒹葭秋水，瞻望一方。迹遠心邇，朝夕若杖履之下也。朝家多事，扶危轉否，豈伊異人？龍德在田，蒼生引領。而當事者猶不能破拘攣之格，伸名世之用，豈天真未欲平治耶？遼事已成敗局，即付之國手，善後猶難。而在廷諸君謬相委屬，侏儒負鼎，仔肩曷易？人臣之義，事不避難，又不敢預陳控辭，但恐潰潰不能辦賊，有怇封疆耳。

與王虞石侍御九叙

于邸報中，見老年丈陳情大疏，懇懇款款，即翺雛苞栩之歌，無以過之。今幸代者有人，南陔之思，一旦邕遂，何快如之？弟與年丈同時入境，而不得同時受代。想主上不以遼差經界庸人，故留中不發耳。然遼事敗壞至此，將吏軍民皆畏奴而不畏法，即經略持尚方三尺，尚不能制，又何有于惠文彈治耶？弟自揣往亦無濟，有如贅疣。但以人臣之誼，事不辭難，只得束裝待命，不敢萌規避之私。年丈累疏策遼，洞于觀火，想尚有秘策神機，望授迷人，以爲指南也。

答魏蒼水憲副濬

奴□匪茹，殘破三韓，且耽耽窺我海運，彼雖不能遠離巢穴，遽涉波濤，然無恃其不來，恃吾有以待之。況青、登、萊一帶，旱魃爲虐，赤地千里。又恐季孫之憂，不在顓臾；桑土綢繆，自有長策。惟望鋒車亟發，以慰東人之望也。弟本非用世之才，妄談時事。臆而幸中，當事者遽以遼差畀之。雖監軍之責，不過紀核功罪，用兵方略非所與聞。然同舟禦寇，利害共之，豈得袖手？而遼則處處破壞，事事疏虞，人人畏怯，時時欺蔽。欲以收既敗之局，破久錮之習，振已渙之心，折方張之虜，此豈一庸人所能任哉？但不敢不竭區區，以報主上耳。

與潘澄源侍御濬

某江右之役，黽勉及瓜，鞅掌爲勞，形神交瘁，亦圖早晚得代，棲息林泉。不意當事者又以遼差相苦。夷氛甚惡，覆軍陷城，勢如破竹。北關奴之勁敵，而二寨之剋，曾不終日。況我軍喪敗之餘，人人膽落，驅羊格虎，其能有濟哉？三韓之危，有如朝露。而薊門之虜，亦蠢蠢思動，兵單備弱，左支右吾，即智者莫知爲計矣。兼以北方大旱，齊魯梁趙之間，赤地若掃，流移滿目。而徵發騷然，人無寧處。危民易動，恐腹心之患，且起于草澤之中也。即以祖宗之靈，社稷之福，萬萬無土崩瓦解之虞，然以天時、人事觀之，似非宴然無事之日。如此景象，不至于大壞極敝不已，瞻烏之嘆，寧獨昔人哉？年丈忠心義氣，素切憂時。雖然衰經之中，當亦不忘國恤將，何以爲挽回豫備之策也？

答韓晶宇中丞濬

遼事偶爾弋獲，不謂遂有視師之擬也。昔卿子冠軍能策武信之敗，及自將捄趙，一奇莫展，觀望不前。天下事，旁觀易而當局難。自昔以言失人，類若斯矣，況某之庸庸者哉？雖戰守之事，自有主者，監軍之職，不過在較簿書核功罪，然同舟遇寇，利害共之，安得緘口袖手，退處于寬閑之地？則是役誠難之矣。才力既不能勝，分誼又不敢避。中心杼軸，莫知所裁。主上允而不發，毋亦懸以待能者乎？豫章故非用武之國，材官、俠少鐵中錚錚者，間亦有之，然多文弱，僅能操弓持矢耳。黃掾頗有志向，願效軍前，若幕府需人，便當遣往。蔡術士者老矣，聞台檄物色之，猶有據鞍顧眄之意，但未深叩其藏，不敢遽引薦也。

答劉石閭中丞一焜

某周爰大國，已再歷秋霜。而悠悠忽忽，止疲精于簿書塵鞅間，至于官方之汙廉，民生之休瘁，關切大利害者，曾不得其要領，有負地方多矣。輟駕將旋，微軀久憊，方思伴松筠而友麋鹿，苟遂幽閑，遼之役真夢魂所不及也。奴氛日惡，以北關之勁，而一鼓夷滅，曾不崇朝。遼之將吏鼠思泣血，遼之士民鶴唳皆兵，惟以一走爲上策。人心如此，軍情如此，寧待交綏而後決哉？且經略握尚方劍，誅殺自如，猶不能定，又何有于文吏繩墨也？某此行知必無濟，乃主上猶弄甲久之，意愚而無當于聖心，懸以待能者耳。

答駱沆瀜侍御_{騣曾}

東事急矣，開鐵既陷，遼瀋孤懸，破竹之勢，恐非住手時也。經略膽氣，誠足辦賊，然兵微餉絀，徒手搏虎，能有濟乎？若某智術淺短，才不逮人。而當事者輕以此役相畀，辭恐涉于規避，往又不能仔肩。進退維谷，莫知所裁。昔人云："肥者應客。"今班行之内，英傑如雲，而使于車載斗量之輩，奴酋聞之，不將益輕中國耶？然而主憂臣辱，敢不勉厲有竭力以效劻勷耳？

與房素中侍御

某積勞委頓，倦羽思還。惟望弛于負擔，棲息林莽。不意謬承噓拔，題改遼差。封疆多事，主憂臣辱，政同仇戮[二]力之時誼，豈敢以病請？但從江右至敝鄉，幾四千里，敝鄉至山海半之。此後天寒晷短，跋涉甚難。而某復有太母在堂，望九老人，三年離別，過家之日，便□絕裾，又恐有稽王程。前題差疏，既免候代，則某□□册完，亦無所事事。淹留境上，虛費光陰。倘仗台鼎于催疏中，或得"沿途候命"一語，下札催促，則某可報命遄發，公義私情得以兩盡。感戴明德，當銜結矢之矣。

校勘記

〔一〕"畿"，原作"機"，據文意改。
〔二〕"戮"，原作"戰"，據文意改。

〔三〕"自",原作"目",據文意改。
〔四〕"慚",原作"漸",據文意改。
〔五〕"肉",原作"内",據文意改。
〔六〕"繕城",字迹漫漶,據後文《答韓晶宇中丞》辨識。
〔七〕"老師",卷首原目録無。

尺　牘

西巡公事

茶馬報代

某材質駑鈍，承乏茶馬之役，夙夜冰兢，深懼不稱任使，爲簡書辱。銜命而西，已于仲春之朔，入關受事矣。顧念三藩遼闊，馬腹難鞭，百務棼糾，鉛刀鮮割。況年來茶法雖已疏通，馬政猶然廢敝。若難收圉牧之良，亦虛失和戎之利。某雖勉圖自效，不敢告勞。而智力淺短，終虞困踣。若台臺矜其愚蒙，時賜督誨，使某得禀仰驅馳，不至隕越，造就洪恩，直與高厚並矣。

送閣部院揭帖

職入境三月，例有論刺。雖大計之後，澄汰無遺，然有其舉之莫敢廢也。謹循往例，糾劾三人，具揭呈覽。皆據道府之開報，采士民之公平，職不敢以一毫私意參于其間。大約三秦吏治，法令雖密，而循良實鮮，總緣鄉貢多甲科甲少耳。夫秦當稅璫肆虐之後，民窮入骨，而邊方更甚。職度隴而西，目睹原野蕭條之狀，小民憔悴之形，爲之食不下咽。即得良有司以撫治之，猶恐有離散之憂，況長吏之非其人乎？小疏中亦曾言及，爲秦民請命，是在台臺主持耳。

復固原道

承教官評領悉，三篆兼攝，諸務旁午，未免勞神。然八面宏才，到手自無難事，非盤根錯節，何繇別利器乎？前所議，業遣一力相促，三令中用一緩二，已在不疑。門下衡鑑在握，主持素定，何須反決之府廳？府廳各爲其屬，彼此觀望，互相推委，然容不肖之吏，以博長厚之名，不佞亦爲各官不取也。筆札往來，動輒經旬，坐廢時日。若事果可已，不佞何瑣瑣苛求？惟是往例具存，簡書可畏，兩府可以無人復門下，門下可以無人復不佞，而不佞敢以無人復主上耶？

復〔一〕鳳翔韓司理

日者望教之殷，目幾欲穿，已遣一力相促，得來文驪然喜曰："庶其有以復我也。"啓之，又是空函，大失所望。夫不佞非苛求于兩令也。聞之道路，采之衆口，一一相符，而後乃物色。今門下亦云："其才不足矣。"盜發而不能制，賦逋而不能徵矣，兩人本色業已盡露。催科拙者猶或可原，若養寇殃民，尚可一日容耶？凡論官評者，雖先守而後才，然縣令縮尺一符，寄百里之命，才安可無也？無控馭之才，則傍多社鼠；無辯析之才，則獄有覆盆；無撫綏之才，則民憂星散；無剖斷之才，則事苦絲棼。以此籌之，才可少乎？不可少才者，必至以一邑而有數官，其害反更甚焉，此不佞歷察之而不爽者也。今日之事，已在不疑，望速廉一人實迹以示，慎毋略其大而徒拾其瑣瑣者也。不佞篋中非少此物，但不從道府廳開報而用之非法耳。數日之内，顒俟報音。

復苑馬寺

牧事處處留心，囧政修舉可跂而俟也。細閱馬册，惟安定、開城二監，較前季稍增，餘五監皆失原額，共計減馬二百七十四匹。夫一季之內，有倒死者，即有孳生者、買補者，豈有死而無生，有缺而無補耶？將生者之未盡報，而補者之未力追耶？牧馬以圖蕃息也，縱不能溢之額外，而乃至虧之額中，則各監官之不肯實心任事可知已。門下再與該道言，若同心共濟，不以秦越相視，天下事無不可為者。

復苑馬寺

積穀原議，亦備賑一法，但牧卒窮已入骨，補馬且不能，尚可分外加罰乎？非門下體恤貧卒，不佞亦不得聞，此後將愈不可支矣。課駒、議官二款，必須題請。今日所急者，在先補騍馬。騍馬不補，駒從何來？如騍馬尚在者，自當炤嘗追駒，惟少寬之可耳。有騍馬已死，駒又不補，而仍種群內地者，則奸牧之詭避，亦為可恨，須清察一番。果力不能補，將群外有力者易之，亦無不可。雖各軍樂群外而畏群內，亦不能顧其私也。前者查代牧一節，不知有頭緒否？此事行之已久，各監習為固然，有一人而代三五人者，皆有所利而為之，及今不一懲創，牧事終不可為。此必馬政官精核之，方得情委，如委之各監，仍前虛應故事矣。所察倒死馬數，幸速見教，便于草疏也。

復關西道

前聞諸宗之變，心亦疑之。意韓藩即孱弱，不能鉗制，未必披猖至此。得來教，乃知其故。從來奸人熒亂藩國，未有不始微而後至決裂也。然王既曲諱其失，亦不必盡發其隱，此惡須徐剪之耳。所獲各宗，若呈內有名，空皮胎之類，即屬首惡，據此結局，事亦易了。如窮究黨與，恐生意外之變。操縱緩急，門下當自有妙用也。題否事在撫按，不佞不得主之。顧愚見以各宗雖聚衆搶掠，然止及一人，而未及士民；又隨解散逃匿，未大償張。況事起有因，指授者又不可問。先勘而後題，似爲妥耳。

復關西道

亂宗已處分得宜，而劉相賓之死，尤快公憤。聞韓藩幼冲，政歸宮闈，此惡居中用事，蠱惑百端，宗民多罹其害，今日不除，將來必亂人國。孽厚怨深，鬼神固宜殛之，就其暴殞獄中，體色變異，死于毒無疑。然本惡挾親藩之寵，訊時又未拷掠，斷不肯倉卒自裁，是必有人致之。此一段隱情，亦須早爲勘明。不然後日終牽纏不了，且恐久而難明也。韓藩惑于左右之說，以一奴隸故，妄聳天聽，終歸一勘，此不足慮，徒以彰其失德耳。融熽跡似脫禍，陰實煽搆諸宗，甘心于蕆垠兄弟，蓋亦嫉忌念深，不思其後，及事已決裂，乃欲湔洗，豈可得乎？且其平生皆僞竊賢名，傾與一書記聯姻，又何無行誼之甚也？會題撫按爲政，想朝夕上奏，不使單詞先入，王心無主，政諸宗觀釁之時，惟門下靜以鎭之。

復莊浪道

門下眞心強力，執三尺不少假借，固知不便于奸人，然奸人不便，善良之福也，群小蜚語，何足介意？倘有觝法作奸，如前所云者，自宜盡法繩之。若剪得一二巨憝，甚于狐鼠千百矣，惟門下留意焉。

答荆籲吾中丞

嚮聞祁弁冒番中馬，已托該道密察，尚未見報，今果敗露矣。小醜掠我畜牧，傷我官兵，法誠難赦。然使漢過不先，彼素受豢養之恩，安敢猖狂若此？祁弁之罪擢髮寧足數哉？隱匿番文，又屬欺罔。大疏參糾，至明至當。事關職掌，亦當有小疏繼老年伯之後，嗣容請教。番果悔罪，何足辱兵？只須以犬羊待之耳。

答荆籲吾中丞

火酋盤據西海，日益強盛，漸有輕中國之心，所未即顯，然爲逆者，非區區歲賞足餌其欲，蓋利于交通内地，與邊民爲市耳。然而狼子野心，豈能終保？燕雀處堂，可爲深慮，此亦綢繆牖戶之日矣。大疏洞悉虜情，徹盡始末，所議六款，皆目前要務，後日永圖。法云："不恃其不來，恃吾有以待之。"正此之謂也。虜若渝盟，則西寧首當其害。而西寧兵力單虛，難備緩急之用。況衆寡而力分，顧此失彼，首尾牽制，即禦堵且不足，況責以斬馘驅除乎？虜衆號二萬，其勝兵亦我〔二〕數千。我之六千人，堪戰者慮不過數百耳。以數百當數千，勢必不敵。即有別路應援，而虜之倏來倏去，疾如風雨，又恐緩不及事。萬一釁起兵連，其憂方大。某之愚見，謂虜即掠番，未敢明與我抗，姑宜以術羈縻之。雖狡夷無狀，以謾語試我，犬羊之性何足深較？俟我兵已精，餉已足，險已盡修，然後明正其罪，聲言絶之，以戰以守，可惟吾爲欲爲耳。蒭蕘之見，智者擇焉，惟老年伯察而裁之。

復西寧道

湟中邊事日弛矣，而火酋耽耽内視，未肯俛首受戎索也。雖年來以款羈縻，苟幸目前無事，然亦只不入西寧，境上，甘涼、洮河之間，蓋無歲不被其蹂躪，是有款之名，而無款之實矣。但酋方強盛，而我將士久不習兵。即中國長技所借以禦虜者，一無可恃，勢不能制其死命，不得不姑以款餌之。然後訓士卒，繕亭堠，治甲兵，以伺其釁，此虜不足慮也。來教所云："不忽虜，亦不畏虜。修内治以扞外患，務令可恃者嘗在我。"禦戎上策，莫過于此。湟中邊事，行將大振，跂予望之。

復崔副將

逆番造孽已盈，問罪之師似不可緩。將軍能獨斷行之，足見桓桓之概。顧不知賊縛我哨丁，意欲何爲？果爲海虜用命，斷我聲息乎？抑志在擄掠人馬乎？塞外屹崛，林木茂密，賊又據險待我；主客勞逸之勢不同，我兵出易而入難，圖易而攻難，皆不可不慮。若欲剿之，須出其不意，疾雷不及掩耳，方可得志也。且大兵一出，必覆其巢穴，夷其種落，永絶後患方可。不然，徒取數級之功，貪一戰之利，恐師還後，賊復猖獗，逞螳臂以圖報復，邊疆方自此多事耳，惟將軍熟思而審處之。

復李參戎

兩地共事，抑何奇也。蘆塘雖鄰虜，年來無警，猶易防禦。聞彼處多閒田，可引水灌之。若能開墾屯種，爲功大矣。門下實心任事，知必辦此，但在行之有次第耳。

復安綿道

建昌之役乃始竣事，門下久在師中，芟平群醜，真可勞苦而功高矣。諸夷散漫嶮箐，窮兵搜之，亦未易殱其種類，且既已覆巢破卵，一二未殄者，不過偷餘息于岩洞間，寧敢復出爲患？必欲盡之，恐傷好生之仁也。

復李龍峰中丞

詔使且至秦府，禮官開呈儀注。某不能無疑，隨察《會典》，此迎詔嘗儀爾。然禮以義起，吉凶不同，有不可執一而拘者。夫今所頒之詔，乃大行皇太后上謚詔也。及察"上謚頒詔禮儀"：上皆素冠、素服，百官亦烏帽、素服、角帶行禮。朝廷如此，則在外可推。況梓宮未殯，主上必無御朝受賀之禮，爲臣子者乃以朝服舞蹈行之，可乎？此所謂非禮之禮也。區區愚見，謂宜具素服迎接行禮，在內頒詔儀。

復〔三〕李龍峰中丞

昨承台翰，適欲遣使請教，時方據案，匆匆遂以原札呈覽，未得另復，與尊指雖稍有異同，然疑而未安之心則一也。再簡邸報，禮部所題百官易服後，仍素服朝參，直至聖母殯附後方從吉。則此時以朝服迎詔，仍覺未妥。古人有云：禮非天造地設，從人情而起。情既不安，則舊制似未可拘也。此中向來沿習成例，不過一禀之秦府，彼典儀官止知抄謄舊牘耳。臺下欲不嵩呼舞蹈，此可破膠柱之陋。愚意欲併朝服不用，亦推廣臺下之意耳。

校勘記

〔一〕"復"，原作"與"，據卷首原目錄改。

〔二〕"我"，似當作"有"。

〔三〕"復"，原作"與"，據卷首目錄改。

張忠烈公存集卷二十二

尺　牘

南巡公事

江右報代

壬子一別，六易歲華。懷企之思，徒有懸結。某病毀餘生，跧伏田間，自甘屏棄。不意承乏江右之役，簡書可畏，不得不勉強出山，畢臣子急公之義。已于首夏望後，入潯陽受代矣。顧念江藩名域，幅員寥遠。況值灾眚[一]頻仍之後，榷稅紛擾之餘，民貧賦逋，法玩風澆，即才力兼人者，尚難施整頓之方，收輯寧之效，有如駑劣，何以勝任而愉快乎？倘台臺惠顧夙雅，錫之指南，使得奉以周旋，不至隕越，是所北望而焚祝者也。

答益王

大藩世有哲王以樂善循禮，爲宗盟之望。而邇來漸覺紛紛，緣諸郡藩不嫻《祖訓》，而左右或導之爲非，是以驕縱乃爾。殿下龍驤虎步，高下在心，王章家法，凜如斧鉞，誰敢奸之？若以家庭叔侄之分，便可越禮妄行，不秉約束，則朝廷之令亦不行于諸藩矣。今日萌芽雖露，幸未大張。殿下宣諭以禮法，使之自改玉改行，恪遵王度。如其護前不悛，以規爲瑱，至于過失彰聞，有干憲典，則執法者將操白簡以議，其後恐爲望國之累不小也。

答益王

大藩世有不殖令聞，重以鬱攸之變，帑藏空虛，國費浩繁，至于稱貸以濟，某非不知也。況清江、建昌二稅，乃前王所辭以昭德，聖主所賜以篤親者，又曷敢有靳焉？但遼餉告急，明旨留稅，概云：一年解部，則司農將按籍而取。似不容減于數內。復念殿下心在王室，誼切急公，尚且捐金助餉，則土木之費不妨少緩。是以與稅監往復，將二稅暫解戶部，俟他年補足，總不失十年之額，非敢扣除此一歲也。蓋留稅之請，在廷幾穎脫唇焦，始得俞允，恐此恩不可再徼。而遼士枵腹荷戈，日呼庚癸，多一分即得一分之用。此五千餘金，亦可濟萬衆十日之餉，是皆殿下之明貺也。若營建之需，只是遞遲一年，當與該監再議，于此後每年量抵，俟盈十年而止，則公私兩盡矣。

答益王

寢園禁地，林木陰森，乃先王靈旗出遊之所，何物奸民，敢尋柯斧？自宜以重法繩之。但恐愚民無知，世習大藩仁厚之澤，蒭蕘往焉，采樵誤犯，而守祠者或有他腸，故張其事，以激霆怒爾。以睿哲如神，左右斷不敢飾說以欺聽。然人心難測，門外千里，萬一有之，恐傷殿下之明也。事已付之有司，一勘便決，更祈詳察。幸甚。

答益王

"宗祿"一事，至煩睿諭者再，即下所司議之矣，俟相見更爲敦促。夫祿糧，其小者也。以大藩之崇禮修睦，世有令聞，而一二郡爵，敢于逆上下之分，違鈐束之條，凌夷之端，漸豈可長？宜殿下之力持之也。然宗親之屬，從來難處。縱之則驕蹇易生，制之又怨望易起。恩法之間，在殿下斟酌行之耳。

答淮王

　　展觀丹罘，荷錫清晏，又叠分上庖之惠，感何可言？承札諭領悉，此非獨殿下家事。蓋天地綱常，朝廷紀法所關，不得以私情曲護者也。殿下試回想，劫營竊寶之時，成何世界？彼于鞠育之恩，枕席之愛，已自斬然。而殿下顧不忍呴呴戀戀之私，殊不可解。子弄父兵，已犯無將，履霜當戒，況堅冰已至乎？至若傾城煽處，實維厲階。天下固多美婦人，何必獨溺一俳優也？事已上聞，皆當席藁待罪。聞嘗洪尚出入宮中，肆爲無忌，而首惡之翊鋐，亦疏放未理，則何以服諸宗之心，而塞悠悠之口耶？頃撫臺委來商榷，某以殿下邇知悔悟，明嫡庶，遠嫌疑，庶幾有反正之漸，且須待之。如殿下翻然更始，還正嫡于同闈，斥寵孽于外邸，割私昵之愛，治翼惡之奸，正名定分，修身齊家，無壞高皇帝之家法，不負聖天子之恩寵，某等方稱頌之不暇，又何求焉？若私愛溺衷，堅執不返，非獨某等有言，内而科部亦自不能嘿嘿。自貽伊悔，恐不能彌縫其後也。仰見虛懷，敢以忠告，非獨執法之臣宜爾，實爲殿下國體宗胤計，惟殿下熟籌之，翊鋐等不法，即當檄所司治之。

答淮王

　　伏承令諭具悉，迫切至情，敢不仰體？惟是已奉明旨，豈能反汗？而天語嚴切，孰敢冒昧上請？且此事發端，原出殿下令旨，有司乃敢轉聞司院，按臣乃敢具奏天庭，今殿下盡反初心，委之群小，則令旨實文具在，誰能竊之而誰敢假之？且殿下所護惜者，父子之私情也。而人臣所執者，朝廷之明旨，祖宗之憲典也。殿下即欲任情撓法，其敢抗朝廷之旨，違祖宗之憲乎？如

"越關具奏"一語，或殿下急不暇擇，然試度能得之主上乎？不能得之主上乎？恐又添一重過舉，再博一番嚴旨，無益有損，竊爲殿下慮之，是不惟不宜形之口，且不可萌之念也。況嘗洪怙寵肆惡，已無人禮。殿下試一迴想，擁衆劫宮之時，其心何所不至，于殿下父子之恩已絕矣。即無明旨，猶當以國法斷決，奈何猶溺呴呴私愛，不能遽割，使梟獍伏于几席，啓子弄父兵之漸乎？古人云："小不忍則亂大謀。"願殿下熟思之。區區之愚，不敢不直，非獨人臣執法之誼，亦以爲殿下萬年國祚計也。

答淮王

殿下變起宮闈，上徹天聽。主上以大義範懿親，不得不伸國法。禍水一除，亂原永塞。讀大疏引咎責躬，情詞懇切。是天啓睿衷，一朝開悟，誠社稷無疆之福也。

與政府

江右諸宗，懷不逞之心久矣。頃稍稍以法繩之，遂借事發難，蜂起鴟張。雖旋即解散，而紀綱體統業已大傷。及今不一重創，將來之變更有甚于此者。事情顛末，具在小揭中，不敢一語隱諱，亦不敢一語虛張。老師瞻言萬里，一經清覽，便見諸宗強橫凌囂之狀，隱隱有大難之端，必紬情伸法而後可以戢逆志，杜亂萌也。至限宗祿之額，復名封之制，尤江藩今日急務。清源防患，無以易此。不然冒濫日多，嘗祿不繼，財竭而無以應其求則必爭，人衆而無以制其欲則必亂。至于爭與亂而後圖之，斧柯之尋，爲力倍難矣。伏乞老師鑒察主持，以振國法而肅宗政，紓民力而銷禍萌，豈獨江省受無疆之福，即宗藩亦得沐均安之慶矣。

與禮部禮科

謹啓：江右宗藩，驕橫不奉法，其來久矣。頃者借事發難，突爾披猖，雖暫譁即定，而躪臬司，辱憲使，紀綱法度業已蕩然。蓋緣某望輕力薄，不能彈壓，故決裂至此。藜藿不采，深愧斯言。然而諸宗習驕縱之風，處淩囂之地，又無鈐束之親藩，捍而難馴，紛而不可戢，橫流必決，亂蜂肆螫，蓋勢之所必至也。及今不一大創，尤而效之，長此安窮，將來之患更有不可言者。事情顛末，具在小揭中，無一語隱飾，亦無一人誣罔。伏望鼎力主持，從重議處，禁錮降革，庶足示懲。若以天潢之派，稍從寬政，則益長其驕橫之心，更不知有朝廷之法矣。至于"限宗祿"、"復舊制"二議，自知越俎，然宗祿之額不限，名封之制不復，則冒濫日多。冒濫多，則宗祿愈不給；祿不給，而大難必因之起。捄江右今日燃眉之急，與異日潰癰之患，計不得不出于此，非敢爲紛更之説也。若請封之期，藩司親驗，此則一得之愚。蓋諸宗多以庶代嫡，以幼代長，無從辨之。顧册內之造報可假，而當身之年貌不可假，一經驗視，真僞立辯，似于簡而易行。即外府宗室，無越城赴省之理，本地自有道府可驗，不猶愈于紙上之空文乎？區區臆見，自比蒭蕘，統惟裁酌。

與孫鑑湖宗伯

自去歲一函奉候，疏節至今，瞻戀之情，鬱積未展。方今海內困紲，首在邊儲，次即宗祿。而宗祿之困紲，又無如江右爲甚。蓋在他省或行限祿之制，哀多而益寡，或有壓放之規，積後以償前。是于不足之中，猶有補湊之法。惟江右祿無定制，宗日加封，以今歲出入之數衡之，溢額者幾五萬矣。而各宗按季支領，須臾不能待。應之稍緩，即群然而譁鼓噪之變，習爲固然，真三尺所不能禁也。向來藩司皆多方那借，以捄一時。然司帑非不竭之藏，無點金之手，至于今而搜括盡矣，計無復之矣。目前冬季將終，秋祿未給，諸宗環門呼籲者，驅之復集，不知將來又作何狀。若不行限祿之法，過此愈不可知，直至極窘極困之日，不測之變必因之而起，是可不爲蚤計哉？前貴部曾條議及此，未奉俞旨，或因他事不便于宵人，有從中阻格之者。茲因謀墾勘疏併申前請。伏乞老年伯鼎力主持，據揭題覆，斷在必行，以貽江右百世之利，造福于瘠土者無量矣。

送大計册

三載計吏，國家大典。台臺空鑑衡平，主持于上，凡百有位，何一不在炤臨中？區區暗汶，亦何足以佐末議？然而功令森然，敢不祇承，屬內諸吏，亦既耳而目之，輒程量殿最，妄加品題，除穢迹顯著、法在必汰者，具疏以聞外，餘備列册揭，仰呈台覽。極知巧吏多端，愚衷易眩，其遺于聞見之外與淆于臧否之中者，必多未當。不明之罰，無所逃罪，然亦恃朗鑒高懸，日月之明，自有以燭爝火之不及也。

答陳信吾憲副

自揣憒憒，蚤負大邦。拮据雖窮，纖毫無益。"慮囚"一節，心所未安，亦必再四推敲，以求生死無憾。是以諸郡讞獄，平反頗多，但恐有屈抑之冤，非敢博寬大之名也。伏蒙許可過情，毋亦愛之深，不覺譽之溢乎？

答鄒南皋廷尉

運卒僉報之苦，湖關抽稅之害，言之可爲流涕。仁人君子疴瘝切身，蓋不止爲桑梓計也，況有地方之責者，坐視納溝而不一引乎？何以副簡書之托，謝素飡之誚哉？承教運事諸議，已纖悉無遺。今日所急者，先在清軍民之籍，定貧富之等。籍清，則扳害不及于貧民；等定，則挨運不煩于僉擾。十年一造，按冊了然，民間無名之費，弁役無涯之求，盡可杜絕，此治本第一清源之義也。至于運船官造，是亦一便。如台教，責成役匠，損壞者令之陪補，自不敢以苟且塞責。顧此輩小人，止顧目前，遑恤其後。且凡物繇官造者，畢竟不及民間。而衙役之乾沒，召買之騷擾，交領之需求，皆所不免。況五年間，時異勢殊，官或遷移，匠或死徙，則又無從而問之，是不可不深長慮也。惟"津貼"一說最善，而可以久行。在舊軍固利其贏，即新軍亦省其費，即當檄所司議之。

答李戀明侍御

別六載而始晤，晤一夕而復別。離合之感，豈能自裁？然而聯席清譚，通宵不倦，況又高人滿座，勝會奇逢，則一夕真可當千秋矣。別來簿書鞅掌，未及報謝，復承手札，戀戀故人，高誼殷渥，章江寧足較淺深哉？運卒之苦，至于破家亡身，捐親戚，棄墳墓，聞之可為流涕。及今不一更弦，久之不惟累民，且恐壞運。鄒南老見教諸議，已悉委曲，俟再與諸司商之。來教所云："必先恤軍困，而後可除民害。"此不易之論也。湖稅分收，既可禁暴征之害，又可脫風波之險。一轉移間，利賴無窮，可不再計而決者。但此事犯手，卒難變更。昔年稅監曾疏請差官，已有明旨。後兩院持之，竟未奉命。且逼逐其差役，不容停泊，于時費許多調停，方得寧貼，然其心未嘗須臾忘鄞也。移之南昌，政湊其計，若復執前旨為詞，則無以塞其口矣。容弟至省相機而行，倘可為民除害，敢愛區區？

答豐城鄉紳

承諭兌運事，弁卒之橫，解户之苦，可爲痛恨，可爲憫惻。不意門外萬里，有所不聞不見也。當交兌時，某每見各官，既諄諄戒諭："斷勿使溢於額外。"間有逾八十石者，即切責之。而糧道及各郡倅，亦以爲今歲較他歲少減，奈何貴邑溢數至此，豈道府乃面謾耶？抑亦未之察耶？來教謂："炤楚中例定爲八十石。"固是。但今止依七十八石，成規猶爾，私加勒索，若明加至八十石，浸假而往，便將執以爲例，而私加者又日增矣。楚中事宜可謂詳悉，此中禁約條款，不啻倍之。未開兌，先即榜示通衢，蓋亦三令五申，而無奈習俗之悍也，奉行之不力也。總之，不惟其法惟其人，若監兌者，必躬必親，勿厭煩瑣，則衛弁自不敢需求，運軍自不敢橫暴矣。官收官解，行之已久，闔省如一，貴邑何獨不然？須治其一二梗法者，與民更始也。

答安福鄉紳

錢糧未輸之官，則百姓之責也。若已輸而運發，則解官之責也。解官失銀，自當問之解官，于百姓何與？若復攤派民間，則凡部運者皆可托水火、盜賊，私侵官物，待民陪補，陪窮黎民之腦髓，充奸吏之囊橐，世間無此法也。貴邑加徵之議，未見申文，萬無此理。瘠土貧民，遼餉加派，已自不堪，又何代貪尉苦償耶？

答南昌鄉紳

相之言佶佐非將軍子也，纏纏可聽，亦謂非其種者，鋤而去之，豈意其有他腸耶？烏之雌雄，通國有口，相一人安能掩之？即令二子有吕牛之疑，彼襁抱中物，真爲將種，更不得指爲假也。一脉固在，若敖其不餒矣。干戈琴弧，彼亦焉得據之？一二逆奴，容驗實付之于理。

答鄒南皋廷尉

先生一字不輕假人，一言不輕許人，海内誰不知之？劉將軍家事，其假借與否，某未之知。但伐國不問仁人，而先生自愛其鼎，肯徇悠悠之口哉？此事初起甚細，一有司可了。無奈二三大老持之甚急，致一郡中，袒分左右，情如水火。以不干己事，傷士大夫之和氣，某輩亦難措手。惟俟公論自定，聽後來之處分而已。執法之咎，但有自反。

與陳中素侍御

江右之事，日異月非。官民已盡成蕭索之形，而上下相習爲處堂之娛。某即憂心如焚，日思振起，然候代之人，亦皆五日京兆視之，令之而不從，呼之而不應，不知將來流弊，伊于胡底？大抵今天下處處空虛，事事玩愒，不獨一江右爲然，而江右更甚耳。

與王岵雲中丞

江右自老年伯去後，事勢日益不同。加賦未充，正額反縮。目下宗禄逼手，而藩司苦無以應之，不知將來作何處置。至于核兵而單弱大半，修備而器仗全無。當此脊脊多事之日，豈可爲燕雀處堂之娛？而有司漫不經心，即下令簡除，祇以虛文塞責，且有經月不應者，真無法莫如江右也。

校勘記

〔一〕"告"，原作"青"，據文意改。

張忠烈公存集卷二十三

尺牘

西巡應酬

與孫藍石總憲

役車過仙里，得侍几杖，猥辱老師折節先施，開筵命酌，側聆誨言，不覺夜漏過半，真可謂醉酒飽德矣。老師所論時事，皆極公極平，仰見太虛之衷，有如皎日。彼以小人之腹度君子之心者，多見其不知量也。天下事總被此輩壞，却分曹立偶，各恣胸臆。己本爲黨，而反指人爲黨；自己爲黨，而又欲人之入其黨。一言不合，便視若仇讐；一言偶合，便借爲口實。不合則拒之，使不得入；而合又挽之，使不得出。究將使舉朝之人無不點汙，無不傷殘。"載胥及溺"，此之謂也。誰生厲階，至今爲梗？不能無恨于作俑者爾。老師碩德重望，中外具瞻。悠悠之談，何能磨涅？少俟浪靜風恬，蒲輪自當首及也。

與許少微副院

接邸報，見台臺爲南臺誣詆，慨嘆者久之。夫台臺生平譽望，立朝事業，海內士大夫無不傾心信服，而不免爲人揶揄。含沙者不擇影，何足怪也？從古聖賢豪傑，抱至德而受詬侮者，亦自不少。以今觀之，賢自賢，佞自佞，一時悠悠之議，曾足爲有無否耶？主上眷注方殷，台臺當爲國勉留。若必以決去爲高，猶□介意于浮言，職知休容之度，斷不如是也。狂瞽之言，惟台臺采擇焉。

與黃梓山總制

接邸報，見大疏請告，果玉體稍違和耶？社稷倚重之身，天地神明實護呵之，想不須藥餌扶持也。主上寵眷方殷，海內瞻注正切。三陲重地，萬里長城。遽欲從赤松而遊，恐不可得。惟爲國自珍，以慰群望。

答黃梓山總制

聞玉體小違和耳，不俟枚生《七發》，當已霍然。三陲重地，安危係于一人。元老壯猷，素爲夷夏所信服。折衝千里，屹然長城。廟堂之上，安肯令范老去西邊耶？即大疏下部，主爵者必懇留也。

與黃梓山總制

不佞某嚮以大疏雖下，主爵者必申借寇之請，接邸報，果見綸音慰留矣。某彈冠之喜，百倍恒情。蓋上爲社稷，下爲封疆，不獨一人之私慶也。玉體想平，秋風將動，胡馬欲嘶，祈蚤臨轅門，以慰軍民之望。

答黃梓山總制

聞旌麾已指靈池。元老臨邊，胡奴膽落，當遠徙穹廬，尋穴不得矣，寧敢飲馬長城下耶？

與崔瑞軒中丞

不佞某疏庸無似，承乏此役，所恃托在同舟。奉令承教，可幸無罪。乃入關之始，老公祖即已厭薄蝸角，決志鴻冥。近接邸報，見已得旨。此雖主上優逸老成，不欲久苦以封疆之事。然而三秦父老，其肯令衮東歸也？倘可爲秦民請命，暫借寇君，不佞即駕，獨不能叫天閽耶？

答崔瑞軒中丞

常人榮宦之念濃，則得失之情重。謝事之意急，則邊疆之計緩。悻悻見面，不勝怨天尤人；悠悠杜門，遑恤廢時失事。台臺于名利之場，視之甚淡，而于國家之事，視之獨急。居一日，即計邊塞一日之安危；留一時，即圖軍民一時之利害。此所謂公爾忘私，匪躬蹇蹇者也。不佞竊敬之服之，奈何以"棄婦""逐僕"自喻哉？

答崔瑞軒中丞

今天下士大夫之患，在于操浮薄之議而不核真，博寬大之名而不任怨。是以軟美依阿、周旋世故者，譽言日至，而實心任事，不避嫌怨之人，且當起而議之，悠悠世情，可爲永嘆。老公祖直道清修，有耳目者無不聞見，而流傳之口，猶至失真，耳食之悞人至此，然于老公祖生平自無損也。語云："松柏之茂寒而後凋，薑桂之性老而愈辣。"不佞以爲老公祖似之。雨雪雖黯，見晛自消。暫返谷駒，終須蒲詔，寧得久卧東山耶？不佞幸托同舟，未得瞻對，生平仰止之私，終成痞瘵，是亦緣之薄也。

與劉定宇中丞

嚮聞台臺爲今之韓范也，讀《圖說》一書，虜情邊計，較若指掌，即借箸而籌、聚米而談者，寧有加耶？至于畫戰、守、款三策，而歸于以戰制款，以守用戰，此尤百世不易之論，不獨可施之一隅、一時已也。從來任事難，言事易。豪傑之才，安邊境以立功名者，不知費幾許心力，經幾許艱危。而文墨議論之臣，操三尺管，從傍而齮齕之，呶呶不已。夫以余肅敏修築之功，王威寧出塞之捷，而當時亦不免忌者之口，又何疑于今日耶？然而議者自議，任者自任。台臺鴻勛茂績，固不因此少損，而銳志實心，亦豈因此少隳也？若夫"驅逐余黨"之說，乃一種陰險小人造爲此語，以搆鬭西北之人，而欲收漁人之利。台臺光明譽大，當不爲其所惑。恃在桑梓，敢以實告，惟朗炤垂譽焉。

答劉定宇中丞

古來立功固難，功成而享之尤不易。蓋必眞豪傑，始能破庸人之格，樹創建之奇。而傍觀不解事人，乃操文墨而議其後；姑前搆禍者，又從而齮齕之，何憂市虎不成，慈母之杼不投也？台臺嚮在湟中，振積弱之卒，創方張之虜，三捷之勛，至今父老爭侈談之。火酋雖稱桀驁，乃數年來不敢入西寧塞，非台臺餘威震懾之耶？某生也晚，不知當日議者如何相厄，然以十三逃卒而掩數百首功，不平甚矣。套虜嚮來驕橫，無歲不思闖邊。自節鉞一臨，而小入小創，大入大創。若摧枯振槀，一洗腥風。昔日偏試之湟中者，今乃盡展之榆塞。然昔以功而獲浮議，今以功而受殊恩，國家所以酬報勛代，自有時也。

答[一]崔振峰中丞

哱賊之亂，關陝震搖。魏確老倉卒應變，運籌指授，已困賊穽中，功垂成而就逮。遂使勘定之略未彰，褒酬之數尚缺，此志士所以腐心，公論爲之鬱邑也。台臺采之衆論，述其生平，寫當日全城夷叛之苦心，雪後來獲譴沉冤之隱痛。纚纚千言，無非實錄。主上覽之，未有不測然動念者。追錄元勛，在此一舉。上以增聖德之光，下以愜通國之願，所係良非渺也。鹽池更府佐一節，費不加益，而事便什倍。此政通變之權宜，何嫌更張耶？捧誦兩揭，敬服至言。

答荊籲吾中丞

家嚴幸附驥尾，得稱雁行，祇以拙不善宦，通籍以來，浮沉中外者，逾二十年。髻間之絲滿矣，而尚有積薪之嘆。是以交情間闊，萬事疏庸。雖素所契慕懷想，如老年伯者，亦未嘗通尺一起居也。老年伯惠念同袾，損札下問，戀戀故人高誼，驅今古矣，感當何如？家音有便，即當白知家君，不敢虛乘注之盛心也。

與李龍峰中丞

往者徒景清風，未親道範。天作之合，得近大君子之光。生平仰止，一朝頓慰。某每嘆俗流世壞，士大夫相習浮華軟熟之態，以悅耳目而逢時好，顧安得如《羔羊》所稱節儉正直者，砥柱狂瀾，今見臺下乃真其人也。使處廟堂，楊綰丰裁，庶幾再見。今日用之三秦，即異日用之天下者耳。

答李龍峰中丞

行李久淹，尚稽修別。先辱寵貺，感當何如？詩道至微，未易窺測。某既乏才調，又鮮師承。偶有題咏，不過信口妄吟，若蛙鳴蟬噪，自洩其天，而不自知其音之戛戛啾啾也。伏承過譽，誦之溗然。大作的是詩家老手，結搆開合，法律精嚴，豈初學所敢望？更祈盡出新題，以爲迷人指南。

答[二]吳本如中丞

策塞南來，曾無澄濯之功，止有驛騷之擾。每一思之，食不下咽。乃辱鼎貺頻加，出疆未已，益重饕餮之罪矣。

與王壺嶺中丞

臺下爲國家鎖鑰北門，護安陵寢，勞積而功高。主上是以有節鉞之授，都人咸喜，戎有良翰。乃薊門之席未暖，而中山之篋已盈。悠悠之談，三至投杼，若是乎獨立之寡與，而偶俗之易容也。

上顧鄰初老師宮坊

嚮待詔都門，兩枉翰札。及太師母之變，某謹隨諸生後，申奠唁之私，托楊生代獻。嗣無便羽，缺焉起居。春秋迅疾，計此時，老師已從吉矣。讀禮之中，純誠靜篤，想道履安適，益過嚮時。老師山斗之望，海內士紳均切仰止。即今傾險翻覆之世，吹求齮齕，幾無完人，而談及老師，無不心服者，乃知公道尚在人間也。某譾劣無似，忝辱門牆。夙夜兢兢，惟恐隕墮，有負甄拔深恩。顧昔之言官易，而今之言官難。昔之言官，忠而見忤，即獲罪，主上未必譴斥；今之言官，直而見疑，一犯時議，且群起而逐之矣。黨與已成，排擊不已。緘口而容容，既非孤立，又礉礉易缺，涉世之末流，其難如此。某今奉使在外，且可付囂爭于不聞。一意循職自盡，獨是才薄而任重，心長而力短，耳目隘而智識昏，兼此三者，又恐不能副簡書也，老師何以策誨之？謹馳一介，上候九如。

與孫愷陽宮坊

別來兩度星霜，不止三秋之隔矣。寤寐爲勞，何能縮地？老年丈差期已過，尚未入都，豈厭紫陌風沙，且遂閒園之適乎？玉樹森森，環遶膝下。年丈日授經史，耳聽咿唔，其樂何如？次兄春濤點額，想不欲先長兄着鞭，故以六月息耳。

與馮少墟符司〔三〕

山斗之念久矣。于役大國，得遂披雲，生平良慰。方今林下即多賢乎？然以不佞某所聞，真品真修，正己正物，不操月旦之評，不修標榜之譽，海內無識與不識，無不心服而推尊者，東南則南皋公，西北則臺下耳。乃主上不徵之廟廊之上，使馮翊聖德，光輔太平，標領士類，而厄之衡門、泌水之間，閉戶著書，銷磨歲月，天心良不可測也。某輩碌碌，反忝竊大官，入操風議，出效經營。是何異舍騏驥而駕駑駘，棄珠玉而抱瓦礫哉？真令人愧死矣。

答馮少墟符司〔四〕

學患不講，講學又患不真，不真反不如不講之爲愈也。年來海內講學者，無慮數十家。然若老公祖與南皋先生之真者，實未多見。此非某阿私所好，蓋海內士大夫之公論也。小疏因時事并及之，蓋心悅誠服之言，豈足爲老公祖重？而老公祖亦豈以人言爲重者耶？翌日之約，頷領提撕，以開迷竅。虛往實歸，庶關中此行爲不虛耳。公田助資，方愧不腆，又何當齒及也？

與李心白給諫

別來兩易歲華，有懷如結。年丈矯矯孤標，政當出入風議，衡決盈庭，而乃見色遽舉，曾不終日。遂使白駒有空谷之嗟，冥鴻絕池潢之顧。司直之任，更屬何人？然而暫遂龍潛，終伸鳳羽，卷舒之道，固哲人所以應時也。視蓄意金丸，饜腸腐鼠者，奚啻天淵哉？二三兄弟，屈指幾人？鵬池既抱疴于首陽，震夷又抽簪于林壑，懷東已南祝垣未起，獻丹且津津泉石之味矣。弟旦晚息肩，亦將請沐，臥烟霞而友麀豕，不欲上長安道也。合也星聚，分也蓬飛。人生會散，良不可測，言之惘然。年丈歸來情況想佳，賢郎日益穎秀，晴窗一帙，其樂何如？幸有便羽，抒此積懷，戔伯箋戔，忘其爲菲。

與[五]龍紫海侍御

連朝雨，甚可人。千萬斛春愁，得天公洗盡，逐東流去矣。午睡拋書，聊堪自適。

與龍紫海侍御

別來不覺再旬，回念聚首光景，何可復得？不經別之苦，真不知合之歡也。古人以離群索居爲大患，弟愧處零落，不聞提誨，閒居寡營，漸成懶僻，不覺有蓬之心矣。時賜德音，砭我病骨，非年丈誰望焉？

與龍紫海侍御

聞憲節駐華州，聲靈新煥，震動關西。天外三峰，寧得獨稱雄峻耶？弟駑鈍下材，荷兹重寄，若小犢當輪，債轅之懼，日夕凜然。有年丈與獻丹丈，東西相望，驅策而扶掖之，若左造父而右王良，即走邛崍九折坂中，亦當昂首而疾馳也。但願年丈勿謂其不可提攜，而棄之如遺耳。

答龍紫海侍御

入漢荷授餐之惠，中心感刻。雖未獲與年丈登國士壇，飛觴大嚼，亦猶引滿投醪也。旌節遂東，追攀無路。悠悠我思，漢之廣矣。不腆之將，以犒從者，敢云桃李相報乎？

與吉獻丹侍御

華誕屆期，箕疇斂福。弟遠覊異地，不得滿酌瑤觴，歌紫芝黃竹，爲年丈壽。躑躅徬徨，其曷能已？惟願益養天和，永綏繁祉，黃髮作朋，以壽民壽國耳。爰采南澗之毛，以代東方之獻。

與吉獻丹侍御

連日病甚，不能捉筆。今晨始勉搆一律，奉和大雅。但下里之詞，不堪與陽春白雪并奏耳，聊以供噴案何如？

答吉獻丹侍御

和歌深愧效顰捧心之醜，實未嘗以溺自炤也。夫邯鄲學步者，三年尚失之，而弟欲得之一旦，能乎？惟進而教之。

答吉獻丹侍御

兄也西指，弟又東行。若雁行中斷，相背而飛，漸看漸遠，還隔萬重雲矣。春意撩人，異鄉旅況，益復蕭索。幸釋担有期，屈指歸程，又不覺回愁作喜也。弟當以春半入省，了此一案，便駐華州候代。想我兩人報命，亦不相遠，顒望轔轔之音耳。

答彭嵩螺侍御

不佞某駑暗無似，幸附同舟。秦蜀雖遥，德音時逮，不啻朝夕左右，承色笑而步高蹤也。冬半當入閬中，滿擬紫氣南來，可于棧閣江漢之間，傾蓋晤語。接手札，知取道巫峽，輕帆東指，交臂而失，悵也何如？國事日非，盈庭莫決，中外方矯首跂足，望正人入都主持清議，何得有長林豐草之思乎？台臺且欲優游，不向長安道上，則歇後庸流便當早返山中之駕矣。

答楊弱水侍御

都門無旬不會，無會不促膝談心，尚有日隔之恨，乃今天南地北矣。望風懷想，對月凝思，悠悠我心，揚舟泛泛，即平子《四愁》，未足喻也。秋初，曾遣一介起居，計程尚未入越。忽接華札，飛墮雲間。披誦周環，喜心倒極。詢知來使，知道體安和，行部已半。貴差原自寬簡，而又以批導之手當之，益恢恢乎其有餘地。昔人謂："只須遊西湖，便可了公事。"今日當爲年丈咏也。吳越間故多佳山水，綵艦花驄所指，盡收貯年丈肺腑間。沉曠悠深之致，當益清遠，形之聲歌，又是一種異調矣。弟差事專務簡，頗亦相同。但道阻且長，隴坂蜀門之險，羌戎雜處之地，皆須經歷，車馬之疲勞，不若帆航之輕適；風沙之凋鑠，不若水國之逍遥，想像行旌飄飄然其仙也。

答徐若谷侍御

"蜀道之難，難于上青天。"信使往還，非數旬不達。而又奔走塵坌，轍不暫停。是以改歲以來，杳焉聞問，非敢自處于疏闊也。

與熊芝岡侍御

初入關，而臺下即有被勘之事矣。每見邸報一番，扼腕一番，幾欲上章爲臺下訟冤。顧念諸人布網方密，待人自投，若以身試之，便爲羅織，無益于事，而徒攖傍射之鋒，是以含忍至今。然而清夜捫心，竊自愧矣。夫荆之去，于臺下何與？梅氏之案，于湯霍林何與？批駁自批駁，審録自審録，學差于按差何與？而强捏傅合，攻者攻，證者證，殺人媚人，遂成"莫須有"之事。然則所爲勘者，公乎？私乎？有意乎？無意乎？一人之主張乎？抑衆人之逼迫乎？噫，亦大謬矣。夫索獄詞于千里之外，集事單于數人之手，前發而後應，一倡而群和，此必非一朝一夕之謀也。其起禍之原，受指之人，臺下當自了了，可使不佞聞其顛末否？臺下按遼時，建多少奇謀，做多少實事，乃一經妡口，盡成罪案，能不令志士腐心，英雄短氣乎？無論其他，即上谷庫藏一節，以發奸者，反謂染指，何顛倒之甚也？今歲去者去，轉者轉，公論亦似稍明，但恐異日奸人反借爲口實耳。

與周句蔥侍御

憶昔聚首長安，無月不二三會，無會不促膝談心，尚恨日隔之疏。自年丈有風木之哀，抱慟而南，弟遂寥落無侶，即冠蓋如雲，未知肝膽向誰是也。日月既邁，想大事已襄，篤孝純衷，居廬以來，帶圍自當漸減。然守身爲大，勉抑至情，以珍道體，或亦老年伯九京之意耶？弟奉使西秦，以春暮入關。遥從隴坂，側望江漢，美人一方，脉脉之思，不禁獨往，但恨無羽翼以奮飛耳。

與李涵初侍御

別來日久，積緒日長。薊北漢南，隔越數千里，恨無羽翼相從也。年丈按轡三關，山川扼塞，士馬勁摩，芻餉虛實，盡在目中。而臨淮所至軍容立變，想三輔神氣倍奮，往事年虜不聞一騎闖邊，皆先聲破其膽也。弟往來西塞，歷涉與年丈同，而胸中漫無所見，自慚此行爲虛矣。朝議日益紛囂，每見邸報，便爲慨嘆，何時風恬浪靜，得睹清明世界乎？日月甚馳，忽將及瓜。想年丈此時業已報滿，不知更可握手長安道上否也？

與吳見陶侍御

自西牡分馳，忽忽數月。緬懷高雅，時結心胸。老公祖綉斧所臨，山河動色，豈獨雲中、上谷間沐恩惕法，千里澄清，即敝邑僻在南陬，猶然伏處宇下，竊天河之潤者也。封事未就，中外有杞人之憂。嚮大疏切中機宜，已玩此酋于股掌之上矣。蓋今日之事，不當計虜之款與不款，惟當計我之可款與不可款。我誠足以制虜，則款亦可，不款亦可。我不以禦虜，則急而求款固不可，輕言絕款尤不可。簡時練兵，飾墉修器，此在老公祖自有石畫訏謀，非不佞弟所能佐末議也。

答錢梅谷侍御

綉斧按部岳州已竣，且向長沙，臨洞庭而吊湘君，涉汨羅而懷屈子，觸景攄心，揮毫成韵，想奚囊不勝收矣。郢中白雪，獨不使巴人一聽耶？

答趙乾所選部

老年伯直道清風，宜爲鄉黨尊禮，而遭際顧如此其難，則非情理所測。至于困苦之累，乃天所以磨練英豪，從古聖賢無不從此中得力。若不經困苦，則素位安命之學，亦無從見也。不小絀者不大伸，不極困者不遽亨，可謂造物無意耶？

與郭天谷選部

別來忽已經年，緬懷芝宇，寤寐爲勞。年丈標節稜稜，若天外三峰，可仰而不可即。入銓以來，門清似水，道直如弦，不問[六]可知，顧不免受人揶揄，微刺顯攻，無端波及，此自世局搆陷活奪，公道尚在人間，于年丈曾何損焉？

與錢泰宇餉部

年來幸附同舟，屢承高雅。即未得晤對清光，而神已脉脉契合矣。榮宦之場，競逐如鶩，自非蟬脱泥滓、敝屣羶途者，誰能洒然解脱？臺下偶觸家難，便動尊鱸之思。且謝塵網，休沐家園，此便高人數等，豈區區俗子所敢望耶？歧路將遠，後晤難期。遥望行塵，神爲飛越。

答錢泰宇餉部

嚮辱翰教，使者還，即附一函修候，屈指又月餘矣。弟家居將及三月，而僕僕應酬，曾無頃刻之暇。積勞之軀，幾至委頓。銜命而西，業已渡河受代，駐朝邑，便當西入鞏昌。此差地雖遼闊，事務頗簡，懶疏之人，政與相宜。惟是一身塊處，形影相親。兀坐署中，懷抱良苦。雖勉自排遣，而旅況鄉思，遽難割斷。只借漢史、唐詩，以開豁胸襟耳。

與李震陽駕部

弟仲春入關受代矣。此差空轄三藩，雖稱遼闊，而職掌所關，止茶馬一事，別難越俎。簿書頗簡，儘可藏拙。惟秦關紫塞，蜀道青天，頗有馳驅之苦。然得攬山川之勝，以開擴眼界，洗發胸襟，弟生平有志四方，不敢憚勞也。

與吳澄宇水部

門下品望高華，定當膺交戰之選，乃僅僅得一水部，殊不可解。然以今空言無補。天聽杳然，而攻擊囂争待無虛日，臺省之地，且爲風濤不測之場，固不若部曹之可以展布宏猷，爲國家做實事也。

復黄與參藩司

聞畢計後，暫返仙里。膝下斑衣，故鄉晝錦，真人間最樂事也。但藩務棼糾，自非庖技，未必恚然中解，而一時諸道，又落落若晨星。門下即戀戀庭闈，不得不割情命駕，國爾忘家，門下自許素矣，且盰衡望之。

復祁念東肅州道

門下封疆勞積，發縱功高。頻摧驕虜之鋒，大破西人之膽。國有茂賞以酬虜勛，彤弓之錫將在旦暮。張掖、酒泉之間，寧得久淹旌節哉？不佞愛莫助之，豈敢貪天工也？

復龍君御西寧道

門下拂衣而去，武陵深處，一江春水，千樹桃花，嘯歌笑傲其間，視邊塞風塵苦樂，何啻霄壤？竊爲門下羨之。俟水落石出，公論昭明。乃爲門下勸東山之駕耳。

復王蓋亭洮岷道

門下飄然高舉，若鴻翔霄漢，可望而不可即矣。腐鼠功名，寧足當一盼哉？羨之，羨之。不佞自抵關中，即染小恙，時有蓴鱸之思。聞門下東還，鄉心愈切，畏此簡書，不得如願，奈何咫尺清塵，難一握手，跂予望之，曷維其已？

復杜友白莊浪道

天下實心任事之人，必不愜于流俗之口，不以爲迂則以爲刻。甚者惡其形，已且從而菱菲之。然吾人處世，所可信者理，所自信者心耳。若上有益于國家，下有益于軍民，即獨力擔當，更無撓阻。悠悠之談，何足計乎？

復隴右道

接手教，知已抵涇陽，從此遂爲岐路分携矣，可勝悵然。門下此行無邊受屈，顧夫已氏方齮齕不休，不得不爲見色之舉，以絶弋者之慕。迨風恬浪静，雲破月來，乃門下康莊萬里之日也。東山之屐，豈能久淹安石耶？

復王□□安綿道

建昌之役，門下運籌發縱，指授方略，兩月數捷，計賊已喪膽矣。西南安枕，屈指可待。得報甚喜，不佞雖不必與聞局外，然使賊平有日，保釁諸府可免徵發，亦痛癢相關之情也。

復王□□安綿道

建昌之役，不三月，而覆巢殲魁，收蕩平之績，發縱方略，神且捷矣。至罷兵止殺，猶見好生之仁，所全者更多也。

復焦郡倅

夙托世譜，今倚同舟，良自慶幸。門下以强項剛腸，不肯向閹人折腰，遂逢聖怒，淹抑至此。忠義之士無不腐心，而當事者畏首畏尾，竟不肯破格一推，使鳳凰有枳棘之棲，騏驥困轅樌之厄，不平爲何？然數無不復，忠必見信，想日月回光，風雲迅起，亦只在咫尺間，愼無動元亮之私也。

復臨洮陳司理

門下幸脱洮塞，又入夜郎，政如方渡惡洋，復泊窮島也。然而險阻備嘗，昔人所賁，居夷何陋，聖有格言，想門下安焉若素，處之坦如矣。揚名顯親，孝之大者。博一命之封，可當五鼎之養。門下報最事，又容可已乎？文已批司，回日，即當駐上考也。

與韓經宇進士

春闈聞捷音，喜極，持如意起舞。吾邑數年來，結轖沉埋之氣，得門下一洗發之，心[七]流行巘，亦爲生色，而托在桑梓葭莩者，分榮剖采，不須言矣。夏間奏使入都，曾附一函奉訊，時干旄已出國門，遂至相左。錦里晝遊，人間樂事；花前月下，一壺一觴；林畔溪頭，以風以濯，無不足以發舒豪興，暢叙高情。而悠閒靜適之中，亦可研究經世大業，驅馳鞅掌之人，想此光景，真若塵界之望十洲三島也。所幸已及瓜期，還轅有日，猶得聚首鄉園，追尋夙好，把袂躡大雲峰頭，浮白大嚼，白眼望青天耳。

復三原令

場屋一事，因一人而波及衆人，關節有無，長安自有公論，斷不至玉石不分也。太翁與家君共事久，立朝勁節，傳家義方，不佞知之最熟。是父是子，豈苟且以就功名者哉？

與曹春元遲

不親筆研者數年，目幾不能辯雌黄矣。大篇妄以臆批評，極知無當，恃有一日之雅，輒忘其僭。竊比于他山之石，何如？

校勘記

〔一〕"答"，卷首原目録作"與"。
〔二〕"答"，卷首原目録作"與"。
〔三〕"符司"，原無，據卷首原目録補。
〔四〕"符司"，原無，據卷首原目録補。

〔五〕"與",卷首原目録作"答"。

〔六〕"問",原作"門",據文意改。

〔七〕"心",似當作"沁"。

尺　牘

南巡應酬

答益王

臨汝去瑤階咫尺爾。官守覊束，不得單車上謁，續西園勝遊，徒懷躑躅。辱殿下委注，勞人飛帛叠錫，使者冠蓋，相望于途。不意古賢忘勢高風，于今再見，鄴下、梁園安足道也？

與孫藍石總憲

嚮者大邦之役，得一侍几杖，提誨諄諄，言猶在耳。甫入里門，即有北堂之變，跧伏三載，木石與居，遂不能一介申候，懸結如何？老師介石之貞，見色高舉，而猶不免悠悠之口，可爲扼悒。然而白衣蒼狗，變幻何嘗，自達者視之了不相涉。且從古聖賢豪傑，建大功，立大名，而被譏彈者何限，究竟公道自在人間，善毀者固不能損其實也。渭曲終南，儘有佳致，磻溪之釣，商山之棋，老師且以自適，怡養精神。天變外患，湊集一時，國家行且多事，當大任，樹奇勳，非老師不可耳。某承乏江右，自夏徂冬，亦殫力拮据，恐玷門墻，而心長力短，終不能有所建竪，老師尚鞭策之。

與李旭山總憲

頃自郵傳，恭聞憲命。西臺風紀重地，彈壓百僚。而台臺品望，一世具瞻，真所謂爵足配德，位以人重者矣。主上雖刓印者久之，而綸音忽渙，乃知國有老成，簡在帝心者素也。

與吳節庵總制

自劍舄臨邊，威德遐馳，聲靈赫濯，塞外諸胡無不弭首以受戎索。封疆安堵，桴鼓不驚，使主上無西顧之憂，北門鎖鑰，真今日之萊公矣。三晉之民得安居樂業，室家相慶，而無愁嘆聲者，皆老師之賜也，敢不拜承？

與包大瀛中丞

不佞某材質迂疏，本非用世之具。兼以跧伏日久，精骨頹弛，遂成田野散人。嚮來文法規條，盡歸恍惚。乍肩重負，日懼僨轅。幸台臺臨炤此邦，儀刑在望，景行行止，可俾不迷。而入疆之日，即步後塵，是亦天假之緣，信非偶也。羈泊境上，遙望斗光，恨不旦暮覿晤，慰生平嚮往之私。而周爰伊始，不獲如願，抑且奈何？

答錢浩川中丞

虔南之役，正台臺上章請沐，杜門謝客之時，顧煩倒屣，已逾恒格。且鼓枻江干，遠承飲餞，其所以惠勞人者至矣。然以世譜小生，僭越無等，敦一時共事之情，略兩世締講之誼。此自老年伯謙抑下濟，假借權宜，乃循省鄙衷，凛然芒負，不將爲知禮者姍笑耶？

與錢浩川中丞

接郵報，知已泛五湖之舟矣。高節清風，令人羨嘆。但此邦之人，久沐恩膏，乍失怙戴，歌袞衣而祈信宿者，當不減周公歸東日也。某方依提誨，一旦分携，感眷愛之殷優，思前期之綿邈，此時此念，躑躅彷徨，有不能爲情之甚。彩鷁過南浦，一杯江上，殷勤渭城，自是宿願。又以羈泊臨汝，恨無羽翼，可以奮飛，但翹首望雲間紫氣耳。

答王太蒙中丞

台臺五年江右，撫綏安集，仁澤淪洽，民之思之，蓋不啻周人之于召伯也。某于役茲土，采聽風謠，益切嚮往。顧去來先後，恨不同時，無能望山斗之光，未識荊州，亦生平大不慊意事矣。國家重務，惟在河防。台臺經營疏塞，夙具上策。既遠陵寢之害，又通轉漕之利，使主上無南顧之憂，功豈在平江後哉？伏承翰訊，先施之誼，真薄秋旻。中心藏之，曷其有極？

答文受寰中丞

雲中迫與虜鄰，雖年來封貢無恙，而狼子野心，終非豢養之物，識者每懷隱憂。老公祖宏猷遠略，虜在目中，此直可玩之股掌間耳。南昌理少年而老于吏事，爲治行高等，不佞某甚倚重之。嚮不知爲東床佳選，真快壻也。

答饒映垣中丞

嚮老公祖炤臨敝鄉，德洋恩溥。三晉之民尸而祝之，若甘棠之于召伯也。秉鉞西川，威靈遐曁。蠶叢魚鳧之境，吏法民安。而西南諸夷，俛首而奉繩索，無有譁者，又何用傳司馬之檄，尋渡瀘之師耶？屏翰之勛，真可爲百辟憲矣。某疏迂無似，承乏名邦，一切憒憒，政憂灾沴之後，拯捄爲難。幸雨暘以時，百室既盈，農夫稱慶。皇華之使，采聽風謡，庶可借手，以報簡書。惟是奥渫之隱未通，窟穴之奸難破，即竭力嘔心，是圖是究，而耳目蔽塞，堂階之下不見不聞，終不得其要領。老公祖倘垂念世誼舊氓，示問周行，俾奉以從事，豈獨一人拜賜，十三郡之衆，均荷仁人之利矣。

與饒映垣中丞

客冬，一介奏記，今尚未返，信乎蜀道之難也。老公祖以文武兼才，鎮西南半壁。蠱叢魚鼍之境，固已威震風清，想文饒、清獻之烈，不得獨擅千古也。頃見援遼大疏，搜簡鼓舞，無非壯猷。以仁義之師，兼節制之用，惠挾投醪，士爭超距，計必能敵王愾而靜夷氛矣。貴鄉去歲頗稔，幸少萑苻，惟加賦瘠土，累此孑遺。然軍興告急，不得不應。邇有惡宗之變，雖小譁即定，然此輩終爲會城大患，恐薄處不足以自創。奈何，奈何？某黽勉鞅掌，幸及瓜期，而于地方，無毫髮利益。靜言思之，素餐爲愧。

答王憲葵中丞

某疏迂鄙俚，碌碌無足比數。乃獨爲台臺刮目，許結忘年之契。終以後進，次且不敢顏行長者，而嚮來開誠指誨，藹藹德音，則未嘗不寱寐思服也。一別台顔，忽忽六載。中間即一相聞問，悠悠之思，豈尺一所能殫耶？

與李龍峰中丞

秦之役，幸廁同舟，沐愛宏多，勒在肺腑。北堂之變，遠辱唁奠，高誼真過古人。跧伏山廬，缺焉稱謝，時切懸懸。台臺清風直道，夐絕一時，而不免于悠悠之口。指鹿夷爲驕跖，侔曾史于檮杌，是非顛倒，亦至于此，令人扼腕詫嘆。是必含沙之輩，蜚語中傷，豺虎亦不食其餘矣。然而竊金盜嫂，千古一轍，究竟公論自在人間，浮雲安能掩白日哉？某三年林壑，殊覺優閑。小草出山，實乖大願。春明便及瓜期，當早問南園三徑耳。

與韓晶宇中丞

畿南重地，王居所恃爲馮翊焉。遼警震鄰，一特簡台臺而授鉞，主上真知人善任，得頗牧于禁中矣。旌節初臨易水，恒山莫不震叠。而況文武將吏，有不洗心易聽，以奉威靈者乎？某嚮理上谷時，每上謁轅門，手板倒持，汗流浹背。蓋今日而遐想尊嚴，猶若在榮戟之下也。夷氛未靖，徵調方煩。燕趙原多豪士，今即無屠狗擊筑之流，然探丸說劍、任俠輕生者，尚不乏人。台臺求材無方，一長必錄，想五陵、三河諸年少，必將聞風而趨幕下矣。某瓜期已過，代者杳然。弛于負擔，不知何日？南土炎熱，真是以日爲年也。

答臧九岩中丞

老年伯開府朔方，赫赫于襄，將繼《出車》之咏，即西人膽寒之謠，尚不足爲今日頌也。賀蘭山頭一片石，久矣待奇勳勒銘矣。

與王岵雲中丞

從來肩宏濟變，必須非常之才。蓋盤根錯節之區，排難解紛之日，斷非拘攣淺薄者所能勝任而愉快也。二東北連燕趙，拱衛神京，而與三韓僅隔，一衣帶水，震鄰之驚，豈不曰戒？蓋在平日爲弦誦禮義之鄉，而在今日爲丘賦徵發之地矣。廟堂之上，知非文武具備，若老年伯者，不可肩節鉞之任。是以同聲推轂，不謀而協；而朝奏夕可，則主上神明，又出人意慮之表也。聞報之日，折屐彈冠，非止爲世誼夙知慶，蓋爲社稷封疆慶矣。

答王岵雲中丞

自去秋一函奉候，疏節至今，雖南北風烟，音塵隔絶，然夙夜寸衷，感提携之舊德，仰震叠之新猷，未嘗不馳神于岱宗、濟水之間也。三韓不靖，二東驛騷。既懷唇齒之憂，又切心腹之患。每于邸報中讀大疏，深識遠猷，忠謀至計，灑灑數千言，晰利害如列眉，策安危于指掌。而得請者半，中格者半。下急上緩，外急内緩，封疆急而朝廷緩。如此泄泄悠悠之景，將舉一副山河盡壞之而不惜，天下事尚何言哉？老年伯統青齊强盛之域，當畿〔一〕輔肘腋之地，萬一國家有事，所賴于翼衛匡扶者，任獨重而勢獨急也。社稷安危實憑式之，豈特綏靖一方已耶？倥傯徵調之時，不忘遐注，拜緘之餘，感動肺腑。

與姚羅浮銀臺

恭惟台臺，名世夔龍，人倫山斗。徽聲駿望，朝野具瞻。某即未拜下風，親承色笑，然以家君依光使署，某接迹蘭臺，叙孔李之通家，步鮑桓之後武，仰止之私，蓋已積有歲時，而竟未奉咫尺之書，陳嚮往之悰，則以抱思未同，不敢唐突長者耳。主上静攝日久，天閶嚴邃，虎豹當關。一綫元氣未至斷絶者，獨恃有喉舌之司，疏上下流通之脉，不至殄行。而頃日連讀大疏，憂深慮遠，義正詞嚴，明紀綱而重名器，真是捄時之針砭，障流之砥柱，匡濟宏猷，此其一班矣。踐更樞筦，奠安廟社，跂予望之。某攬轡非才，憂天無力，坐傷留滯，畏此簡書。倘旦晚弛于負擔，將遂卜築巖阿，未知何時奉劍舄之光也？

與周元汀銀臺

恭惟某官，謇諤精忠，經綸大手。山斗之望，久已焜燿朝端。暫居喉舌之司，行膺節鉞之任。安攘宏猷，補洛鉅業，且將次第見之施行矣。

與鄒南皋廷尉

蓋不佞某自束髮而即知海內有大君子也，私心嚮往，恨不旦暮遇之，即執鞭納履，所欣欣焉。而南北各天，山川間阻，美人一方，徒增愾嘆。茲者，天假之緣，觀風大國，得一望龍臥之廬，展此宿愫。乃周爰伊始，尚遠浚郊，耿耿有懷，顏未覿而神先赴矣。恭惟臺下：直道真修，人倫師表。海內識與不識，無不仰若斗山。久宜踐陟公孤，弼亮帝載。而啓事空陳，賜環未卜。使白駒有如玉之嗟，黃髮無作朋之望。碩果不食，野渡虛橫，此不敢問之主上者也。自古天生豪傑，必有所以用之。乃豐其德而厄其遇，逸之以傳經講道之樂，而不予之以乘時澤物之權。使爲木鐸，不使爲霖雨，併不敢問之造物者也。然而大絀終伸，久潛必見。即今國家多事，天啓宸衷，深維社稷至計，必登簡名碩，以圖安攘。安車蒲輪，當首指豫章之境矣。且盱衡俟之。

答鄒南皋廷尉

鷺州一夕春風中，三十年仰止之私，頓然大暢，自幸此行爲不虛矣。曉漏頻催，征帆相迫，匆匆告別，未得深叩至論，醒此沉迷，又切悵惘。抵臨江來，簿書鞅掌，尚稽報謝。伏承台翰，知不鄙夷，更拜佳刻之貺，嘉惠後學，曠若發蒙，敢當終身誦之。某根器既薄，且生長僻陋。雖聞家庭詩禮之訓，奈無師友陶礪之功，少壯悠悠，佚遊放蕩，精神耗磨，歲月蹉跎。至于今，稍知警省，已成四十無聞之人矣。中夜思之，徒有慨嘆。莊誦語錄，若化功造物，處處天機，不俟面命耳提，而無盡之藏，宛在心目方寸中。一竅忽聞，精心體會，尚須細細服膺也。

答鄒南皋廷尉

小疏蕪謬，借祈名筆，一言華袞，先生不鄙而俞之，感激無地。連日欲遣力跪請，恐未脫稿，不敢唐突。乃承命使遠頒，悚反殊甚。開函捧讀，五色陸離，光燭雲表，藏之篋笥，即天球洛鼎，寧足與較輕重耶？至于獎借太過，期望太至，某何人斯，其敢當此？然不敢不竭駑鈍以副知己也。遼左之役，亦大艱難，硬着肩頭，請事斯語。前承賜淮上新刻，以性道發爲文章，諸體俱備，可謂兼總條貫，金聲而玉振之。復得龍紫海致所刻先生語錄，反覆玩味，幾忘寢食。從來講學者，不落于虛則執于滯。先生第就日用之實地，發性命之精微。目前指點，徹上徹下，活活潑潑，而以仁貫之，直接洙泗之真脉，可俟百世而不惑矣。小疏自不足觀，亦欲就正有道，俟刻完當奉上也。

上顧涇初老師宮詹

客歲一函奉候，反辱老師瓊報，併賜鴻刻，焚盥捧讀，諸體俱備，衆美兼該，真可集文苑之大成，擅不朽之神技。無論近時作者，莫敢比肩，即與蘇長公並驅爭先，有韵之文，彼且瞠乎後已，匪佞匪佞。頃客從南都來，詢老師起居甚悉。但聞玉趾尚未大健，不能無藥[二]，正弟子之憂。某即不習方書，然以臆度之，老師患此已久，其根猝未易除，只當徐補，不當急攻。當滋血舒筋，不當燥濕瀉火。蓋精血壯盛，則火濕自除。若攻補兼施，恐未能見效也。不知老師以爲然否？見老師集中近作頗多，尊體未平，筆研應酬，或可少謝，雖變化已誠，不煩擬議，然濡毫染〔三〕，未免少費心思。況老師一身，四海具瞻，異日參贊天工，平章軍國，兼宏任鉅，猶賴全力全神。此時且須頤養，以儲搏塪大用也。備數藥籠，敢竭苦口，惟老師鑒之。

與楊昆阜宮詹

自夏徂秋，想起居家□，無煩區區私念。天上仙班，日近蓬萊五色，固已別是人間。即退食，從容拄笏，望西山爽氣，亦大快事。視四牡征人，相隔萬重雲矣。

與孫愷陽宮坊

曠逢顏教，且將一紀。懷念殷切，甚于調饑。鱗羽稀疏，久缺問訊。接邸報，知劍履還朝矣。銅龍金馬，出入委蛇。依日月之光華，占蓬萊之佳氣。此雖人臣之榮遇，而不足爲老年丈重也。老年丈濟世宏猷，格心大學，力能負地，手可補天。異日建名世之勛，輔中興之運，乃某之預爲年丈期者爾。邇日，國事益不堪言，上下成委頓之風，大小習模棱之態，神氣不揚，何以威遠？且徵發無已，海內騷然，行齎居送，户怨家咨，恐民窮盜起，不得復太平光景，奈何？某覊泊江右，三易歲華，積鬱積勞，方在壯年，遽有二毛之感。自審已不復能效馳驅，早晚亦將返駕山中，終不使吾家季鷹笑人碌碌，未知瞻奉色笑，仍在何時也？

答朱月樵給諫

長安中一侍顏教，荏苒七載，懸企之私，匪言可宣。憶昔大奸煽亂，宵喙爭鳴，驅逐異己，易于振籜。老年伯屹立中流，獨持正論。雖不免于同室之戈，然而狂瀾終砥，一紙清議，不至竟斬于簧舌之輩者，皆老年伯之功也。中外士紳，日趾趨拜，而新命尚稽，聖心真不可測。即今國家多事，幹濟匡扶，亟大邦之役，百爾茫昧。頃歷貴郡，咫尺珂里，切欲一拜下風，長跽請教，而鞅掌未遑，式閭之懷，止在杼柚，反辱台翰下貺，感戢如何？

與李念塘給諫

臺下道直如弦，中立不倚，而竟不勝黨同伐異之口，世情翻覆，何所不至？能不令人邑邑？雲臥已久，啓事尚稽。方今國家多事，匡濟需人，豈可使社稷之臣，長占烟霞之樂乎？

與李心白給諫

乙卯，豚兒還自會城，極道老年丈渥愛。不奉德音，又三載矣。山川相阻，日月如流，人生那堪此離別也？年丈直道清修，爲時側目。鴻飛冥冥，不免弋人之手。然大丈夫堅立，固不爭內外得失間。從來皎皎亭亭、留芳史冊者，豈屬容容多福之輩耶？想遠觀如年丈，必不以此介意矣。弟跧伏山中，已成懶散，不意承乏江右之役。南中毒熱，甚不相宜。回想清溪白石間，真羲皇上人。勉了此差，便當高臥烟霞，不問長安弈棋也。

答周澦西給諫

頃奴尚鶩伏，未即窺關，而又有母后大變，凶咎之集，湊合此時。主上召對輔臣，數年曠典，而未見有嘉謨入告，啓悟聖明，可惜虛千載一時也。

與楊浴陽給諫

秦之役，幸托同舟，借益非渺。跧伏山廬，遠煩訊貺，感懷高誼，何日忘之？恭喜榮選掖垣，正人嚮用，有識之士無不彈冠，而況有一日之雅者哉？國步未夷，交訌不絕。朝廷之舌戰方息，而邊塞之兵戰又始。力屈財殫，徵調煩興。恐季孫之憂，不在顓臾。惟望新命早渙，賴宏猷碩畫，以弘安攘之略耳。

與劉貞一侍御

老公祖以宗社大計，挺身廷爭，致蒙嚴譴。白日麗空，覆盆不炤。不謂聖度如天，乃不能容一忠直之臣也？歲前聞金雞消息，頃又寂然，豈有中阻之者耶？然轉圜有機，德音當旦晚渙發矣。棘圜纍室之中，鬱蒸淒苦，信難爲情。而患難之來，素位自定。昔東坡就逮，賦詩自如；文清下獄，讀《易》不輟。老公祖守道之貞，觀化之達，自不在兩公下，知不以無益之憂思，累不動之心性也。某忝列言路，不能叩閽爲老公祖訟冤，徒自愧耳。

與房素中侍御

不肖某瓜期將及，三郡未了，計春半可完矣。班行落落，敢遽望代。然新咨諸公，或旦夕可徼俞旨，而在籍諸道長，尚不乏人。仰仗台鼎，速賜題差，早一日即一日之恩也。南北風氣不宜，台臺嚮在吳下，定熟知之。某自入江右，即苦炎濕。邇抵虔南，遂爲濕所侵，腰膝痛楚，不能俛仰。今幸小愈，尚未暢然。誠恐瘴土受傷，爲患更劇，惟早脫此地，庶無後憂。而更有一段苦情，不得不控。某襁中失恃，鞠于太母，恩斯勤斯，視諸父昆弟，倍憐愛焉，政昔人所謂"非祖母無以有今日者也"。今太母春秋八十有六矣，報劉日短，夙夜在懷。而遊于天涯，門閭望切，身無羽翼，可以翻飛。台臺錫類宏慈，當必爲之惻然矣。

與徐海石侍御

壬子冬，曾于旅進之次，一奉顏色，未久即有隴蜀之役，間闊至今。台臺直道剛腸，力肩宇宙。憶昔大奸煽亂，舉國若狂之時，幾于白日無光，狂瀾不返。而台臺主持清議，爲衆正前矛，竟能袪邪破黨，收摧陷廓清之效，旋轉世道之功，書之史册，當爲千古快談，微獨一時嘉賴已也。天惠楚國，即[四]鉞炤臨，三湘七澤之間，無不拂仁風而遊化日。況澄清餘澤，甘棠蔚然，豈惟士女見休，即山川亦當生色矣。

答徐海石侍御

嚮一函修候，草草戒行，反辱裁答，真投桃而報瓊矣。遼餉告急，加賦之議，主計者良非得已。然即今海內空虛，所在帑藏如洗，而江右更稱匱乏，無以應之，只得徵而後解耳。劉貞一公祖，久繫圄中，白日在天，覆盆不炤。歲前已有金雞消息，後竟留中。想聖明意轉，不久即釋，亦曾遣力候之。喬徼我年伯，客秋曾一相通，起居甚適，高誼敦篤，故交如此，不意古道于今日見之。鄒瀘水邐過安福，始得一面，清穆若令人意消。熊太和久已杜門謝客，但相聞問耳。

與陳素中侍御

江干一別，遂隔天涯。即夢遶清塵，神馳珂里，亦時時如側下風，而覿晤莫繇，耿耿此懷，徒勞杅軸。老公祖弭節錦鄉，堂開燕喜，廷接蘭交，襟懷當何如鬯快？但東人望切雲霓，而榮命旦晚且下，恐席未及暖，又當命駕北征也。不佞某自違台教，無可與言。然芳規具存，惟有守而勿失，可勉謬盩。如學書小生，摹臨法帖，點點畫畫，不離原本，便是能手，寧敢自作聰明耶？

與韓晶宇侍御

恭惟台臺，直道危言，一時山斗。主清議之盟，提人倫之鑑。扶培澄汰，折邪焰之方張，迴狂瀾於既倒，功在世道，不特一時稱服已也。某嚮續班行，久瞻山斗，顧以出處不齊，未奉顏色，不識荊州，真生平大恨矣。頃于役江右，得睹澄清遺化。前徽未遠，芳軌具存。即不敢謂蕭規曹隨，亦庶幾率繇舊章，不至隕越，以辱簡書，則所夙夜而凜凜者。

與馮禮亭侍御

龍臥已久，日望劍珮歸朝，反聞駕入春明，而喜可知已。方今國步多艱，宸衷未悟。戎醜在疆，賢才居厄。內有空虛之實，外成削弱之形。方蹶之天，莫知所屆。矢謇諤之謨，規治安之策，以補捄聖明而維持泰運，非台臺其誰望乎？

答方魯岳侍御

臺下道直品隆，清譽滿都人士口，豈直稜稜丰節，領袖西臺，龍光廟社，群目且交注之。荊鍾陽蛇影生疑，政可發有識者一笑，于重望何損焉？想此公必為人所愱，非其本懷也。中原重地，正資彈壓。繡斧一臨，嵩河動色，安得遽返王陽之馭耶？

與胡小山侍御

老年丈按部吳越，日麗霜清，丰裁赫赫。計瓜代有期，入朝風議，以振言路奄奄之色，是弟所盱衡而望者。如弟庸駑，蹩躠不前。出山小草，翻悔負三徑松菊矣。

與胡小山侍御

江浙接壤，鱗鴻非不可問也。而年來止一布尺書，王事鞅掌，交疏禮廢，顧寤寐私衷，何時不在吳山越水間耶？老年丈已得代榮歸矣。霜旌西指，巫峽雲開，雖鼓盆之慟猶新，而題柱之懷已暢，此羈泊之人所跂羡而不可遽得者也。國方多事，政賴訏謀，想錦遊不久，必駕鋒車，歸闕長安。議論漸尋同室之戈，恐有乘釁而起，收漁人之利者。□□□□，間不容髮。是在老年丈早入，而銷蜀洛之萌耳。

與王襟海侍御

巡方之請，十九不報，即報亦遲之數月。而老父母借重關中，朝奏夕可，此固主上注意三秦，實老父母精誠之結于上心者素也。前見大疏陳情，似難絶裾。然而陽爲孝子，尊爲君臣，並行不悖，此是君家故事，寧必以朝夕萊衣爲孺慕耶？入關以來，聲靈震疊，光動天外三峰，而風行草偃，不待言已。弟尚有并州之思，不能爲關西父老色喜也。

與彭天承侍御

以不肖之厠在雁行，而長安僕僕塵鞅，竟未能時相過從，劇談肝膽。蓋嵇生之懶，久已成癖，非敢自外于金蘭也。祇今回想，始悔佳會之難嘗，良時之虛擲。然而千里比肩，神交有道，豈在蹤迹間論疏密哉？老年丈勁節孤標，爲時山斗。入則矢謇直之謨，出則恢澄清之烈。三湘七澤之間，被潤澤而大豐美，不知幾千萬姓矣。如弟碌碌，識暗才疏。銜命而來，一籌未展，每懼辱簡書而玷班行。年丈肯不分緒餘，以振弟之不逮耶？

答彭天承侍御

伏惟老年丈勁節高標，邦之司直。省方南楚，恩湛威馳。誦佳刻數種，風霜三寸，爲國爲民，一片熱腸盡皆灑出，澄清丰采，蓋將使孟博遜美，不獨爲一時前矛也。

答崔抑庵侍御

大邦之役，以駔拇而兼拘攣，于地方無爬搔櫛比之益。遺穢自慚，敢當齒芬之及也。別來六載，積緒千端。晨風不借，缺焉聞問。閩江壤如繡錯，瞻望斗光，如日夕履駒之下。頃一介起居，計程始達，而飛翰陡來，不約而符，真所謂千里有神，契合非偶也。菲劣肩重，終懷一躓。方望高明提翼，反問道于盲耶？

答毛孺初侍御

楚吳相接，一水可航，而官守羈束，不得鼓剡溪之棹。遙望清光，杳然河漢，悵結如何？老年丈新聲赫濯，霆運風馳。想諸部糧糈，舳艫銜尾，將次第近淮揚矣。軍儲百萬，京師命脉所關。遼警戒嚴，足食尤急。年丈一身，真國家安危所托重也。濟川巨手，用以理漕，只須咄叱而辦耳。

與林劍石侍御

棲烏之府，落落曙星。日望榮命渙發，以爲班行光寵也。頃接邸報，始得俞旨，彈壓之慶匪可喻。方今天下大勢，已岌岌如朝露之危。而宸衷日錮，朝政日弛。大家悠悠泛泛，若無柁之舟，任□泊于黑風白浪中，而莫爲之計。獨有言路一脉，可效拯拔之功。以宏猷卓識，籌于靜觀之餘，而發于持滿之後。謂謂昌言，且傾耳鳴陽之矣。中都爲祖宗湯沐重地，特簡巡行，淮海、維陽共瞻法曜，埋輪風采，昔人寧得擅美耶？某羈泊江右，三易歲華，勞與鬱兼，日覺委頓。轉盼秋風又起，季鷹之思，恐不能自裁也。

與吳北陽侍御

巫峽、匡廬，遙遙相望，即欲問波間雙鯉，而長江不向西流，獨有寄愁心明月，流影到三巴耳。且喜年丈得代，聞已移節夔州，想新使君當以秋初入境。年丈揚帆東下，朝辭白帝，暮抵江陵。不旬日，可達仙鄉。脫塵鞅而遂錦遊，此人生至樂也。某與年丈先後受事，而獨不得沐主上一視之恩。羈棲江介，有似瓠瓜，勞與鬱兼，日覺委頓。秋風一起，當效吾家季鷹，翻然長往耳。

與駱沆瀣侍御

去歲一布尺書，忽忽半載。每憶兼葭倚玉時，未嘗不神馳吳山越水間也。老年丈較閱不停，得毋過勞。然一經品題，便成佳士，作人之化益宏。遼師潰敗，損威辱國。杞人方切隱憂，而廟堂之上，舌戰又起，得毋予奸人以隙耶？年丈何以爲銷弭之策也？弟瓜期已過，代者尚遙。閒中日月，益難消遣。年丈所謂手一編自適者，又非疏懶之人所能矣。

答駱沆瀣侍御

國步多艱，政賴遠猷宏略，籌畫安攘。奈何一夕秋風，便動扁舟之興，板輿入里，着屐登山，亦自人生快事，乃恝然置朝廷事于度外，非弟之所望于年丈者也。然聞已出疆，無計挽留矣。暫時休沐，必當爲蒼生蚤出。烟霞即善媚人，豈能久伴英雄哉？臨別惓惓，遠加訊貺。年丈高誼，何可于情中求之？

與駱沆瀣侍御

老年丈奉潘輿而歸，膝下綵衣，陶陶樂也。古云："不以三公易一日。"年丈真其人哉！貴鄉故多佳山水，足以佐助吟嘯，發舒性靈。年丈與棋朋酒伴，優游偃仰其間，俗情日遠，佳興愈豪。遊戲翰墨之場，奚囊當不勝貯，休文不得獨擅千秋矣。弟生平懶散，亦有烟霞之癖。簿書鞅掌，便欲發狂大叫。況左弭右粱，驅馳戎馬之間耶？主上弄印久之，想知其不可，懸以待能者。弟亦將幅巾還山，繼年丈高蹤矣。

答劉芳〔五〕瀛侍御

嚮一函馳訊，聊布闊悰。何至遠厪裁答？投桃報瓊，是之謂已。老年丈得代錦旋，羈懷一朝洒脫，湖山烟水，雖足以滌暢靈襟，然而封疆多事，班行寥落，籌帷幄而執廷議，豈伊異人？此非年丈安枕時也。趨駕入朝，跂予望之。時事孔棘，二三兄弟，政宜同心協力，共濟艱虞。乃議論少不合，而便相爾戈矛，隱隱有室中之禍。涕泣而道，非我輩之責乎？弟鞅掌周咨，忽已半載。心長力短，碌碌無尺寸樹。每憶孟博登車之語，愧汗便淫淫浹背也。江右藩臬，一時稱盛，而大計搜索，又難其人。蓋他時嘗苦才少，此時又苦才多矣。新建恂恂，誠如台諭。不知其弟視其師，肯以衆人遇之哉？

與翟凌軒侍御

與年丈別來，星霜六易矣。天涯兄弟，南北相望，楚水齊山，總成離況，恨無羽翼可以翻飛。年丈力排閶闔，指斥閹邪。杜鹿門之奸萌，抉煬竈之秘扃。主上不察而加以嚴譴，忠罪信疑，言之短氣。雖則身去名高，究竟與長沙湖海，光映史册。然聖明之朝，而屢聞斥逐直諫，則非臣子所忍談也。今外患方殷，天心默啓，旦晚賜環，計入聽長樂鐘聲，爲時不遠矣。弟跧伏山廬，一竿自適。承乏豫章之役，鞅掌爲勞，而心長力短，尺寸寡效，無足爲年丈道者。

與熊極峰侍御

報代役還，接手札，如面談也。巡方之遣，次第得旨，而獨于年丈若有靳焉。毋亦以邊疆告急，國步多艱，帷幄運籌，政資奇碩。主上固使之出入風議，而不使之周爰咨諏乎？

與張藐姑侍御

接手教，知新納麗人。錦帳鴛鴦，春睡正穩，亦念及天涯孤客，欹枕恨更長否耶？季雨春捷，國家得一吉人，聞之甚喜。太階內留，推挽之力在吾丈與崿西耳。遼事敗壞至此，人心搖動，根本可虞，扼腕悞國之輩，恨不得即借上方也。弟瓜期已過，尚無代者。不審何時得返家園。憂國懷鄉，回環方寸，潘郎雙鬢，非復嚮時，朝來攬鏡，但形影自相憐耳。爲我致意如姬，有髯丈夫者，再拜稱賀。一粲。

與傅見俞侍御

台臺亮節宏猷，爲時山斗，不肖所願得而執鞭者也。蹤跡未同，神交空切。大邦之役，幸得講設榻式閭之禮，輒敢以姓字仰溷典籤。留臺乃清議所出，嚮來擊奸鋤佞，補闕弼違，功在社稷者居多。即今調護摧抑，使是非邪正較然不爽者，亦二三君子實嘉賴之。而台臺以邦之司直，標領人倫，豈獨言路龍光？固知朝廷借九鼎之重矣。

與趙懷東侍御

小役返自白下，得手札，如面談也。年丈中立不倚，直道而行，此政所謂萬人必往者，何虞孤立耶？邇者，星變示異，占驗甚惡，此中無精象緯者，不知南都之議何如？大抵國家承平日久，蘖滋多，而聖上又履滿倦勤，日益弛廢，海內處處空虛，元氣、神氣兩俱受傷，患不在外，必生于內，但恐如嚴樂所憂者爾。補捄之策，談者亦穎禿唇焦，其如宸衷不轉何？我輩杞憂均切，匡救消弭，未審將何出也？弟耳目壅塞，信心行意，恐不爲清議所與，借庇奉教，或可免於罪戾。不敢求有譽，但求無咎耳。

與孫瀟湘侍御

一別芝眉，不覺七易裘葛。嚶鳴空切，把臂無緣。江南暮雲之思，徒亂人方寸爾。留臺原清議所出，而老年丈矯矯風節，砥柱狂瀾，使如綫之直氣，不絶于燼亂之口者，皆昌言諤諤之力也。弟跧伏山廬，懶散成癖，與世相違，不意有豫章之役，鞅掌良苦，尺寸靡效，終不知稅駕何所？奴氛甚惡，而妖星示異，適當此時，國家事有杞人所不能料者。年丈定有消弭豫防之策，入告宸閽，使泄泄憲憲者，不至有焦頭爛額之苦也。

答葉明生銓〔六〕部

臺下人倫冠冕，王國龍光，不佞私心嚮慕久矣。于役江右，又得問甘棠遺迹于父老之口。竊嘆龔黃治行，何代無之？但不遇綜核名實之時，黃金璽書遂成千古快談爾。榮晉天曹，又爲仕路稱慶。知臺下異日必以治汝水者，繩天下長吏，不使鸑鳳之儔，絀于鷹鸇之下也。華翰謙冲，過自貶損，豈所敢當？然又不敢返也。

答楊雲門水部

疊辱鼎翰，知不遐遺。惟是一字之謙，所不敢當。雖高誼篤于念舊，而鄙衷踧踖甚矣。門下之材品治行，固當□瑣闈之選，即次者亦不失蘭臺。而當事者僅以鳩曹相處，反覆思之，不得其故。豈謡啄之口頓能操顛倒之權乎？然居今之世，風波翻覆，言路實爲畏途。況加以主上厭薄台省，疾諫如仇，未用者既痼之不進不退之間，已用者又視爲可有可無之物。有言責者殊愧素餐，固不若郎署清曹，可以修職而見功，隨事以竭忱也。

答王岵雲方伯

共事半載，提誨宏多。一旦分携，百凡茫昧，不敢謂失左右手，政如盲人中途去導，悵悵乎東西易面而無從也。

答王岵雲方伯

別後兩接手札，皆惓惓爲地方計，乃知真實心任天下事者，無一念不爲國家，無一刻不爲百姓，不以在事而拮据，去後而委謝也。江右無財無法，信如來教。然能理財于無財之時而財不匱，行法于無法之日而法不撓，非大經濟、大識力，亦安能作無米之炊，解不調之瑟哉？私心嘆服，不啻若口出矣。

答沈何山廉憲

共事五閱月，周旋二郡。面聆提誨，若扣洪鐘，使蒙瞶之質，得聞所未聞，良用自慶。惟是以世譜後生，處非其據，僭越非分，則凛然芒負在懷矣。天惠西鄙，借重憲臺，三晉吏民從此得睹澄清之化，而一塵席庇，瞻依之念，又百倍于恒情。惟願旌旄早指太行，以慰并竹馬之迎爾。況邇者東氛未净，妖星示異。國家之事，政未有寧。晋當京師右臂，徵發擁衛，於他省獨急。老年伯訏謀淵遠，嘗懷衣袽之憂，不可不速駕北〔七〕首，以豫先事之防也。

與詹起鵬大參

里中辱手翰，役還，即附一函，想塵記室。弟已于首夏望後，抵潯陽受事矣。顧瞻山川，泱泱大國。北鄙傖人，胸襟頓豁如許。不知周爰遍歷，更當何如？初入封疆，兀坐一署，無可與談，吏治民情，襃如充耳。年丈既過聽而謬以爲可使，倘更不鄙而以爲可教，周行示我，敢不百拜承之？

與馮抑庵憲副

別年丈不覺數年，流光如電，宦迹如蓬。回想蕭寺過從，聚首談心時，何可復得？能不令人邑邑？年丈擁麾南服，控制上游，雖江右亦借鄰光，實風馬牛不相及也。榮蒞時，郵筒一札，殊不自安。曾托詹起鵬道意，想必奉聞。岳陽洞庭之勝，爲海内大觀。而年丈收之襟帶間，吞吐靈氣，洗淪壯懷，便當俯凌塵世，與鐵笛道人翱翱八極，此處雖有彭蠡汪洋，終是小巫望大巫耳。弟生平懶散，獨有山水之癖，而苦爲塵鞅束縛，戇戇不得騁。及瓜望代，政圖放情登涉，爲向平之遊，而又有封疆之役，苦甚矣。久思裁訊，適有便羽，敬修尺一，奉問起居。

與岳石梁憲副

嚮從丘令處得老年伯手札，即附一函報謝，乃台旌已南，竟爾空返，殊用悵然。老年伯直節孤標，亭亭霞表，當舉國若狂之日，而堅持獨是，力障奔流。雖不免忌者下石，然以今觀之，炎炎者終何如哉？閩海古人才淵藪，老年伯又文章宗匠。伯樂過冀，良驥一空。英俊如雲，想盡歸法焌。即不羡秋來桃李，而思皇多士，蔚爲王楨，能不爲國家得人慶耶？某三載幽棲，自甘衡泌。不意承乏此役，力短心懦，拮据無效，密邇錯壤，竊被鄰光。老年伯何以誨之？使不爲簡書辱也。

與劉蘀經[八]憲副

干旌過潯陽，東道主人夙戒郵廚，具一樽曠然亭上，定謂良晤可期，而年丈不肯惠然揚帆北岸。元禮仙舟，可望而不可即，盈盈一水，眞若絳河，祇有伊人一方之嘆耳。鷁首西返，欲再尋前約，而駾駾靡及。周爰方始，不能久駐江皋，過〔九〕此又不知何時可披襟也。

答黃貞父憲副

再接手教，知遁思不可挽矣。鴻飛冥冥，弋者安慕？介石之操，自非腐鼠所能易也。惟是宇內方脊脊多事，而中流之楫，寔諸河干，可爲慨嘆。若一方陡失福曜，猶其小者耳。

答項聽所憲副

一睹丰采，歡若生平。雖不敢謂逢人說項，亦庶幾莫逆于心矣。主計事不審，鑠金之口，得行其說，皎皎受污，令人慨嘆。然而升沉命也，誰能竊造物之柄哉？方今國家事，匡濟需才，豪傑建竪，政在此日。溪山烟雨，豈足英雄駐足之地也？

答張西江憲副

久懷結襪之私，未申式廬之請。使席嘗虛左，榻但塵封，夫亦自愧于浚郊素絲矣。虞卿著書，應滿篋笥。而游戲之餘，不忘時萩。想螢餘萬卷，見獵生心，固將窮一代之體，爲不朽之傳也。藏之名山，定爲世寶，豈必俟後世之子雲、皇甫之齒頰哉？佳公子翩翩，足稱象賢矣。

與李斗冲太宇

客舟過治郡，昏夜洪濤中，辱年丈命檝枉顧，授餐加璧，此誼令人鐫膈難忘。惟是王程催迫，帆影如飛，不能一睹赤壁山光，坡仙有靈，不將胡盧磯上耶？既抵潯陽，望匡廬千仞，朝夕雲霞，宇内奇觀，收之几席。因想赤壁之勝，恐不過此，差足自快。及繇南康渡彭蠡，茫茫萬頃，益豁塵襟。名邦山水之奇如此，是宜降靈毓秀，高賢碩德，項背相望也。

與韓經宇廷評

自接好音，又更時序。懸結之思，如何可言？榮除後，即宜遣賀。祇以鞅掌征途，不遑啓處，遂成疏節，想汪襟必見原也。貴衙門舊以不與考選，視中行稍遜。然以今之時勢觀之，一番考選，六年沉閣，總計前俸，已逾十載，若循資〔一〇〕遷轉，可近藩臬之長矣。況讞決參駁，持天下之平，四方民命，操之掌腕。于公在廷尉，下無冤民，高門遺慶，又足爲仁人賀也。

與韓經宇廷評

役還，接手札，知臺下失孟光也。結腸之痛，如何可言？然夙緣有數，盡則難留。望勉抑至情，借鼓盆生自解。不則客邸悲傷，恐鐵石心腸，亦不能堪。願言自愛。

與廉奎宇廷評〔一一〕

答李有懷宜都令

與趙□衡

與張滄西公子

校勘記

〔一〕"畿"，原作"幾"，據文意改。

〔二〕"藥",原作"樂",據文意改。

〔三〕"染"下,似缺一"翰"字。

〔四〕"即",疑當作"節"。

〔五〕"芳",卷首原目錄作"方"。

〔六〕"銓",卷首原目錄作"選"。

〔七〕"北",原作"比",據文意改。

〔八〕"經",卷首原目錄作"徑"。

〔九〕"過",原作"遇",據文意改。

〔一〇〕"資",原作"咨",據文意改。

〔一一〕此下原闕失,以下數題,均據原卷首目錄錄存。

張忠烈公存集卷二十五

尺　牘

桑　梓

與楊伍南鹽院

敝邑彈丸之土，地瘠民貧，老公祖所知也。舊額歲納鹽六千引，高平則止納五千八百引，陽城止納五千二百引。

夫以敝邑與兩縣相提而論，其戶口之數，貧富之形，不能當高平十之三，陽城十之五，而納引反多，其故殊不可解。且必有鹽而後有引，敝邑山野，貧民食鹽者少。自停止運發，商人絕跡，止有肩挑背負之徒，皆向翼城轉販。此輩貲錢不多，或止買五、七十斤，不足一引；或二、三人共買一引，零星市賣。鹽完，而引自攜之去矣。是以敝邑之引，皆責之牙行賠買。本地無引，必向別縣尋求。往歲，價止五分一二，年來貴至八分，甚且一錢矣，計每歲當用六百金，而勾攝催督之費尚不與焉。

敝邑雖有四集，端氏一鎮，猶有交易，其餘止三家之市耳。牙儈一報到官，如赴湯火，追引之日，田產妻孥俱不可保。倒懸之害，弟目擊心傷久矣。

今幸老公祖炤臨在上，洞悉民隱。敝邑小民介弟控訴，倘老公祖憫念貧邑，量從減免，此敝邑百世之利，銜結之感，子孫以之。又察陳公祖鹽政條約，內云："澤州浮額引一萬七千八百五十張，今減去二千三百五十引。"是敝州尚有浮額引一萬五千五百餘也，若再蒙豁免，於異日《鹽政疏》中一爲説明，此更不煩別議。又破格之恩，所翹望於老公祖者也。

與閔曾泉方伯

三晋故稱瘠土，小民雖纖嗇勤苦，尚不饜藜藿之腹。又以天不假易，饑饉薦臻，一二孑遺，不知近作何狀。然有仁人在上，惠恤而勞來之，知不至流移轉徙也。

頃者，征調煩興，已不堪命。而派牛一節，尤爲可嘆。不論地之遠近，府之大小，而概派四千。如汾、潞兩府，一邑便當出五百餘頭，即盡括閭閻之畜，擇其能任重致遠者，尚恐不足。且小民以力耕爲生，顓倚此物爲命。去牛二頭，則百畝之田曠而不耕，總計三府當荒田六七十萬。磽瘠之區，田寧有幾耶？此在老公祖與撫臺公祖主持力爭，以救此一方民也。若加派田畝，必且倍增。敝省田少丁多，是以徭與賦幾等，而田之饒者什三，确者什七，有歲之所入，尚不足償耕耨之費者。故百姓多棄本逐末，糊其口于四方，甚至素封之家或無尺寸之土，而貧民爲山田所累，推以予人亦不可得，再若加增，勢必至于逃竄，正額亦反虧矣。愚妄謂當斟酌于丁糧之間，上中二則每丁稍加一二，可抵田畝之半。蓋此皆殷實之家，取其分毫，即當貧民之銖兩，出之既不吝，取之亦不難。就使富者有田，亦可哀此以補彼也。部疏原有隨處斟酌之説，或亦可通融乎？蒭蕘之見，自知無稗于高深，然痛癢相關，不敢不竭其愚。

與王衷宇西寧道

《薛文清公集》嚮無善本，不佞欲重梓之，而篋中未曾携來，不知門下處有否？如無，或可于吾鄉覓得一部，須求《全集》

方好。不佞景行前哲，欲彰其美而廣其傳，想門下同道同心，當共成此舉也。

答王衷宇西寧道

文清先生《讀書二錄》并《文集》已借重貴司重梓矣。委官執事，更煩門下督之，總期精工，以垂不朽，不求速與惜費也。嚮見先生仍有《從政錄》及《吾學》運司刻本，頗全。既欲重新，必須盡括，而其家藏先生之《誌》、《表》及《吾學編》之《傳》，皆當冠于其首，方成全書。惟再一博求，始終成此盛舉，亦桑梓之光也。如一時便難即得，恐妨工日，且將《讀書錄》先刊，餘次第續之未晚。先生詩文中間，有一二可刪者，然小生後學，何敢輕議？寧可全載之，總名曰《薛文清公全集》，可乎？集中有脫落差訛處，煩一留神。爲此一事，僕僕往還，恃在愛雅，且爲吾鄉先生表章，門下必不厭其瑣瑣也。

與黃輿參南京兆

薛文清公爲我朝理學第一人，乃其著述多散佚不傳，即傳者又無善本。不佞近始廣搜博訪，緝爲《全書》刊之。關中僻處一隅，其行不遠，是亦猶之不傳也。金陵爲載籍之藪，海內學者皆取給焉。倘借寵靈，發刊坊間，仍以名筆弁其首，則必貴國門之紙。表章前哲，嘉惠後學，臺下功在斯道，且與天壤不朽矣。奉致二部，一供清覽，一付書肆，祈臺下留意焉。

張忠烈公存集卷二十六

尺　牘

節　令

答龍紫海元旦

天涯春色，又早逼人。宦遊驚物候，想彼此同之也。老年丈乘春布令，定有一番新雨露，沾被商民。如弟者，歲華虛度，漸見二毛。老大無聞，惕焉增慨，政所謂"愁思看春不當春"也。柏酒辛盤，都無意味。得瑤華遠逮，如坐春風。不覺鬱懷盡開，欣欣動眉宇矣。

答徐思健元旦

斗杓迴次，歲籥更新。春風鼓盎，和氣融熙。即草木群生，昭蘇於光天化日之下者，咸有以自樂。獨有宦遊人，偏驚物候新。孤栖旅邸，形影相憐，柏酒辛盤，都無意味，但不勝歲華虛度之感耳。伏承台臺注念同春，寵加溫札。寒霜之署，頓覺煦煦。

復司道元旦

物華星移，因維改歲。風塵荏苒，日月蹉跎。梅蕊柳條，總足動宦游之感。猥辱雅注，知不遐遺。天涯旅館，獨有寒燈。柏酒辛盤，都無意味。其敢貪腆洗之惠也。

答楊伾南端陽

東西相望，有若參辰。他鄉令節，亦不得同舟競渡，傾倒蒲觴。耿耿縈懷，與五色絲俱長矣。聞驄駕西來，將與龍紫海年兄會於陰晉，共躡太華峰頭。宇宙奇觀，收之襟帶。弟恨無羽翼相從，窺玉井十丈蓮，看仙人六博處也。

答徐思健端陽

駐潯陽月餘，披拂清風，沁入肺腑。瀕行，零雨瀟瀟，遠勞郊餞。感此高誼，何刻忘之？星渚去江州一舍，便若□□□□□□□□□□□□□□□□□□波競渡，彩鷁爭飛。而台下簫鼓樓船，滿泛蒲樽，其樂當何如也？不佞兀坐孤署，那問蘭湯？懷人夏日，祇有愁縈綵縷耳。

答崔振峰中秋

恭惟瑤臺光滿，桂殿香飄，此正人月雙清之會。況四郊無壘，烽靜烟清，羌管胡笳，亦爲入耳之好音矣。台臺值此佳景，登樓酣宴，賓從雲從，其樂何如？某行役遠塞，孤影自憐。有舉頭望月，低頭思鄉耳。猥辱高誼，曾不遐遺，翰貺遙頒，殊慰岑寂。

答吉獻丹中秋

三五良宵，中秋獨勝。此時此夜，無不携樽邀客，共賞清輝。而我輩獨塊處一室，形影相憐。且天各一方，不得把臂登樓，共相歡鬯。雖有愁心寄明月，又恐隨風飛不到也。

答錢浩川中秋

秋色平分，月華圓滿，好景此夜稱最。台臺虛衷朗映，對此良宵，益添佳況。南州旅客，無能同遶枝之鵲，依依宇下也，可勝悵然。不腆芹私，佐庾樓一觴之獻。

與劉環江中秋

三五良宵，中秋獨勝。江州佳地，庾樓風味猶存。曠然亭上，凭欄長嘯，把酒問嫦娥，此時豪興，可挾飛仙，其樂何如？天涯旅客，最怕驚秋。況逢佳節，思鄉益劇，徒有宗土之悲，無復坡仙之況，惟愁明月炤人孤影爾。咫尺清光，杳焉河鼓。不腆一觴，以佐華筵。

與包大瀛中秋

天涯節序，又值中秋。遙望洪都，空嘆千里共明月也。

復司道重九

序屬杪秋，節逢重九。龍山高會，落帽風流，昔人談爲盛事。不佞獨在異鄉爲異客，對此佳節，懷抱良苦，無論登高難望，即茱萸、黃菊，目中亦無此景色也。

復司道長至

葭灰應律，圭景迎長。道占陽德之亨，復見天心之泰。此薄海所同歡，而一時之交慶也。惟是天象垂異，彗犯斗樞，太史之占，恐非嘉瑞。政所謂"愁隨一綫長"耳。

張忠烈公存集卷二十七

叙〔一〕

《孔聖家語》叙

　　昔吾夫子抱神聖之德，生衰周之季，明王不作，道尼弗行，乃彰教立言，垂訓萬世。遐想其時，與諸弟子講論于洙泗之濱，以及週環列國，君公諮議，卿大夫詢謀，聲律語爻，應難殫述，今之傳而信者，獨《論語》二十篇，與《學》、《庸》所記，不過千百之什一爾，豈足盡聖人之言哉？

　　《家語》一書，秦火之餘，出自孔壁，説者謂爲孔鮒所藏。其間析三才之理，類萬物之情，明帝王之德，通鬼神之藴，考禮、樂、刑、政之原，究齊治均平之略，大無不包，細罔弗具，此非夫子不能言，又非親炙夫子者，不能記之詳且切也。世儒邊見淺識，暗於大通，往往執《論語》與相較量，以彼之簡，疑此之繁，以彼之純，摘此之駁。嗟夫，何敢於侮聖言耶？夫聖人之道如天，曜爲日月，燦爲星辰，爛爲雲霞，皆天之章也。潤以雨露，威以霜霰，鼓以風雷，皆天之澤也。執寸管以窺天，不足以盡天；執一端以論聖，豈足以盡聖哉？雖間有一二語意不倫，或記者之錯雜，或後人之舛訛，然信其可信，而存其所疑可也。因其所疑，而并疑其可信，則謬也。今夫清廟明堂之上，商周法物，瑚、璉、彝、簋，充庭羅列，而或以贋鼎參焉，可以其僞者，而并疑其真者耶？

　　自學術之壞，狂愚詭僻之流，多沉溺于佛老之説，入室操戈，固不足道，即號爲知學者，于宋儒語錄，片言隻字，俚語唾餘，無不信之若蓍蔡，奉之若神明。而獨于此書，鮮有發明表章之者，亦何異舍鈞天而聽土缶，棄膾炙而嗜羹藜？斯不亦惑之甚哉？余不忍大聖之格言，反不得與諸子異端併行於世也，因重梓之，而僭叙其端，以告諸同志者。

《國史紀聞》叙〔二〕

夫有一代之興，必有一代之史，所以述世紀迹，彰往信來也。古者有左右史，朝夕人主之前，記言記動，媺惡必書。春秋時，若晉之董狐、齊之太史氏，直書無隱，不畏强禦，猶有三代之遺焉。秦漢而下，稱良史者，必推龍門、扶風二家，皆世習其業，纂集舊聞，爲力頗易。然而是非之公，已不能愜當世之口，則信乎史之難已。降是，史失其職，非諛則誣，著述愈煩，直道愈晦。惟涑水、紫陽，可接麟經之脉。炎宋以後，史益蕪穢，觀者病之。

我太祖高皇帝建國之初，倥偬戎馬，即設"起居注"，又命史臣直書，傳信後來。太公至正之心，同符三代，度越季世遠矣。歷代相沿，珥筆之官，寖失初意，虛負編摩之名，未見經注〔三〕之實。即纂修實錄，藏在天府，外廷之臣，無繇得窺，是以野史雜出。自國初，以迨嘉、隆，無慮數十家。然或誕而失真，或略而不備，或錯亂而無章。惟先臣鄭曉《吾學編》，事核言簡，鑒裁精密，庶幾乎一代之良。惟時有避忌，"方技"、"佞幸"諸傳，廢而不錄，未免有掛漏之憾。而體非編年，於兼總條貫之義，猶若謙讓未遑焉。

臣生長僻鄉，目不睹金匱石室之藏，耳不聆鴻儒耆碩之論。徵文徵獻，無所取衷。庚戌歲，以上谷理官被徵，候命闕下。閒居無事，因得討論國朝舊章。悉取諸書，置之几案，參較異同，披沙揀金，聚狐擇腋，更歷寒暑，始竣。雖識鑒未當，謭淺少文，而是是非非，不敢違匹夫匹婦之公。其於聖祖、神宗〔四〕之睿謨鴻烈，懿德豐功，頗能揚厲其萬一。至國家之大經大法，名臣之嘉謀嘉猷，以及夫政事之張弛，人品之邪正，民生之休瘁，世道之淳澆，土宇之飯章〔五〕侵削，亦皆識其梗概。手録成帙，藏之篋笥，以備遺忘。名之曰《國史紀聞》者，蓋得之傳述，而不敢遽以〔六〕爲信也。語云："百聞不如一見。"倘諸臣以聞悞臣，而併使臣以聞悞後人，則臣懼滋甚。若夫兼擅三長，網羅百氏，勒成一代之信史，崇俟〔七〕夫後之作者，是編也，幸比於不賢之識小，以備采擇，此則區區纂集之意乎〔八〕。

《春秋集傳》叙

《春秋》一書，吾孔夫子手自筆削，明一王之法，垂萬世之憲者也。蓋自周轍既東，王綱解紐，三辰失位，四海沸騰。亂賊接迹於天下，夷狄交擴於中辰。冠履倒置，禽獸逼人。孔子傷周道之凌夷，憫生民之陷溺，欲以扶翼而捄援之。而生不逢時，所如不合。潛龍終厄于用晦，鳴鳳致嘆于德衰。生平憲章、夢寐之心鬱焉未展，乃始假魯史之文，寄用行之志，明天道，秩人紀，治亂討逆，賞功録善，片言隻語，袞鉞炳然，使千古之綱常右義，不決裂于篡弑之黨，而盜竊于奸譎之雄。其憂深，其慮遠，其事重，其義微，故曰："知我者，其惟《春秋》乎？罪我者，其惟《春秋》乎？"維時及門之士，游、夏以文學著稱，亦不能爲一詞之贊。獨《左氏》旁采國史，依經作傳，一事之本末，一人之始終，罔不具備。然後讀經者，綱目條貫，洞然無疑，是其有功于聖經，不可泯也。惟其工于修詞，而短於闡義，是以來後世誣艷浮誇之譏。降而《公》、《穀》，義稍精矣，然穿鑿之病，實始濫觴。漢季二家盛行，《左氏》稍絀。自杜預推崇，

《左氏》始伸于《公》、《穀》之上。唐時習《春秋》者，凡三十餘家，若啖、趙諸人，亦多所發明。迨至宋儒，傳習愈衆，離岐愈多，其病大約有二：拘于例者，强引經以就例，不顧牽合之非；泥于義者，强執義以解經，而不覺穿鑿之謬。

夫聖人因魯史而作《春秋》，筆則筆，削則削，若權衡之稱物，隨時低昂，何嘗預設一例哉？作者本無例，而解者自爲例，且一事而異例，一例而異用，至例所不能通，則曰："美惡不嫌同辭。"斯不亦謬之甚耶？若夫義曰"竊取"，蓋以裁自聖心，非復舊史之筆。然聖人立言，明白正大，若揭日月而行之，即間有微詞，其義自顯，豈留不解之疑以待射覆？而泥于"竊取"一言，遂以爲別有幽深奧秘，隱而不發之旨。于是，揣摩于字句之間，傅會于比擬之似，摹索于情理之窮。以己之意妄窺聖人之意，而必强聖人之意曲合于己之意，求之彌深，失之彌遠。人謂《春秋》至胡傳而其義大明。余謂至胡傳，而其義轉晦也。蓋宋儒識見，未必勝古人，而議論專好排擠古人，往往以迂闊刻核之談，濟其執滯偏拗之見，不獨《春秋》一傳也，而《春秋》尤甚。

余再三閱之，竊有所不安于心，因取諸家之説，參證聖經，存其合者，而去其離者，間有諸説未備者，以己意附益之。千慮一得，各抒所見，不敢故作異同也。

或曰："子之論固然矣，毋乃非王制乎？"余曰："此所爲善遵王制也。文皇帝命諸臣纂集《大全》，原未廢諸家之説，而獨用胡氏。用胡氏而盡廢諸家，乃末流之失，非祖制也。且胡氏不過兼采古人之長，而棄其短。余亦棄胡傳之短，而采其長。胡氏好于衆人所同，而故爲異。余亦反其異而復歸于同，何不可者？宋儒，儒也；漢唐之儒，亦儒也。漢唐之後，有宋儒，而漢唐遂絀，豈宋儒之後更無儒哉？今日不正，異日必有正之者。與其正于異日，而誚今日無人，不若正于今日，以俟後之君子也。夫學者，學孔子之道耳。今耳食之徒，敢于悖孔子，而不敢悖胡氏，不知于聖朝尊崇表章之意謂何？胡傳之謬不可勝摘，其大者，若改正朔，去時令，貶天王，削侯爵，此與孔子從周不倍之義，合耶，否耶？恐孔子在天之神，亦必有愀然不安者。余求信經耳，何必信傳？知我罪我，固有孔子之家法在也。"

《左國合編》叙

《左氏》，史之祖也。其序事簡而核，其取材富而宏，其立義微而彰，其修詞婉而藻。自秦漢以下，子長、孟堅諸人，稱良史者，咸推遜焉。

《國語》，或疑非左氏書，然觀其具體，選言奧博雅麗，非丘明不能作也。後世文士好輕詆古人，摘其瑣細，輕肆譏彈，試令珥筆抽思，竭一生之力，尚不能窺二書堂奥，即高者，不過叔敖之優孟耳，談何容易哉？

降而《戰國》，智辯之才競，而縱橫之說興。雖其詐僞、傾側、滑稽、恢詭，爲有道所羞稱，然而談言微中，出奇無窮，或累說而轉敗局，或片語而定危機，用以排難解紛，紓忠應變，亦何可少也？或曰：此邪說橫議，生心害政，以學術殺後世者，烏可爲揚其波？嗟夫，書何能悮人？顧善讀與不善讀耳。善讀之，取瑜而去瑕，茹芳而吐穢，簡編[九]所載，孰非實益？不善讀之，則武城亦篡弑之藉，而鄭衛皆導淫之聲，豈獨縱橫之說，能壞人心術哉？即與《左》、《國》併傳，庸何傷？

三書盛行已久，臬司故有《國語》、《國策》二刻，余益以《左傳》，命曰《左國合編》，聊書數言於首，與好古者共評之。

《慕古錄》叙

子輿氏有言："誦其詩，讀其書，不知其人可乎？"夫士生千百世之下，而欲與千百以上之賢人、君子，若睹面而攄心，並時而程業，非詳考其生平，亦胡以得精神於寥霩之表，參符契于絶牘之間哉？余不敏，于書鮮所窺測，顧獨好觀史傳。每憑几開卷，讀古人之嘉言、善行，可法可則者，則勃然興；其神謀秘畫、投機合窾、巧發奇中者，則歡然喜；或情與事相觭，意與時相違，若隱若含，若合若離者，則沉然思；又或忠而獲罪、信而見疑，志之不得伸、功之不得遂，甚且身之不得完也，則慨然嘆而灑然泣。要以摹往古之神，參天下之變，挈已成之矩，作後起之法而已。頃奉簡書，巡行秦、蜀，篋中諸史，止携唐應侯〔一〇〕《左編》一種。簿書之暇，間一閱之，病其搜取夾雜，簡帙太多，且有煩而無次，略而失情者。于是，爲之稍加刪定，芟復補遺，正訛去謬，一以諸史原本爲準。又擇其中之人品殊絶、才智異等，行誼勛業，醇備而炳烺者，凡百餘人，別録一册，以便披覽。恐其久而漫滅也，遂付之梓，名之曰《慕古録》。

　　慕之云者，有志而未逮焉者也。夫狂者嘐嘐然，曰古之人，古之人，極其所至，曾不足當古人什一，而尼父獨亟稱之，取其志耳。故曰：有爲者亦若是。士不古人之志，而誰志哉？語不云乎："取法于上，僅得其中；取法于中，將至于下。"今夫射與弈，小萩也。然試執學射弈者，而告之曰：爾且爲羿與秋也，雖不能至，亦必欣然慕之。豈士君子而出萩人下哉？若謂我不能學古人，是自誣也；謂古人不可學，并誣古人矣。

　　是編也，遡漢唐以及昭代，其間名臣俊彦，雖撥亂保治不同勢，持議策勛不一軌。然上之則名世之儔，次亦一時之傑也。若理學之儒，覺民而衍脉，獨行之士，抗節而維風，又立身根本，稽古所先，以及將兵治賦之才，布德宣慈之長，皆擇其尤以爲軌，則經世之全局庶幾備矣。有志慕古者，倘亦以余言爲不謬乎？若曰：余以渺然末學而高論古人，若是乎不知量也，則知罪固聽之矣。

《青丘先生詩選》叙

　　詩莫盛于李唐。唐之後，莫盛于我明。而明詩之盛，則季迪高先生爲倡首。先生生胡元之季，值大雅久湮之餘，天創草昧，爲力倍艱。而能遡流探源，迴瀾振靡，起二代之衰，成一家之體，可不謂豪傑之士哉？蓋天降時雨，山川出雲，文明之運，有開必先，故先生崛起其間，以鳴太和之盛，而倡正始之音也。同時若徐、楊、林、袁輩，雖聲名相亞，而造詣自殊。厥後吟道日廣，弘、正而後，卓然以大家自命者，極其材力所至，取精用物，有過無不及焉，然終不能駕先生而上者，何也？詩者，發于性情者也。情之所至，聲亦至焉。或觸境而攄興，或因物而賦形，要以出於自然，而流於不得已，乃天真之爛熳。若强境以就意，强情以傳聲，嘔心搯胃，琱刻摹擬，即人巧極天工錯，而君子不貴者，謂其非自然之音也。

　　先生詩諸體具備，大者千言，小者數語，總皆出於性情之自然，而無摹擬琱刻之病。其感遇，則可噫可吁；其暢懷，則可歌可咏；其紀事，則可諷可規；其酬和，則可思可述。不襲古而亦不離于古，不廢法而亦不束於法。縱橫宕軼，溫醇俊朗，巧思妙語，錯出不窮。若五音合而成聲，而不拘拘于一代之體，此先生所以難及也。

　　余嘗謂："詩有三品。不求工而工者，上也；求工而後工者，次也；又其次，則求工而不能工矣。"先生之品，其中上之間乎？即以追開元、大曆之遺響可也。余雅好先生詩，近始得其全集，總二千餘首。然考先生自選《缶鳴集》，纔三百篇，即後有增益，當不若此之富。或得之散佚、刪落之餘，是以昆山片瑕，間亦有之，要不足爲大雅病也。因重梓之，以公之可與言詩者。

《常明卿集》叙

天地間，精華靈異之氣，必鍾爲豪邁倜儻之人。抒其才情，發爲文章，用能點綴三才，杼軸萬品，以鳴一代之盛，是非數數于世也。

我朝自太祖肇造函夏，再闢乾坤，聖作物睹，豪傑挺出。高季迪、林子羽輩，首倡正始之音，一洗宋元陋習，侵假而至成弘之世，道化醇濃，風氣穆物。醖釀既久，發洩愈奇。于是，北地崛起，立幟登壇，而信陽執鞭，弭於中原，與之頡頏。維時歷下、儀封、杜鄠諸君子相與羽翼之，倡喁唱于，風雅之道，于斯爲盛。

而吾邑有常明卿先生者，繼諸君而起，文采風流，輝映當代。天不假年，方駕而稅，書香弗嗣，生平著述多散落弗收，今所傳者，乃開州王公濟所輯，不過什之一二爾。余生也晚，去先生幾一甲子。然流風未遠，里中父老尚能言之。大抵先生負不世之才，而有出世之韵，嘐嘐慕古，俯視一世。其爲文略不經思，興到筆隨，腕節飛動，嬉笑怒罵，皆可成章。乃今披其遺文而讀之，其冲淡玄遠，則彭澤之遺韵也；其奔放豪逸，則青蓮之高調也；其渾雅整嚴，則少陵之法律也。又似嘔心而出，無不與古人合者，豈所謂天授非人力耶？鄕使加之永年，極其所至，當與何、李顏行，彼何奪之速也？蓋精華靈異之氣，造物者每閟惜之，不欲發洩太盡。故從古才人多中道夭折，于先生又何憾焉？然而先生亦足以不朽矣。

先生遺文，其傳弗廣，余因覆梓之，而以數語弁其首，蓋亦高山仰止之意云。

《中丞包大瀛疏草》叙

人臣出身事主，殫精白而抒謀猷，獨有言行兩端。自昔稱天下事，惟諫官得而言，宰相得而行，則言行何容易也？國家設立言官，省臺並重，然直指巡方郡國，什七在外。朝夕人主左右，珥筆匡拾，陳嫉紀愆，惟掖垣爲政。

宋時，每以使相持節安撫，今中丞即其任也。秉鉞專制一方，境以内，無所不得爲；而境以外，又無所不得言。權任之重，幾與宰執埒。夫人臣，入而居禁闥，出而擁節旄；欲言得言，欲行得行，豈非奇遇哉？然而處此綦難已。世有能言而不得言，能行而不得行者，絀於時也。亦有得言而不能言，得行而不能行者，則非絀於時，絀於道也。若得言矣且能言，得行矣且能行，聲與實符，後與前符，自非大識力大涵養者不能，余於中丞包公見之。

公弱冠登朝，繇庶嘗給事瑣闥，在禮言禮，在户言户，在兵言兵，封事無虚旬，多人所不能言與人所不敢言。其大者，如議度支，議邊事，纚纚數千言，條晰利害，規度方略，計謀石畫，淋漓楮墨。而論倭奴不宜封，楊酋不宜赦，□〔一〕幾審勢，明見萬里，事後一如所言。維時諸閹方張，浸竊威福。公首疏即糾用事大璫，而争權采，抨擊奸人，連十餘疏，規切無所避忌，主上至漸積不能容。今取公諸疏讀之，可泣可歌，可悲可憤。聖天子神明，慮無惻然不動念者。其後礦停稅減，諸惡璫漸次罷去，謂非公言之效哉？公今來撫豫章，嚮之言而未行，與夫蘊而未言者，一一見之施行。若肅藩政章軌儀，如言禮時；定稅則核催征，如言户時；簡士伍戒干撖，如言兵時。而蛟變有疏，水灾有疏，諷刺時事，箴劚主德，忠言讜論，勤勤拳拳，無異在瑣闥時。世人善處鎡而口實越俎，謂言時自言，行時自行耳。如公在外不忘内，在遠不忘近，真實心憂國愛君者，豈易及耶？

今天下大患，政在不真。自浮囂剿拾之說煩，而無真議論；

自塗飾巧卸之術勝，而無真事功。人人欲言而未必人人能言，人人欲行而未必人人能行。蓋自謂能言者多不能言，自謂能行者多不能行；而真能言能行者，必其自謂不能言行者也。公冲襟淵邃，道韵恬夷；名愈高而心愈下，位愈崇而德愈光；退然若不自勝，而執理堅貞；賁育難奪，片語不肯輕發。而是非公案，衮鉞不移。蓋繇品真識真，是以發之爲真議論，措之爲真事業，豈與挾持浮説、苟且就功名者，同日語耶？公行入而九列三事矣，繇公之言，用公之行，即以之平章軍國，恢恢乎有餘地也。從來名諫官，必爲名執政，余且幾幾望之。

公在瑣闈時，諫草流傳，已令國門紙貴。掌記復合公撫江諸疏梓行，而余僭弁數言首簡。若公之鴻猷懋烈，勒鍾鼎而光簡册，異日自有史臣載筆記之，無借區區讜陋爲矣。

《鄉試序齒録》叙

歲戊午，江右當大比士。余不佞忝綱紀之役，宵旦愍飭，仰副聖天子遴才至意。比徹棘，得雋者百人，皆斌斌譽髦，王國之楨，既籍而獻之天庭矣。諸士循故事，修世講，以齒雁行，乞言爲導。余自惟鄙陋，無以塞諸士之請。

已思今日之舉，敦同好也，毋亦與晰同之義乎？夫言同者，莫精於《易》，《易》之言"同"也，"於門"、"於郊"，同之象不一，而惟同"於野"者爲大，故曰："同聲相應，同氣相求。"夫一求一應，同之致也，是所以通天下之志者也。乃又云"和而不同"，豈與説《易》之指相刺謬乎？蓋所謂不同者，途轍也，議論也。而未始不同者，心也，理也。爾諸士有百其人，而無百其心？即有百其心，而無百其理？原自同也。不必同之，而後同者也。且夫人有五倫，兄弟、朋友各處一焉，故兄弟曰"同氣"，朋友曰"同道"。雖天合人合，殊而總歸於同，蓋合而後同，同而後成爲兄弟、朋友。諸士今日固以朋友而兼兄弟，天人合焉者也。同之義可不講歟？夫同與不同，相去霄壤矣。同則嚶鳴之和，不則鬩牆之鬭也；同則斷金之雅，不則玄黃之傷也。同之至，爲千里比肩，四海一室；而不同之至，至于凶終釁末，蹀血操戈，諸士宜何擇焉？

夫諸士嚮者，名不出膠庠，迹不逾里閈，所友者一鄉之士耳。今且聚十三郡之俊，合簪而締世好，則儼然國士矣。進之挾策明廷，將與天下士把臂而論交，則友之道愈廣，而稱伯仲者愈多，不患無同羣，而患無同心；不患世無可同，而患我不能同。夫同也者，將居則論道德，而出則贊功業者也。古之以道德同者，若周、程、游、楊諸人，縷縷可指，而莫如七十子之心服；其以功業同者，宋之韓范，漢之魏丙爲最著，而莫如唐堯之元愷，此同之極則也。若乃《無衣》之詠，慨焉同仇；《北風》之什，願言同歸。則夷狄患難，亦無不可同已。

諸士從此以往，涉歷之途漸遠，致用之具漸殊。即出處不同境，巨細不同營，難易不同局，甚至于升沉夷險不同遇，然而所以立德建功，行素位而篤應求者，則不可不同也。然而同亦有辨焉，晏子之告景公，歐陽永叔之論朋黨，其說可覆而參也。若夫老氏之同塵，鄉愿之同流，則又似之而非者。故夫能異而後能同，文明中正，不流不倚，乃《易》所謂"於野"之同，而吾夫子"和而不同"之指也。諸士其勉之，不佞無可爲諸士益者矣。

《觀風錄》叙

夫文，亦難言矣哉！文者，變化日新之物也，而有不變者存。其變者，格也，詞也，若江河之日下，而不可返也；而其不變者，神理也，若元氣之流行，而莫之能離也。使無不變者以行於遞變之中，則此物爲腐臭久矣，何以能日新哉？故曰："朝華既披，夕秀始振。"惟有根荄之生意，脉脉在枝葉間，而後可披，可振也。

我朝之制義，蓋若李唐之詩。唐詩縣初盛而中晚，亦其世變使然，説者以爲愈巧而愈遠。制義至今，亦戛戛乎元和之音矣。然詩人賦物寫情，不過極其意興所至，以己之口，傳己之神，猶且變而愈遠。若制義，則以我之心，代聖賢之心；而又以我之筆，代我之心。卜度於唇吻之間，而欲宛肖於千百世之上。此非有神理嘿會，入精出微，而屑屑於詞格間，爭勝而鬭巧，其能合耶？又何怪愈變而愈下耶？

余於此道憒憒，童而習之，至今茫如也，然不能文而獨喜談文。頃攬轡南州，輪蹄所至，必進髦士，而較之於尺幅中，觀其以心口之參商，傳聖賢之精髓，其合者尚多，是於遞變中猶能存不變之意，非以枯寂爲平淡，恢詭爲神奇，愈巧愈遠，如世俗所謂日新者也。從此神而明之，極變化之致，而還大雅之風，又何慮江河之難返哉？若乃穠纖殊態，疏密殊致，輕重緩急殊節，則鶴長鳧短，余固不能齊之，但取其不變者而已矣。

《擬觀風録》序

余奉簡書按三輔，凡車轍馬迹所至，察吏省方之暇，進譽髦而較之，拔其菽之尤者貯篋中。既竣事，彙而成帙，將付諸梓以風學宮。覆閲之，而有概于中也，曰：神矣哉，化之移人乎？何者？天下固未有不鼓而自舞，不轉而自動，不搏埏[一二]而自成者。凡習之成，而必有爲之先者以開之，開而後入，入而後受，受而後相漸相靡，以底于成。特夫入之無形，受之者不知耳。不觀之風乎？夫起於青蘋之末，不於於徐徐乎？倏而變也，飄如忽如，噴如噓如，颯颯然莫知其所往，颼颼然莫知其所届也。而吹萬之類，當之仆矣，觸之鳴矣，乘之起而迎之躍矣。若是乎風之于物神也，而於人亦然。夫人與人積而成世，人與人習而成風。五方異習，風能一之；七情殊好，風能同之。然獨惟高而倡、順而呼者，感綦捷而應綦神，其沁入在肌膚脉髓之中，其轉移在精神靈竅之中。而況夫言者，心之聲也；文，又言之華也。一唱而百和，上喁而下于，有不熙然成風者耶？

往者成弘之際，風化翔洽矣。一時修詞之士，群趨爾雅，勿詭於正。一變而爲嘉隆，雖開奔軼爛熳之竇，未越繩墨尺矱之中，即故步稍失，本質尚在也。延至今，而文弊極矣。理不足而粉澤以詞，才不足而浮游於氣，識不足而附會以臆，見養不足而擴拾夫陳言。非不藻如春花，辦若飛濤，而探其神情，索之立盡。方且自謂瑰奇，建鼓而行之，而世亦從風而靡。狂瀾之既倒也，其誰障之？余蓋有思憂焉，非憂文也，蔽陷離窮，生於心而害於政，昔人所謂文章關世運者爲可憂耳。而以今觀諸士之文，抑何不靡于時好耶？雖修短疏密不一其制，濃淡甘苦不一其情，緩急浮沉不一其節，而大都詞求根於理，氣求傅於才，識不落于旁岐，養不窮於剿襲。成弘之正脉，猶有一綫之存者。

夫諸士生長燕趙，固昔所稱奇士窟也。碣石之談天，易水之悲歌，酒市之擊筑，其遺風尚在，固宜祖而效之。乃不以洸洋虛誕而以簡質，不以婉鬱飛揚而以和平，豈諸士能遊方之外？是有所風之也。邇者，天子釐正文體，黜詭抑浮，以返先進之故，而諸士環列甸服之内，沐教最先，一變至道，斯如桴鼓。故曰："化之移人，神矣哉。"而余猶有幸矣。余職在觀方者也。昔者，先王[一三]采風謠以贊化理，于是有皇華之使，四牡騤騤，周爰咨諏，陳詩而觀之，以察夫民俗之淳澆，治理之湮暢，然後能宣序民隱，而助流風化。今之文，非詩也流乎？今之直指，非古之皇華使者乎？余觀諸生之無佻言也，即知民之無澆俗，而國之無湮化也。俗美化流，民淳士愨，余攬轡而還，可借手以報簡書矣。

《平反錄》引

刑者，聖人不得已而用之者也。以殺止殺，非以殺妨生也。故三刺、三宥，兢兢慎之，惟恐殺一不辜，干天地之和，而傷一體之意，何嘗以必殺爲心哉？後世刑名家，暗於大道，往往以鈎距爲明察，以擊斷爲威嚴，深文巧比，鍛鍊周内，以快其意，而桁楊棘木之間，不得其死者多矣。夫飛鳥依而生憐，投兔急而先脫。人之於物，猶惻惻矜之，而況與我同類者，忍視其無罪而就死地，此豈人之情耶？蓋聖人以法用法，而後人多以意用法。古之時，罪疑惟輕，而今之時，罪疑惟重。此獄日煩，刑日虐，而覆盆之下多冤民也。

余自少時讀《酷吏傳》，至"畫地刻木"之語，輒潸然出涕。故自爲上谷理官，不避嫌怨，多所平反。今兹來按豫章，於慮囚一節，矢公矢慎。凡獄詞隱伏不彰、牽比不協者，必反覆推求，甚至對案忘飧，就枕忘寐，得其情而始覺暢然。嘗聞之："求其生而不得，而後死之，則生與死俱無憾。"我思古人實獲我心矣。

或曰："子，法官也，執之而已。何必切切求生哉？"余曰："是不然。夫所謂執者，執以理，非執以意也。死而故生之，生而故死之，皆以意執者也。余任理而不敢任意。之死之生，皆其可死可生者。即間有一二委曲矜全，亦其可以死可以無死，以附於寧失不經之指，敢爲惠於法之内耶？吾家釋之，固所稱能執者。其言曰：法者，天下之平，不容少有低昂。余亦惟求平而已。烏乎執，烏乎不執？讞詞具在，其於聖人不得已之意，敢謂當焉？要以哀矜勿喜，以遂此區區不忍之心。如必武健嚴酷，後爲勝其任而愉快，則余謝不敏矣。"

《駢牘》引

駢驪之文，非大雅也。六朝濫觴，李唐導流，宋元衍派，浸淫至今，而浮靡極矣。然而巧心浚發，變化日新，才情聲調，各有所極。朝華既披，夕秀乃振，寧敢笑前人之未工哉？余腹無書簏，筆鮮花生，雅不慣此，乃稱謝應酬，又不能洗脱時套，勉強爲之。抽黄偶白，比調諧聲，嘔心良苦。久之，稍稍盈帙。因見兒輩不解音律，表箋之體，概乎未聞。欲使取法於近，以爲入門，遂付之梓。然余於此有三愧焉：稱功頌德，近於獻諛，一也；字櫛句比，似乎雕蟲，二也；學步效顰，類於剽襲，三也。有此三愧者，寧敢質之大方？亦藏諸篋笥，使兒輩傳之奕世云爾。

校勘記

〔一〕"叙"，底本卷首原目錄"叙"均作"序"。後文不再出校。

〔二〕此文又見於張銓《國史紀聞序》。

〔三〕"經注"，張銓《國史紀聞序》作"紀注"。

〔四〕"聖祖神宗"，張銓《國史紀聞序》作"二祖列聖"。

〔五〕"昄章"，張銓《國史紀聞序》作"版章"。

〔六〕"遽以"，張銓《國史紀聞序》作"據以"。

〔七〕"崇俟"，張銓《國史紀聞序》作"崈俟"。

〔八〕"此則……"句，張銓《國史紀聞序》文末有"皆萬曆四十八年横孟夏中旬，巡按江西監察御史臣張銓謹識"。

〔九〕"編"，原作"偏"，據文意改。

〔一〇〕"唐應侯"，疑當作"唐應德"。《左編》，明唐順之著。唐順之，字應德，一字義修，號荆川。武進（今屬江蘇常州）人，嘉靖八年會試進士第一。

〔一一〕□,疑當作"揆"。

〔一二〕"搏埦",原作"搏婉",據文意改。

〔一三〕"王",原作"生",據文意改。

張忠烈公存集卷二十八

叙[一]

賀包大瀛中丞奏績恩榮序

大中丞包公撫豫章之二年，以前同寺勞積三載考，司勛氏上其最。天子下璽書褒美，榮及所生。公拜稽首，對揚王休。不佞某以巡行之役，竊附同舟，感公誼至篤，欣逢盛美，能微一言，以展私慶？

嘗聞人臣之事君也，事英主難，事中主易。而余以爲事中主似易而實難，事英主似難而易，何也？中主明斷不足，隨臣下爲短長，唯唯否否，順固無違，逆亦罔拂，此所以易也。然愁實之耳，不繹于心，使獻替無所關其忠，納牖無所施其術，浸假而釜鬻煬灶之奸，得倒用進退忠邪之柄，則易而難矣。英主太阿獨握，勇自任而喜護前，片言不當，則呵謫隨之，此所謂難也。然每行其恩威，不測之權，顛頓豪傑，明吐而陰茹之，深含而迅發之。是以折檻批鱗之臣，往往始迕而終合，小絀而大伸，則難而易矣。夫主上神明天縱，固不世之英主也。而公之事主上，則所謂始迕而終合，小絀而大伸者也。

公初繇中秘給事瑣闥，所條上封事，皆關切天下大計。會奸人以言利得幸，權采四出，公引義力爭，致干嚴譴，沉湛外服者數年，及賜環歸闕，五載三遷，遂秉節鉞，乃知嚮主上亦心知公言之當，特不勝一時之私。迄今礦罷稅減，諸惡璫毒噬海內者，次第撤還，實之于法，是亦陰用公言之驗也。且二十年來，以言獲罪，無慮百餘人，復聽長樂鍾聲者纔數人，而以秉鉞出者，公與閩撫而兩耳。公於主上可不謂奇遇哉？

稽古名賢，若唐之昌黎，宋之眉山，皆曾遭遷謫。而公文章勳業，焜映千古。然眉山旋起旋躓，得君未久，昌黎迴翔陪貳，亦未嘗專制一方，若公今日之權任也。我朝王文成公，起謫籍繇郎署京卿，開府虔南，其事政與公類。文成平逆剿寇，功在江右不朽。今固非文成時，然諸宗驕蹇不奉法，彭蠡、章貢之間，出沒波濤者，實繁有徒。且自遼左兵興以來，徵求竭澤，小民皇皇旦夕，莫必其命，凡此皆亂之芽蘗也。而銜轡則久弛矣，繭絲則日密矣，干掫則不戒矣，是又大異文成時。自公下車以來，無日不考官方而董正之，問彫瘵而噢沫之，取令甲而申儆之，討軍實而搜簡之，剔蟊賊而芟刈之。而又淡泊以訓廉，寬大以廣惠，定靜以鎮囂，精嚴以核實。是以恩浹而威馳，綱張而目理，宗稟于範，吏循其職，民安其生，兵實於伍。雖以灾沴頻仍之後，徵發驛騷之時，而民不生心，不逞之徒不敢窺釁而動者，皆公綏靜彈壓之功也。蓋文成治亂於既亂，而公治亂於未亂。治亂於既亂者，其功顯赫於一時，而治亂於未亂者，其功陰受於異日。公與文成易地則皆然也。雖然，此不足盡公之用也。公光明剛介似韓，疏通朗暢似蘇，經緯幹局又似王。鴻猷駿烈，自當追迹三公，焜映不朽。廷推公司寇久，上方注嚮公，旦夕且有一新命。繇此而秉權當軸，將用公之未盡者，以答英主始終知遇之恩，矢補浴之精忠，紓安攘之宏略，翼奠社稷泰山而四維之。不佞某非但爲江右慶，且將爲天下慶矣。請以今日之言爲左券。

送王翼庭太守入覲序

上谷爲朝廷股肱郡，天子所注意什伯他郡也。先是，除一守主爵者，疏數易，輒刓印弗肯予。及上谷守缺，疏翼庭公請，則朝上而夕報可。一時都人士謂天子重上谷因重守，重守因重用公也。公乘傳而往，未期而政大治，民大和，循異之煩，無翼而蜚。都人士又謂天子能用公，而公能用上谷也。會天子開明堂覲群后，公以甸服之長，率他郡國人修歲事，車馬有行色矣。其僚有二三君謀爲贈言，以不佞知公之深也，授不佞以簡，所陳述公德政，縷縷千餘言。不佞覽既竟，而有感于古今之吏治也。

昔漢宣帝有言："與我共治安百姓者，其惟良二千石乎？"故每除守令，必親引見，察其才否。治理有〔二〕效，輒以璽書勞勉，增秩賜金。故一時良吏，若潁川、渤海輩，亙百世鮮與侶，至今談者率慨慕元康、神爵間。蓋宣帝惟綜核名實，固得人若此之盛也。

我國家澄清吏治，明試考言，三載黜陟之典，固符虞廷，于名實之辨，未嘗不詳且嚴，而人心巧僞，功令漸格。上以實求，而下以名應；下以名應，而上又誤以實收。夫名，天下所共射也。況上谷懸之，則下的視之。故一時浮佻虛憍之輩，喜爲名以覆實，又詭爲實以市名。精神不用之綏懷而用之塗飾，才力不竭于振勵而竭于周旋。其譽日益起，家日益肥，而民日益病且怨，至民病且怨，豈人主所與共治安百姓意哉？

翼庭公，尚實不尚名者也。其立志貴淡泊而賤濃華，其持論依切近而薄浮游，其接物先簡質而後邊幅，其敷治崇精敏而黜虛恢。自起家射策，三仕爲令尹，兩任曹郎，惟一心營職，下振百姓之急，而上敬公家之務。其懿鑠在人耳目者不具論，論其爲守。其爲守善政，亦未易殫述，論其大者。公始拜命，值旱魃爲虐，如焚如炎，襜帷及境，即齋沐步禱，歷二旬不息，竟致甘霖，民以方之太守雨。已飛蝗蔽天，轉歷他郡縣，所至野無青草。公下令瘞捕，即群然鼓翼去。萑苻之澤，有弄兵者，若而人囉者莫敢問。公以計獲其魁，餘黨悉靖。每視事，自朝至昃，必躬必親，吏胥抱案立，莫敢仰視。一二作奸者，望風遠徙。他若崇文學，振貧困，出冤抑，恤郵傳，却筐篚，蠲逋賦，一一以實心爲質實政，載而行之。蓋自公抵上谷，而民得父母，士得師。二十城之長，承風濯滌，而百千萬億之衆，含沫而泳流。即以程之漢龔、黄、張、趙諸君子，彼猶各具一節，寬嚴不相濟，疏密不相通，公獨無不具也，無不宜也，是可軼而上之矣。然漢循吏多爵至關内侯，久遂得拜公卿。今九閽嚴邃，引見就問且成闊典，而況可望賜金增爵之事哉？然天子甚明聖，日月之光可回于頃刻。昔齊威王，霸主之雄耳，三年不蜚鳴，一旦烹阿，封即墨，遂表東海。邇主上從天官氏請，申飭計典，視嚮有加，是將循名而責實，舉一以勸百，與天下士大夫曠焉更始，行且闢延英，召入覲守令，問治狀，必首及翼庭公。異時，黄金璽書貢相望上谷間，更幾載而内召爲公卿，如漢所以待潁川輩者，不佞拭目俟之矣。

送王鍾嵩太守入覲序

鍾嵩王公守上谷之三月，滌煩去苛，解網流膏，教穆而政和，民熙而吏飭，章甫之歌播溢遠邇。會國家大計群吏，公且以介圭入覲，其僚二三君將爲祖道致詞，而屬不佞以言。所稱述公德政不能縷指，不佞于公非有傾蓋之交也，而不佞知公之素，則非自今日治郡，與夫二三君之稱述也。

往者，權相柄國，群小炎赴，與一二正人冰炭不相能，欲螫之而無其隙。會妖書事起，謂借此可一網盡之，羅織萬端，緹騎之卒日環諸正人之垣，調察陰事，將傅會成"莫須有"之獄。此時，諸君子危如朝露，而一二宵人，又以危詞恐喝治獄者，司寇[三]氏視人鼻息，莫敢語。時則有以曹郎明目張膽、仗大義力爭者。群小之計阻，獄遂不成，而諸正人姑免當門之鋤。不佞聞而誼之，急欲識其人，久而知爲公也，時公已麾守常州矣。余則慨然嘆曰："以若而人，不令諷議朝廷之上，主持公論，砥柱清流，乃以銅符之長行哉？"已聞公至常，而常之大姓、巨奸斂手奉約束，其單赤則呴而沫之，若置諸懷。及公以讀禮歸，而常人至今有甘棠之思。越今三載，而公後補上谷。余知上谷之民有嘉賴也。

蓋人臣之出身事主也，患富貴之心太重，而利害之心太明。重富貴則必急身家，明利害則必生趨避。是以剛腸柔于綽約，百練化爲繞指，百結私人之援，而不一憂國之急，百計身圖之便，而不一念百姓之勞。入而參國政、建大議，必不能力排盈庭，中立不倚，出而守一官一職，必且柔昧巽懦，朘百姓以生，而不能以身爲百姓請命，國家亦奚賴若人？而若人亦何益于殿最之數哉？當妖獄之起也，詞連官府，聖意且不測。全軀保妻子之臣，皆踹朒引避，令公而稍着身家之念，懷趨避之私，亦將首鼠兩端，以倖容容之福。公獨犯柄臣之鋒，折群小之焰，力紃衆議，保全正人，賁育之勇方之茂矣。此其胸中寧知有富貴利害者哉？吾固知公之能爲郡也，必鋤奸惡而護善良，剖疑枉而釋冤滯，且必先百姓之急，而後身圖。苟有大利大害，固將以去就爲民力爭之也。

今守上谷甫三月耳，而上谷之民，業已途歌而巷謳，家尸而戶祝，何收效若此之捷哉？蓋太公之治齊也，三月而報政。尼父拇相三月，即誅少正卯，墮二都，定夾谷之盟。異人作用，固非可以尋嘗測者。就公定妖獄觀之，其作用當不在古人下，治郡，其一節耳。然予終日爲端正如公，不使諷議廟堂之上，而乃用以治郡也。昔汲長孺在漢庭所稱招不來而麾不去者，方其面駁張湯，與爭論無近渾邪王事，不以丞相、御史、大夫少紃，而以此卒出守淮揚，其事政與公類。然長孺卧護淮揚十年不召，公今且近天子之光，則視長孺不爲不遇矣。方今公道大明，雨雪見睍，宵人誅鋤且盡〔四〕，萬一天子勤思往事，問嚮者阿曹郎決大獄者，必且留公廟堂，主持國是，砥柱清流。公且大樹社稷臣之業，已比于尚父、宣尼，可跂而待也。

不佞珥筆承明，且爲公鋪張其盛，今兹治郡之德政，若二三君所稱述者，區區寧足爲公頌哉？

贈楊念庭別駕致政序

蓋今之登仕路者，刻核之聲炫則廉平之理微，狡飭之政行則悃愊之效左，婥婠之習煽則方正之途阨。上操此以殿最，下乘此以升沉，十不逾二三焉，敝也極矣。余不佞理上谷，甫越歲，而念庭楊公來倅是郡。念庭與余同梓里，生平修潔自好，且通達世務，有經緯才，是余所爲金蘭契之，而韋弦佩之者也。既受事則夙夜拮据，加意窮民，治身廉約如寒士，惜民費如其家。之郡無半年，分部視糜，雖窮鄉僻聚，必躬詣之。且減省騶從，不食民一芋一粟，兩造質于前，衷者衷，辟者辟，不移晷而立決。他如給軍餉而禁侵漁者，審屯編而蘇凋瘵，飭俵解而清馬政，其犖犖嘉績，隸首唯數。至茹蘗之操，懸魚之介，尤表表在人耳目者。大都外不靳赫赫而務周惠於下，內不靳皎皎而務軌正于身，不纖趨以市媚，不詭遇以干時，不周容以徇俗。視寵利名爵，超若萍寄澹如也。所稱廉平悃愊，方正不阿，非公其人耶？

方盱衡公入晋郎署，出副省臬，庶足酬公夙抱；而公一旦蓴鱸思動，欲拂衣歸。余與守王公、丞高公相與慰藉挽留，公逌然曰：“仕途如海，何時是岸？猶龍氏不曰‘知足不辱，知止不殆’乎？吾以爲不足，則三公五侯，尚不可止。吾以爲足，則尺組□通，便可以止。況今日之仕宦者，儇巧日甚，蹊徑日多，譬彼逐鹿，高才捷足乃先得之。若内無金、張之援，外無王、貢之交，即行如曾、史，廉如夷、繇，政事如龔、黄、卓、魯，終不能超乘而登，不免沉淪偃蹇以沒世耳。以吾朴衷直腸〔五〕，自度不能爲世人之爲審矣。乃馳馳逐逐，顛倒戲場，真同嚼蠟，有何意味？況頭顱種種，日昃之光，爲時幾何？人生適志耳。吾鄉固饒佳山水，龍門、王屋、翠微、石樓、濔沕，諸名勝在焉。緜思懸車里舍，鳩杖逍遥，挹薰風之餘韵，訪采薇〔六〕之故墟，追綠野之勝遊，尋介山之高隱，何處不可自得？奚必戀戀此腰下組，若雉之居樊，以身爲桎梏哉？"余聞公言，與兩公相顧爽然自失，乃知公視一官，不啻鵷鶵之於腐鼠，余之所爲慰藉挽留者，見地固不超也。昔人云："相逢盡道休官去，林下何曾見一人？"乃今於念庭公見之，斯不與世情相萬哉？公行矣。余銓次公之行，與公之言，以見公之遇于世，及公之所以處遇者，而始終不嘆于今之世也。若值公道大明之日，公以其廉平惆愊方正者行之，何遽不爲夔、龍，而爲巢、許哉？噫！公而巢、許也，是亦可愧夫婥阿狡飾以取高位者云。

賀任學博膺臺獎序

任先生訓余邑近六載，前後膺勞書無慮數四，而余以宦邸未聞。今歲以津門之役過里，適制府獎先生之檄至。邑諸士徵賀言於予，且致先生意，若將要余言爲重者。余言何能重先生，先生固自有重者矣。夫天下莫重於學較，弘道德之路，倍禮法之源，以善俗而成材，所關至閎鉅也。

國初，文明宣蔚，廣勵學宮，司庠者必重其選，諸博士亦能自重，砥行以樹範，彰軌以維風，故於時俗綦隆，材綦茂，而諸博士往往以異等峻崇峻嗣。後文教雖漸翔洽，而學官之任則漸輕。士起家明經者，率授博士，然一遷再遷，則亦博士已耳。下因上之輕而遂失其重，上因下之不自重而益輕之。上下交輕，而博士至有不可爲者。除書一下，則曰："此以鳴助老我，餼升斗糊我口爾。"虞不得於長吏，而陰螫之也。則屈體下之，甚睨意旨，而奔走焉。其高者不過以佔傳技誨弟子員，至砥行彰範、善倍成材之道，幾弁髦之矣。果爾，則博士安得不輕？博士而上之人，又安能以博士爲重？當世而有自重以重於人者，余蓋盱衡望焉，乃近得之先生。

先生貌若不勝衣，言呐呐不出口，而矩步規旋，介不可易，是謂德重。他博士歲時束修，稍不當意，輒譙呵之，甚則夏楚加焉。先生載邑載笑，無暴容，無疾言，是謂禮重。諸生中有匱者走先生貸俸錢，無少吝也，負亦無所問，是謂義重。然先生非空挾此三重也，能令人重，而且能重人。往邑長吏戾於情，司教者野于禮，相與爭得失，至以詬誶相加遺。而先生中立其衝，兩而無所罣。當其爭時，士氣不無少激矣。夫士最患激，激則氣盛而召尤，結黨以啓釁尤，釁尤則輕士者至。卒賴先生鎮定之，雍雍雅化，先生用重者弭人之輕，復用以成士之重，善俗成材佹兼之矣。昔郭林宗以德行淑世，故雖當黨錮之變，爲時指名，而竟不及禍。王仲淹曙于不爭之旨，即楊越公之暴，亦爲解顔，何者？誠重之也。此兩人同以成就後學傳之，同晋産也。先生其有高山景行之思乎？視今之糜廩餼、事趨承、訓佔傳者，直相萬矣。予獨嘆自重若先生，爲世所重若先生，而竟未必有殊庸峻擢，若國初所爲重博士者，豈獨先生之數奇，仰亦世變使然也？雖然，太原、河汾所爲當世重，爲後世重者，政不必有殊庸峻秩也。先生益茂厥修，踵有道之芳踪，纘龍門之緒業，將後世之重先生者，不在兩公下。而先生之所挾爲重者，且不以臺使者之獎擢爲有無，又安所藉余言爲也？

壽韓仁居大尹七十序

夫古今所重，無如壽矣。《書》稱"考終"，《詩》咏"難老"，孔言"仁壽"，孟昭"達尊"，廣成著"長生"之訣，莊生托"大年"之喻，皆以明保合天合，頤養性命，善尊生之計，而完不壞之真，故足嘉也。況隱德與齒隆，命繇道立，斂祉福於箕疇，膺祝頌於《周雅》者耶？

公少負瑰材，長騰鴻譽，洞該《墳》、《典》，漁獵百家。攄思則雲爛霞蒸，挨藻則錦橫珠散。然而道與時違，才爲命絀。荆璞有屢刖之悲，鹽車無一顧之遇。乃舉明經，載膺邑宰。牛刀暫試，迎刃有餘。占惠政于烹鮮，驗學優于製錦。素絲著羔羊之節，蒼岷懷慈母之恩。既而蟬脱樊籠，鴻翔□漢。希掛冠于北海，羨石隱于東山。采菊陶園，垂竿嚴瀬。一丘一壑，且弦且歌。追竹林之逸風，集香山之佳會。貽穀有方，象賢克顯。獻策金馬之門，致身青雲之上。沐恩波于鳳沼，舞班彩于鯉庭。完祉駢臻，修齡遐邕。今公春秋七十，更壽祺既介，弧辰誕臨。酌清酤以享神，烹肥犉而召族。子姓森列，賓從雲從。肴核窮水陸之奇，歌舞極窈窕之選。禮儀卒獲，祝詞載陳。

客有洗爵而前者，曰："嵩高之柏，華獻之松。飽以雨露，經以霜風。傲睨日月，凌鑠芳穢。象公之壽，綿綿靡窮。"公曰："唯唯。"客復曰："岱宗蠢蠢，渤澥泱泱。爲萬山祖，爲百谷王。不增而厚，引之愈長。象公之壽，萬億無疆。"公又曰："唯唯。"于是，小子進言曰："客之所以象壽者備矣，其視公者亦至矣。然松柏，壽也，時而摧折。山海，壽也，亦可崩竭。用以祝公意者，其未當乎？吾聞履道永居，仁者祥。萬形有盡，此獨不亡。公其絶智去故，閟陰葆陽。陶情天地之表，抗志寥郭之鄉。等造化于一瞬，齊彭喬於夭殤。任推移于世變，獨守吾之太常。"公乃霽然色喜，怡然意會。客咸作而賀曰："是真可爲公壽矣，是真可爲公壽矣。"盡舉觴而祝以斯言。

壽韓仁居大尹七十序

蓋吾鄉碩德則稱韓太公云。公起家明經，爲關西令永壽，比人尸而祝之。繼令環，環故凋敝，復大袤，公家响人沫、起溝中而袵席者以萬計。會不得于上官，遂解組歸。迨伯子武選君成進士，主水部政，封公如其爵。今公壽七袠矣，邑士夫函采以賀，而屬言。不佞某曰：予于韓公而見天道也。天之福善，非遽以全福福之。有損[七]而後益，或塞而始通，其機懸于可知不可知之間，而卒歸于一定而不易。《詩》云：“視天夢夢，既克有定，靡人不勝。”

方公爲諸生時，騰茂蜚英，咸謂扶搖赤霄，一息千里，而竟偃蹇一第。及策名登仕，顒然有霖雨望矣，乃未報政而即歸老。負雕龍倚馬之才，而器不賈于世；布烹鮮解綱之惠，而澤弗遍于時；抱秉鈞持軸之猷，而官不酬其略。世以爲公奇，併以爲天憾，詎知天之福公，固有待耶？公今沐恩寵，享修齡，子若孫翩翩振振，爲鳳之毛，爲麟之趾。而武選君望重清朝，名高海宇。異日荐登樞要，笏握政權，攄經緯之才，竪巍鴻之績。大業炳於旂嘗，芳聲垂于青簡。追貽穀者誦公于不衰，則公之福，寧有窮也？至今日而公之天始定矣。

蓋公之得天者深，則天之福公不得不厚。故公雖壽躋七旬，而強飯矍鑠，不異壯年時。傾一斗酒，長嘯高吟，對客手談，終日不倦。大老至期頤，不蓍蔡而必已，然公雖已壽貴，尤有貴于壽者。語曰：“天全者上，人全者下。”夫龐眉皓首，往往而是。然暗汶弗耀，與草木同腐，厥算亦螻蛄蜉蝣耳。此全以人，不全以天也。公舍淳葆和，履道裕德，所謂天全者，非耶？天全則神全，則世數不能域，修短不能移，亙天地貫古今而不朽者，將在此矣，即七十猶小年哉！

壽李竹庵封翁八十序

　　自昔善祝壽者，莫備於《詩》。《詩》之善祝壽者，又莫備于《雅》之《天保》之祝其君也。象日月，象松柏，象南山，而總其意曰"萬壽無疆"而已。人固無百年不盡之身，而《詩》至以"萬壽"祝者，非倖于不可知之事，而侈爲不必然之説也。則至情所激，歡呼頌禱，而自不能已也。夫子之愛親，與臣之忠君也其情同。則子之欲萬壽其親，與臣之欲萬壽其君也其情亦同。人之懷無已之情，而思以自致，亦必托之祝。而與其私祝之，不若合親族以共祝之。與其合親族以意祝之，又不若借手能言者以詞祝之，要以致其無已之情而止。

　　今育吾君于太翁，可謂善致其情矣。蓋育吾君成進士，而公以眉壽在堂也，春秋七十餘矣，矍鑠善飯，耳聰目明，大耋期頤，不蔡可必。而育吾君方惬舞斑之願，忽縈捧檄之思，計且就選銓曹，禄養宦邸。比翁八秩，不得與親族共奉膝下之觴，即其子姓姻婭，亦以不得華祝公前，爲皇皇者也。乃以懸弧之辰，預爲公壽，而借言于予。予非能言者也，予不能爲吹嘘叶納，鸱顧熊經之誕，以爲公期。亦不能爲蓬島瑶池，鷥驂鶴馭之怪，以爲公願。余亦惟原本理數，揆驗天人，而始終以《天保》祝君之意，爲公必壽考而已。

　　夫壽者，理與數合，而天與人參焉者也。理以數爲符，數以理爲宰。人非天不成，天非人不因。故數有所定于天，而人能移之。理有所主于人，而天不違焉。是司命者予天，而立命者予人，則修短亦夫人之自取，而造物者聽之爾。《天保》之祝君以"萬壽"也，先願之以戩穀，後繼之以受天百禄。蓋惟人不怠于作善，斯天不吝于錫禄。先可爲受之地，乃其迎與之機，斷不爽也。

余竊以習所聞公之善，而知天之與公，公之受于天者矣。公以計然居室者也，賈人惟利是視，凡損人厚己者，無不可爲。而公獨慕義好施，賑窮周急，匍匐以之。其里□之內，待公以舉火者若而人，挾公貲以糊口于四方者若而人，而公之善及一鄉。邑之四境，多稱貸于公者。值歲歉不能償，德公之義，願以田質。公憫其無以生也，悉焚券謝之，而公之善及一邑。澤郡之民，嘗以鐵冶易粟河內。丁亥、戊子，夾歲大饑，懷人遏糴，居民嗷嗷。公不忍以同舟坐視，托有力者爲之請，而民賴以蘇，則公之善及一郡。夫善及鄉，以鄉之人祝；善及邑，以邑之人祝；善及郡，以郡之人祝。合鄉與邑與郡之人，而同爲公祝，則人人之壽公，即天之壽公。自是造物厚奉公而公多取之，公多取之而造物益厚奉之。作善者食報，而人定者勝天，所謂以戬穀受祿，非耶？而不寧惟是。《詩》曰："教誨爾子，式穀似之。"又曰："有穀貽子孫。"以余觀育吾君，溫其如玉，呐呐不出口也，蓋振振麟之趾焉。異日以漸于世德者，舒爲鴻勛，固難逆指。然即象公之善，而致之民，必能爲郭并州之問疾苦，韓安撫之蠲逋負，乘輶諤者之發粟救荒，公之善行且及天下矣。至于善及天下，則將合天下以祝，天方願借公之善，以壽國壽民，又何不永錫難老哉？余非臆言也。更三年，而公履太葆和以彌厥性矣。則請以今日之言爲左券，倘育吾君情猶無已，必欲如《天保》之祝君者以祝其親也，必且徵萬壽無疆之詞，時則入列清華，交游盡名彥矣，不患無能言者。

壽舅氏霍翁八十一序

世之言壽者，愚者聽于天，賢者必于人。聽于天者，以爲人盡造物所禱耳，修短有一定數，彭殤不相借，顏跖不同途，烏能以人必之？然而賢者弗是也，謂造物能禱人，而不能域人。修短之數，引之則有餘，促之則不足，是定而不定者也。與其聽天，不若盡人。蓋盡人而後可聽天，不盡人而聽天，其得全于天者，寡矣。嘗聞太古之世人多上壽，其後乃多中壽，最後則夭札而不終其天年，躋下壽者亦鮮。豈天之數于古人獨修，今人獨短耶？毋亦古人有以引之，今人有以促之耶？蓋人非生而壽，生而不壽者也，各有所致之也。且物之生而壽者，莫若金石松柏，然金〔八〕之堅也，鑠之則流；石之固也，鑿之則裂；松柏之貞且勁也，匠石斧斤之，則爲棟梁、榱桷。夫物之生而壽者，且以人傷之而不保其壽矣，況生而未必壽者乎？又況以人自傷而能其壽乎？有人于此，精力非不堅強，智慮非不聰慧也，乃日逐逐而于聲色嗜欲之中，鑠之、鑿之、斧斤之，不少休息，乃曰："我生有命在天。"斯大傷矣，此不知性命之情，并不知天人之道者也。惟不以人自傷者，而後能以天自完。若余舅霍公近之。

公生于嘉靖初季，于時風氣淳龎，俗尚簡樸，而公又賦性冲素，于世淡如，于衷坦如。目不知有玩好，口不知有濃甘，身不知有奇麗之服，耳不知有靡艷之聲，心不知有便捷機巧之智。淳淳悶悶，真有無懷葛天之遺焉。濫觴而後容變，而華聲變而淫矣，而公若不見不聞矣。服而不朴麗，味淡而濃，心恬而競矣。而公無營無嗜，與人無爭也。内不滑以七情，外不攖以百物，故能無陰陽之患，亦無人道之患。其與公並公于世，自少而壯者，已百不見一；自壯而老者，已十不見一。而公獨如金石之長堅，松柏之長茂，豈天于公有所私耶？惟其無以鑠之、鑿之、斧斤之也。故曰：得全于天，不若得全于人，盡人而後可聽天也。《傳》曰："八十而耄。"以其精力萎，智慮衰耳。故《詩》云："以引以翼，以介景福。"今公已逾八十，而聰明強健，不少衰萎。景福之來，曷維其已？即固太古而躋上壽，何難哉？抑余猶有願也。古者八十而杖于朝，今天子以孝治天下，邇因慈宫覃慶，既榮公以冠服矣。安知不一修舉曠典，議執酱執爵之事哉？余爲舅氏望之，則又取券于大德得天之説也。屬公初度，其姻婭子姓，爲公獻百歲之觴，而余侑之以言若此。

壽延用齋六十序

昔廣成子論長生之道曰："無摇爾精，無蕩爾神。"猶龍氏亦曰："外其身而身全，後其生而生存。"然要歸吾師説"仁者静，静能壽"而已。夫千尋之松，植于華岩，風不能敗其柯，霜不能脱其葉，歷百紀而嘗存者，其托根静也。龍門之石，大可蓋畝，聳可干雲，洪濤巨浪，奔騰相觸，而屹立無損，其賦質静也。顧物之静以無知，而人之不能静以有知。有知，則有生之累也。生之累萬端，獨名利爲甚。逐名者以名隕，没利者以利謝。舉世攘攘，甘以身爲桎梏[九]，爲蜉蝣，亦大惑矣。

余性好静，每思知静者與證攝生，而言者不必知，即知者久不能行。夫不能行與不知，何異？惟能行而不言者，其知乃真，若用齋君近之。君表朴而衷愿，一椎魯人耳。然嘗耳瞽其行實，目拇其舉止，心儀其品格，乃知藏用晦而托意深，寄迹平而遊情澹。淵然穆然，世情不涉，固未可以皮相也。君家世富饒，貲甲閭里。橐其貲以賈四方，規義而取，不乘人闚捷而箸，顧日殷殷起。然不覬以廉聞。置膏腴數頃，歲之所入什三在内，什七在外。蓋賓客嘗盈座，而呼賑者趾相錯也。然不覬以惠聞。往來長安市鄉，縉紳高其誼，嘗與遇從，山巾野服而處青紫間，于于如也，似不知貴人上者。然不覬以達聞。當事者欲以爵榮君，授之散秩，束帶峨冠，傖父乍得此車上舞矣，乃循墙而走，退若不勝。然不覬以慎聞。邑長吏下車，必先詢之，而足迹絶不及公室。余兩過其里，避勿見。最后馳騎邀之，乃至。至則從容寒温而已，無一語爲其身家者。然不覬以重聞。夫其善治生也，故無以利爲也，善修身也，故無以名爲也。不爲名利者，有生之樂而無生之累，其心清，其神全。心清則嗜欲減，神全則精氣固。嗜欲減而外物不滑天和，精氣固而真元不受戕削。綿綿若存，久視長生，盡從此得。君其竊守靜之遺，而善用之者乎？昔陶朱公避迹海濱，千金三散，逃名而名隨，去利而利集，亦以其不爲名利也。故善學老氏者，莫如陶朱，而善學陶朱者，莫如君。傳稱陶朱百歲餘而仙化，君今方一甲子耳，越此而耄，而耋，而期頤[一〇]，寧有窮哉？即與長松同植，高山并永可也。《詩》曰："如山如阜，如岡如陵。"又曰："如松柏之茂。"請以此侑君懸弧之觴。

壽李太母八十序

余嘗讀《易》，反覆六十四卦，變化不窮，而始終惟貞爲吉。蓋貞者，于天爲不已之命，于世爲不朽之精，而于人爲壽命之原。持之則有永，離之則速敝者也。不觀之物乎？朝華夕秀者，榮落有時，而喬松老檜，凌霜雪，歷歲月，而柯葉不改，其植幹貞也。原隰之壤，或以爲瓦礫，或以爲泥沙，而南金荆璧，鎔之愈精，礱之益粹，其抱質貞也。大物之貞者，且不與凡物同成毀，而況于人乎？

人生之初，厥有恒性，而入世以後，誘化日遷。榮華落莫之異其感，悲愉傷樂之異其情，少壯衰老之異其候，於是乎五色入而互變，百鍊化爲繞指，即號爲士大夫，亦多二三其德，有初鮮終，而可以貞一之操，多望之笄黛之流哉？若余太母者，真其人矣。太母如蘭賦質，匪石秉心，少嫺婉娩之姿，長著蕭雍之範，佩環有度，縞綦自甘，聲不出于閨閫，容不近于艷冶。是貞於德也。自于飛中斷，偕老願違。崩城雪涕，茹荼若薺。矢兩髦之維持，撫三尺而靡悔。先君之思，願言勿替，是貞于守也。持家勤瘁，早作夜思。辮絖□□饔飧，畫荻而誨子姓。即垂白之年，尚不肯告勞，休其蠶織，有公伯文母之風焉。是貞于行也。夫德修則無佚情，無佚情而其神完；守一則無越思，無越思而其精固；行勤則無惰志，無惰志而其氣充。神完、精固、氣充，而壽命之原以培，故今太母春秋八十矣，而視聽、飲食不減壯年，齒不敝而堅，髮不素而鬒，挺然與松柏比堅，而凝然與金石同固，繇此而往，即百歲可必也。豈太母之得于天者與人異哉？則太母之貞心獨完爾。余既以德與名爲太母頌，而貞者又積德得名之本也。故因諸父老之請，而推原之。若夫誕詞誇說，如所謂瑤池、蓬島之類，非余所以頌太母，亦非太母所自爲壽者矣。

壽李太母八十序

李太母以八十壽也，家大人既率予子姓輩稱百歲之觴，致詞爲祝矣。凡在葭莩者，將共賦南山，而徵言於余。余自襁抱失怙，余祖母與太母分鞠之，恩斯勤斯，若離于衷。蓋余非太母無以有今日，余無能報太母于萬一。即今初度之筵，又無能致水陸之珍，羅綺紈之好，爲太母壽。而余幸能搦管爲文，諸長者又不以其俚薄之，則庶幾借手一言，以報太母。

然余之頌太母者，與他人異。他人爲太母願者，不過長生久視，自今而大耋，而期頤，無有後艱爾。余獨謂壽太母所自有，而非所貴也。凡德壽爲上，名壽次之，形壽爲下。如以形壽，爾閭閻之間，皤皤黃髮，鯢齒鮐背，如太母者，自不乏人。然能致其貞淑，不貳其操，如太母者，寧復有幾？徒以偃然視息，多閱春秋，即曰壽也。彼汶汶沁沁，與草木同腐朽，亦何取罔生者而稱之？且余嘗上下古今之際矣，淑媛閨秀，何代無之？而史傳所述，獨共姜、孟母、曹昭之流，以爲稱首。之數人者，不知其年壽幾何。然至今于有餘禩，聞名者起敬，景德者興思，猶然耳目之近，旦暮之間也。視彼汶汶沁沁者，何啻冥靈之于朝菌，黃鶴之于蟪蛄哉？則德以徵名，名以永德，兩者共爲不朽耳。

　　太母少嫻内則，長持壼範，事舅姑以孝，相夫子以敬。遭家中業，手提三尺之孤，茹荼和膽，稱未亡人者四十餘年，秉心如一，是其至死匪忒，即《柏舟》之操也。式穀爾子，即斷機之教也。淑慎其身，即大家之風也。婦則稱賢婦，妻則稱貞妻，母則稱慈母，德既備矣，名既彰矣。異日，則彤管之史志而傳之，將與共姜諸人並垂不朽。此之爲壽，與日月並行，天壤俱敝矣，又奚在年歲間論修短哉？余故曰太母有貴于壽者，以德以名，不以形也。然德與名亦太母所自有，余不過因而述之，而別無能致一詞，則余又何以報太母矣？

賀曹寶山榮膺恩封序

　　獻陵衛經歷仁宇曹君，滿三載考，主爵者課其績以最上。天子嘉予，詔封君父寶山公如其官，玉軸金泥，綸音赫奕，一時閭里間喧詫盛事。余叔氏與公爲姻婭，乃徵余言爲賀，余于是見國家禮臣子之優，而并嘆待京朝官之獨異也。

　　夫人臣起家事主，以衡茅之賤，得近交戟之光，既以寵之章服，錫之粲飶，逸之以車騎矣。乃三載考績，又推恩所生，天語褒嘉，不遺寒陋，斯不亦隆恩異數哉？然在外諸臣，其自藩臬二千石而下，鞅掌於簿書筐篋之務，輪蹄塵坌之交，涉歷風濤，經營宵旦，王事埤益，至于心力交瘁，寢食不遑，猶必待荐牘屢上，始得徼一命之榮，非是者莫敢覬焉。而京朝官翩翩裘馬，鳴珂委迤，積日程勞，恩封若操券而取，若是乎待之獨優也。而公父子之所以被此優寵者，蓋有以致之矣。寶山公樸衷而質行，多積而善施。于于同氣，恂恂比閭。雖習計然之術，而雅有士君子之風。式穀爾子，仁宇君世濟其德，自筮仕以迄考成，夙夜在公，飲冰茹蘗，廉能之譽，累見剡草。天以是父、是子砥修于身，而宣勤于國，徵之天道福善之嘗，朝廷酬勞之典，則象服煇煌，龍章光賁，豈無因而致者哉？語云：“非爵爲榮，惟德是宜。”使德不稱服而冒竊名器，則濡鷫興刺，爛羊遺羞，即五侯七貴，珥貂橫玉，亦與草木同腐朽耳。若公父子襜爵蔬榮[一]，又何愧焉？然程功而錫爵者，君之恩也。服寵而圖報者，臣之誼也。仁宇君既已沐榮龍之寵，當益矢報主之忠。即今清核尺籍，擁衛陵寢，已有成勞，匪久出佐州郡，事仕彌繁，尚遵義方之訓，以靖共爾位而無忝官嘗，不負聖天子褒予之恩，是在仁宇勉之哉，是在仁宇勉之哉。

賀萬松上人序

國家創制，至詳且悉矣，然不過法治之，禮維之，兩設而互用，以宣助教化，陶冶風俗爾。故官司於齊民，則法載禮以行者也；師儒於膠序，則禮寓法而彰者也。至於禮所不盡維，而法所不必治。繩以三尺，或跳而軼，秩以五品，或跂而畔，彼業自外于聖人之化，而聖人終不忍化外棄之。于是，就其黨以立之宗，緣其教以啓之覺，使潛入于禮法中，而不知其化之自，則因之爲道妙矣。

釋氏之教，流傳久遠，壞法蔑禮，司世者病之。明興，恢章道統，嚴黜異教，而于釋氏猶甚，載在《會典》、《大誥》、《律例》諸書，可覆鏡也。約束之不異齊氏，範圍之納于名教，法與禮既璨如矣。猶恐習其軼與畔之嘗，而不諳所以維與治之意，則選擇德行修潔者，以爲教主。都會郡縣各置一人，所謂立之以宗，啓之以覺，而使之自就于禮法也。乃初制非不善，而後稍凌夷，至今日而濫觴矣。其黨盛，其勢益橫，而其教乃甚衰。夫黨盛則棼而難齊，勢橫則熾而難戢，教衰則頹而難振。值此三難之會，自非德行修潔者爲之主，不能統一緇流，闡宏法旨。而德行修潔者，竟寥寥也。以無法無禮之身，而任引繩操墨之責，夫是以約之而不遵，倡之而不知，棼變而嚚，橫極而亂，而衰者修不可起矣。

萬松上人，素所稱德行修潔者也。其宅心以湛寂爲宗，其酬應以靜治爲本。其兢兢持戒，如守法律；其抑抑處後，似秉禮之士。邑侯何公選擇之，令掌僧會司事。夫以寂鎮嚚，則棼可齊也；以治整亂，則橫可平也。約之而遵，倡之而和，則其教之衰可振也。不必于官司之糾禁，而慮無不自束于法；不必士君子操名教以繩之，而慮無不竊附于禮。守法遵禮，必不敢邪辨以鼓俗，詭行以惑衆，使奔之如狂，溺之如醒，以爲我風俗教化之蠹。其于國家創制章教之意，庶幾其無負哉？若乃高謝四流，俯弘六度，揭慧日于重昏，挽逝川之不返，則在萬松勉之矣。

校勘記

〔一〕"叙"，底本卷首原目錄作"序"。

〔二〕"有"，原作"有有"，衍一字，今刪。

〔三〕"寇"，原作"冠"，據文意改。

〔四〕"盡"，原作"近"，據文意改。

〔五〕"腸"，原作"暢"，據文意改。

〔六〕"薇"，原作"微"，據文意改。

〔七〕"損"，原作"捐"，據文意改。

〔八〕"金"，原作"余"，據文意改。

〔九〕"梏"，原作"桔"，據文意改。

〔一〇〕"頤"，原作"熙"，據文意改。

〔一一〕此句當有誤字。

張忠烈公存集卷二十九

傳

常明卿傳〔一〕

公名倫，字明卿。其先曲沃人，後徙沁水。曾祖瑜，以子軏貴，贈大理評事。祖雲，贈監察御史。父賜，繇省解舉進士，歷陝西按察司副使。公生有異徵，風神穎秀，警敏絶人。五六歲時能誦書賦詩，爲奇語，咄咄驚人，見者莫不嘆賞。性好弄，從父宦邸，遇卷軸觸手揮灑，已則擲筆嬉戲去。父軏寬之曰："此吾〔二〕千里駒也，踶齧何妨！"時出所爲詩文，質之當代文人李崆峒、何仲默輩，故一時聲噪士大夫間。正德庚午，年十九，舉鄉試第二〔三〕。宴鹿鳴日，歷階而升，請與第一人覆試。藩臬諸大夫慰解之曰："子固應元，爲主司經絀耳。"始唯唯而退。明年辛未成進士，授大理〔四〕評事。公性本拓落〔五〕豪放，耻爲拘簡，又負才凌駕儕輩。一日，宴集於所親，酒酣議論風起，屈其坐人。忌者假封事中之，遂用考功例謫外，補壽州判官。時山東盜起，流劫江淮。公募死士，設方略禦之，寇不敢犯。直使使〔六〕者行部，公故人也，以郡倅遇公。公弗堪，語稍不遜，大被折辱，遂棄官歸。亡何，轉寧羌知州，不赴，居家。放情山水，流連聲伎，常以安石、太白自比。性善飲，飲輒數斗，或累日夕不醉。醉則索筆疾書，頃刻滿壁。常曰："豈有旋翻故紙而後爲文者乎？"有貴人求贊其像，公大書惡語軸端，左右錯愕，已而徐取續成之。其曠達善戲謔多類此，以故人皆目公爲狂，而公益勝[七]自負，所交游必海內知名士。不即勢位傾一時，視之藐如也。文學司馬子長，詩宗李杜，上窺魏晉，多自得語。書法遒勁似顏魯公，而瀟灑有晉人意，畫不學而精妙。尤工樂府小詞，盛傳澤、沁間，伎兒優童咸彈弦出口歌之，至今不廢，曰"常評事詞也"。里居既久，忽欲入京補官。道經潞安，晨起衣緋，跨馬出郊，舞劍疾馳。馬渴赴飲，墮水死。聞且見者無不悼異之。年僅三十有四，所著有《校正字法》一篇[八]、詩文若干首[九]，行於世。

贊曰：予嘗聞長老言，先生好談神仙，曰"仙人好樓居"，因自號樓居子。以今考其生平，蓋有玩弄宇宙飄飄出世之意焉，倘亦東方、太白之流耶！世每訾文士無行，先生事親孝、交友信、居官廉，所由與放棄禮法者[一〇]矣。豪氣未除，骯髒以死，人至以俠名之。嗚呼！是未可與耳食者道也。

李節婦傳[一一]

節婦，先恭人[一二]母也。先恭人見棄，予方在襁抱，余祖母與節婦分鞠之，以有今日。節婦嘗為予言先恭人生前事，未嘗不籔籔泣也。及予點賢書，節婦復泣謂予曰："孺子，爾母不忘矣，然孺子不可忘爾母。"余不敢忘母，而敢忘母之母？且節婦能不忘余母，余不可不圖所以不忘節婦者，作《節婦傳》。

節婦，竇氏女，父玳，娶于張，余高祖教諭公女也。生節婦。節婦生而婉慧，甫能言，伯父玗口授以詩，輒成誦。玗奇之，訓以《內則》，無不通曉，尤嫻女工。既笄，歸李孝廉子庠士新香，執婦道甚謹，舅若姑亦奇之。閫以內，聽節婦為政，而節婦善於其家，自諸叔姻族，下迨[一三]臧獲奴婢，無不人人中其意[一四]。

父玳嘗以事繫于汴，其上官有與孝廉善者，乃走書求救于孝廉，孝廉難之。節婦從堦下跪請曰："翁救兒父。非翁，無救兒父者。"時孝廉且上公車，乃迂道抵汴。至之次日，暴卒于邸舍。上官聞之，乃釋玳。時孝廉父壽官公大用尚在堂，及諸叔輩咸尤節婦，且將甘心于玳。節婦泣曰："天乎？爲父而亡翁，誠罪萬死。然生死，命也。翁命果邅，即不適汴，寧保無他乎？且翁有德于父，父當有以報翁者。"乃與庠士謀以計，令玳輸數百金爲壽官公壽，事乃寢。

庠士素羸，善病，病輒困篤。節婦輒籲天求代，而庠士竟不起。疾且革，目節婦曰："無少而年，無遠而日，無難而養，有藐然孤在。"節婦泣對曰："即無藐然孤，將安之？君勿言，以地下相待。"庠士既卒，節婦慟幾絶者數。既而曰："吾不難一死成志，難忘者言猶在耳，置此藐然孤何地？"乃經紀家事，稱未亡人。携二女一男，守一室。長女，即先恭人也。將及笄，問字者履相錯。節婦曰："非張長兄子，即金如斗，粟如山，終勿字。"蓋指家大人，而卒歸家大人。即令孤從家大人學。躬緶縷以供饘粥。晝則操作，夜則督孤學，即盛寒暑勿易也。

先是，李氏爲巨室，里中豪素心覦之。孝廉卒，室亡十之五；庠士卒，室亡之九，而覦者不少怠，兼以宗人不利孺子，逐鹿而有分肉之心。時相煽爲虐，詬誶百端，甚至梃石交户。節婦避之唯謹。孤漸長，憤不能平，曰："夫藐我孤寡易與耳，故侮我無厭。試出而角，角不勝，何方之不可徙？奈何母子駢首牖下，坐爲所魚肉乎？"節婦即掩其口曰："豎子勿妄言。爾以寸絲繫李氏脈，乃欲與此曹爭一旦之命。即有失，悔無及已。且聞能下人者能上人，區區不足較也。"孤學日益，聲籍籍起，而試輒不利。値歲大祲，節婦盡脫其簪珥，以佐孤學。不足，稱貸，又不足，幾於不能舉火。乃持孤泣曰："天其斬李氏儒業乎？而不成豎子之名？"遂令棄學服賈。貸子錢，南走梁宋間。孤故儒家子，且少年豪邁，耻鬭智争，時營營刀錐之末。逾年歸省，則囊中裝如故。節婦督讓曰："我不死，爲若也。若學書不成，學賈又不成。即〔一五〕不成，吾何以報地下？"孤自是遂成良賈，入而家道亦稍不乏矣。然節婦以恂緯起，勤儉不異食貧時。間執掃除，親杼軸，孤以春秋高諫止，則曰："猶記以十指養若否？豈一旦足糊口，而頓忘昔日之勞？"向所虐己者，故德報之。宗鄰有急，不以有無爲解，輒求輒與，與復〔一六〕無所問。

初，孝廉卒，獨姑〔一七〕在堂，與節婦相與爲命者垂三十載，無間言。孝廉有遺妾二，事之一如姑禮。父玳，賈於梁，蠱嬖妾，留不返。節婦養其母終身，其篤于德誼類如此。今上建儲覃恩，表揚貞節，邑長吏奉明詔旌其閭。

張子曰："予嘗讀劉向《烈女傳》，而嘆女德之難。上下數千年，可指而數也。若孔子以諒同匹夫匹婦，而不可奪志獨稱匹夫，豈非諒易而志難哉？硜硜之節，抱小諒而無大志，引義自裁，計畫無復之耳。節婦提六尺孤，出百死一生之計，集蓼茹荼，卒成完節。庶幾烈〔一八〕丈夫志哉？即古傳記所稱，蔑以加矣。"

校勘記

〔一〕此文又見《山右叢書初編》本《常評事集》，下據以校。

〔二〕"此吾"，集下有"家"字。

〔三〕"第二"，集下有"人"字。

〔四〕"大理"，集下有"寺"字。

〔五〕"拓落"，當作"落拓"。

〔六〕"使使"，當作"指使"。

〔七〕"勝"，當作"深"。

〔八〕"篇"，當作"編"。

〔九〕"詩文若干首"，集作"《評事集》四卷、《寫情集》二卷"。

〔一〇〕"禮法者",集下有"異"字。

〔一一〕此文又見清光緒《沁水縣志》卷八《人物·列女》。

〔一二〕"先恭人",《沁水縣志》作"先夫人"。下同,不出校。

〔一三〕"下迨",《沁水縣志》作"下逮"。

〔一四〕《沁水縣志》下有"又無不人人奇節婦者"一句。

〔一五〕"即",《沁水縣志》作"即終"。

〔一六〕"與復",原闕,據《沁水縣志》補。

〔一七〕"姑",原作"孤",據《沁水縣志》改。

〔一八〕"庶幾烈",字迹漫漶,據《沁水縣志》辨識。

張忠烈公存集卷三十

雜　著

札　記

　　余齋居靜坐，研究性理，籌量世務，間或有得，朗然心開。然性善忘，時過遂惘然失矣。因倣薛文清公《讀書錄》，隨時札記，以防不思之失云。

　　爲學之法，須要時時提醒此心，勿使昏昧放佚。一善念起，便要充開。一惡念起，便要止住。久之，工夫純熟，自有進益，非可欲速。

　　余最好動，以靜矯之，愈不得靜。因思動之根全從欲起，非可制伏把持。只有寡欲清心，自然靜矣。然而尚未能也。

　　人只有"毋自欺"一念，可爲下手工夫。昔人以"不遠復"爲三字符，余亦願以"毋自欺"爲三字符也。

　　時時取古人嘉言善行觀之，自有省悟，是收放心一法。

　　悟道必繇明理，明理必繇讀書。

　　堯舜之道，孝弟而已。夫子之道，忠恕而已。學問之道，求放心而已。玩三"而已"字至簡至易，只是人不肯爲，反求之高遠。真事在易而求諸難也。

人若存一聖賢不可爲心，便是自棄。

余每與人講論，或獨居深念，於道理亦有分曉處，至行時却不能然。豈不可恥之甚？

人若眼前物物皆見是道，心地便如太虛。

人見天地清明便快，慘黯便不快；花木開茂便喜，彫落便不喜。即此便是一體意思，便可知位育道理。

聲色之爲害大矣。古人云：克己先從偏難處克。要先從此斬斷。

胡文定安國少善弈，登第後即懲改。每弈，即使人戒之曰："爾一第止以弈爲業耶？"遂不復爲。予亦嗜弈，被此物費二十餘年精神矣。今當以文定爲法。

儉，德之共也。儉最有益，不惟省妄費，可以清心，可以養福。

傷生之事非一，而好色者必死。名言名言。

醉酒之人，叫號頹倒，醜態百出。自醒眼觀之，不勝其恥，而徒以爲樂，不知所樂何在？

劉伶、阮籍輩，千古罪人，而世以"竹林七賢"稱之，往往形之圖畫，真可笑也。李崆峒有詩云："昔人曾頌酒，吾意不如醒。"余甚愛之。

　　凡人有病痛，自家知得，須是自家醫治。人有箴規我者，是生我之藥石也。若反惡之，是彼不醫，又忌人之醫矣。

　　世人往往好談人過失，特未之思爾。若將自己身上細細尋思，千瘡百疾，醫治不暇，何暇論人短長？

　　君子好道人之善，小人好道人之惡。程明道見學者有論人不是者，則曰：賢且說他好處。足見君子用心。

　　凡事有不如意，只當自反。若與衆人、小人較量長短，我亦衆人、小人矣。

　　寧我容人，毋人容我；寧人負我，毋我負人。當常常念之。

　　人有德於我，不可忘者也。我有德于人，不可不忘者也。此亦名言。

　　《詩》云："忘我大德，思我小怨。"又云："民之失德，乾餱以愆。"舌〔一〕時人情已薄惡若此，何況叔季？

　　世之機智忌刻者，既欲謀人，又恐人謀己。不知我有我之造物，非人之所能謀也。人亦有人之造物，非我之所能謀也。且如此存心，便爲造物之所惡矣。自作孽不可活，尚能謀人哉？

君子常見不是在己，小人常見不是在人。

六月之望，炎熱逼人。余未明便起，移榻軒下。忽寐，夢人語余曰："見理要真，不可以意氣加人。無益有損，直道而行，不可後止，未晚。"已而，余又自語曰："多讀書則義理明，寡嗜欲則天機見。"覺而爽然。因思此數語者，處世學道之要訣也，乃于夢中片刻得之，豈神有以啟之耶？抑清明之氣自發見也？敢不存存勿忘？

古人云："勿以小善爲無益，勿以小不善爲無傷。"此語最有味。蓋常人之失莫不起於微而成于鉅。以小善爲無益而不爲，終將并大善亦不爲矣；以小不善爲無傷而爲之，終將并大不善亦爲之矣。況善、不善，原不分大小，一念一事之善，即爲聖爲賢；一念一事之不善，即爲禽爲獸。舜、跖分于善利之間，人物爭於幾希之微，可不慎哉？

張曲江詩云："宿夙青雲志，蹉跎白髮年。"杜少陵詩云："勛業頻看鏡。"有志之士類若此。余年未四十，而鬚鬢漸白，每數日，必鑷去一二十莖，日月逝矣，而德業未成，臨鏡自炤，爲之撫然。

凡事到面前，須要熟思審處。古人云："天下甚事不因忙處錯了？"最宜玩味。

陳希夷云："儍好處勿常戀，得意處勿再往。"此可爲貪昧者戒。

凡處事，當裁之以義理，甚不可拘泥陳套，曲從人情。人當于進步時思退步，不當于退處求進步。

嘗謂：遭一跌，多一智。不知多一智，遭一跌。

人不患有過，能改過便成好人。人不患無才，若恃才反有奇禍。

省一分事，養許多精神。省一分費，留許多物力。

用貴有節，施勿厭頻。

人忌我，我勿忌人。人求我，我勿求人。人欺我，我勿欺人。人負我，我勿負人。一恕，真可終身。

舌爲是非之門，省是非莫如省言。德爲子孫之廕，樹子孫先須樹德。

多言者多怨，寡欲者寡病。

立志説

士人終身德業，必有根基。根基者，志也。孔子曰："吾十有五而志于學。"又曰："志于道。""志于仁。"群居講習，則又與二三子言志。而畫寢之予，自畫之求，斥之不少恕，以其無志也。蓋聖賢亦人爾，聖賢之所以爲聖賢，何莫非繇斯志？孟子曰："人皆可以爲堯舜。"顏淵曰："舜何人也？予何人也？有爲者亦若是。"此其心胸何等開大，意氣何等剛毅，然而非有其智〔二〕不能也。後世有志伊尹之志者，有志不在温飽者，有做秀才便以天下爲己任者，是昔豪傑之士，此志一立，終身成就畢竟不同。今人毋論堯舜，語以顔孟，有敢曰爲之者乎？毋論顔孟，即語以程朱諸賢，有不謙讓未遑者乎？此皆自賊自棄之甚者也。夫人負陰抱陽而生，性情原自中和，自可以位育參贊，力量原自弘毅，自可以任重道遠，何聖賢之不可爲哉？然而不能立志爲聖賢者，蓋有所奪之也。聲色名利之場，是非毀譽之説，困厄弗逆之遭，皆足以柔人健骨，挫人鋭氣，此處把握不定，將如飄飄然隨風之絮，粘泥貼壁；泛泛然無舵之舟，滚波逐浪，終歸于墮落沉淪而已。故學者須要堅定此志，勇往直前，以聖賢爲必可爲，以爲聖賢爲必可至，毋奪於外誘，毋墮于半塗，若昆侖之水，百折必東，抵于海而後已，所謂"有志者事竟成"也。《詩》云："我心匪石，不可轉也。"又云："靡不有初，鮮克有終。"立志之謂也。

校勘記

〔一〕"舌"，疑當作"古"。

〔二〕"智"，據上下文意似當作"志"。

張忠烈公存集卷三十二（闕前三十頁）

《春秋集傳》[一]

昭　公

夏，秦伯之弟鍼出奔晋。

書弟者，罪秦伯也。罪其以一國之主，不能容一弟也。然則，鍼無譏乎？曰：鍼以寵弟而二子，君車至千乘，取禍之道也，烏得無譏？

晋荀吳帥師敗狄于大鹵。

夷狄犯順，禦而敗之，功足紀也。胡氏反以爲譏，曰：譏其毁車崇卒，詐敗狄人，非王者之師。且謂後世車戰法片自此啓也。嗟夫，是何言歟？師遇于阨，以車當徒，代公終事耳。

夏，楚子、蔡侯、陳侯、鄭伯、許男、徐子、滕子、頓子、胡子、沈子、小邾子、宋世子佐、淮夷會于申。 四年。

楚虔以弑君之賊，欲行桓文之事，其求諸侯于晋，尚未敢必也。使晋不許，楚必不能强合諸侯。晋平既溺于宴安，而諸大夫復不競。是以楚虔遂得合十二國之衆，爲申之會。以蠻夷篡弑之人，儼然壇坫之上，而三恪之後，諸姬之胤，俛首而聽之，中國之辱甚矣。原其始，趙武柄國，而日□于偷，軍實墮廢，自宋之會兩楚之故，而遂隱其詞，没其實，使亂臣賊子既得志于生前，且逃誅于後世，此爲存天理乎？爲遏人欲乎？縱人欲乎？善權輕重者，斷不若此。奈何以之誣聖人也？

冬，公如晉，至河乃復。季孫宿如晉。二年。

　　昭公輕千乘之重，越國而吊人寵妾，非禮之甚也。晉人止之，尚合于禮。公之返也，不猶愈于往乎？胡氏責其不當往，是矣。而謂其不當復，則非也。中道而止，雖取辱焉；若入晉成禮，辱更甚矣。又有謂距公而納季氏，爲外君重臣，亦因後事而逆前也。宿之如晉，不過。

冬，楚子、蔡侯、陳侯、許男、頓子、沈子、徐人、越人伐吳。五年。

　　徐、越稱"人"，蘇穎濱之説是也。胡氏謂楚執慶封爲義討，而吳不顧義報朱方之役，楚帥諸侯以伐之，師出有名，故從之者進而稱"人"。此説果有當耶？楚虔之惡甚于慶封，當爲人討，安能討人？且吳不過容弒逆之人耳，視身爲弒逆者，其罪孰重孰輕？于楚則善之，于吳則譏之，于從弒逆以伐人者則進之，顛倒乖謬甚矣。

　　遂楚人，遂使夷氛大熾，憑陵華夏，而莫取與爭，信乎爲國者，不可不自強也。

執齊慶封，殺之。

　　慶封之罪雖當討，而楚虔非討之之人也。彼一弒逆，此一弒逆，以賊討賊，其與幾何？故不曰"楚執慶封"者，不以討慶封予虔也。

九月，取鄫。

　　鄫已滅矣，何復云"取"？蓋鄫屬于莒。此云"取"，乃取邑，非取國也。

必敗之道也，毀車用卒，臨機應變，期于克敵耳。若如胡氏之言，必以車戰，寧可使晉國之甲殲于狄人而後爲不失正乎？天下事有宜于古而不宜于今者，即聖人復起，亦不過因時而也。

冬十有一月己酉，楚子麇卒。

天下之惡無華夷一也。楚圍實弒其君，而書"卒"者，從其赴耳。胡氏以爲聖人略篡弒以扶中國，遏人欲而存天理，則鑿之甚也。夫自成莊以來，中國之從楚，非一日矣。何擇于其君，而至此爲之諱哉？且因諸侯服。

春王正月，暨齊平。七年。

此條，有以爲燕暨齊平者，有以爲魯暨齊平者，兩説皆通，而燕平之説較長。蓋齊侯自去歲十一月如晉，十二月即自將伐燕。倥傯戎馬之間，方日夜以燕爲事，何暇復尋求魯國之平乎？使果求之，亦必有一介之使，來修舊好，何以不見于經傳也？夫前此魯雖患齊，慶封來聘之後，不聞交争，亦既平矣，又焉用平？至謂魯附楚婚吳，借威力以逼齊，齊懼而求平，其説更謬。當其時，審勢度力，有魯畏齊耳，齊安畏魯哉？暨與及，亦無以異也。

冬十月壬午，楚師滅陳。執陳公子招，放之于越。殺陳孔奐。
八年

公子招殺儲貳，立庶孽，使哀公憤恚自經，而留亦不得安其位，卒召楚師以亡陳國，罪不容于死。孔奐雖招之黨，不過聽命以行事者耳。楚人放招而殺奐，豈刑辟之中乎？若乘人之亂，遂有其國，托義舉以濟其私，不待貶而罪自見矣。

秋，季孫意如會晉韓起、齊國弱、宋華亥、衛北宮佗、鄭罕虎、曹人、杞人于厥憖。十一年。

厥憖爲救蔡會也，而不云"救"者何？罪其不克救也。楚師雖強，蔡尚城守。使韓起帥八國之衆，鼓行而前，諸侯攻于外，蔡應于内，則楚可克，而蔡可存也。乃畏之如虎，觀望不前，又不能以大義責之，遣使而爲蔡請，則楚人固知晉之無能爲，而攻蔡益專矣，蔡欲不滅得乎？蓋其始也，起本無救蔡之心，迫于荀吳之言，不得已而出師。諸侯皆懼楚而輕晉，莫肯同心協力。起自度不能救，不過遥爲聲援，以謝責于天下耳。晉之不競，宜哉。

晉伐鮮虞。十二年。

晉人將有事于鮮虞，仍僞會齊師而假道焉。窺其無備，從而伐之。此盜竊之行，無信義之尤也。直書之，而惡自見。若謂其不能救陳、蔡之亡，而狄之使不得比于虞虢之役，稱師稱人，則亦深求之矣。滅同姓，與伐夷狄，固自有輕軒也。

八月甲戌，同盟于平丘。公不與盟。舊分二條。十三年。

晉自平公偷汰，内作色荒，外崇宫室，諸侯皆有二心。諸大夫懼其不競也，是以尋重丘之盟。然不能修德循禮，仗義守信，而徒以兵威臨之，豈服人之道乎？其以邾、莒之故，止公不見，猶不失盟主之義，未可非也。説者主一偏之詞，多罪晉而直魯。夫魯信用強臣，侵奪弱小，烏得無罪？謂之自反而縮，豈確論哉？是不可與沙隨之不見同例而並論也。

蔡侯廬歸于蔡。陳侯吳歸于陳。

棄疾因陳、蔡之衆以得國，故其立也，先復二君，蓋以報德而市恩，非誠有興滅繼絶之心也。然較之兼并、凌奪者，猶爲善矣。楚滅之，楚復之，而以自歸爲文者，不可以楚封陳、蔡也。

春，意如至自晉。十四年。

季氏專魯國之政，而弱公強私，恃衆侵小。晉人執之于會，若即請命天子，廢而錮之，豈非義舉哉？乃拘留逾時，不正其罪，一聞景伯之言，歸之惟恐不速。然則始之執之，果何意也？如因邾、莒之不共而執，以魯之能具所命而歸，是始終爲利，非討罪之公心，宜不足以服諸侯矣。

夏五月戊辰，許世子止弒其君買。十九年。

弒逆，天下之大惡也，聖人豈輕以加人哉？許悼公飲世子止之藥而卒，則止實以藥殺其父也。曲儒泥于不嘗藥之説，而曰："止原未弒君。《春秋》因其有忽□父之心，而以弒加之，所以教後世之爲人子者也。"果若斯言，則凡世有父死而子不嘗藥者，皆當以弒坐之，寧獨一許止哉？而又何以待夫操刃進鴆者哉？且使止而非弒也，則不必奔。即奔亦當奔于楚，乃不于楚，而于晉。毋亦内畏國人之討，外畏楚國之誅，乃遠托于晉，以免死耶？止既曰："我與夫弒矣。"而必曲爲之辨曰"未弒"而被此名也，不亦遠乎？

夏，曹公孫會自鄸出奔宋。二十年。

公孫會[二]自鄸奔宋，必負罪懼討而出也。曰自其邑者，別于國耳。而説者妄加揣摩。《公羊》尚曰"諱之"。胡氏則直以爲賢矣。夫以叛逆之人而賢之，將于何人致貶耶？如以子臧之故，而并賢其後人，則凡聖賢之胤，背君叛國者，皆得借先世之庇，以免斧鉞之誅矣。且季札之賢過于臧，季札不得逃貶于生前，而子臧乃得宥罪于後嗣。持論若此，悖理傷教之甚者也。

秋，盜殺衛侯之兄縶。二十二年〔三〕。

齊豹，衛之司寇，而曰"盜"者，賤之也，不列之于臣也。以爲求名而不得，不知所求者何名乎？至謂歸獄于宗魯，抑又遠矣。

劉子、單子以王猛居于皇。

劉、單，周之世臣，與國同休戚者也。王室內亂，嫡庶爭立，二子欲定王位，而邪黨方張，人心攜貳，乃不得已，而奉王猛出居于皇。艱危困厄之中，左提右挈，不失臣禮，雖其本心亦出于全軀避禍，非真有托孤寄命之忠，然擁悼立敬，王室終賴以寧，視之從逆黨孽者，相徑庭矣。胡氏責其挾天子以令諸侯，何不恕之甚耶？

冬十月，天王入于成周。二十六年。

天王播越在外，于今四年。晉始使二大夫帥師納之，屬在懿親，世爲盟主，而無勤王之義，固有罪矣。然較之坐視不救者，不猶彼善于此乎？苟責之謂爲不忠、不臣之甚，吾不敢從也。

夏四月，吳弒其君僚。二十七年。

光爲吳嫡長，則國，光之國也，僚之立，不正矣。光殺僚而代之，疑若無罪，而必曰"弒"者，僚在位十二年，光北面而事之，君臣之分，久已定矣，安能免弒逆之討乎？

公如晉，次于乾侯。二十八年。

魯世與齊讐，而事晉甚謹。晉亦時急其難，自以邾、莒之故，意如與舍相次被執，而魯始有二心于晉。是以昭公之出，不之晉，而之齊也。晉以公自托于齊，遂于公疾痛休戚，若不相關，故會于扈，則受賂而不終納。公如晉則止于乾侯，而不得入。雖則晉人無患難相恤之義，亦繇昭公不善托身也。

晉侯使荀躒唁公于乾侯。三十一年。

意如[四]即不臣，然尚未敢顯然竊國拒君而不納也。昭公因荀躒之言，聽子家之謀，與之俱歸，不猶愈于中露之辱乎？乃受脅群小，卒客死于異邦，昏懦甚矣。

冬，仲孫何忌會晉韓不信、齊高張、宋仲幾、衛世叔申、鄭國參、曹人、莒人、薛人、杞人、小邾人城成周。三十二年。

周室不振，列戍京師，門庭之地，亦岌岌乎不保矣。晉奉王命帥諸侯而城之，是尚知勤王之義也，奈何責之？

定　公

春王。元年。

是年無正月，《公》、《穀》之說皆通，家氏之論尤辨。然以意之，或亦闕文，與桓之無王，殆相類也。

五月，公及諸侯盟于皋鼬。四年。

晉率十七國之衆侵楚而無功，乃爲此盟，猶欲以伯令約束諸侯耳。謂魯公因會而求盟，內爲志，故書及者，非也。

公會晉師于瓦。八年。

晉三卿帥師，而不云"大夫"者，君不可以會大夫，故稱"師"也。胡氏謂以師爲重，見人臣不可專兵權，果經之意耶？

晋士鞅帥師侵鄭，遂侵衛。

　　沙之盟，衛已有叛晋即齊之心矣。士鞅恃兵威而要盟于衛，以大夫亢君已爲不順，而又以無禮行之，是速之叛也。晋之不振，實諸大夫致之。

從祀先公。

　　從祀之説，三傳皆以爲順閔、僖之位，諸家多宗之，然于"從"之義不合也。且曰"先公"，則凡魯之先君皆可稱，不止閔、僖矣。以爲昭公者，得之。

盜竊寶玉、大弓。

　　陽虎取寶玉、大弓于公宫，而曰"盜竊"者，何不可云"虎取之"也？寶玉、大弓，天子所賜魯之分器，以鎮社稷者也，子孫當世世守之。況在公宫，而虎以一小臣若取諸寄，魯尚得爲有君哉？國之重器，一旦失守，不可不書，而又不可直書，故曰"盜竊"，微詞也。

秋，齊侯、衛侯次于五氏。九年。

　　此齊伐晋也。而曰"次"者，齊與衛合，雖有啓疆、報怨之心，而晋國猶强，未敢輕動，是以次且觀望，僅能侵掠其竟也。夷小勝，而即敗于中牟。可見二國之勢矣。

齊人來歸鄆、讙、龜陰田。十年。

　　尼父相夾谷之會，齊人服禮來歸侵田。片言所感，强暴同心，聖人功化之神若此。然特其一班耳。而謂之自序其績，毋乃淺之乎窺聖耶？

宋公之弟辰暨仲佗、石彄出奔陳。

公子辰與仲佗、石彄，同日出奔，又同公子地入蕭以叛，則兩人者，必二公子之黨，懼罪而逃，因以搆亂者也。説者尼于"暨"之一字，而曰爲宋所脅，不得已而出奔。夫二子，宋大臣也，棄爵位，捐宗祊，而遠適異國，亦人情所難。使果無叛君從亂之心，宋安能脅之以奔耶？

十有二月，公圍成。公至自圍成。十一年〔五〕。

郈、費易墮者，蓋二氏懲于南蒯侯犯之叛，是以樂從而不覺。然既墮之後，必有悔心，至圍成，而其計變矣。不然以二家之力，豈不能墮一邑，何必公自行哉？公行而無功，則魯事可知矣。

晉趙鞅歸于晉。十三年。

趙鞅專殺趙午，固有無君之心。而范氏、中行氏以私媾之故，治兵攻鞅，則始禍矣。鞅保晉陽，雖云救死，然君之土也。據君之土以抗君，可不謂叛哉？荀寅、士吉射以伐君出奔，而又據公邑以叛，則其罪更甚于鞅矣。

衛世子蒯聵出奔宋。十四年。

南子穢亂，宜昭"婁豬"、"艾豭"之謠，即難過而聞焉。然世有子而可殺母者乎？蒯聵萌此心也，已犯天下之大逆矣。衛靈閨政不修，中篝播醜，反聽艷姬之愬，使冢嗣出亡，國本顛越，甚哉其無道乎！真所謂"父不父，子不子"者也。《春秋》蓋并罪之。

哀　公

春王二月，季孫斯、叔孫州仇、仲孫何忌帥師伐邾，取漷東田及沂西田。癸巳，叔孫州仇、仲孫何忌及邾子盟于句繹。二年。

　　三卿並將伐國，取地以盟其君，其惡可知。胡氏併罪哀公，夫是時公纔五歲耳。藐爾之孤，有如贅疣，可責之張公室乎？至于季氏不盟，謂以邾田歸二家，報其救意如脱桓子之德，亦揣摩之説也。

春，齊國夏、衛石曼姑帥師圍戚。三年。

　　圍戚以罪輒也。晋納其父，輒即當奉國而逆之，曰：國，父之國也。先公即世，社稷無主，余小子亦惟宗祀是攝，豈敢以爲利焉？今蒯聵居戚逾年矣，未嘗有一介之使，而乞援大國。使臣子帥師以圍之，推是心也，即以其父膏白刃，爲俘虜所甘心矣。世有不孝如此者哉？輒乃千古罪人，而猶有以爲正者，是使天下父子相夷，胥入于禽獸之類也。

春王二月庚戌，盜殺蔡侯申。四年。

　　蔡侯即無道，未若楚虔之篡逆，陳靈、齊光之淫縱也。彼皆書"弑"，而此獨云"盜殺"者，毋亦從其赴乎？胡氏謂其無信義，禮文守身，而自衛夫人得而害之，故變文而稱盜，以警有國之君，以足爲戒，而不可爲訓矣。

春，城邾瑕。六年。

　　謂瑕爲邾邑者非，使魯未取瑕，則不當城，使既取而後城，則不當繫之邾也。

齊陽生入于齊。齊陳乞弑其君荼。

陽生不稱公子，將爲君也。以爲誅其不子者，非也。朱毛實戕孺子荼，而歸弑于陳乞，何也？乞使之也。陽生已立，則荼不得復存。立陽生者，乞也，弑荼者，豈伊異人乎？

秋，公伐邾。八月己酉，入邾，以邾子益來。 七年。

魯禄去，政逮鄰于危亡，復不修德義，而吞并弱小，頻年伐邾，至于入其國，擄其君而後已。此惡之大者，固無所容于諱，而亦不能爲之諱也。胡氏謂不諱者，因後歸邾子，能去其惡，而與之。夫歸邾子，怵于吳與齊耳，豈魯之本心哉？又安得爲與也？

夏，齊人取讙及闡。 八年。

取二邑，當從《左傳》。《公羊》以爲賂之，非也。

齊人歸讙及闡。

歸讙及闡，季姬之以也。或謂齊取二邑，脅魯使歸邾子。邾子歸國，而齊亦歸邑。恐齊無此義舉也。在齊則歸之善不足以掩其多取之惡，在魯則得之幸不足以蓋其失之恥，于二國有何美詞？

三月戊戌，齊侯陽生卒。 十年。

《經》書齊悼侯卒。《左傳》云："齊人弑悼公。"而不詳其説。□弑之之實，尚無據也。夫以齊之強，尚可抗吴師。方及鄙，未至國都，猶無覆亡俘虜之禍。而逆弑其君以説敵，齊之臣子，獨何心哉？此正當夫子之時，目擊其事，若果弑未有書"卒"者也。《左傳》之説出于傳疑耳。或曰本弑而以疾赴，故從而書之，是亦一説。胡氏謂不忍以夷狄之民加中國之君者，鑿矣。

春，用田賦。十二年。

　　田賦之説，諸家不一，然當以夫子告冉求之言爲據。夫子曰："以丘而足。"則是改丘賦爲田賦也明矣。賦者，兵車之名，或取其財，或用其力，總謂之賦。然曰"斂從其薄"，則是取其財以備軍興之用也。是時，魯益式微，南畏吴，東畏齊，西畏晉，是以加賦爲備禦之計耳。不思民爲邦本，民生既蹙，本實先撥，國誰與守？危亡可立而俟也。

校勘記

〔一〕原本闕前三十頁，此題目爲點校者所加。

〔二〕"會"，原作"魯"，據經文改。

〔三〕"二十二年"，按經此條仍係二十年事，下條方係二十二年事，此繫年應署下條後。

〔四〕"意如"，"如"與"即"原誤倒，今乙正。按，意如，魯大夫。

〔五〕"十一年"，據《左傳》當作"十二年"。

張忠烈公存集卷三十三

墓誌銘

鄭府紀善晉崗劉公配趙氏合葬墓誌銘

晉崗劉公之捐館舍也，族黨子姓泣于庭，長老婦子泣于里，衿綏之士泣于社。曰："天不憖遺善人，已矣，誰與爲形矣？"且葬，其孫茂才韓狀公生平，來請銘。余方有先慈之喪，銜恤苦次，憒憒何能文？顧茂才爲予姻婭，誼不可辭，而公之懿行婍節，又不可湮滅弗傳也，亦不忍辭。遂援筆次之。誌曰：

公諱東津，字子知，晉崗其別號。先世陵川人，遠祖漢臣始徙沁之坪上。本支蕃衍，遂爲巨族。曾大父受，大父原，父貫，皆隱德勿耀。貫娶于□，生公。公秉異質，垂髫補博士弟子。益刻厲向學，博綜群籍。每試輒屈其儕，一時名噪諸生間，顧數奇，屢厄秋闈，乃繇明經選入太學。初，除河曲訓。河曲邊荒徼地，與虜僅隔一衣帶耳。士椎鄙，不嫻弦誦，倡明禮教，稍稍變爲都雅。遷三河諭，三河直左輔孔道，冠蓋相望，遍廣文先生上謁無暇晷。公曰："吾受命來教諸生，折腰貴人，剩吏事也。"日擁皋比[一]，說經義，趾不及公府。再遷濱州學正。濱士驁，多跳軼繩墨。公至，爲具約束，無敢逆者。更歷平涼府、廣寧衛教授，皆邊遠地，一如訓河曲時。已轉鄭藩紀善，居數年，一日，秋風思動，將掛冠歸。王素高公誼，不許，予沐兩月。歸而病，然起居猶如平時。一夕，索飲，未卒爵而絕。

公天性孝友，居父喪，哀毀骨立。既仕，嘗以不獲祿養爲恨，談及古人負米事，未嘗不簌簌泣也。事繼母如所生，與庶弟析產，顧取其瘠，生有薛包之風焉。昆仲俗子不克舉火，或逋賦，每出俸金佐之。歲歉，則罄儲以振窶人。故公雖歷宦二十餘年，歿之日，篋無長物。嘗讀《薛文清傳》，至中途絕糧事，顧謂茂才曰："小子識之，我即不能如古人，亦不累若以財。"蓋公所自期遠矣。公怐怐貌不勝衣，人皆稱公長者，至見義勇為，挺然則不屈。任三河時，有數生忤上官，將寘之法，公力解得免。及為紀善，國戚趙姓以小過失王意，罪且不測，而藩佐皆禁不敢言。公引大義廷爭，王卒霽容釋之。其直節類若此。

生平重禮讓，急交游，能振人之急。初，公需次當貢，其二嘗生者耄矣。督學使者憐之，謂公曰："子當遠到，能以此讓生乎？"公慨然讓之，無難色。藩官祿不以時，多困邸舍，公輒分俸贍之，負亦不問。一人罷官歸，止有一馬，將償所貸，公謝之曰："君垂橐而歸，我不能為君具道里費，況忍奪君乘，使徒行也？"其人感泣而去。

公自少即慈祥戒殺，晚年益樂善不倦，書"忍嫉欲"三字于壁以自警。刻《太上感應篇》及《理欲消長圖》，勸戒世俗。又嘗曰："君子宜壽，壽固君子之幸。小人宜夭，夭亦小人之幸。蓋君子之善日增，小人之惡亦止。"識者善之。公善飲，數斗不亂。又最嗜手談，興致恬適。歸自藩邸，將約里中耆艾為香山洛社之會，而遽修然逝矣。生于嘉靖十九年十二月二十三日，卒于萬曆四十二年十二月十二日，享年七十有五。配趙氏，柔嘉靜默，時稱女士。公篤行好修，內助之功居多，先公卒。子一：用章，廩生，博學能文，亦先公卒。娶李氏，繼張氏。女三：適庠生李祚昌，次適常治心，次適廩生何達海。孫男二：長爌，娶王氏，庠生汝彥女，早夭。次即廩生韓，負俊才，能大其門，娶予叔儒士五美女。孫女一：適王朝士。曾孫男一：宗向。曾孫女一：字余弟三子道澤。茂才以萬曆四十三年四月初九日葬公于祖塋之次。

嗟夫，公經明行修，蓋亦古太丘、有道之流，乃沉淪青氈，卒曳裾王門以老，何偃蹇也？然世之爲學博者，不過一遷再遷。公遍歷師席，又優游藩邸者數載，可謂善始善終矣。古人不薄祿仕，況能行其志焉，孰謂公不遇耶？銘曰：

樹德若滋，封而殖之。後有顯者，惟而公允師。山麓水湄，大樹豐碑，萬有千歲，永安厥居。

平陸縣教諭立齋陳公配龐氏合葬墓誌銘

公諱繼濂，字宗周，別號立齋，世爲沁水賈寨人。高祖璉。曾祖壽，官良政，祖贈戶部郎中。父策，登嘉靖庚戌進士，累官憲副，以清直著名當時。母康氏，封宜人。憲副公有丈夫子三，長即公。

公生而秀穎，膚理如玉，慧悟不凡。舞象時，就外塾，日誦數百言。垂髫遊芹泮，益下帷攻苦，寒暑不輟，每試輒高等。食餼于庠，時公與二弟繼洛、繼浩，切磋爲矛，詞聲籍甚諸生間，視一第可俯，十邑人士皆推陳氏仲伯爲前矛。乃七試秋闈，不得志于有司。後以目眚廢舉子業，縣明經除榆社訓。榆社僻在萬山中，士鄙僿不知學。公爲講解經義，教以禮讓，稍稍變爲都雅。臺使者連檄獎之，遷平陸諭。平陸人文衰落，無科第者三十年。公至，嚴課藝，獎拔俊髦。丙午、己酉，先後五人舉于鄉，皆以爲公作人之效云。居二載，年迫懸車，遂請先歸。

既還鄉里，杜[二]門謝客，終日兀坐小齋，以經史自娛，足迹不入城市。邑長吏敦請鄉賓再三，不赴，月旦高之。公天性孝友，德宇溫醇。憲副公初釋褐，觀政吏曹。植封公捐館，公年甫十三，代治喪事，儼如成人。憲副公居官介直，不爲婟阿，每遇请托，辄怏怏怒形于色。公从容勸解，事竟得平。憲副公與康宜人先後即世，公哀毀骨立，祭葬一如禮。兩弟皆先公卒，遺孤稺弱，撫之如子。居鄉里，恂恂退讓，口不談人短長。然所交遊，必擇有行誼可久要者。家參藩爲諸生時，公傾蓋定交，延置賓館，甚相禮敬。家君亦推重公，白首歡如也。

公素嬴善病，晚年忽搆痰症，杖而後行，然猶捷匕箸，對客宴飲如嘗。一日，忽目眩仆地，竟不起。卒之日，遠邇無不悲之。配龐氏，莊靜温惠，有女士風。公自受室，以迄宦遊，鷄鳴相警，內助之力居多，先公卒。公生于嘉靖十七年，卒于萬曆四十五年，享年八十。龐生于嘉靖十四年，卒于萬曆四十一年，享年七十有九。

子一忱，即受業家君者。沉毅有大志，乃抱奇不售，亦僅以明經任臨汾訓。初，龐夫人卒，一忱號踊奔訃，終三年喪，宜赴部更除。以公春秋高，不忍離膝下，曰："吾有母而不得養，乃更違父而遠貪升斗耶？三公不易，彼獨何人？"遂不就選，士論皆稱其孝云。生男士璋。一忱將以是年某月某日啓龐夫人壙，與公合葬于村西之新阡，而屬余爲之銘。銘曰：

不知其子視其父，皎皎憲臣，有嚴斯怙。不知其婦視其夫，温温君子，亢也醇儒。孰抱璞而弗章，孰振鐸而弗揚。鹿門偕老，維德之行。喆嗣象賢，家聲用光。厥後克昌，其永安于斯藏。

庠生南宮賽公配馬氏合葬墓誌銘

余外祖南宮公，以萬曆庚辰卒，殯于院家坪祖塋。塋故猝且鄰潤，相者曰："是其後勿繁也。"越三紀丙辰，而外祖母馬夫人亦卒。孤弘烈疑相者言，謀改兆。去故塋數百武塚傍，得隙地焉，卜云其吉。乃以丁巳季春，啓公竁合葬。而泣謂予曰："孤不天，生甫週，而先君無禄即世。先君之音容，與其行迹，勿及見也。母氏熬居三十餘年，撫我、誨我，劬勞殫矣，而未有以報也。孤有父而勿能養，有母能養矣，而又勿終。孤其天壤間罪人哉？惟是地下一片石，以紀父若母之隱德，而銘諸幽，則孤所可自致焉。責在我子矣。"余聞之，而亦欷欷數行下也。蓋先安人之歸我大人也，亦在南宫公逝後云。于時先恭人見棄，余呱呱襁抱間，安人字之不啻屬毛離裏。然余蓋不知非安人出，即鄉鄰中亦多以爲安人出也。安人之棄勿子余，亦二紀矣。當彌留時，惓惓以寡母爲念，余未能以報母者報母之母，而今已矣，余何能不悲？而余又何能不誌且銘？

余猶憶少時，□之先大父户部公曰："南宫公篤行君子也。一舉趾不妄錯，言呐呐不出口。"户部公爲中表昆季，齒相若，學問塾，出入相友者，垂二十年，曾不見疾言厲色也。初，余高祖學博公以《周易》教授生徒，而南宫公父〔三〕明經公爲及門高弟，其後遂以《易》傳。公治《易》探頤研幾，兀坐終日，往往有會意處，獨于博士家言，則英穎不少見，故試輒不利，無能前諸生，然公處之坦如。嘗曰："窮經者，所以晰理也。二詞者，所以逢時也。理晰矣，而時不值，天也。若值時矣，而理未晰焉，則非天也，而人之僇也。吾盡其在人者而已。"余又聞家大人曰：南宫公亦善治生。嘗積縞至數千，粟數百石。頗好施予，振人之急。貸者輒予，予而負不問。即又貸，又予。公殁後，遺券蓋盈篋云。

馬夫人者，其母家故素封，又歸著姓，乃夫人能甘淡素，習勞苦。無綺紈鈿翠之好，筐筥釜錡，罔勿親也。子女數人，履皆手製，繰絲績麻，而至老不休。姑王性嚴急，惟夫人能得其歡心。當南宫公之卒也，藐然孤一綫耳。閫内外皆夫人治之。夫人農問僕，蠶問婢，教子問師，夙夜匪懈，所不至家道中落，而孤能讀其父書者，皆夫人力也。初，夫人艱子，取侄馬氏子子之。既長，勤幹能其家，且有子矣，乃以勞瘁嘔血死。夫人哭之慟，至爲失明，竟鬱鬱不能起。夫人病篤時，孤方羈汴、宋間，聞之馳返。夕至而朝訣，人以爲母子慈孝之應云。

南宮公諱有容，字乃大。父諱淳，歲貢生。祖父瓚，曾祖子錫，皆有善行，隱德不耀。當宋紹熙間，有左屯衛大將軍□□者，以掖庭貴封爵，墓在西山之麓，華表存焉。凡竇姓者，皆其苗裔，然其世不可考矣。南宮公生于嘉靖十二年，距其卒，僅得年四十有八。馬夫人先公一年生，後公三十六年而卒。子即弘烈，邑庠生，娶霍氏。生女一，字王度。所育馬氏子名弘功，一名志周，娶王氏，繼郭氏。王氏生子三，曰：暄、曄、晌。暄娶張氏。女一：適王錫禄。女六人：長適生員李時俊，次適張四目，又次即先安人，以家參藩貴受封云。其三人適王爾慶、劉應宿，生員張相韓。銘曰：

有美者彥，抱璞而藏。匪伊閟之，不顯而章。厥有士女，惟德之行。以雍以穆，如鴻比光。鬱鬱佳城，牛山之陽。既安且寧，爾後克昌。

壽官雙椿張公配王氏合葬墓誌銘

余族所稱長者曰雙椿公。公與余家比屋而居，又與先王父戶部公齒相若，是爲兒時嬉遊閭巷間，出入相友，逮白首歡如也。

余故最悉公生平，少時趫健，有膂力，使氣任俠，與群少年蹴踘呼盧，不問生產。既冠，始改行爲賈。初爲小賈，已爲中賈，後乃成大賈。公饒心計，有膽略。賈遊四十餘年，往來販易，北走秦、趙，南浮江、淮，足迹幾半天下，所至人不能欺。又善揣衡物情，以時棄取，故居積日裕，家累千金。然性儉樸，雖富無所紛華，衣布，飯脱粟，百里內嘗徒步。無聲伎之好，酒席徵逐之侈，有《唐風·蟋蟀》之遺焉。事父孝，與兄友愛最篤。有猶子，公教之賈，且假之貲。其後富與公埒，卒不任受德，人以此多公。里中豪時或凌公，公謹避之，即惡聲入于耳，若罔聞也。嘗爲縣官收田租，會計明悉。又嘗督賦，賦無逋者，邑長吏嘉之。循功令授冠帶，顧傴僂若不勝，曰："田舍翁得不挂公家文網，老死牖下足矣，敢當賜爵之典耶？"素强善飯，年逾八帙，耳目聰明，龐眉修髯，望之者皆曰："矍鑠哉是翁！此百歲徵也。"乃一旦無疾而卒。蓋公自喪王夫人後，嘗獨居一室，旦晚自啓閉其户。一日嚮晨，户不啓。家人怪之，排闥而入，就視之，似酣寢者，而喉[四]間轆轆有聲，呼之不應。又三日，忽張目曰："吾日去，然未即去者，待吾兒也。"言何而絕。俗云："無及而終者，生平無罪業，死後不墮惡道。"斯言殆謂公耶？

公諱永錫，雙椿其別號也。生于嘉靖十三年，卒于萬曆四十四年，享年八十有五。原配王氏，繼亦王氏，嚴毅，善持家，有丈夫風，先公卒。子一：鴻漸。孫男一：國。孫女二。鴻漸以萬曆丁巳春三月啓兩母竁，合葬于牛山之陽。乃爲之銘，銘曰：

而璞未琱，而行不佻。而挹而積，而之室用饒。乘化而歸，返于沈寥。而德不朽，銘詞孔昭。

處士念山張公配竇氏合葬墓誌銘

念山公卒之五年，而其配竇氏亦卒。竇，先安人伯姊也，其卒也，蓋以哭母云。始余外祖母病且革，竇侍藥餌，浹旬不解帶。殁，號慟徹日夜，比殮，泣血拊棺曰："女乃不得從母地下乎？"逾日，即病。病亡何，即不起。于是，里中人哀之曰："真孝女哉。真能從母地下也。"方氏病時，其子正化賈遊河南之太康，距家千餘里，得報遄歸，已不及視含殮矣。正化乃呼天擗踊，絕而復蘇，曰："母能從母，母獨無兒從哉？"有從旁解之者曰："若何言從之易也？若子然一身，既鮮兄弟，又無襁抱之恩，若身不啻萬鈞重也。夫孝孰爲大乎？"正化乃始勉起，啜粥。已灑泣詣余，曰："先子之殯也，墓石尚虛。今將起而合吾母。惟父若母之行，不可無紀也，請爲我誌之。"余辭不獲，乃爲之誌其大者。

念山公姓張氏，諱四目。其先蓋與予同宗，蓋世系遠，不可考。曾祖佑，祖琢，父安信。母王氏，生三子，公其季也。公生而肥膚豐碩，凝重不佻。學書不成，乃出爲商。嘗西入關、陝，歷齊、魯，往來江、淮間鹽鐵，而客汴、宋間最久。公之爲商也，饒心計，酌棄取，揣百貨輕重，而與時低昂，故嘗獲利三倍。然生平重信義，不設詐以攘利，乘急而奢取，雖賈人乎，而有士君子之心矣。公少事父最孝，及父殁，事叔及兩兄如其父。與人交信，剗絕城府，衷懷坦然，以故人昵就之。素強無恙，卒之前一年，方在旅舍，忽忽不樂，動首丘念，即命駕歸。歸未幾而病，病數月而卒，若預知其兆云。公豐頤大顙，飲啖兼人，腰大數圍，腹垂纍然。人咸謂："不貴且大富，又必壽考。"然賈僅半賈，壽亦中壽，豈唐許之術亦有不驗者耶？竇氏貞靜有婦德。念山公什九在外，家政井然者，以有賢內助也。念山公生于嘉靖三十七年，卒于萬曆三十九年，享年五十有四。竇氏與念山公生同年，後五年卒，享年五十有九。子一，即正化。女一。孫女三。銘曰：

有山峨如，有水濚如。雙璧瘞之，閟如纍如。萬有千歲，永安厥居。

李母竇孺人墓誌銘

蓋自先恭人棄不肖襁中也，內、外兩太母實分鞠之，呱呱者得有今日，外太母恩斯勤斯，不敢忘也。

前歲，余奉簡書按江右。瀕行，拜母床下，母撫余背曰："孺子勉之王事也，勿以老人爲念，但案牘煩，毋過勞苦。丞尉雖卑，亦官也，毋輕笞辱，養其廉恥。"余長跪受教，收淚而别。顧念母春秋高，且素羸善病，恐一旦猝有不測，無繇再侍顔色，心輒怦怦焉。又再夢白衣冠入母室，闃其無人，驚號而寤，意甚惡之。亡何，而母之訃聞。嗚呼，母于世已矣。余之報母者，亦已矣。惟是母淑德貞操，可以光彤管而勒隧道者，余小子知之最悉，因撫而志之。

母姓竇氏，父玶，娶于張，先高祖博士公女也。母生而婉慧，舉止有度。七歲即嫻女紅，伯父珩口授以《内則》諸篇，輒能通曉大義。先博士公掌摩其頂曰："是若爲男，必大竇宗。"里中慕其容德，争委禽焉。及笄，歸予外祖□□公。公孝廉西河公冢子也。時母家號素封，而壻家以門閥顯，人謂母必袨飾自衿。母獨甘綈綦，稚布操作，有孟德曜風。闔以内雍雍如也，無不稱賢新婦者。□□公既爲諸生，母每以大業相勸勉，及求田問舍事，必盡言歸之。後□□公感危症，度不起，謂母曰："吾不及見男婚女嫁矣，將若何？"母曰："妾從君地下耳。"□□公曰："奈此甕諸孤，若其爲難者，勿爲其易者。"□□公卒，母仰天悲號，淚盡血繼，絶而蘇，蘇而復絶者屢焉。姑姊輩百方勸之，乃强起，曰："亡者言猶在耳，吾不可以一死卸責。"于是始稱未亡人，蓋自是不復御鉛華矣。

初，李氏稱華族，及□□公與孝廉公先後捐館，家道漸落，而鬩墻之變，時與外侮狎至。母以一女子經紀饘粥，撑持門户，艱難險阻而無不備嘗，卒保其故業。人乃異之曰："此尫然者，笄黛也，而有丈夫概哉！"孤稍長，使出就外傅，脱簪珥爲修脯資，孤亦感奮向學，而數奇不偶。乃去而爲賈，則爲良賈人，經營數載，家著殷殷起矣。母早作晏息，拮据不異食貧時，與臧獲共甘苦。見服食稍華腆，必不懌者久之。然以勞瘁故，嘗病，病輒困篤，垂殆者數矣，而竟無恙。人以爲苦節之報，眉壽未有艾也。豈意其翛然去哉？

母慈孝，有至性，事舅姑瀡瀡必潔。姑王夫人，後孝廉公歿三十餘載，母孝養，始終無間。孝廉公有遺妾二，事之如姑禮。

父玳，賈于梁，以事繫獄。母聞之，撫膺曰：「吾獨不能爲緹縈耶？」乃泣伏堦下，請救孝廉公，情詞懇惻。孝廉公感其誠，輕千里而往援之，事得解，而孝廉公竟不返。諸叔皆致憾于母，姑王獨曰：「死生命也，于孝婦何尤？」後玳嬣悍妾家所，棄母張，不復顧，終身與母相依，母終不以父不慈，失子道。後父歸，持父踵而泣，感動路人。

待内外姻族，無大小，必以禮。撫僮婢有恩，從不鞭挟[五]一人，曰：「此皆人子也。」中年後即茹素，奉大士甚謹，然不近巫覡。生平好修潔，所居必晨夕洒掃，衣微垢即浣。笑不及齒，語不及謔。非至戚慶弔不往，即往亦不信宿。余嘗迎母，敦請，逾年始一至。其以禮自持，老而彌篤如此。彌留之際，家人環泣，問所欲言，母張目曰：「吾始願不及此，今且及見曾孫，吾可含笑從夫子地下，踐五十年之約矣。」又顧謂孫曰：「勗哉，李氏書香一脈不可中斷也。」冥然而逝，神終不亂云。

母生于嘉靖丁酉七月十一日，卒于萬曆己未十一月十八日，享年八十有三。子一：騰蛟，娶張氏，繼韓氏。女二：長，即先恭人。恭人少時，問名者踵相錯，母曰：「必張長兄子，不然終不字。」蓋指家大人，後卒歸家大人。先恭人即早世。然家大人自司農，即及參藩報滿，先恭人再膺恩寵，足見母知人之鑒云。次，適嘗自道。孫男一：復泰，娶韓氏，繼趙氏。孫女二：一適生員張國璽，一適王兆祥。曾孫一：角相。將以某年月日啓□□公窆，合葬于祖塋之次。銘曰：

《詩》稱淑慎，《易》美坤貞。孰云女也，而有士行。皢皢者衷，如玉斯潔。凜凜者操，如霜斯冽。作述良士，琴瑟静嘉。必敬必戒，宜室宜家。哀哀黄鵠，中乖比翼。念彼兩髦，之死靡忒。旨有令女，亦惟共姜，我思古人，以頏以頏。誰獨無母，養生送死，何必淳于，女以代子。誰獨無子，嚴以成慈。何必孟氏，母以代師。老而猶勤，富而猶儉。五十餘年，茹荼食淡。大命近止，乘化而歸。妖夢之踐，果是耶非。居則異室，封則同坎。而今而後，庶幾無憾。我勒片石，辭愧外孫。千秋萬歲，徽音永存。

墓　表

乾州刺史龍池段公墓表

龍池公偕家大人舉于鄉，稱石交者垂三十載。余束髮時，獲侍公，察公坦衷而樸表，竊心儀之。

辛丑，余上公車，而君以計吏至，數過從于長安旅舍。于時，公二毛種種然，神尚王也。越歲，而公訃聞。家大人與余爲位而哭之官邸。而再越歲，余還自長安道之公里，意公阡[六]有宿草矣，未遑束芻而去。抵舍旬日，則有素冠白馬而造余者，公孤也。手狀帙，嗚咽而泣曰："先大夫交歡尊甫翁，吾子所習也。先大夫易簀之際，呼不孝曰：'知我者張子，必得其言表吾墓。'令尊翁越在千里，而哀毁餘息，不能匍匐以請。代言之責，是屬吾子。若徽片石之寵以賁其幽，是所以不泯先大夫而惠諸孤也。吾子其毋讓。"夫龍池公身後之事不他屬，而必欲得之家大人，生死之際，交情見矣。孤不得之家大人，而必欲得之余，可謂善繼志者。孤能終治命，余豈不能終世好？又何敢以俚辭拒？凡公卿行宦績在家大人口者，而在余耳，遂據實表之。

先世爲高平東宅里人，其六世祖確，始徙馬村鎮。確生子璋，仕爲衛經歷。經歷公生綸，綸生壽官公雲飛，公皇考也。娶于□，生公。

公生而器宇温厚，神識沉涵。舞象時，態度若成人。就外傅，即以穎異冠其儕。弱冠，補博士弟子，復有聲于膠庠間。所爲制舉藝，根底理要，澤于道德，不矜奇詭以標異。而較藝者顧以是異之，屢試高等。己卯，薦鄉書，連不得志于春秋。益下帷攻苦，而竟偃蹇一第。乃廢書，笑曰："紃伸數也，吾安能終與造物衡？況出身事主，縮尺一之符，雲行雨施，隨地可以建竪，必崇峻哉？且吾憊矣。不能白首窗下，作老蠹魚。"

遂選銓部，知乾州。甫下車，召父老而矢之曰："天子不鄙不才，而使守郡。如治郡不若家，昫民不若子，而惟私是營，則守負國；其或淫心舍力，鼓之不起，糾之不勸，則爾負守。守負國，國有三尺；爾負守，守亦有三尺。"乾民聞之，無不兢兢自湔濯者，且歌公來暮也。而公蓋勤于政，周爰咨詢，興除利弊，皆手自擘畫，所不得便宜行者，而輒條上之，必得請後已。往來四境中，戴星出入，視田有汙[七]萊，爲置牛種。誨下以禮讓相先，訟剖曲直而還之。民自愧悟，相語曰："我曹不修德而修怨，奈何煩明公教也？"自是兩造之庭，虛無人矣。至會鞫大獄，則平心研審，衷情法而行之。時有所縱舍，以遂其隱，必不忍爲周內。暇則進諸生，講解經義，才俊者賞拔之，且佐膏墨之費。以故乾之士若民，無不尸祝公者。

乾當三秦孔道，蹄輪輻輳，郵人疲供億，失上官指，而公復強項，不能視息揣衡彌縫其間，爭思中公矣。會歲大祲，公殫力濡沫，發倉積帑金，不足起菜色，則出囊中俸繼之，爲糜以食枵腹，民不至溝中瘠者，公之力也。而上官督賤[八]急切，有譴責，公曰："此煢煢孑遺，齧草根求活，安得從賦？寧奪吾糈，弗奪民生。即令官失而民完，以一守易一郡，吾甚甘之。"卒不奉命。思中公者，愈有所借口，竟以此奪公糈。明年，大計吏，亦用中者言謫公。時知公治乾善者，皆爲公扼腕。公怡然曰："理郡無狀，不能急催科，佐縣官緩急。天子不即褫職，于恩厚矣，其敢以德爲怨？"已補大名別駕，督宣府西路糧儲。往官是者利羶，于出納之際因以爲窟而染指焉，處穢能潔者，百無一聞。吏胥日緣爲奸，縱溪壑，而官不敢詰。公廉知其弊，嘆曰："介士暴露境上，出萬死，爲國捍牧圉。朝廷日發金錢爲椎牛買耳。而官之墨者家于是，吏之黠者家于是，謂優恤德意何？"故一切軍餉，公手秘輕重而封識之。迨給月錢，則封識宛然，出如其入，吏以是斂手奉法，而諸軍始得飽其腹。計部以太倉匱乏，邊餉解發不時，矯士挾勞而望怨，當事者虞脫巾而卒無譁于位者，則公挾纊[九]恩素著也。諸武弁以賄交，悉謝絕之。帑有積羨，故事充官費者，公置不問。一武臣從臾曰："此例也。"公笑曰："吾固以不貪爲例。"督撫嘉公廉，數强異之，且騰薦剡，而公病矣。公之病，起于喪明之戚，鬱結日久，中于膏肓，竟以是不起。歸途載一廣柳[一〇]車，軍民遮道而泣。乾民聞公耗，痛亦如之。

公性篤孝，事兩尊人，融融孺慕。居喪，戚易備至。宦遊時，傷二親不逮祿養，負米興悲，每至淚沾臆也。交人肝膽相炤，不設城府，即白首如初盟。居恒恂恂處後，退不勝衣。至爭公是非，則凜不可奪。家素儉朴，淡泊自安，而慷慨振人之急，不以有無爲解。既宦，益好行其德，族黨知故待以舉火者若而人。喜聞人善，以齒頰獎借，而量能藏疾，不務爲刻核，故賢者好之，不肖者亦不忘也。蓋公之慈仁長厚，其天性矣。即涉歷仕途，而初志不變云。

嗟夫，自古循良吏，無不以慈仁長厚稱者，漢若潁川、渤海，其治行爲一時冠，大指在問民疾苦而惠存之，未聞以催科博上[一]考也。參公生平宦業，亦可謂高山仰止矣。然古以卓異徵，立拜卿相，而史官爲傳其事，以張于後，聲施到今。公僅得一州如斗，政成而復奪之，致以郡倅老，世亦無知而傳知者，將公所遇，固不幸耶？漢用里選遺意，用賢無方，人人得以功名自表見。國家功令嚴悉，士非繇大廷策者，不得躋膴仕。故位以品厄，而能以位掩，夫孰有破拘攣之格，顯懿碩之儁者耶？公之不得與古人偶，亦時使之然也。余爲公次第行實，而標之七尺之石，使夫過者或焉曰：「此故循良吏段君之墓。」公之不朽，將其在斯乎？

公諱梧，字維禎，龍池其別號。有丈夫子五，婚嫁皆望族，則天官氏誌之壙中矣。

庠生龍峰霍公墓表

龍峰公即世二紀餘矣。其子諸生掇桂輩，卜吉改葬，而以墓道石屬余。余家與霍氏僅隔一衣帶水，世爲朱陳。余太母太淑人爲龍峰公同堂姊，而余又要公族子女，是知公者，莫余若也，可無一言以識不朽？

公諱汝聰，字朝達，龍峰其別號。世居沁水之東曲村。其先代譜諜失傳，不可考。自高曾以降，皆以孝弟力田著聞。高祖瑄，曾祖顯，祖世乾。父尚澤，初娶于竇，生伯兄汝純，仲汝精。繼馬氏，生公及弟汝廉。

公生而穎秀，比長，沉毅有度，言笑不苟。弱冠補博士弟子員。治《周易》，篤志攻苦，寒暑不倦，顧數奇，屢試不偶，無能當衡文者意，乃聚徒教授里中，從之遊者甚衆。

初，公少孤，與二兄析爨，僅屋數椽，瘠田數畝。公力勤治生，以奉嫠母。敝衣惡食，早作晏息，與傭旅埒。其後家計漸饒，然約素不異向時。嘗戒諸子曰："儉，德之共。侈，惡之大。吾每佩斯言，爾曹識之。"天性孝友，事馬夫人先意承志，得其歡心。弟賈太康，遘急症。聞之，星馳往視。比至，弟已亡。公拊棺悲號，淚盡血繼，聞者莫不感慟，鶺鴒原隰之誼，公無愧焉。公涇渭甚晰，而不肯談人短長。不避疆禦，非意必較，故鄉人之善者親公，而愚者亦憚公，不敢犯也。

生于嘉靖某年某月某日，卒于萬曆某年某月某日，享年僅四十有八。配王氏，少公二歲，柔靜有婦德，多內助功。公之歿也，日夜泣血，誓以身殉，僅後公十日而卒。可謂偕老同所歸矣。

子三人，曰：掇桂，折桂，攀桂。與其季〔一二〕，皆遊膠庠，有聲諸生間。仲善計然術〔一三〕，家箸殷殷起，皆公義方所貽也。折桂生子名煥。攀桂生子名焯。二女，孫女三，皆適望族。

公之改〔一四〕葬在萬曆四十年，又五年而余始表其墓，細行瑣節，不具論，著其大者如此。嗟乎，公篤行而未彰，有穀而裕後，既孝且友，月旦無訾焉，是可以示來禩矣。

校勘記

〔一〕"比"，原作"北"，據文意改。

〔二〕"杜"，原作"社"，據文意改。

〔三〕"父"，原作"文"，據文意改。

〔四〕"喉"，原作"侯"，據文意改。

〔五〕"抉"，原作"袂"，據文意改。

〔六〕"阡"，原作"仟"，據文意改。

〔七〕"汗"，原作"紆"，據文意改。

〔八〕"賤"，疑當作"賦"。

〔九〕"續"，原作"債"，據文意改。

〔一〇〕"柳",原作"抑",據文意改。

〔一一〕"上",原作"士",據文意改。

〔一二〕"與其季"前當脫一"伯"字。

〔一三〕"計然術",原誤作"計術然",今乙正。

〔一四〕"改",原作"政",據文意改。

張忠烈公存集卷三十四

祭　文

祭沁河神文

　　晋多名川，其汪洋浩瀚，明威顯赫者，惟神最靈。我三村小民，世居河濱，瀠洄環遶，挹秀竊潤，亦世世受神之福。往者神嘗東徙矣。室廬圮壞，桑田沉湮，民無寧宇。已而循山西下，安流順軌，三十餘年。去歲忽又折而之東而流，一派不絕如帶。我小人日夜惴惴，均懷杞憂。夫舍高而就下者，神之性也；避害而趨利者，亦人之情也。人固不敢與神爭東西之向，神亦豈屑與人爭尺寸之土？況神威廣大，飛濤巨浪，噴雲蕩日，倒峽排山，豈其卷石之多，足阻稽天之勢？是在神一轉移間，我小人受福無疆矣。今者荷鍤開鑿，通淤導塞，爲神先驅，神其沛然大決，復繇故道，我小人稽首以待。

謝雨文

　　日者，下民積孽，昊天降罰。自春徂夏，亢陽不雨，蘊隆如焚，百物枯槁。無麥之書，將再紀于《麟經》；有秋之歌，已難賡于《周雅》。凡此小民洶洶閔閔，莫必其命。因而共竭虔誠，設壇祈禱。匹夫之微，敢云感格？幸天心仁愛，哀此孑遺。密布同雲，大施甘澍。歷一晝夜，既足既霑。此雖上帝之降康，實賴神功之嘿相。百穀既播，更生可期，仰荷洪恩，敢忘報答？敬陳牲醴，上告明神。更祈普運玄功，永綏馮庶。五風十雨，長無愆期。千倉萬厢，共欣大有。我小民可勝祈望之至。

祭八蜡神文

惟神受命上帝，制馭群蟲，生我百穀，凡此下民，無不食神之貺。今歲方春亢陽，二麥就稿。幸而靈雨既零，嘉禾被野。與與斾斾，兆若有秋。田夫野老，皆欣欣喜色相慶。乃忽然蝗自南來，群飛蔽天，連日不絕。雖大勢北[一]去，而遺類散布，鼓翼張喙，殘蝕田穉。我民皇皇，百室之命，且寄于蝗口。是用籲訴明神，惟神愛憫此孑遺，驅蝗疾徙于茂草之區，使無易種茲土以爲後災，則小民得有其生，皆神之賜也。

祭諸葛武侯文

維萬曆四十有一載仲冬月三日，巡行使者張□，謹以牲酒、香楮致祭於漢諸葛忠武侯之神曰：

有漢之季，炎燼將滅。三靈失統，九州割裂。於時先生隴上躬耕，潛龍未耀；待時之清，魚水一投，風雲倏起。左右英主，摧強蹶靡。乃據蜀漢，乃跨荆襄。鼎足屹峙，炎祚重昌。洎乎中道，托孤寄命。抗表出師，詞嚴義正。誓清河雒，掃滅凶殘。旌斾六出，逆賊膽寒。嘔血酸辛，簿書盡瘁。漢賊未除，營星先墜。嗚呼，先生之忠，矢志鞠躬。兩朝開濟，無間始終。先生之才，經文緯武。商之阿衡，周之尚父。先生之節，不淄不磷。出處之正，千載一人。先生之智，沉幾通變。秘則鬼神，迅如雷電。所能者人，不能者天。嗚呼，先生又何憾焉？維余小子，高山仰止。行役澠水，敬修廟祀。涓涓者忱，悠悠者思。先生顧我，庶右享之。

祭左心源直指文

盱江溮沆，雲蓋嶙岣。降神孕秀，篤生喆人。維公之生，金相玉質。紫電標奇，黃裳襲吉。藏窮二酉，精拮百家。披華振秀，濯錦蒸霞。際會風雲，翱翔霄漢。四牡黃華，使星有爛。峨峨豸冠，執法蘭臺。一角善觸，九關能排。避人焚草，歷階請劍。闕補山袞，名爭朱檻。駕言代狩，于彼越中。自攬范轡，人欽桓驄。千里王畿，曰維首善。振鐸衡文，苴軌一變。彼都人士，仰如斗山。昌黎永叔，伯仲之間。於穆寢廟，公維宗祝。帝曰俞哉，夔一而足。秋風一夜，忽憶蓴鱸。松菊未荒，歸去吾廬。講德著書，以弦以誦。辯續鵝湖，教明鹿洞。富溪垂釣，隆中躬耕。安石不起，其如蒼生。云何昊天，二豎爲厲。識應龍蛇，倏焉長逝。如彼歲旱，乃閟甘霖。如涉風濤，舟楫載沉。干將藏鍔，太微掩曜。凡在有情，匪不痛悼。況予小子，曾被陶埏。薦襧[二]之牘，墨尚宛然。茲奉簡書，來公故里。欲赴大招，九原難起。國士知我，國士報之，日炤月臨，矢心以辭。

祭張臨碧大參文

嗚呼，扶輿孕秀，象緯儲精。篤生哲人，以爲國楨。維此哲人，英英其俊。月湛霜明，金鑑玉潤。何道不博，何藝不研？百家九流，以漁以佃。染翰濡毫，鼓吹大雅。玄思擬揚，高華邁賈。驥足難絏，鴻羽可儀。驤首皇路，振翮天逵。剖符方州，同軌叔度。五馬繁纓，式歌來暮。膏流陰雨，惠植甘棠。尸而祝之，方于魯黃。入典拜禮，憲章故實。著爲國經，大猷秩秩。天子是若，賦政于東。泱泱齊魯，爰歌大風。愠于群小，菲萋日肆。即有慈母，其如三至。奪公東藩，移之西秦。席未及暖，流言復狺。孤蘭不芳，蛾眉衆嫉。直道事人，焉往不黜。公曰已矣，歸去來兮。考槃在澗，足以幽棲。以名還人，以逸還我。時止則止，無可不可。納履層阿，濯纓清流。用則伊呂，舍則巢繇。翟雀可羅，虞書自注。鴻飛冥冥，弋者何慕。孝既蒸蒸，友復怡怡。是亦爲政，奚其爲爲。嗣美象賢，芝蘭玉樹。三鳳二難，矯矯並步。雲霄接武，羽翰聯翩。公所未竟，若有待焉。雖謝世榮，乃受帝祉。挹盈注虛，造物應爾。忽遭家難，骨立堪憐。食少事煩，人言豈然。天期已迫，大命近止。忽忽二豎，沉疴弗起。嗚呼，公之立朝，不隨不詭。耻若瓦全，寧爲玉毀。公之居鄉，時推達尊。太[三]丘敦厚，林宗人倫。品止登三，壽猶望七。如何斯人，而有斯疾。彼蒼者天，曾不憖遺。德星驟隕，白日騎箕。吉水涸流，碧峰凋翠。人之云亡，邦國殄瘁。春爲停杵，市爲輟陳。如何贖兮，人百其身。嗚呼，古今一揆，聖賢共盡。公生有涯，公神不泯。或翔雲表，鞭風駕艇。或遊帝鄉，張樂洞庭。所不懌者，老成凋謝。誰爲典刑，斯文長夜。生芻一束，涕泗滂沱。先爲國惜，後哭吾私。

祭崔新潢主政文

嗚呼新潢，何以死耶？嘗聞人之中道隕夭，而不終其天年者，非盡造物絶之，皆其有死道者也。蓋有縱嗜耽好，甘脆潰腸，冶麗蕩精，以發性命之情者矣。有逐物遷化，變幻浮游，淳澆朴散，以鑿渾元之質者矣。有捐忿狹隘，憤世嫉時，抑鬱陁塞，以傷陰陽之和者矣。有深阻慘刻，好上妒前，傾軋戕害，以犯鬼神之忌者矣。凡此者，皆有死道，則其死無足異也。新潢豈有一於此耶？新潢於衷泊如，于世淡如也。吶吶不出口，恂恂不逾度，坦坦然無機械，無營壘也。新潢固無死道也。無死道，則不宜死。不宜死而死，豈若世所修文地下，賦玉樓天上者耶？抑所謂厭世而上昇，駕虬螭而鞭虹蜺，御風雲以游八極者耶？果爾，則新潢雖死猶不死也，無死之悲而有死之樂也。又何必以新潢之樂，爲新潢之悲者耶？惟是新潢，履道秉仁，懷忠抱質，華實并茂，經緯兼資，蔚然爲鄉邦之光，結綬登朝，方期宏濟。乃官不逾郎署，年不躋下壽，而溘焉朝露，長與世辭。廟堂摧棟礎之標，則爲國家悲；海内虛霖雨之望，則爲蒼生悲；遺孤藐然，則又爲新潢之室家悲。二三兄弟，追夙昔金蘭之契，憶生平言笑之歡。恨生死之異途，愴幽明之永隔。又不能不揮涕沾臆，而爲友情悲也。奈覊宦長安，不能素車白馬哭千里之遙，有愧巨卿執紼之情，亦慙孺子束芻之誼。謹以楮帛醴脯，假使者薦之几筵。嗚呼，新潢而果不死耶？其舉二三兄弟之觴。

祭楊昆阜兩尊人文

深山大澤，靈氣所滋。誕育神物，爲蛟爲螭。乘雲御風，上下兩儀。維公及母，是其似之。公之生平，履方標峻。經以道德，緯以忠信。少游蓺苑，漁佃百家。既探其奧，爰披其華。發爲文章，閎深博衍。出史入經，排騷蕩選。太玄空草，知我者希。雖有六翮，何能奮飛？遂絕宦情，衡門栖托。以咏以歌，一丘一壑。道味自腴，世紛不淄。利藪名場，若將浼之。匪義弗顧，匪仁弗侶。潔則幼安，方惟仲舉。振衣千仞，俯眺九垓。雲中孤雀，矯矯塵埃。設帳談經，幽微畢證。如彼洪鐘，匪叩不應。誰云不顯，暗然日章。身雖未達，道則已昌。婉矣碩人，天作之配。金玉其相，蘭蕙爲佩。爰及我公，如緟如綸。龐車共挽，冀餡猶賓。曳縞簪經，攻苦食淡。以相夫子，矢永靡憾。閨閫愍敕，蘋藻静嘉。雍雍穆穆，宜其室家。篤生喆嗣，蔚爲國瑞。爛若夜光，矯然天驥。氣凌霄漢，胸匯滄溟。既冠南宮，復魁大廷。翶翔玉堂，婆娑金馬。行陟名衡，一人之下。炎炎者興，有開其先。淵淵者積，有衍其傳。不于其身，則于其子。如取如攜，天道甚邇。皤皤黃髮，翩翩彩衣。三公之養，其願不違。人亦有言，大德必壽。如何昊天，夢夢難究？曾不慭遺，相繼乘箕。去而上仙，長與世辭。生民以來，誰獨無死。既順且寧，斯亦可矣。自公之逝，學者無師。母也嗣殂，世失閫儀。孰不悲傷，而我能已。聞訃驚塊，涕零如雨。況與令子，同出師門。義切伯仲，情篤箎壎。何以告哀，生芻一束。靈兮歸來，鑒此衷曲。

祭劉紹[四]川太學文

今歲春，余治裝北上，而與紹川別也，紹川呻吟床蓐間，簌簌泣下，若不勝情者。吁欷向余曰："往者之別，別之日短。今者之別，別之日長矣。"余勉慰之曰："君顏未槁，骨未立。眉宇間漸有起色，何爲此不祥之語乎？且吾往還計日耳，安在別之長也？"紹川亦首肯而別。別未半月，而有傳紹川疾劇者，余甚憂。一月所而有傳紹川死者，余甚痛，然猶疑與信半。憂而信者，以其生之難，痛而疑者，以其死之速也。無何，而蒼頭自南來，詢之，則紹川定死矣。嗚呼，余疑者誠非，而信者果是耶？余憂爲無益之憂，而痛乃無窮之痛耶？然遙遙千里，徒臨風而雪涕，不能撫棺而吞聲。迨仲夏南來，始獲以絮酒炙雞，酬紹川于地下，而致辭曰：

嗚呼，蒼天何奪夫人之速乎？嗚呼，紹川何棄人世之速乎？凡人之死，非死于死之日，有致死者也。凡知人之死，亦非知于死之後，知其有必死者也。若紹川者，何以死哉？若余者，何以知紹川之死哉？世有居無一日之積，行無一夕之資，駢首牖下，暴骨溝中而死于貧者；以君則飲醇、擊鮮衣華而策肥。世有行萬里之途，歷九折之危，蒙犯霜露，困弊筋骨而死于勞者矣；君則安居坐嘯，偃仰而棲遲。世有行干乎三尺，身罹于五辟，城旦、鬼薪、桁楊、刀鋸而死于法者矣；君則動不觸網羅，而足不及公庭。世有處失意之境，抱不平之感，抑鬱憤結，悲傷咤叱，而死于憂者矣；君則于身若無累，而于世若無營。世有縱伐性之斧，耽亡身之毒，窮日達夜，淈精竭神而死于欲者矣；君則涉之以成趣，而嗇之以葆真。是君無一可以致死者也。

君何以死哉？豈所謂靡常之命？殀者未必惡，而福者未必善與？抑所謂一定之數，短不能延之晷刻，而長不能續之逝波與？則吾之可知者人，而不可知者天也，君之死宜也。嗚呼，君死則死矣，高堂有舐犢之悲，同氣急鶺鴒之難。于飛孤鸞鳳之侶，而中庭絕箕裘之托，君又何以死哉？余與君，始而萍水之逢也，既而篪塤之和也，久而膠漆之投也，今乃成幽明之隔也。余安能以無悲耶？嗚呼，紹川有知乎？無知乎？使有知也，余灌而君能嚼，余泣而君能聞，雖死有不死者，余之悲無益也。使其無知也，有酒而徒澆土，有淚而徒沾臆，而君固不聞不見也，余之悲亦無益也。余不復以無益之悲悲君矣，夫亦付之不可知之天而已。

祭戶部郎中祖考文

嗚呼，痛哉！祖何棄世之速耶？孫之來宦此土也，祖送之郊，安然無恙也。于時，祖但囑孫："勉旃功名，不以我爲念。"孫方見祖善飯強健，不意有今日，亦不忍言今日之事。孫至此，每有人自家鄉來，問之，則曰："強健如故。"今月初旬，來者得祖手書，作字真楷，不異平日，惓惓言家中來歲之事。孫喜，以爲無他慮也。更幾日，而聞祖疾，且駭且疑，猶不之信，尚謂爲傳者妄耳。然心即怦怦不自安，即遣人馳問安否。未返，而竇太醫來，則知祖果病，且病之劇。憂遑之甚，又遣人馳告父。次日，父使者至，而聞祖訃音矣。

嗚呼，痛哉！祖何棄世之速耶？祖年逾七旬，是亦可謂壽。爵封三錫，是亦可謂榮。子孫繩繩，甲科繼美，是亦可謂盛。乃壽則壽矣，而未逸也。夙而興，夜而寐。內而米鹽瑣屑之務，外而親疏應酬之節。真無衆寡，無大小，無敢慢者，曾有一刻之閒暇耶？榮則榮矣，而未享也。衣惟布素，飯止蔬淡，寢無重裯，出不乘輿。左右無僮婢之侍，鄉黨、鄰里無宴會之好。邑宰數請鄉飲，皆避不赴。父迎養宦所，亦不肯就。曾有一日之樂耶？盛則盛矣，而未睹其成也。父九年冷官，三年清部，今方參藩齊魯，稍稍尊顯；孫初博一第，叨授理官，正當發軔之始，銓方在偕計，望捷南宮，而祖不能待矣。曾有一日之目睹其成耶？然祖之心所未盡者，猶在叔之未離芹泮也，銓之未成立也，然皆不足慮也。叔年力正壯，發迹有期；父之視銓猶子，而孫之視銓即親弟不啻，必不使其無所成也，祖之目可瞑矣。惟是孫，襁而失母，祖鞠育之；髫而不馴，祖嚴約束之；冠而有成，祖勉勵之；壯而強仕，祖訓戒之，不知歷萬般辛苦，費萬般心思。今孫始服官，未盡一日之養，而祖即棄世，徒抱千古之悲。

嗚呼，痛哉！祖之病不得嘗藥餌，祖之殮不得視衣衾，祖之葬未知得相壙宅否也？嗚呼，痛哉！有孫如此，不如無孫。泣盡眼中血，難洒柩前土。嗚呼，痛哉！雖然，祖雖已矣，而有不泯者，存教誨之遺言，猶在耳也。思祖之形，而不得見；誦祖之言，而祖之心可見。孫自今恪遵祖訓，以之守身，以之處家，以之居官治民。異日者，或邀祖之靈，稍有建竪，仰受皇恩，沐絲綸之寵，以崇水木之報，此孫所以酬祖之地也。祖其有靈，在天之神，鑒之聽之。嗚呼，痛哉！

祭李母文〔五〕

嗚呼，慟哉！維我母氏，莊穆靜專。相我嚴君，若坤儷乾。閫政愈肅，内外井然。撫育諸子，慈愛罔偏。恩斯勤斯，德侔昊天。何期中道，忽爾棄捐。駿鸞馭雀，白日上仙。

嗚呼，慟哉！兒銓遠遊，久離膝下。瞻望白雲，夢寐親舍。

方幸歸來，綵衣有暇。誰謂慈顔，永隔長夜。

嗚呼，慟哉！疇昔聚首，嘻嘻庭闈。今之寢門，慘慘無輝。萱花驟萎，啼鳥亂飛。人皆有母，我獨何依？

嗚呼，慟哉！李母即世，未及二紀。竇母繼之，同歸泉汜。母也盛年，大命遽止。父兮傷悲，何以堪此？

嗚呼，痛哉！竇母之逝，兒尚無知。幼弟幼妹，有母憐之。哀哀母氏，又復如斯。亦有弟妹，憐者爲誰？

嗚呼，慟哉！夜臺寂寞，玄宮窈窕。今夕縗帷，晨而素旐。洒血拊心，彼蒼難叫。獻食陳詞，母其垂炤。

釋服祭李母文

母氏見棄，風木銜哀。日月不居，奄忽禫除。雖罔極之恩，三年未報，而有限之制，一日難加。情以禮而勉裁，悲感時而更切。

祭弟孝廉鉿文

萬曆戊申之歲七月七日，兄某謹以牲酒、庶羞，爲招魂之祭，祭于亡弟鉿之靈，曰：

嗚呼，弟何以死耶？嗚呼，天何以使弟死耶？爾生而清秀怯弱，氣體不充。自母之亡也，爾即患腹痛，然時作時止，余以爲無虞，爾亦自以爲無虞也。

前歲，爾偕計來此，余見爾形容消減，骨如柴立，心甚憂之。及爾下第而歸，軀體充澤，神色頓異，余心私喜。既聞次子殤，余又恐哀傷過度，以爲爾憂。已聞家奴來者，皆云：爾代父應酬賓客，料理家務，精神不減嚮時。則余又益喜爾之能達觀也。今春父寄書云：爾嘔吐日久，漸成翻胃，勢甚可憂。余得之，寢食不安。及舅氏至，知爾肌膚雖減，精神如故，余心少慰。至五月內，父忽有書云：爾變成瘵症，嗽喘浮腫，危在旦夕。余一見之，神落魄散，以爲爾疾果可瘳，尚有生理，父必不爲此言。急遣人馳視爾，孰知發書之日，爾即以申刻殞矣。

嗚呼，慟哉！嗚呼，慟哉！余與爾，生雖異母，然相友相愛，怡怡融融，不知其爲異母也。外人非親切鄰屬，亦不知余兩人爲異母也。自母之殁，今十四載矣。余與爾相依相倚，未嘗有一歲之別。余性急，爾能以緩佐之；余行蕩，爾能以正矯之；余口躁，爾能以默規之。是爾乃余一益友也。父亦嘗言，爾之沉靜，不如余之發揚；余之跅馳，不如爾之簡重。余方望爾共登王朝，左提右携，建少功業，豈知爾竟忽焉長逝哉？爾之病，不得爲爾藥；爾之死，不得爲爾訣；爾之殮，不得撫爾棺而號；爾之葬，不得掬爾塚邊一撮之土。嗚呼，有兄若此，不若無兄。余何用此升斗之禄，浮萍過隙之功名哉？即眼中血、口中聲乾，無術能招空中魂，有酒徒澆地上土，竟何益也？

嗚呼，慟哉！父爲爾之亡也，心緒憂亂，旬日之内，鬚髪半白。然父止念爾，余念爾又憂父，不知更當何如，爾冥冥之中知乎？不知乎？爾妻剛而貞潔，必能爲爾守，余能爲爾撫之；爾子温而穎秀，必能繼爾志，余能爲爾教之；爾女雖在襁抱，其長也，余能爲爾擇壻而嫁之。嗚呼，爾其可瞑目于泉下哉！

抑余嘗聞之：生而好修者，死不墮惡道。爾事親孝，事長敬，處昆季和，内行備也。無佻行，無誕言，無戾色，外節修也。不愧衾，不愧影，不愧屋漏，本性完矣。爾自不宜死，不宜死而死，意者其如古賦玉樓修文之説耶？果爾，則爾靈不減，雖死有不死者，其示余於夢寐之中，舉余與爾不得永訣之情，兄弟同抱首一慟，余尚有望于爾之靈。嗚呼，慟哉！

校勘記

〔一〕"北"，原作"此"，據文意改。

〔二〕"禰",原作"彌",按此指禰衡,因改。
〔三〕"太",原作"大"按此指漢陳寔,官太丘長,因改。
〔四〕"紹",原作"少",據正文、卷首目錄改。
〔五〕"文",原作"父",據卷首原目錄改。

張忠烈公存集卷三十五

譜牒

張氏世譜

張銓曰：家有譜，所以追遠合族也。追遠以敬敬，合族以敦愛也。遠不追則本原之思斁，族不合則骨肉之情漓，仁人孝子所深恫也，此譜之弗可已也。余先世自元以來，綿綿日著，然佚其序，靡得而徵焉。先教諭公常欲修譜而未就，易簀之際，纔操筆書"遠祖慶，慶子和"六字，而純自"和"以後，遂不可攷，今所述孝廉公以下而已。嗚呼，世遠則易湮，族繁則易渙，尋源分派，聯疏爲戚，非譜又何以哉？余故就家庭傳述，參以先世誌表，作爲《世譜》，使後之子孫有所考云。夫追遠必本其所自始，故"世繇"第一；世次所以序昭穆也，故"世系"第二；先世之美閟而不揚，非後人責乎？於是爲"世傳"第三；配匹之際，人道之原也，徽音如在，可無述焉？爲"內傳"第四。凡四篇。

一、世繇

余先世爲陽城匠里人。元末遠祖諱慶者，始徙家沁水之竇莊。其後，子姓繁衍，分爲軍、民、匠三籍。民、匠二籍，隸西曲里；軍籍，隸鹿路北里。隸西曲里者，分爲四甲數戶，獨六甲者丁衆，而余一戶居首焉。乃一戶又析爲四門，同出之祖亦不可攷。故惟序余一門，斷自孝廉公始，而二世剛者，以孝廉公子繼二門者也，併入譜中。

銓按：慶祖遷居之説，流傳久遠。凡張姓墓碣，匪不遡爲從來。而先教諭公臨終手筆，更爲可據。且窑子苑家二塋三籍者共焉，其同出一祖無疑也。然余里有佛廟，蓋建自至元間，廟碣之陰，即載有慶與和諱，而張姓者尚數十人，豈後之子孫惧犯先諱歟？乃其時則未久也。余又觀苑家窑子二塋，方百餘步，塚已纍纍。孝廉公乃別葬王家堰塋之次，夫永樂時，距初遷計止三四世爾，何便至兩塋無隙地耶？此余之不能無疑也。聊附于此。

二、世系

一世：

聰，字子敏，號□□，永樂丁酉科舉人。葬王家堰北塋三班左四穴。子二：剛，鸞。

二世：

剛，太學生。嗣二門。

鸞，處士。葬王家堰南塋中一穴。子二：睿，騰。

三世：

睿，無子。

騰，字九霄，號竹軒。邑庠廩生。葬官地塋中一穴。子一：倫。

四世：

倫，字天叙，號静斋，貢士。授山海衛訓導，升陝西宜川縣教諭，丁艱補河南盧氏縣教諭。俱祀名宦。葬官地塋二班右一穴。子四：謙光，謙牧，謙犗，謙鳴。

五世：

謙光，字汝抑，號南臺，邑庠廩生。贈參政。葬官地塋三班右一穴。子一：官。

　　謙牧，邑庠生。葬官地塋三班右三穴。子五：蘊，猷，藻，蔚，蒙。

　　謙犕，葬官地塋三班左一穴。子四：憲，宦，宰，寯。

　　謙鳴，葬官地塋三班左二穴。子一：寵。

　　六世：

　　官，字懋德，號華封，邑庠生。封行人，再封戶部主事，加封戶部郎中，詔同四品服色，贈參政。葬官地新塋中一穴。子四：五典，五美，五常，五服。

　　猷，字施德。子一：五行。

　　蘊，字嘉德。子二：五禮，五教。

　　藻，無子。

　　蔚，子一：五桂。

　　寵，子四：五善，五鳳。

　　憲，無子。

　　宦，子一：五岳。

　　宰，徙河南鹿邑縣。子四：五星，五經，五奎，五玉。

　　寯，徙河南鹿邑縣。

　　蒙，無子。

　　三、世傳

　　孝廉公，治《毛詩》。永樂丁酉舉于鄉。公素與同里竇生善，一日，生邀公飲，大醉歸，遂卒。卒之月日及公享年修短，皆不可攷云。余嘗聞先戶部公言：公鄉舉時，試畢還里。方刈禾園南田內，有鄉人來自省者，行沁河東岸，隔河遙呼曰："君中矣。"是時，人情淳朴若此。公故有"梯雲坊"在宅南，今坊毀矣，而匾尚在，字不盈尺，亦可想古風焉。

庠生公，治《易》。性孝友，沉静篤學，有聲諸生間，屢不得志于鄉闈，垂貢而卒。初，公以僻處鄉曲，聞見不博，遂卜居縣城。時族黨有事城中者，皆來就公。公欵之，授餐，再四不厭也。後公以母喪歸葬里中，守墓者三年。積贏錢四十千，始構小樓三楹，向受公館穀惠者，爭爲助役，或具酒餔爲犒。及落成，公未嘗舉火。雖鄉人好義，一飯之必報哉，亦公之德孚于人者深也。先是，里中自孝廉公殁後，文教衰遏，教授子弟者，止知讀《孝經》、《大誥》。公居喪時，始擇子弟敏慧者，授《四書》、《易》。于是從遊者日衆，後學彬彬有造焉。其後教諭公復以《易》名家，門下士蓋百餘人，故今鄉里談《易》者，皆以爲張氏學云。

教諭公美丰儀，方面修髯，望之儼然可畏。少穎悟，日誦數千言。比長，刻勵向學，博稽群書，子、史、詩、賦之類，靡不淹貫，而獨精于《易》。蓋《易》爲家傳云。爲學官，弟子無試不冠諸生。顧數奇，九試鄉闈，不利。選入太學，試京闈，又不利。謁選，得山海衛訓。衛邊地，士不知學，公至，則立條教，嚴課督，士習遂翕然大變。蓋山海之有科甲，自公教育始也，故公得祀山海學宮云。時尚書葛公守禮者，以兵部主政管關。故事，部司與學官體統隔絶，葛公重公，特折節加禮，時與公飲酒賦詩，歡然相得也。聞報，升陝西宜川縣。内艱歸，諸生徒步送百餘里，涕泣不忍別去。起復，補盧氏諭。公之教盧氏亦如山海時。而盧氏士子愛敬先生，延款無虛日，即山海諸生不啻也。公竟卒于官。公生平好學，至老不衰。所著有詩、文、詞百餘首，尚存家笥中。不由師承，而體製、聲調合符作者。隸書、端楷類常樓居。又有義倉、祭田、板橋諸記，皆規畫有條，經世實用，可窺□班。惜以青氊老也。

南臺公，生而端重，寡言笑。童時即不好嬉戲。既長，慕程朱之學，沉思實踐，一言一動，不涉非禮。終日危坐，如對賓客，家人莫窺其喜慍。教諭公門徒甚衆，公與之切錯討論，莫不敬服。公既名重一時，視一第如掇芥。時選諸生俊秀，升之辟雍。公偕三人就選。三人者，文學皆遠遜公。內有張生者，年暮矣，置酒謂公曰：「君一日千里，必不屑以明經老，能以此相讓乎？」公慨然許喏。翌日，白之督學。督學曰：「功名，得寸則寸也，生毋悔。」公對曰：「悔則不讓，讓必不悔也。」督學善公言，出所錄卷，果公也，嘉嘆久之。公歸，益下帷力學，朝夕潛思，或通宵不寐，竟以是遘疾卒。卒時纔二十六。遠近聞之，莫不悲悼。

戶部公，生四年，而南臺公棄世，已從教諭公宦邸。教諭公以南臺公蚤逝也，愛公甚。齋居，即置膝上，口授《四書》、小學。教諭公捐館舍，諸子無在側者。公時方數歲，以冢孫執喪禮，哀戚若成人焉。扶櫬還里，途次不離竇夫人左右。遇險輒下馬控勒，行道憐而異之。既歸，治家學，未冠補博士弟子。自教諭公之没也，諸叔以析爨故，時鬩于墻，家道遂中落矣。公又以藐孤，受侮不少。然公善忍，不出一言。竇夫人或不能堪，公必引裾退止之。是時，家止薄田數畝，僅供饘粥，其後食指日衆，公坐家累，遂不得治博士業。乃經營生計，歲貿易梁、宋間，足爲重繭。比既貴有封矣，勤儉猶不異食貧時，晨起獨先。家重往來，親故家數里內必徒步，不肯乘也。飯脫粟，衣澣濯，一褐袍至數年不易。又時時短服折巾，與田夫野老對語，不識者不知爲公也。性和易，無疾言厲色，待人無貴賤大小，接之如一，即下至臧獲，亦體恤周至，不妄譴呵。獨教子孫，則嚴而有法，諄諄以驕奢佚樂爲戒。公方治生時，常散穀百餘斛取息，然人以十五，公獨以十三。即不能償，亦不迫責。比家稍饒，遂盡取數年券焚之。有貸金者死，公往弔，出券袖中，焚其柩前，曰：「不以累若子也。」鄰有僦居者，且數年矣。一日，肩戶潛去，公知其以負儌直故也。追及之，曰："爾出無資，夫婦不免客死。"給道里費而遣之。其尚義好施，類若此。故鄉里稱仁厚者，必曰"張太公，張太公"云。公既以齒德爲鄉達尊，鄉人化之，至于無爭訟、攘竊、好博、使酒者，庶幾古風焉。公殁後，而稍稍異矣。邑長吏屢請鄉飲，終不赴，曰："吾無德以堪也。"公以竇夫人劬勞苦節，乃不及見家道盛時，每言及，輒欷歔泣下。于諸叔則事之盡禮。殁，皆爲經紀其喪，其子若孫周恤有加焉。公通曉世務，識事皆識大體。方余父官大行時，觸時事，欲有所奏論。公止之曰："爾無言責也。"及轉參藩，則曰："監司在總體要，秩綱紀而已，毋苛細以博能名。"余初任理官，公以書戒之曰："刑官最易枉人，小子慎之。"又嘗曰："仕宦家放債、請托兩事，皆利己害人，然子孫必受其報。爾輩當深以爲戒。"是以公折券後，口不談子母。終公世，無片牘入官府云。公素强健，乃偶病遂劇，數日卒。卒之日，遠邇慟悼，即童穉亦皆流涕，弔客千餘人，有以千里會葬者。嗚呼，余猶憶五六庚時，公即口授詩句。數歲，公爲講解經義，日采諸說，手録卷上。嘗從公收禾山莊，夜卧一榻，即令背誦所讀經書，或試對聯。間一二日，必課文一首。迨余爲諸生，稍不堕落，公督率不少假。至既第後已，然猶惓惓戒誦佚。或間從友人飲，公必俟余歸方就寢。迄今思之，余心蓋戚戚焉。余今于子弟不復暇督誨，而諸子弟亦漸驕佚廢學矣，孰有能念先德者哉？

張銓曰：余每見世人稱述其先者，好爲侈說，徒爲有道所譏。余先世雖無大節顯行，可垂不朽，然三世之篤行，四世之文學，五世六世之修詣德施，皆可以啓佑後人，有穀孫子者也。余故論次之，使作求世德者，知淵源之自云。

四、内傳

竇氏，里人際女，庠生公配。温惠有女行。庠生公之有德于鄉也，內助之力居多焉。生一子。

竇氏，教諭公配。父璽，即姑竇女侄也。性剛嚴，治家有法，家人無嘻嘻者。余嘗見諸叔祖母逮事夫人者，談之猶色變焉。生四子。一女適里人竇玳，爲先恭人外太母云。

竇氏，里人貢士瓚女，性行端淑，年十八而歸南臺公。四年，生户部公。又四年，南臺公卒。旦暮號泣，誓以死殉。已而，曰："舅姑老矣，又無可托孤者。吾不恤一死，置此藐然孤何地？"于是稱未亡人，蓋自是不近鉛華矣。時母子相依，煢煢四壁也。鄰嫗則有以邪説動者，夫人大罵曰："塗面以事二夫，即狗彘不若，爾謂吾爲之哉？"嫗慚而退。户部公之少也，族中豪數侮之，户部公不勝忿，欲與之角。夫人力止之，曰："爾以一絲繫于鈞，妄動即絶矣。"夫人待内外姻族莫不有禮，里中人人稱夫人賢。一夕，鄰屋火，烈焰燭天，已延及夫人居。天忽反風，居卒無恙，人亦爲有神護云。余父舉鄉闈，報至，夫人驚喜過甚，遂病，竟不起。臨終曰："吾始望不及此。今諸孫滿眼，長者又成名，且見曾孫矣。死復何恨？但未亡人守節分也，慎勿求旌。"時年六十。

張銓曰：余先世，自庠生公以上，配匹皆不可攷，故止傳三世云。若曾王母《柏舟》之操，可貫神明。語云："苦節之後必達。"豈虛也哉？

附録（按：此底本無"附録"二字，爲點校者所加，共四文，均爲張銓之子張道濬所撰。）

《續國史紀聞》序

先忠烈昔侯臺命，作《國史紀聞》，蓋自開國訖武廟止矣。其永陵以來，覲揚之概，業屬艸，以殉遼難，失去。余念鴻業之代興，傷遺緒之中佚。於是搜廣牒，翻邸報，合五朝，凡百有六年，以續其後。

時予南遷久矣，路鬼揶揄，波臣漠落，嘗有君門萬里之感，及濡削數次，更竊有嘆也。一時之裁，一時之臆，得則未足爲董狐，失且爲陳壽之忿，魏收之穢。況事在百年內，家有睹記，人有心口，若非曠代秘迹，語嬴秦於太康之漁人，問楚漢於亡隋之毛女也。國家重熙累洽，亙古未有。乃繇今觀之，謀王定國，如昔之蹇、夏、三楊，今或才遇可匹，不必協衷共濟。于忠肅、李文達若而人，成功在呼吸間。今何時也？扶危定變，疑不在值，至於爪牙虎臣，北捍虜，南捍倭，僅支目前。視昔之三黎入漠，西征交南者，尤若徑庭。惟是循吏勞臣，文苑獨行，直言殉義之士，代不絶書。是則二祖、列聖培植之餘澤，以光於五朝，傳諸信史者也。

先忠烈初命筆，寧簡毋贅，寧戄毋訑，余守此義，不敢廢焉。或曰：子環列之尹，越局于蘭臺石室間，有往事乎？曰：有之。周官虎賁贄御，俱擇正人，進正言。矧余有先忠烈之成言在，又何敢違？見於忠烈前，有薛憲副之《憲章録》；見於予前，有薛學正之《續録》，俱史也，俱父子也。第予弗克折薪，有血指退矣。

《春秋集傳》後序

　　自漢武帝置五經博士，而《春秋》始重。其後遞置《公羊》、《穀梁》博士，而《傳》始重。《左氏》初不隸學官，劉歆力爭之，始與二《傳》等。漢晉以來，經學亡慮數十家，向背興替，以時爲政。宋王介甫自負大儒，獨訾《春秋》曰"斷爛朝報"。南渡時，胡康侯專治《春秋》，思陵召至講幄，其説遂大行於世。今之宗胡氏，猶前之宗左氏也。顧一人之臆，一時之議，或感憤而未裁，或規切而少激。昔人云："天下有粹白之裘，而亡粹白之狐。"顓之不如彙之也。

　　先忠烈歷官柱下，固古者史職。雖縣説《詩》起家，筮仕後，念爲臣者不可不知《春秋》，間采諸傳，務持其平，不膠積例，務存其確，不開鑿逕。素王之直道公衷，嚴情□貌，具隨事拈出，蓋劌心涉筆者數年，始克成帙。弘演納肝之義，先軫委命之節，志在《春秋》，先忠烈竟身殉之也。不肖兄弟，向嘗錄上天子，備乙夜之覽。蒙付史館，諸人士咸以一見爲快。

　　辛巳，客白下，父執蘱山先生，始慫恿登木，以公同好。嗟乎！諸務棼如，此爲墨，彼又爲輸。今弄瓦而解諸家之難，先忠烈功于《春秋》匪淺，第不肖徒讀父書，幸棗梨具在，手澤如新也。

　　不肖男道濬抆淚謹跋

進呈《春秋集傳》表

奏爲恭進先臣纂輯《春秋集傳》，以祈聖裁事。

臣竊聞之，先正曰："爲人臣者，不可不知《春秋》；爲人子者，不可不知《春秋》。"蓋《春秋》一書，萬世臣子之極也。今以聖明在上，勵精圖治，振紀刷綱。而在庭鮮一德之臣，四郊有多壘之恥。裂衣冠而事敵，既遺辱於中華；率妻子而潰逃，亦取笑於戎狄。無他，此皆不明於《春秋》之義也。

臣祖，贈太子太保、兵部尚書先臣張五典，明大義以事君，守微言而博子。臣父，贈兵部尚書、謚"忠烈"先臣張銓，幼承庭訓，心心求筆削予奪之繇；壯列班行，事事嚴夷夏君臣之辨。既師賢而且師聖，不信傳而直信經。以孔子彰順瘅逆，業臚列攸著；逮左氏分條析縷，更産發無遺。雖及門不能贊一詞，豈奕世所得斷諸臆？何宋儒矯漢唐之過，甚略迹而匠心；至胡傳續公穀之餘，且泥今而反古？愈多穿鑿，亦覺離岐。故先臣裒集群言，折衷合傳。當胡塵之方撲，莽莽黃沙；乃忠骨之獨捐，飛飛赤燐。雖犬羊亦爲下拜，即讐敵孰不搖魂？知中國之有人，故且進且退者十載；窺中國之有間，始再驅再馳於昨年。臣義不後君，情寧辭母。出入於虜氛之內，幸叩天閽；趑趄於去住之間，獨蒙聖鑒。蓋臣父以《春秋》之學事吾君，已無慚於一死；臣敢廢《春秋》之學負吾父，致有愧於餘生？

謹繕寫臣父遺書《春秋集傳》，計十五卷，實封進呈。乞垂乙夜之餘輝，知教忠之有自。倘蒙甲觀之普播，庶正學之無湮。頗有關於立懦廉頑，或兼裨於封疆社稷。臣無任戰慄待命之至。

崇禎四年正月□□日。

奉聖旨："張銓忠節著稱，這纂輯《春秋集傳》，有裨大義，已留覽了。該部知道。"

輯《先忠烈公文集》後序

先公遺集若干卷，今始授梓，非敢後也，蓋有待云。先公少壯登朝，性喜著述。即持斧遼左，軍旅暇，猶擬觚翰從事。其《〈周易〉解》、《〈四書〉正訛》、《性學日得》、《〈左〉〈國〉箋注》、《慕古錄》等書，皆失之殉難之日。今存止《春秋集傳》，得錄以進御；已行世之《國史紀聞》，然亦自武廟止，嘉隆來，纂述未竟也。奏議止庚申前，得十之六；詩稿止游覽，得十之四，其散佚尚多。

不肖濬，前請纓從軍，思恢復故疆，于殘壁遺燼中，或收手澤，完先公素業。既奉冶造之役，事竣，中璫禍。尋先大父官保公捐館舍，伏苫塊間。甫闋荷環召，數言事，予告。會虜薄京師，奮身馳入。復數言事，蒙譴謫，自雁門，再徙海上。蓋十年來，出入無寧日。幸久在海上，得肆力搜訂，而朝夕不謀，未獲展願，藉手友執，始克付剞劂。不肖濬因是而痛無已也。

先公博極群籍，復闡理奧，初志不僅以文顯。嘗憶西巡時，修漢中諸葛武侯廟，不及記。既還里，夢武侯求麗牲之石，先公著筆，今不存，豈非遺憾耶？昔宋陸放翁志復中原，臨終詩："王師若復中原日，莫忘靈前告乃翁。"今遼土恢復不遠矣。不肖濬彙刻先公集待之。倘天不愛道，得復見向所佚稿，庶少釋其痛，爲子之責或可逭乎？嗟乎！濬安能一日忘諸懷也。